海外中国研究丛书

——

到中国之外发现中国

清帝国之乱

义和团运动与八国联军之役

China in Convulsion

[美] 明恩溥 著

郭大松 刘本森 译

江苏人民出版社

图书在版编目(CIP)数据

清帝国之乱：义和团运动与八国联军之役 / (美)
明恩溥著；郭大松，刘本森译. — 南京：江苏人民出
版社，2021.12(2025.9重印)

(海外中国研究丛书 / 刘东主编)
ISBN 978 - 7 - 214 - 26529 - 6

Ⅰ. ①清… Ⅱ. ①明… ②郭… ③刘… Ⅲ. ①义和团
运动－研究②八国联军－侵华－研究 Ⅳ. ①K256.707
②K256.707

中国版本图书馆 CIP 数据核字(2021)第 185217 号

书　　　　名　清帝国之乱:义和团运动与八国联军之役
著　　　　者　[美]明恩溥
译　　　　者　郭大松　刘本森
责 任 编 辑　康海源
特 约 编 辑　陆诗濛
封 面 设 计　陈　婕
责 任 监 制　王　娟
出 版 发 行　江苏人民出版社
地　　　　址　南京市湖南路 1 号 A 楼,邮编:210009
照　　　　排　江苏凤凰制版有限公司
印　　　　刷　江苏凤凰通达印刷有限公司
开　　　　本　652 毫米×960 毫米　1/16
印　　　　张　41　插页 4
字　　　　数　450 千字
版　　　　次　2021 年 12 月第 1 版
印　　　　次　2025 年 9 月第 3 次印刷
标 准 书 号　ISBN 978 - 7 - 214 - 26529 - 6
定　　　　价　136.00 元

(江苏人民出版社图书凡印装错误可向承印厂调换)

序"海外中国研究丛书"

中国曾经遗忘过世界,但世界却并未因此而遗忘中国。令人嗟讶的是,20 世纪 60 年代以后,就在中国越来越闭锁的同时,世界各国的中国研究却得到了越来越富于成果的发展。而到了中国门户重开的今天,这种发展就把国内学界逼到了如此的窘境:我们不仅必须放眼海外去认识世界,还必须放眼海外来重新认识中国;不仅必须向国内读者迻译海外的西学,还必须向他们系统地介绍海外的中学。

这个系列不可避免地会加深我们 150 年以来一直怀有的危机感和失落感,因为单是它的学术水准也足以提醒我们,中国文明在现时代所面对的绝不再是某个粗蛮不文的、很快就将被自己同化的、马背上的战胜者,而是一个高度发展了的、必将对自己的根本价值取向大大触动的文明。可正因为这样,借别人的眼光去获得自知之明,又正是摆在我们面前的紧迫历史使命,因为只要不跳出自家的文化圈子去透过强烈的反差反观自身,中华文明就找不到进入其现代形态的入口。

当然,既是本着这样的目的,我们就不能只从各家学说中筛选那些我们可以或者乐于接受的东西,否则我们的"筛子"本身就可能使读者失去选择、挑剔和批判的广阔天地。我们的译介毕竟还只是初步的尝试,而我们所努力去做的,毕竟也只是和读者一起去反复思索这些奉献给大家的东西。

刘　东

出版说明

　　近代来华西人文献是了解、研究中国近代历史的重要资料，具有一定的价值。美国近代传教士明恩溥（1845－1932）所写的这部《清帝国之乱：义和团运动和八国联军之役》（原书名 *China in Convulsion*）即是一例。作者从亲历者的角度记录了义和团运动和八国联军侵华时期中国朝野上下一系列重大事件，为我们了解那段历史增添了一份重要史料。

　　由于时代的局限，书中有若干认识存在错误，例如，作者接受"中国人种西来说"。译者在翻译过程中尽可能地通过译者注的形式对一些问题做了说明。同时由于立场的差异，作者对中国近代历史的一些看法也与我们不尽相同，比如，作者认为不平等条约和治外法权是必要的，将八国联军大举入侵中国视为对义和团排外运动理所当然的反应，赞成用基督教来改变中国的社会和文化。读者应注意鉴别，历史地看待这些观点，而不应完全接受作者的看法。

　　为了更全面地了解义和团运动和八国联军侵华的历史细节，

以及清末民初西方人士对中国的看法，现将《清帝国之乱》翻译出版，供读者研究、参考。

江苏人民出版社学术图书出版中心

2021 年 10 月

献给我的妻子——

北京公使馆被围困期间包括我在内的许多人的救助者

谨以饱含深情所撰《清帝国之乱》

铭记我们在中华帝国相濡以沫三十年之朝朝暮暮

目 录

前　言

　　像人世间多数大事件一样,中国 19 世纪末爆发的排外运动,有其久远的根源。不了解这一点,就不可能理解这次排外运动。

　　当排外运动通过公开攻击位于首都的十一家外国公使馆而显示出国际性之时,即暴露出了它的本质,同时表明中国在某种程度上蓄意对抗整个世界。世人随即开始以极其强烈的兴趣关注这场无与伦比的较量的进程。

　　当人们了解了 7 月 7 日英国公使馆所谓的大屠杀与圣保罗大教堂将近完成的弥撒仪式的大体情况,事件中骇人听闻的细节吸引了所有国家的关注。绝对新奇、强烈的戏剧性趣味,国际事件,以及中国发生的一系列事件的深远影响,这一切交织在一起,将中国的这次动乱与有史以来的任何事件区别开来。这证实了中国的一句格言:世事难料。这段历史插曲将吸引人们长期关注,并有望从各种角度进行彻底调查,以便历史学者最终有信心得出明确的结论。

　　目前,关于许多重要事件,尤其是中国政府的行为,尚无从得知，关于这一问题，在广泛的范围内存在巨大的意见分歧——这不仅是正常的，而且也是不可避免的。

本书计划在记述北京围攻使馆事件的客观细节的同时，勾勒形成围攻使馆高潮期主要事件的重要轮廓。诚然，如此一来，要涉及广泛领域，必定会有不少遗漏和不确之处，尤其是在细节方面，因而有理由担心，不了解所有事件，就不能说明这些事件孰轻孰重以及它们之间的恰当关联。

上述缺陷一定程度上是因为除了英国政府的蓝皮书和白皮书外，很少有可以利用的官方报告，而英国的白皮书最新的一卷又发布太晚，难以利用。军事行动不得不仅作概要性叙述，不过这一简略处理的缺陷很容易从其他信息源得到补偿。

要恰当地解读中国义和拳乱这一名副其实牵涉几大洲许多国家的问题，就需要叙述这场动乱爆发后一年发生的事件，包括《和约》(the Treaty of Peace)和最后的结果。我们现在所了解的情况是：在过去几个月时间里，谈判确实一直在进行，但直到目前仍未完成。什么问题都未真正解决，而在中国，永远不会有什么"最终结果"，因此，只能依据过去的事情对现在的局势进行综合审视。

中国需要新的道德生活，认识到这样一个无可争辩和至关重要的事实，十分重要。基督教的引入已经为弥补这一缺陷做了一些事情，并展现出在适当的条件下，基督教有能力做更多的事情。中国本土基督徒在最近的动乱中的行为，总体上说，增添了见证基督教力量新的、激动人心的历史篇章。

一些西方国家的人在中国土地上的行为已经对基督教在中国人中的好名声造成了很大的损害。但是，当骚乱平息后，道德力量必然会恢复其影响力，而且可能会扩大到比以往任何时候都大得多的规模,并产生比以往更大的效果。

　　无论中华帝国的政治前途如何,中国人民始终是世界生活的重要因素。纠正过去的错误,把中国和列强的关系建立在完全不同的基础上,对世界和平是至关重要的。

　　因此,必须清楚地了解过去与新近这场动乱的关系,本书意在为此谨尽绵薄之力。

　　　　　　　　　　　　　　　　1901 年 6 月于天津

上　卷

一幅义和团招贴画

在北京皇宫中发现的一幅招贴画,展示了中国人眼中的外国人及外国人与中华帝国的关系

第一章　久远的憎恶根源

当一个相对突然和范围广泛的运动,如中国的义和拳运动,在当前的历史进程中出现时,人们理应要透过表面去了解这场运动是什么运动和为什么会是这样一场运动;因为只有这样,才会为第三步即探知事件的未来趋向做好准备。

众所周知,中国是一个幅员辽阔的帝国,无论在那里待多长时间,都很难理解她。正如柯乐洪(A. R. Colquhoun)[①]先生所精辟指出的,幅员辽阔、历史悠久,加之难以计数的人口,使我们很难真正理解这样一个民族。因此,仅凭这一点,就一定要对那些就困难而复杂的问题所作出的简易解答保持警惕。这种解答要么错误理解了一些因素,要么忽略了一些因素,要么对更多的因素置之不顾。这样的话,或许能够令人满意地以简洁优美的文字解释中国最近的动乱。

谁是中国人?中国人是一个数量无与匹敌的民族,实际上是由不同成分慢慢同化组成的一个种族,他们占据着地球上似乎独立于世界其他种族之外的一块土地——在地球上这样的板块并不多。毫无疑问,中国人一定是从什么地方来的,但发源地没有定论。考虑到这个问题把我们带回到了四千年前的原始社会史领

[①] 柯乐洪,《泰晤士报》驻远东记者。——译者注(本书脚注,如无特别说明,均为译者注。)

域，可以不去探究。他们从西部进入中国，占据了众多河谷地带，并扩散到现在被称为陕西省和山西省的地区。因为今天的福建、广东两省地方居住着"南蛮"，所以又过了很长时间，才扩张到了现在的长江流域。① 对中国人来说，那段时间很短（大约一千年左右）。

古代中国人与古代埃及人是同时代的人，埃及与周围各国隔绝，就像中国与邻国隔绝一样。但是，将埃及孤立起来的地方，实际上也是把它同世界其他地区联系在一起的纽带，它的地峡成了各国通行的大道，埃及的历史与当时其他帝国的历史密不可分。相反，中国的障碍是真实存在的。后面广阔的沙漠几乎和前面无边无际的海洋一样能起到保护的作用，还有巍峨的山脉作为她肥沃平原的岗哨。她并没有完全摆脱侵略，但她确实避免了被同时代人类的生活潮流所吞没。成吉思汗的蒙古王朝，入主了中国，但蒙古王朝建立了，又消失了，而中国还继续保持原来的样子。北边广阔的大草原，一直延伸到黑龙江流域，黑龙江流域以外，什么人都没有。西边是中亚游牧民族，中国人干脆地用"犬"字旁汉字来称呼他们。在人类历史上，种族自豪感既不是一个新的因素，也不是一个无关紧要的因素。诚然，如果一个民族相较于邻近民族的劣等地位而展现出优越性，因而提供了自豪的自然基础的话，那么中国人当然有权感到自豪。他们独占鳌头，别无他人。这的确是最为危险的，因为这是所有恭维话中最微妙的，但并非因此而不真实，在目前这一短暂的时间之前，中国人从未丧失这种自豪感，与其几乎上溯至地质年代的民族历史相比，这段丧失自豪感的时间，太微不足道了。

此外，我们还必须考虑到某种因素——由于缺乏更合适的词

---

① 清末民初，曾流行"中国人种西来说"。

语,也许可以称之为中国人的性情。中国人作为一个文明、有教化、物产丰富、寻求进取的种族能够作为生物存在于地球上,但却不渴望更改现有条件,以达到更接近理想的状态。在这个问题上,中国人与盎格鲁-撒克逊人几乎是不可能达成一致的。中国现在的习俗是如何形成的,目前没有任何人说得出来。但十分确定的是,所有现存机构无疑都是逐步演进的结果,不可避免地是从祖先那里一代代传留下来的,当然,如同众所周知的人类历史的其他发展演变一样,这一过程也充分体现了自由意志和各种心智偏好的作用。

然而,西方人坚持要知道的是,为什么中国人一旦走上了上升道路,就没有继续进步。这是中国历史上长期存在的困惑之一。然而,对中国人来说,这并不神秘,没有任何需要解释的东西。卫兰德(Wayland)校长对一群孩子演讲时说过一句精辟的话:“当一件事做得尽善尽美时,你就无法把它做得更好。”即便卫兰德博士成为中国先贤之首,也不可能对中国人民族意识里的这种安于现状的心理作出更恰当的描述了。

这令我想谈谈中国人的理想。他们在没有神的启示帮助的情况下,拥有人类心灵所产生的最崇高的道德准则。他们水晶般的规诫,是每一代从过去一代一代延传下来的丰富遗产。每个受过教育的中国人都确信无疑,这就是人与人之间关系中最好的思想体系,就像脊椎骨是其骨骼的一部分一样。对于没有受过教育的中国人来说,把“思想”一词替换为“感觉”,情况同样适用。学者因为思想而感觉,农民的感觉不需要思想,但他们的感觉是相同的,当触及他们本性的根源时,他们的感觉往往同样地强烈。也许这种现象在天朝之外的国度是找不到的,但在天朝中国内部,几乎可以说,这种宽泛的概括没有例外。与托勒密的地心说和哥白尼日心说天文学体系在西方国家并没有被彻底接受不同的是，儒家学说，不管是从整体上还是具体内容上，都被中国人在思想和心理上视为自然法则一样接受下来。然而，这种比较本身显然是不适当的，因为直到今天，甚至在美国的一些地区，学校的教师还是"按家长的意愿，就地球是圆的或平的进行教学"，人们愿意在公开辩论中对太阳围绕地球运转这一命题持肯定态度。凡圣贤所说的都是真的，所以一切的真理都是圣贤所说的。对中国人来说，这些几乎是一样的。现在没有圣人了，所以中国的黄金时代只能是在遥远的过去。

上述强有力的事实，与目前我们讨论的问题有着直接和至关重要的关系。任何有可能使中国人背离过去的东西，仅仅因为这个原因，都是禁忌。首先，这是个不容争辩的问题，而是由这样一个本能决定的，就像老鹰想捕鱼但绝对不会潜入水中捕鱼，就像鱼绝对不会为了躲避水里的敌人而到干旱的陆地上生活。唐朝（一千多年前）一位伟大的皇帝说过一句富有意义的名言，说圣贤的原则适合中国人就像水适合鱼①，中国人与圣人的关系就是鱼水关系，水枯竭了，鱼就死了。正因为如此，虽然每个中国人都可以聘请佛教或道教的法师来举行本应是必要的宗教仪式，但他们在任何意义上都不是佛教徒或道教徒，他本身就是位儒家信徒。如果背离了儒家思想，他就会像一颗小行星，离开了所属的行星轨道，这必定是另一个方向的巨大吸引力所造成的结果。

中国人天生厌恶战争，世代相传。在紧急情况下，他们可以战斗，也确实战斗了，而且多少年来都或多或少取得了成功。但

---

① 作者这种阐释似乎不合原意，很牵强。事实上这里所谓"唐朝一位伟大的皇帝"，应该是唐太宗李世民。李世民的"鱼水"之论原本指的是君臣关系，正所谓"君臣相遇，有同鱼水，则海内可安"。

是,战斗并不是他们正常的活动状态,从各方面看,军事官员的地位都比文职官员低得多。中国人发明了火药,但他们从来没有把它当作粘合剂将那些处在分散状态的机构和种族联系在一起。很明显,假如中国人无论是出于本能还是被迫选择成了尚武民族的话,他们可能已经统治了整个地球。但中国的任何统治者或军事将领可能都从未有过这样的野心,甚至从未有过这样的想法。每当召集军队平息特别混乱的局面以后,一切又回到从前的老样子。中国人过去战斗的目的,并不是要改善人们认为不能容忍的事物,而是要使现在保持过去的传统。人们认为受过良好教育的中国人不值得过军人的生活,这种生活通常留给未通过文官考试的人,许多军衔高的人甚至斗大的字不识半箩筐。普通的士兵大多来自不安分、不幸、心怀不满的阶层,他们厌倦了枯燥的家庭生活,渴望变化,也许渴望冒险。在中国有句俗话,好男不当兵。这就是中国人对国家军事力量的看法,因此,毫不奇怪,中国人只是将军队视为一个必须有的坏孩子,并没有想去把这个坏孩子怎么

北京的孔庙　　　　　　　　　　北京的佛塔

7

变成好孩子，也没有纠正长期存在的弊端。现代与西方国家接触的一个多世纪以来，事实不断地向中国人表明，在武器装备方面，他们明显、不可避免地不如对手，然而中国人似乎一直坚信自己在所有方面都优于任何外国人，最后必定获胜。但是，在很多方面，中国人又是厌恶诉诸武力的。他们不愿打仗，只想安安静静地待着。觉察到要与那些可能在任何时候到来且常常带来威胁的人打交道，中国人十分厌烦。

如果说有任何天生适合中国人从事的活动的话，那可以说就是生产和交换。一个中国人知道如何最大限度地利用他所拥有的材料，他知道如何把他的产品运到可能为他的艰辛劳动带来最大回报的地方。他愿意长途跋涉，忍受极端的辛苦和危险，长期忍受各种各样的不便和艰难困苦，为了小小的利益，他愿意把它当作一种生意来做。他是一个天生的生产者，并且是一个天生的高度熟练的交易者。然而，尽管如此，中国人对贸易的重视程度并不高。人们常常注意到这样一个具有启发性的事实：在他们划分中央帝国居民的四个阶层中，士排在第一位，农排在第二位，工第三，商最后。在任何一个有可能这样做的情况下，中国官员总是以一种高傲的口吻蔑视商人阶层。

就外国人来说，最初到中国来只是单纯地作为商品经销商和商品交换中间人，这一行当从一开始就诱惑着他们。在过去的几十年里，外国人的数量很少，贸易额不大，但贸易额一直在增长，双方的利润都是巨大的。对中国政府和中国商人来说，这是一种极为有利的交往，但中国政府从未哪怕是含蓄地承认过这一事实，甚至总是装出一种居高临下的姿态表示容忍"野蛮人"的到来，并沉溺于如此对待外国人的嗜好中。中国人总是对海洋表现出一种异常的胆怯。尽管毫无疑问，航海罗盘的发现者们一直在使用它,在笨拙而不适于航海的舢板船中的发现可证明这一点,但从事海洋贸易至今仍被认为是荒谬之举。这部分是由于他们自己对海洋的恐惧,不理解外国商人持续不断的躁动,不断地到中国海岸来。对中国人来说,唯一能够相信或者可以想象的解释是,外国人来中国是不得已而为之。他们住在遥远、褊狭、贫瘠之地,那里既不产茶叶,也不产大黄。没有茶,就没有什么喝;没有大黄,就消化不了吃下去的东西。因此,只有与中国贸易才能活下来,否则他们为什么每次被赶走之后都固执地坚持又回来?另一方面,对中国人来说,这种商业往来只不过是一种娱乐,从远处带来的"象牙、猿猴和孔雀",充其量不过是没什么用处的奢侈品,常常伴随着噪杂和喧闹,令人生厌。

本世纪初①,自负的中国人在限定的区域内独自从事上述那些贸易,那一地区的人都是上述那样一种感受。然而,经过百年的启蒙,许多狂妄的中国人仍然把他们国家描绘成覆盖世上五分之四土地的辉煌帝国,剩下七零八碎的是海洋及"英国""法国""回回"(穆斯林)所在地,无视地球上其他不知名或不相干的国家。地理学知识传播到中国衙门后,无数官员睁开了眼睛,他们在"改革"的热情中,从宣教士们那里大量购买西学书籍。然而,这种情形持续了不到一年,有一位相当有能力而又博学的北京当地人,在笔者的宣教区内发行了一本精心设计的小册子,用以启迪和指导那个县的学生,在开头几句中,他重复前述那些陈词滥调,说外国人来自一块十分拥挤的土地,在那里无法谋生,来到了伟大的中华帝国,大清皇帝恩准他们留下来做买卖。事实上,在

---

① 原文如此。明恩溥的这部著作分上、下两册,1901 年 6 月完稿,当年出版发行。这里的"本世纪"应是作者写作这一部分书稿时所处的世纪,即 19 世纪,所谓"本世纪初",并非是指 20 世纪初,而是"19 世纪初"。

中国准予贸易的特别地区，每平方英里①的人口超过两千人；人们如此贫穷，即使累死累活也几乎难以摆脱令人恐惧的穷困；这里的人不了解任何形式的对外贸易；居住在这一地区的很少一部分外国人，得以到这里贸易，不管怎么说都不是中国人支持的，而是他们自己那拥挤的国度支持的。这些才是更值得一位聪明的中国官员私下对他县里受过最好教育的人说的话，应把这些话放在他那本启迪和指导学生们的小册子的开头。

随着时间推移，到本世纪末②，西方世界越来越坦率地承认，对外贸易对一个国家来说不可或缺，没有对外贸易，国将不国。与这一切形成鲜明对比的是，无数中国人坚信，如果消除所有的外国贸易，对中国会是一件好事。很容易指出这一理论的荒谬：与国外通商之后，上海从一个不起眼的县城变成了远东地区最大的商业中心，曾经一文不值的房产现在价值堪比伦敦最昂贵的府邸；烟台从一个不知名的渔村发展成为一个大港口、一个大区域和庞大人口的出入口；天津在一代人之前还是一个遍布卷心菜的地方，现在已变成了帝国北部四省的大都会，仅次于上海。所有这一切和许多其他事例都表明、证明、确定、无可置疑地展示和充分地说明了问题。那到底谁得益？外国人不言自明，而中国人，在很大程度上不关心这个问题。在中国，一概而论是不合适的，而且众所周知，不可能通过一个中国人说的话来确定他的想法或意思。相反，通过考察他所做的事情，往往会得出相当实际的结论。如果让中国人（包括士农工商四个阶层）自己投票表决洋人的去留的话，上述通商口岸，以及许多其他口岸的中国人，不是已

---

① 1 平方英里约 2.59 平方公里。
② 此处的"本世纪"，同一因由，指的应该是 19 世纪。

经一再表达出明确的态度了吗？

现在流行的观点似乎表明这种情绪是孤立的、零星的、偶然的和暂时的现象：天津的大屠杀是由这座城市里那些被称为"煞星"的暴徒造成的；突如其来的动乱几乎摧毁了镇江的外国人居留地，是由装载稻米的舢板船上那些难管理的船夫造成的；像遥远的长江港口宜昌府发生的一场突如其来的破坏性的闯入事件，是由帝国军队策划运营的，因此是不守规矩的行为；福州人的骚乱，是因为他们是"中国的爱尔兰人"，其中没有任何深层的原因；在广州，破坏性的、经常重复的激情骚乱和毁灭性骚乱是一个世纪以来误解和仇恨的遗产，而非典型性事件；而情绪激动的手推车夫或全体在上海的宁波人，不同时间和不同原因的骚动，应该仅仅是表明中国工人罢工权力的集中，以及强大省级行会行动中有凝聚力的民众特定条件下由感情和兴趣驱使的结果。

上述观点，在对中国和中国人有相当了解的人中相当普遍。但是，如果公正地看待所有的事实，就可能认为这些观点完全不适当和站不住脚。当人们发现一处群岛到处都有处于不同活动阶段的火山时，就可以合理地推断出这些火山爆发之间是有联系的，不管它们是否有机会同时发生。我们已经考虑中国广泛发生排外动乱的原因，只是比较久远和可能不太明显的原因或许可概括为医生所说的易感因素而不是有效因素。在各种各样的现象中可以找到更接近、更直接的根源，这些现象非常复杂，不容易弄清楚，而且可能没有一个人有能力对这些复杂的现象作完全充分的说明。不过，我们至少在接下来的章节中，试图做一些这方面的尝试。

第二章 难解之国际困局

凡是不辞辛苦研究中华帝国对外关系简史的人，都不能不为现在的条约是无数的武力长期缓慢地作用的结果这一事实所震惊。因为外国人最初来到中国是为了贸易，所以他们总是为了条约关系的权利而斗争，每次斗争主要是为了商业权利。中国人愿意允许商业往来，但他们只能容忍在距离政府所在地北京尽可能远的地方进行贸易，也就是在最远的中国东南沿海城市广州进行。多年前，笔者去陕西省旅行时，在省会西安府见到一份旧文件，发现这是对美国第一个定期派驻中国的公使德威士（John Wesley Davis）先生的原始指示。在这封信中，美国总统通知他的"伟大的好朋友"道光皇帝，说他已委托德威士先生"拜谒陛下"，转达其对皇帝陛下的美好祝愿。这可能是波尔克（Polk）总统在委任德威士先生时所抱有的不可能达成的目的，因为他的本意肯定不是道光皇帝到广州去接见德威士，并把他和所有其他外交代表留在广州，自己再回到北京。

即使有耐心，也很难读懂外国人和中国人在早期所经历的事情。中国政府及其从上到下所有官员的狂妄自大，简直令人难以忍受。对我们来说，现在似乎没有一个有自尊的国家会容忍一年。然而，有一次，一个美国水手不小心把一个盘子掉在船边一位老船夫的头上，他们不愿与中国当局发生冲突，这艘船的指挥官听从中国人的要求,把这个可怜的家伙送到城里交给中国人审判,结果被立即绞死了。东印度公司与中国人之间错综复杂的关系,充满了与广东当局之间潜在的、不可避免的纠纷。两广总督通常是由于处理凶猛和难以对付的"夷人"的本领而被选中的,这些"夷人"要忍受受冷落和受伤害。

在这种情况下,1840—1842 年的战争没有早点爆发,不能不说是个奇迹。几十年来,中国人一直习惯吸食鸦片,不愿、也可能无法戒掉,需求量越来越大。英国的鸦片贸易规模非常大,战争爆发时英国直接参与进来(尽管战争迟早会爆发)。英国许多最坦率的作家和政治家不仅承认,而且在议会上和许多公开场合宣称,在那场战争中,中国人的表现就问题本身而言,比英国要好。"就问题本身而言"——但这类战争不能"就问题本身而言",还有比鸦片贸易更严重的问题,它关系到整个中国的未来,统治中华帝国的那些无知而固执的人不了解这一事实。为了世界的和平,为了中华帝国自身的利益,中国人不可容忍的骄傲必须予以决定性的倾覆,只有通过人民和皇帝唯一能够理解的手段才能倾覆这种骄傲,这一手段就是军事力量。尽管经过深思熟虑,最终还是由英国独自完成了这一任务。那些持有这是只为自己的利益而不顾一切要开发中华帝国的观点的人们,常常忽略了这一重要事实。

威廉斯(Williams)博士认为 1842 年春天签订的《南京条约》①,无论是从政治、商业、道德还是理智的角度来看,是"人类历史上的转折点之一,关系到所有国家的福祉,影响广泛深远"。这个条约惩罚了中国皇帝,因为他拒绝以平等的权利对待外国人,断绝了外国人同中国贸易的希望,羞辱外国公使,否认正常交

---

① 误,实际签订时间为 1842 年 8 月。

往这一世界上其他国家认定的自然权利。条约新开了四个通商口岸，原因是英国人已经占领了，不可能驱逐出去。英国人需要一个港口来改装船只，因为他们在某种程度上已经占领了香港，所以香港就割让给了他们。二十年后，因为扩张香港的需要，又割让了一块大陆领土。在每一个新的通商口岸，都留出许多土地供外国人使用，由不同的国家管理。

由于任何外国人都不能按照中国的程序来执行中国法律，治外法权就是必要的，但很快这一权利表现为一种巨大的罪恶。随着这些外国人定居点变得越来越繁荣，生意越来越多，数以万计的中国人涌进了上海的外国租界，中国自己的官员对上海行使着有限而迂回的管辖权。这种"国中之国"出现摩擦，一定程度上是不可避免的，而且在"会审公廨"中，无论是外国的还是中国的有关官员，只要指出不合理的问题或蓄意阻挠，这种摩擦就会大大增加。与日本人相比，中国人对与领土以外权利相关的不平等和附带的不公正，远没有那么敏感，日本人经过积极的斗争，已经完全消除了这种不平等；但毫无疑问，治外法权对数百名中国官员、对成千上万的中国臣民以及中央政府来说，始终是眼中钉、肉中刺，因此总是想到自己短视、虚弱以及在其他国家面前的自卑。

1842 年的同一条约还准许外国人进入广州城，其他几个通商口岸也是这样。但是当地官员不愿意、很有可能也无法控制百姓反对外国人进城的情绪，所以五年时间里，这一问题悬而未决。当一位英国海军上校带着几艘战船俘获了控制珠江口的虎门要塞的所有大炮之后，中国政府被迫同意给外国人更大的居住空间或货栈用地，并同意城门和其他地方一样，在两年内对所有外国人无条件地开放。但在指定的时期结束时，皇帝命令总督俯允民众的意愿，不履行原本的那个约定。由于英国政府所要求的权利似乎不是很明确,广州的英国人接受了伦敦的指令,没有对此事施加压力,直到1857—1858年广州沦陷后,他们才最终获取了自由进入广州城的权利。

从广东的个案看,有辨别力的读者很容易看出,虽然表面上在不可抗拒的外国势力的压力下,局势不断地发生着变化,但中国人的抗拒在本质上仍一如既往。在中国明确"开放"后不到十五年的时间里,英国人的抱怨日益增多,日积月累,愈演愈烈,另一场战争不可避免。正如前一场战争公开显示的,第二次战争同样毫不顾及中国人的要求,漠视世界其他国家的意见,这样说是基于学术问题的说法,以求多方面提出公正批评。麦卡锡(Justin McCarthy)先生不会涉嫌偏袒中国人,但他在《我们时代的历史》中宣称:"事实是,在强国与弱国的交往中,很少有过如此明目张胆、如此不可原谅的无法无天的例子。"一般说来,英国的立场和主张是对的,战争是不可避免的,但它充满了一系列令人遗憾的事件,所有这些都刺激起中国人的民族自觉意识,他们继续无视自己一再明确的承诺。1858年,经过轻微的抵抗,大沽要塞被攻陷,不久之后,双方在天津签订了一项条约,中国人害怕如果不这样做,会有更坏的后果,于是投降了。额尔金(Elgin)勋爵在他的日记中提到:"要和一些毫无理性、充满恐惧,同时又对正在讨论的问题和自己的真正利益一无所知的人打交道,对于一名谈判者来说是痛苦的"。

第二年,要交换英国、法国和美国条约的批准书,其中的前两个条约明确指定北京为交换地点。中国人同意了在北京交换前两个条约批准书,因为似乎没有其他办法,但他们同时大大加强了大沽要塞的防御力量,封锁了白河,当英国舰队按照约定进入天津时,遇到了顽强的抵抗,因没有准备,登陆时部队被击退,损失惨重,89人被击毙,345人受伤。

大沽炮台(外景)

大沽炮台(内景)

直到一年多以后,英法两国作为盟友,再次占领了大沽要塞(从后方),并强行进入帝国首都,迫使签署了一项新条约,标志着一个新时代的到来。在这一重大事件中,出现了许多似乎反映中国人与其他民族不一样的奇特现象。天津和通州,这两个仅有的通往北京的必经城市,为了自己的利益投降了,为侵略军提供了补给,条件是城市本身不受侵扰。英国军队最有用的武器之一是广东苦力团,他们极其愉快、成功地完成了宝贵而又不可或缺的工作。当其中一些苦力被中国军队抓获后,不是被立即斩首,而是被剪去辫子送了回来。中国人背信弃义,逮捕了赴通州和谈的巴夏礼(Parkes)一干人等,作为"一种郑重报复",英法联军完全毁了皇帝的夏宫①及其周边的皇帝行宫,只是在最近几年,这些被毁掉的皇帝行宫才得到大规模修复,毫无疑问,由于那次暴怒下的毁坏,只修复了一部分。

就这样,通过一系列条约,中国政府被迫与世界其他国家建立了关系,通过最惠国待遇条款,与中国建立关系的每个国家都能分享其他国家得到的所有好处,用丁韪良(Martin)博士那句巧妙的比喻来说,就像河中的船只一样,只要通过一个水闸注入少量的水,都能升到同样的高度。

为了正确评价中国人以后的行为,有必要考虑中国人对各种问题的看法。所有这些问题都在条约的范围内,每一条都进行了无休止的讨论和争吵。《天津条约》是同四个国家签订的,合并关税是其中一部分,因此除非所有签约国家将来某个时间联合起来统一修订,任何条款都不能修改,中国人对此几乎一无所知,但一

---

① 皇帝的夏宫(Summer Palace),实际是指 Old Summer Palace,即圆明园,而非颐和园。

且签字画押，就会被束缚住手脚。这种情况仍在继续，而且很难说对中国几代人产生了多大的影响，使他们在外部施加的限制下，严格履行条款变得焦躁不安。如果我们假设情况反过来，我们自己的国家被迫承认每一种货物都按值百抽五统一征收关税，我们很快就会认识到，要为国务卿、陆军部长和海军部长安排大量工作。

在中国南方兴起、以澳门港为中心的苦力贸易，给中国带来的难以解除的痛苦，在同时代的历史上，几乎无与伦比。自《天津条约》生效以来，特派使节已被派往古巴和秘鲁，他们的报告完全证实了对这种"劳工制度"及其伴生物的最严厉的指控。实际上，中国人的原有理念一直是那些人自愿移居国外，才失去了保护，无论发生什么，都是他们自己的事，与北京的满族政府无关。但是，当国际法教科书传授给中国人时，他们逐渐意识到他们的同胞所遭受的极大委屈，这种委屈在美国和澳大利亚仍时有发生。个别美国人在中国受到不公正对待时，美国政府即将其视为一个"案件"，并予起诉直到公正解决为止。而当中国人在罗克斯普林斯（Rock Springs）和许多其他矿业城镇被成批地屠杀，美国人常常认为告知中国公使或任何像李鸿章那样爱管闲事的官员，说在一个"地区"出现了特别行为，其中有一部分是政府控制松散、不完善的中国人定居地，就足够了。要不然就说这些行为发生在一个根据美国宪法，合众国政府完全没有管辖权的"州"。无论在哪一种情况下，在国外渴望平等权利的遇难人的朋友或受伤的中国人满怀热情地回到了自己的土地上，在国内却享受不到平等权利。本地报纸日益增长的影响力和急剧攀升的发行量，像我们先进文明的"黄色期刊"一样，充满令人动容的虚假报道，给了这类抱怨一个重要砝码，填补了一代人完全缺乏的空白，报道这样一个案例,也许会成为一种繁殖力极强的微生物,稍后可能有意想不到的收获。

可以说,《天津条约》把中华帝国引入了她自己不希望、违背了其意愿的"兄弟国家"关系之中,中国的统治者对这一关系毫无所知,更不予关心。但是,在被迫进入这种关系之后,中国人以他们天生的韧性,开始适应他们的新环境。从签订《天津条约》到1900年春天的义和拳乱的四十年,为叙事方便起见,可以分为五个主要时期,每一个时期都有一次对中国和外国人均具有重大意义的事件。其中第一次从1860年延续到1870年6月的天津教案。在这个十年的前五年里,中国仍在与太平军斗。后五年,派出蒲安臣使团(Burlingame Mission)往西方各国,以强调和扩大"兄弟国家"的概念,但特派使团的主要代理人(特派团的名字就是以他的名字命名的)的死亡,使人们对特派使团寄予的希望破灭了。

这五个时期中的第二个始于1870年。1875年,一位名叫马嘉理(Margary)的年轻英国官员在一次穿越云南至缅甸边境的官方旅行中,在当地中国官员蓄意纵容下被谋杀,差点造成中英之间的决裂。威妥玛(Thomas Wade)爵士降下公使馆旗帜,离开北京去了烟台。不久之后,李鸿章也跟随去了烟台。四分之一个世纪以来,困难条件下的"和平谈判"的重担,一直压在李鸿章身上。威妥玛爵士是一位"老中国通",对中国及其语言有着长期经验和渊博知识,但他脾气暴躁,对问题的判断往往古怪。现在再来提出一些当时可能能够解决的问题,是徒劳的。不过,鉴于当时英国的声望,以及那时候其他列强尚未站在外交舞台上的情形,在这次谈判中,即便不说英国占据主导地位,也很容易得到如下结论:英国不会放弃在中国播下伟大变革种子这一极其宝贵的机会,但结局是除了增开了几个通商口岸,几乎毫无所获。

正是在这一时期，著名的教育使团（Educational Mission）被派往美国，这主要是容闳先生影响的结果。容闳既是中国人，也是美国人，他是耶鲁大学毕业生，一个真正热爱他中国同胞的人。当时的计划是，选出一批中国年轻人，接受西方的教育方式，以便引领新的中国复兴。这个计划执行得满怀热情，有洞见力，也很成功。但这种成功最终又成为某种意义上的失败。这些年轻人变得美国化了，他们清楚地认识到中国传统观念的错误，并且充满了要立即将他们的新思想和新理念渗透到具有中国保守主义惰性的民众中去的热情。很显然，这种情形被一位新的留学监督发现了，他马上命令所有学生立即回国①。在国内，他们简直就是没有家园的年轻人，是思想狭隘、束手束脚的道台们暴政的对象，道台们希望他们认识到，老旧中国不能也不会容忍他们新获得的外国观念。他们后来的经历令他们自己和推动派他们出国学习的人都感到失望。他们中的许多人在有限的范围内做得很好，但没有一个人得到应有的机会或发挥应有的影响。其中最勇敢和最有希望的人之一金大廷先生，很可能是在义和拳袭击天津外国租界时被误杀了。

毫无疑问，这一旨在照亮中国黑暗的充满希望的努力，产生了一种令人遗憾和始料未及的效果，那就是让一大批具有影响力的中国官员越来越清楚地认识到东西方思想之间"不可调和的冲突"，并增加了他们对盛气凌人的西方人的怨恨。人们在某种程度上对这种情况形成了共识，尽管当时尚未完全验证，但后来看

---

① "新任监督"应指 1876 年担任留美学生监督的吴嘉善，他与原留学生监督陈兰彬一样，认为学生在美国行为放荡，淫逸无管束，习洋教，继续在那里学习有百害无一益，再三陈请政府撤回留学生。最终是清政府听从了吴嘉善的意见下令撤回全部留美学生，并非是吴嘉善本人下令撤回的。

得越来越清楚了。

同法国长期断断续续的战争，标志着这一时期的结束。这场战争在中国方面看来是由法国的侵略引起的，在法国方面看来是由中国人的顽固和欺骗引发的。中国人第一次学会在战争状态下区别对待不同国家的国民，并同时保护所有非战斗人员，甚至包括法国人。在列强的一致同意下，上海没有受到干扰，敌对行动仅限于不太重要的港口。法国人把谅山（Langson）战败归结为是中国人造成的。谅山是东京（Tongking）①北部边疆的主要堡垒，法国在这里损失惨重，大败撤军。中方提出恢复谈判，但法国方面大为恼火，要求中国政府赔偿。法国的要求被拒绝以后，事情落到了海军舰队司令孤拔（Admiral Courbet）的手中，他首先封锁了台湾海岸，接着率舰队到了距离福州十英里②处的海面上，在这里，他的九艘战舰遇到了十一艘中国木船，他要求福州要塞和舰船全部缴械，尽管那时双方还未宣战。几分钟之内，除了一艘中国船只外，其他所有中国船只都被摧毁，三千名中国人丧生。福州英华书院（the Anglo Chinese College at Fu Chou）教授施美志（Geo. B. Smyth）在《北美评论》（*the North American Review*）的一篇文章中称："死者的尸体随着潮水漂向大海，其中许多尸体又被逆流冲回来，数天时间，福州下游二十英里，要在战船泊锚地和大海之间的任何地方渡过闽江，几乎是不可能的。没见有人说法国背信弃义和野蛮行径多么可怕。这座城市的人们被激怒了，若非美国和英国的炮艇在外人定居点外抛锚保护，外国人定会遭到袭击。"对中国人来说，这场旷日持久的与法国的斗

---

① 东京，今越南北部一部分地区的旧称。
② 1 英里约 1.6 千米。

争很重要，因为它表明，外国人已不再是不可抗拒和不可战胜的，而公正的旁观者也认为，中国有足够的理由掀起民族仇恨。

在随后的和平之后，中国以老办法混日子。一些有影响力的人物上奏坚持要求修铁路，电报在数年前已经大规模铺设了。其他一些有影响的奏折则提出了相反的考虑，虽然当时上谕正式批准了修建一条从天津到北京的铁路，但各种势力明争暗斗，相互扯皮，无端消磨了时间，什么也没有做。不过，从唐山煤矿到与白河相连的运河口的几英里铁路，在负责的英国工程师金达（Kinder）先生谨慎而睿智的管理下，逐渐发展成一条贯通天津的铁路，取代了运河，给中国人上了一堂有价值的示范课。如果其他引进西方创新的人能像金达先生那样耐心、足智多谋、讲究策略，那么由此产生的摩擦就会少得多，进步也会大得多①。

1891 年夏天，长江流域发生了一系列可怕的骚乱事件，造成数名外国人丧生（并非所有受害者都是传教士）和大量财产损失。那一年发生的事件对九年后的大暴乱有重要影响，大多数动乱都有着广泛而持久的成因。关于这些成因，我们稍后详细说明，这里需要指出的是，在中国消息灵通的外籍人士之间随后进行的大量讨论中，对于事件的起因以及骚乱事件本身的真正意义存在很大分歧。这一事实特别令人感兴趣，因为它说明了理解中国当代历史的复杂现象异常困难，说明了谨慎判断的必要性。

与日本的战争（1893—1894 年）标志着第四个时期的结束②，战争的结果对中国来说极为重要，因为这场战争刺破了"中国泡沫"，向那些了解事实的中国人证明了中国就好像是北京巨大城

---

① 事实上，金达的背后是洋务派重臣、直隶总督李鸿章顶住朝廷保守势力的压力，巧妙斡旋、力争的结果，金达只是技术上的支持。
② "（1893—94）"，原文标注如此，事实上，中日甲午战争一般认为是 1894—1895 年。

门之上的塔楼入口装饰着彩绘大炮口的四十八扇木制百叶窗；证明了中国是个空心大萝卜，是一把好看的木头做的枪，是个受制于"倭人"种族的巨人。她的军队没有薪水，伙食很差，装备落后，将帅无能，除了溃逃，还能做什么呢？中国所有最好的朋友，都希望她为了自己的利益重整旗鼓，但都非常失望，当她被揭露出无可救药的腐败行为时，大多数人都厌恶得说不出话来[然而，这些人中也非所有人都这样。已故的帕克（Park）教授就曾坚持先前的观点，因为他一直坚持认为，从长远来看，中国必将崛起]。"经历是一所昂贵的学校，除此之外愚人学不到东西"，这句谚语由来已久。尽管这是过去的说法，但现在似乎有充分的理由认为，中国最终也不会例外。当一头鲸鱼背上插着鱼叉，鱼叉绳索末端是一艘捕鲸船的时候，没有一部自传体小说会叙说鲸鱼的感觉和情感。拿中国来说，有几艘船上的船员一心一意要从这只搁浅的怪物身上搞到大量的油，有谁知道她的感受和心境？台湾已经损失，一笔巨额赔款要用"现款"支付，而比巨额赔款、现金支付任何一种赔偿甚或两种形式的赔偿都大的危险，已清晰可见。在中国，一些有能力的人清楚地意识到国家烦恼的根源，难以计数的奏折提出了振弊起衰或缓和危机的建议。看出船在什么地方偏离航道漂进了激流，并不是难事，但能否抵挡住不可阻挡的洪流，把船驶向正确航道，又是另一回事了。

在这之后的一段时间里，西方国家和中国之间长期存在的误解，或者说不可调和的争议的根源之一，依旧是觐见的问题。对于不了解东方事务的人来说，一旦外国公使获准觐见了，在北京以什么样的礼仪被接见，似乎是小事一件。但是，所有国家的政府都正确地认识到一个史无前例事件的重要性，即 1873 年 6 月，年轻的中国皇帝以符合各自身份和职务的方式接待了来自西方兄弟国家的使节，不仅省略了"磕头"这一礼节，而且把中国历史上众多的附属国与这些平等的国家区别开来。但是，即使是在经过了长期而激烈的斗争之后取得的这一胜利，也并非完全的胜利，因为安排了一个特别不适合接见使节的地方，人们认为这与朝贡使臣待遇相关联。这些难题最终逐渐解决，并于1899年初取得了完全胜利，皇太后在一个特殊的地方接见公使们的妻子，以非常亲切和尊重的姿态，亲自欢迎她们每一个人，并向每个人真诚地轻声说出了"天下一家"的格言。几个小时后，她们带着太后送的一些漂亮礼品，满怀对皇太后陛下的赞赏和对中国的希望之情，离开了接见地。应外国公使夫人们的请求，皇太后1900年初又以同样的条件接见了她们。然而，五个月后，太后就下谕旨，命令她人数众多且不断招募的部队，将克虏伯炮弹、毛瑟枪和曼立夏（Mannlicher）子弹射入这些西方公使馆女士们的居所，以期迅速消灭公使馆的外国人，只留下中国人（包括满人）"一家"。

公使夫人觐见慈禧的大厅（仪銮殿）　　慈禧接见各国公使夫人的宫殿入口

如此看来,"兄弟国家"关系是三十五年来强制得来的,终于酿成了恶果。从聪明公正的外国人(如果有这样的外国人)的立场来看,中国遭遇的灾祸是"咎由自取"。她应该遵守她签订的条约,遵从理智,在适当的时候接受明智的建议。从中国人的角度来看,她遇到的大多数麻烦都直接来自她不想但又无法逃避的条约,而这些条约编织的网眼正在逐渐缩小,束缚越来越紧。从中国人的立场出发,由于他们的经历、知识、预见和洞察力的局限,应该痛恨叫做"条约"的这个东西,并且对那些把中国束缚在这个贪婪的大暴君奴役下的人充满愤怒和怨恨,怨恨那些人总是要求不可能给予的东西,然后因为一些被拒绝或未完成的事情而敲诈更多,难道有什么奇怪吗?额尔金勋爵曾说过一句意味深长的话:"这些人什么都怕,就是不向理性低头。"这句话本身就包含了中国到本世纪末的全部历史①。

自《马关条约》(Treaty of Shimonoseki)签署以来的短暂而重要的几年里,仍充斥着直接或间接导致这场晚近大动乱灾难的事件。不过,这些事件要放在后面的章节中来叙述了。

———————

① 这里的"本世纪末",指的应是 19 世纪。

第三章　基督教在华境遇^①

在考察中国人对西方人的敌意时,试图在双方之间划出一条界限既不可能也不可取,因为从本质上讲,他们基于同一立场。中国人不喜欢那些不是中国人的人,最基本的理由就是他们是外邦人。不管早期王朝时期是什么情况,在满人统治期间,他们一直嫉妒和猜疑外邦人。满洲统治者还记得,他们自己的祖先是如何毫不费力地踏进皇城和富丽堂皇的宫殿的。他们怀着一种并非不自然的嫉妒,希望与任何显示出有能力做到这一点的列强保持距离。作为王公贵族的皇族的这种强烈感情,很容易传播给帝国的其他民众,因为在中国,王公贵族是容器,民众是水,如果容器是圆的,水就会是圆的,如果容器是方的,水也是方的。

但就基督教而言,必须承认,中国人不信基督教有某些特殊的原因。可怕的太平天国叛乱,一度蔓延到帝国大部分地区,在十五年里,蹂躏了最富饶的省份,摧毁了最大的城市,这一切可以说源于太平天国的创始人洪秀全读了一些基督教书籍,并经常与几个中国基督徒及美国传教士罗孝全(Roberts)谈话。太平天国的目的之一,就是摧毁偶像,实行另一种不同形式的崇拜,他们这种崇拜形式很快就开始堕落、任性、亵渎神明。几个月后,这场伟

---

① 本章的"基督教",指基督新教。

大的运动的本质暴露无遗，在此之前，有许多外国人公开支持这场运动，认为如果正确引导的话，它可能取代清王朝再造中华帝国。但太平天国领导人的过分自命不凡和荒谬主张，很快让人们认为这是不可能的；所有外国人对这场运动的兴趣很快降到零下四十度。不过，也有许多外国冒险家出于唯利是图的动机帮助它，与这场运动相关的一切，都不能不增强人们对西方人的反感，以及对基督教教义的怀疑。

数百年来，中国人或多或少地知道了"天主"的宗教，而基督教信仰只是在过去半个世纪里才广泛传播，在中国历史的表盘上，这是一个短暂的时期。罗马天主教徒，都有外部和可见的一致性，基督教徒似乎完全没有这种一致性，他们来自没有人知道的地方，没有人能说出他们为什么来，他们分散居住在帝国所有省份，他们匆忙地到处旅行，一般是销售书籍，经常分发药品，不断宣教，让大多数人多多少少地产生了这到底是怎么回事的猜疑。十三年以前，笔者和一个同伴在通往山东省会的一条主要官道上旅行，一个蹲在路边的老人阴沉着脸凝视着我们，在我们经过的时候，他喃喃自语地说："怎么没完没了啊！"从他的脸上很容易明白他的意思，这在中国绝不是一件普通的事。他可能还记得早先整个地区没有外国人；然后是一年一次，或者两年来三次外国人。从那以后，他们开始成对出现，后来成群结队地出现，其中还有外国女人和孩子，而现在就成了"没完没了"了。他不喜欢现在这个样子，为什么？他也许能说出来，也许说不出来，但很明显，他认为他陷进了不幸的岁月里，今不如昔。

不喜欢从大洋另一边来到自己国家的人，这是一种本能。中国文人的反感情绪更为明显，在他们看来，这些外来人试图向中国引入可与古代圣贤相竞争的"教诲"，认为不管什么东西都可以

27

增加中国人的智慧。对于正统的儒家来说，这是一种狂妄的观点，就像在基督徒看来有人认为新约附录应该与其二十七书同等价值一样①。典型的儒家对这种新传入的教诲所表示的轻蔑、惊奇，本身就包含着基督教传教士在中国所经历的种种麻烦；就像一位有经验的北美印第安人宣称一桶威士忌可举行"一场古歌演唱会，打五十场仗"一样。在中国，社会力量的平衡总要依靠文人阶层的代表，文人阶层包括普通的学校教师和毕业生，以及退休官员——他们居住地区的绅士首领。当真正的官员和文人阶层在任何实际问题上不一致的时候，就像山风吹来一定会搅动浅湖的水一样，文人们就一定会把居住地的民众拉在身边。正所谓"风吹草低头"。说所有反对传教士的骚乱都是由文人直接煽动的，尽管有时可能是过于普遍化的概括，但总体上看，的确如此。

基督教传教士各式各样的宣教活动，任何时候都与全中国各阶层的人混杂在一起，所以就会不可避免地在某些场合冒犯了最洁身自好的儒家知识分子。并非所有传教士都同样谨慎并富有经验，即使是最友好的中国人，可能都会因为一个不经意的表达而疏离，很少中国人一开始就可以说是真正友好的，可期待的最好状态是不偏不倚的中立。如果有基督教传教士轻视孔子和孟子，或低估孔子和孟子在中国难以估量的作用，持中立态度的那些人对此既不会指责，也不会相信。这些情况曾经出现过，现在也还存在，这两种情形中的任何一种，都可能导致非常不幸的后果。事实上，有许多传教士在中国待了很长时间，对他们来说，要向非基督徒听众讲述中国的历史和文学，不存在多讲或少讲的问题，而是越来越难做到了（正如人们可能预期的那样，并非越来

---

① 这里的"附录"（appendix），疑指《次经》（secondary scripture）。

越容易）。

事实上，基督徒拒绝遵守这个国家的习俗，被视为是令人可憎、不可宽恕的过错，文人尤其这样认为。中国有一句古老的谚语，即"入乡随俗，入国问禁"。如果到了某个地方就要遵循当地的风俗习惯，避免触犯任何理由的禁忌。但这里有一些对中国人不了解的先生，故意迷惑中国人，现在把他们变成了极难管束的不守习俗的人。在帝国庙宇的某些地方，拜祭和偶像崇拜比在其他地方重要得多，但在任何地方，最关键的是如何对待祖先崇拜这一问题。在这一点上，严格的习俗和开明中国人的道德认识，仍然有不小的差距。

或许我们在与中国人讨论这个问题的方式中，还有很多不恰当的地方，许多未经证实的假设并非不可能实现；特别是当基督教直接提出一些仪式的时候，而这些仪式是中国人自己从来没有过的，很可能也向他们解释不通。在必须使用的中文词汇中也存在一种含糊之处，因为翻译过来的"礼拜"这个词，也表示"尊敬"或"礼数"。也许处理这个难题的最佳方式将是历史上的一个方式，这种方式可以证明（正如中国基督教学者所做的那样）现在的用法既不古老也不具权威性，基督教并不忽视中国祖先崇拜思想的真正内涵，实际上，可以在不违背道德良心的情况下，以完整的方式予以表达。但这种表达方式即使没有致命的也有严重的障碍。那些能被劝服去听基督教主张的人，大多数都不了解历史上的方式，因为他们中大部分人没有受过教育，许多人甚至不能阅读。在这种情况下，对待这些人就像对待孩子一样，先给予他们足够的指导，要他们理解对他们的道德要求，之后即传达"绝对命令"，告诉他们应该或是不应该如何，至于说应该或不应该如何的理由，只能让他们以后去慢慢理解。

我们现在既无意为中国基督教会在祭祀祖先上的普遍判定进行辩护，也无意通过某种中庸的办法去寻求如何将对人的崇敬和对上帝的崇敬结合起来，使两者互不妨碍。我们的目的只是要清楚地表明，我们认识到基督教会（基督教和天主教一样）当前的做法是在中国传播福音的一大障碍，而且也许是导致中国人敌视基督教的一个最重要的原因。

古伯察（Abbé Hue）的《中国内地、鞑靼和西藏的基督教》(*Christianity in China, Tartary, and Thibet*)一书，内容精彩，论说坦率。作者在书中记述了康熙皇帝与科隆主教颜珰(Maigrot)关于中国祖先崇拜仪式的真正意义的谈话。在与那位固执的主教争论了很久之后，康熙皇帝想检验这位主教的所谓汉语言知识，就提议他去读觐见大厅上的四个字。根据他的对手耶稣会士所说，他只能读出其中两个字，而且不能解释任何一个字的主要意思（这丝毫不影响他完全有资格就此问题发表意见，甚至也丝毫不影响他通晓中文的资格）。然而，皇帝的设想自然是：一个不会解读一块匾文的欧洲人，没有权利把他们自己惯常做法的意义传授给中国的学者。颜珰主教无疑很窘迫，只好闭嘴不说什么了，而康熙是胜利者（作为皇帝，应该是这样的），但前者肯定有他自己的想法，其中之一就是这种性质的问题是不能以这种方式最终决定的。无论是皇帝的意见，还是教皇的训谕，最终都束缚不了受过教育的中国人的道德心。同时，基督教方面也存在严重缺陷，许多人对中国语言毫不了解，从未利用第一手资料研究中国祖先崇拜的问题，从不顾忌自己的盛气凌人，很容易自我满足。所有的麻烦都是由于外国传教士的不合理的执拗，以及跟从他的中国人过分的顺从造成的。

在春节和清明节扫墓时，在婚礼以及葬礼上，基督徒拒绝遵行被他们视为祖先崇拜的仪式,因此很容易受到严重的迫害。有的甚至被赶出家门,剥夺所有的财产,驱逐出他们所属的宗族和他们出生的地区。对于这些教徒的牧师来说,当亲眼目睹这些事件的时候(这些事件严重程度有所不同,但经常发生),如果不努力修正条约以明确保障中国基督徒的权利,就太冷酷无情了。在有些情况下,牧师保障中国基督徒所享有权利的行为,或多或少是在激烈斗争之后才得以实现,教会因此可能会获得一定程度的宗教自由。然而,在许多情况下,最好的结果是终止了双方积极的敌对行动,不过,只要他们触犯了反基督教一方的利益,新的威胁就又来了。我们所说的迫害,很明显通常与财产权纠缠在一起,还伴随着很多几乎无法解决的复杂问题,通常很难知道怎么做才是解决这些问题的最好办法。那些最不愿意找中国衙门解决问题的人,有时会发现自己不得不这样做。有时候,对于一个案件,到底是必须插手干预,还是最好置之不理,其中的界线就像纬度的平行线一样难以确定。

中国人的品性中,最突出的特点就是对无法改变的问题有着极大的忍耐性。其另一个最重要的品性特征是复仇的渴望(这一点在今年①是最突出的),复仇心有时会被珍藏一辈子,甚至是几代人。在中国这样的社会里,如果结仇的一方是像加入基督教这样另一种社会的人,那么就必定会有复仇行为发生。这些复仇行为发生的机会,和人类的利益关系一样多种多样;在基督徒看来,他可能认为他做的绝对是正确的,他可能被一种特别可耻的方式激怒,比如干涉婚礼,或者更糟的是干涉葬礼,事后却没有得到任何补偿。但是,如果他试图得到补偿,他就有可能成为迫害他的

---

① 指 1900 年。

人的死敌，当那些人的机会来了，他们将加倍报复他，就像义和拳乱期间到处发生的事情那样。他完全无辜，甚至连做错事的意图都没有，但这个事实救不了他，就像避免不了耶稣受难，或者救不了在那以后世界上任何时代基督的信徒一样。但是，所有关于中国人的案件，几乎都和当事人的轻率行为或言辞有关。许多中国人的精明、恶意、执拗和虚伪，一旦汇成攻击敌人的念头，结果就是：火一旦烧起来，想灭也灭不了。"无论是石头砸缸，还是缸砸石头，出问题的都会是缸。"前面这些情形，在任何基督教会的分支机构都是一样的。

在像中国的基督教这样快速增长的大团体里，肯定会有一些动机不纯的人夹杂其中，他们的动机并非是"追求教义"，而是想与有影响力、看上去富裕的外国人交往，从而给他们带来好处。他们中的一些人在被发现和驱逐之前，必然会使他们所加入的这个团体名誉扫地。据我们所知，基督教会所有宗派的普遍做法是无论如何都不鼓励吸收这种人，但毫无疑问，已经加入教会的这种人，对教会造成了直接和间接的伤害。在普遍敌视"外国人教导"的时代，这样的事情是不会被忘记或原谅的。怀有偏见、偏心、害心和低效的地方官，总是对坚持纠正错误的宣教士怀有敌意。当社会一切安然、风平浪静时，他会把自己打扮成基督教的忠实朋友（尽管也反对法国人贪婪的要求），但是一旦风暴过去，同一个官员就会轮番召集绅士和村里管事的，告诉他们所有人自己对所有洋鬼子毫无保留的敌意，说现在是永远把他们赶出去的时候了。

凡是在保护财产方面发生摩擦的地方，凡是在基督教差会有机会购买房产的地方，总是会有一些愿意借助暴力算旧账的人。不愿甚至拒绝参加寺庙中的祭拜，虽然远不及与宗族有关的事情重要,但也肯定会招致那些关心这一"传统信仰"财务的人的批评和恶意攻击。

坚持要求抵制为看戏或举行大型道教仪式按比例捐款,必然会激怒众多中国人。如果演戏或道教仪式因为这个原因而被放弃,主要的参与者和公众都会憎恶抵制按比例捐款的人,他们总是渴望在中国枯燥的日常生活中得到一些刺激。如果基督徒袖手旁观,不缴纳摊派给他们的捐款数额,其他人就必须付出更多;一般说来,中国人热衷于看戏,无法忍受戏曲表演的诱惑,看戏对他们来说,就像人坐在电椅上,身体会不自觉地随着电流涌入身体而颤抖,所以,即使抵制分摊捐款的基督徒在观众最外围看戏,也会招致很大麻烦。佛教和道教的神职人员并没有早日普遍地认识到基督教与他们这些宗教关系的本质性"区别和误解",仅仅展示了在寺庙和公共仪式中显示其信仰的愚钝。人们普遍注意到,在义和拳乱期间,佛、道教神职人员有时成为这场叛乱的领袖,甚至是非常有名的领袖。不过令人感到奇怪的是,在很久以前,并没有发生这种情况。

当大量的西方人在不完全熟悉中国语言、礼仪、思维模式和知识的前提下,开始确乎是普遍、大规模地宣传像基督教这样毫不妥协的道德和教义体系,必定会不自觉地引起中国人对他们的成见,认识不到这一点,是不公平的。如何将福音最好地呈现给非基督徒中国人,那些终生献身宣教事业的人,也几乎没有人承认他们已经得出明确结论。他们认为,无论基督教提出多么崇高的教义主张,都不可避免地会在中国遭到抵制,就像在其他地方遭到的抵制一样。或许这个帝国里反对基督教的情况,在其他地方也都出现过。但是,即便如此,也并不能改变基督教倡导者在中国人心目中的野蛮形象,或者得到中国人的更多关注。

　　基督教在华宣教著述可以从不同的角度来看待。当把它与数千百万人的需求相比时，应敏锐地觉察到它的贫乏和不足。当把它视为一种成长过程而不是一种产品时，它至少是已经取得了进步而且充满希望。但不可否认的是，就整体而言，它与尼布甲尼撒（Nebuchadnezzar）的塑像很相似，尼布甲尼撒塑像是由金、银、铜、铁和泥塑成的。九年前，一位受外国教育的作家在上海一家日报上发表了一篇严厉抨击基督教的文章，把宣传基督教的著述称为"令人费解的一团漆黑"。这是一种自相矛盾的指责，因为令人费解的一团漆黑至少没有什么害处，而且随着有了光亮，漆黑就会自动消失。在过去的几十年里，各种各样的教会和圣经社团的小册子在中国各地流传，数量几乎无法计算。很难说它们产生了什么影响，但可以肯定的是，他们已经传播了很多光明，唤醒了许多麻痹的头脑和灵魂。另一方面，有明显的迹象表明，大量散发宣传基督教小册子的活动，引发了一位湖南乡绅笔调辛辣、淫秽不堪的反基督教小册子问世①，并广为散播。这也许可以显示出散播手段已经变得多么有效，但它同样也提醒聪明人要严格自我约束，避免偶然失误，造成恶果。

　　几乎所有人都把西医当作基督教的仆人，这比其他任何单一宣教事工都更有助于消除中国人的偏见，但利用西医传播基督教，也并非只有益处。大量对中医感兴趣的人，都在行医和销售中药过程中尽最大努力诱使疑心重、肯轻信的人对外国人产生偏见，他们巧妙的"收买人心"的计划尤其如此。西医无法治愈一些不治之病，有时外科手术也会带来不幸结果，尤其是有人广泛散

---

① 指周汉撰写的以《鬼教该死》为代表的号召民众反基督教的宣传册，这些小册子语言粗鄙不堪，极力煽动恐怖主义，影响极大，引发了许多反教排外事件和长江流域传教士及外籍人士的恐慌。周汉因此被湖南巡抚陈宝箴查办，系狱十余年。

布关于外国人的未加掩饰的谣言、治疗方法和方案，即使是在广泛而辉煌的医疗工作面前，也显示出在医院和诊所利用西医传教的难度有多大。通过对半个世纪以来的数据进行整理，汇总治疗的次数，对通过医疗工作逐渐化解偏见和将仇恨转化为温馨情谊做出合理的估计，总的结果自然是令人欣喜的。然而，当民众的盲目愤怒被激起时，诊所和医院可能首先遭到破坏，没有人站出来以他们自己的经历，说明西医值得信任，应该继续开办。文人们在力所能及的范围内反对建造西医医院、诊所的情况并不少见。而另一方面，各级官员赞助开设西医医院和诊所，他们是西医的常客。在过去的一代人中，通过西医医疗所取得的成就是不可估量的，未来还将带来丰硕的收获。

基督教组织的多样性已经被认为是造成中国人困惑的原因，因为这些组织在行动和方法上缺乏协调。然而，有一点很重要，那就是要警惕一种错误认识，即认为中国人从他们所看到的现象中推断出基督教内部充满相互矛盾，各自为政，行动不协调、不统一。关于这一点，我们可以毫不犹豫地说，这是一种西方人认定的中国人观念，有别于中国人头脑中自然产生的观念。中国和中国人的基调是多元统一。他们看到基督教以各种不同的方式呈现，并不会感到惊讶或不舒服，就像他们看到自己的"八卦"（Eight-Diagram）一样，每一个符号都是神秘整体的一部分，而神秘整体是由各个部分的总和构成的。只有当基督教的不同派别相互忽视，或者可能相互对抗时，才不符合中国的协调统一意识，我们自己也是这样。因此，重要的是，应革故鼎新，除旧布新，以便最大程度地高效率开展工作、节省劳动力，从而获得最佳的结果。

基督教教会的组织体制及其长期在华传教的方式，使中国人没有任何理由怀疑他们是任何形式的政治机构。在基督教会的管理中，以及在处理与非教徒的偶然关系中，教会曾经并且仍然存在着许多不道德、不完善甚至是错误的地方。然而，在指出了可以如实指控的最坏的情况之后，仍然可以这样说：所抱怨的罪恶是次要的，而且随着时间的推移，其中大多数都会自然地日益减少。而且，任何一个罪恶，或者所有的罪恶加在一起，都不会影响到百姓之间日益友好的关系，也不会影响到明智的官员更加宽容的态度。

在甲午中日战争结束后的五年里，中国人朝着更好地了解基督教差会的性质和目的的方向变化了。基督教各差会发表的著作，特别是"同文书会"出版发行的著述①，已经传入皇宫，并在排外势力强烈的湖南争相阅读起来。如果光绪皇帝 1898 年计划的改革哪怕是部分落到实处，那么基督教传教士们的著作和教导在中国历史关键时期的影响和指导作用即会彰显出来。对于巨大危机的发生，基督教差会无疑有部分责任，但这是一个很小且相对微不足道的因素。

---

① 同文书会（Society for the Diffusion of Useful Knowledge among the Chinese），英国苏格兰长老会来华传教士韦廉臣等于 1887 年在上海组建的编译出版历史、地理、伦理、宗教、教育等书籍的机构。后改组更名为广学会（The Christian Literature Society for China），宣传西学，在清末民初影响极大。

第四章　天主教在华作为

对于一个基督教传教士来说，公正地讨论中国人对外国人，尤其是对罗马天主教会产生敌意的原因，可能被认为是困难的，因为他有可能受到斯宾塞（Herbert Spencer）所说的"阶层偏见"的影响。然而，还有一种更严重的尴尬是无法逃避的。面对任何争议，重要的是在得出结论之前听取双方的意见。但是，中国人与天主教的分歧，在通常情况下，天主教会以外的在华外国人只能听到中国方面的意见。因此，更有必要在审视这一问题时谨慎行事，因为它的某些因素是未知的，我们所得出的结论，只能是一种可能性的结论，而不是已经证明的确定性看法。

有相当多的文献或多或少地直接涉及这一主题，那些希望进行更充分讨论而不仅像这样大体勾勒的人，可以在许多有关中国的专著、游记和目前的远东期刊文献中找到材料。除了李佳白（Gilbert Reid）牧师的优秀论文外，还有米奇（Alexander Michie）先生最近在美国再版的两本小册子，其标题是《中国和基督教》。米奇先生的观点虽然具有启发性，没有党派之争，但却什么也证明不了，毫无意义，而且充满了未经证实的假设，就像说鲱鱼只有一些小软骨一样。一位朋友对他说，他的许多有争议的论点都很容易解答，作者温和地回答说，他很清楚这一点，只是想自己来回答这些问题而已！

　　理解这一主题的重要文件之一，是 1871 年中国政府通过总理衙门发给法国代办的一份备忘录或函件①。这份备忘录全文收录在米奇先生的书中，卫斐列（Frederick Williams）先生的《中国历史》对其结论进行了简要的总结。据说这份文件是文祥撰写的，文祥是"总理衙门有史以来最慷慨、最公正、最开明的大臣"。米奇先生认为这"几乎是唯一一个真正的新方案"。因为对天主教的一系列正式的指控都是在一份中国的政府文件中提出的，所以无论如何都不能认为所有的指控都是真实的。但是，当这些指控被文祥这样的人在函件里提出来，在没有具体悬而未决的案件时以友好的方式与法国政府沟通，并以防止天津惨案（刚刚发生）这样的灾难再次发生为目的，那么，可以认为中国政府相信这些陈述的真实性。我知道函件里所引用的具体事例并没有被证明是虚假的，因为在将近三十年之后，每一次关于这个问题的新讨论中都继续引用这些事例。函件提出了八条规则，说遵守这些规则，就可以解决已经存在的那些难题，而且。每一条规则中，都有所谓罗马天主教的侵害实例的背景支撑。整份文件都是针对天主教的，其时基督教还不具有足够重要的地位，尚未成为中国政府关注的对象。总理衙门大臣们很长时间没有收到答复，令人遗憾，传送出去的备忘录没有取得实际成果，但它仍然是传教士与中国关系史上的一个里程碑。我们不准备详细研究总理衙门的具体建议（可能会占用太多篇幅），似乎在不同场合引用其中一些

---

① 作者这里的"备忘录或函件"，指的是《总理衙门各国大臣商办传教条款》，学界习称《传教章程》，计八条。译者能查阅到的李纲已编《教务纪略》卷三（下）、吕实强主编《教务教案档》第三辑、廉立之等编《山东教案史料》均有收录。这里值得指出的是，《教务纪略》和《教务教案档》所收录八条，尽管有些措辞不一致，但内容相同，而《山东教案史料》收录八条，则要比前两书收录的内容多出许多，未知出自何处，待考。

段落也就足够了;同时会总结一下我们认为中国人特别厌恶罗马天主教的理由。

首先,罗马天主教被认为有政治目的,它本身就是政治的代表。这种根深蒂固的信念纵然不能追溯至明王朝,也可追溯至清王朝早期的几个皇帝时期。这与教皇的决定直接相关,他反对中国有史以来最伟大的君主的权威。教皇认定祭祖仪式是偶像崇拜,因此必须禁止;而康熙皇帝本人则明确表示,这些仪式是民间习俗,绝不是宗教。几位教皇相继在这一点上改变了办法,但丝毫无助于问题的解决;他们的最基本思路,是按照一位意大利绅士的设想,告诉中国皇帝的臣民,他们对皇帝的说法的中文解释有误。在康熙去世后尚未入土之际,他的儿子和继承人即发起了对天主教的迫害。从那时起,这些迫害就时断时续地进行。这一事实本身完全否定了罗马天主教的侵害是造成目前麻烦的主要原因这一肤浅的假设。证明太多等于什么也证明不了。中国人是精明的观察家,他们已经看到,罗马天主教主教在安南出现,只是把楔子细的一端插入了这个国家,它的另一端则掌握在法国国家手里。他们知道法国把耶稣会士赶出了自己的国境,也知道法国是耶稣会和其他天主教会在中国传教活动的保护者,他们有充分的理由认为,这一重大事实背后有着重大的原因。

没有哪个国家的官员和人民之间的界限比中国更清晰。罗马天主教会是一个强大而古老的等级制组织,从它外部呈现的一些特征来看,那些拥有如此绝对权力的人公开、普遍地显示他们的权威,不仅是自然的,而且是不可避免的。因此,一个省份的精神统治者——主教,就自比清朝的巡抚,戴有昭示其官阶的顶戴,乘坐轿子旅行,按巡抚官阶规格有步骑随从前呼后拥,队列前面有象征其荣誉的伞扇,起步和离开时鸣炮示威。关于这些细节,总理衙门的备忘录并未提及，但对使用标志官阶的官印持激烈反对态度，并列举了主教们使用官印的案例。主教们的上述做法是天主教会既定政策的一部分，而不是这个地方或那个地方的偶然事件，这一政策在很多方面损伤了中国人的倨傲之心，颠覆了他们的尊卑贵贱感观。在任何级别的清朝官员管辖的地盘上，主教们都如此招摇，各级官员们心生嫉妒，却要竭力掩藏在心底，自是常情，这才是最难解决的问题。

在法国公使馆的不断施压下，1899 年 3 月 15 日，中国政府正式批准了天主教会一直以来的要求。随后颁布的法令，赋予了天主教会神职人员政治地位，这具有深远的影响。这些重大让步，一经广泛传播，中国的基督教传教士就开始热烈讨论他们在这片土地上要做些什么。因为据报道，中国政府出于他们只有自己才清楚的原因，同意了授予天主教宣教士一项特权，但这一特权不能由他们所垄断，因此希望授予基督教宣教士这一特权。对基督教来说，没有一个领导中心，也没有人有权代表基督教所有差会，甚至是任何一个差会发言。但是，值得注意的是，基督教宣教士一致认为这是一个非常危险的特权，肯定会被滥用，而且不符合基督教会的质朴和纯洁性。

要认识天主教传教士所掌握巨大权力的性质，就有必要考虑中国人不喜欢天主教的另一个同样重要的原因。在总理衙门签署备忘录近十年前颁布的一项法令中有这样一句话："外国传教士不是官员，不得干涉公共事务。"但十年后的备忘录指责他们确实干涉了公共事务："近观在中国传教者所行所为，实与本王大臣所闻各节大不相同，犹之一国之中有无数敌国而自专自主者。"这意味着天主教引导信徒的行为，有时会违背该地地方官员的命令，使信徒觉得自己主要是要忠诚于拯救了他灵魂的天主教会，而不是要忠诚于国家。这并不是罗马天主教来华传教时关于中国人对国家和君主义务的说法,而是许多罗马天主教徒自然产生的认识,中国的官员们在自由表达时,几乎普遍这么认为。

一般说来,可以认为中国的法庭没有所谓的正义。那些中国基督徒的精神领袖们发现他们在不断呈现的复杂局面下,每当要表达意见的时候,都处于进退两难的境地。允许自己的羊群被衙门的"虎狼"撕成碎片,与基督教的正义感和基督徒内心的本能相违背;而当基督徒与中国臣民陷入不公正复杂事务时,挺身保护他们,结果谁也无法预料。

我们没有办法知道天主教会的理论是如何发展的,要弄清楚这一点,只能通过它广为人知的活动。每一个天主教总堂都有能干的中国人服务,他们中的一些人是衙门事务专家,并且为任何有案在身的人充当讼师。这可能是一个明智的规定,但很容易被滥用。那些在新教区和教徒中充当天主教会高级代理的人,往往会宣称,无论那些加入天主教会的人摊上了什么事,他们都将在诉讼中受到保护,这是很平常的事。没有人声称这是按照任何神父的命令来做的,也没有人确定任何神父知道这些。但可以肯定的是,这一主张是不断提出并不断兑现的。凡是对中国人的性格有相当了解的人,都会非常容易地预见到一定会出现也确实出现了的结果。恶霸欺凌弱小是中国社会的一个特征。但没有哪个中国恶霸比那些自认为拥有不可抗拒的洋人靠山的人更傲慢、更令人难以忍受。于是就开始诉讼,就像霉菌在8月潮湿炎热的天气里形成一样,没有什么确定的原因,所有地方都同时出现了。还没等事态发展到一定程度,天主教神父就出现了,事情变得严重起来。对不明就里的旁观者来说,这永远是个无解的谜:天主教神父没有明显的威望,而且往往(不是往往,而是总是)不受地方官员欢迎，凭什么能够得到他实际上得到的结果？诚然，他也经常失败，但他的案子的处理方式与英国臣民或美国公民处理案子的方式截然不同。

上述问题不可能在像现在这样的章节中详细论述，但必须说明的是，笔者对直隶和山东省几十个县的宣教事务有深切的了解，在那些地方到处都能听到对罗马天主教法律程序不公和暴虐的申述。这些申述往往得到充分标准而精确、确切证词的证实，以至于不能不相信其真实性。在笔者家附近的某个县，天主教徒曾经有一个强大的堂口，随后又失去了。一代人之后，民众仍然普遍认为，这是因为一位天主教徒在神父的支持下，对一位非天主教徒提出了一项特别过分的要求。地方官不愿得罪教会，但也担心发生不可预知的后果，他拒绝做出明显激怒某一方的判决。在外国神父在场的情况下，他告诉诉讼双方，他没有能力做出决定，他们必须去城隍庙，每个人都在那里发誓，把这个裁决留给上天。这一事件的道德效果是，直到现在那个县也没有天主教。

与这一主题相关的一个至关重要的问题是，无论是民众还是官员，都认为罗马天主教是可以逃避中国法律的坏人的庇护所。在这个外国庇护所的保护下，那些坏人基本上是想做什么就做什么。这绝不是认为天主教事务的管理者们原本就想这个样子；我们关心的只是要说明人们认为这些是真实的，至少在某种程度上是真实的。总理衙门的备忘录载有这一问题的实例说明，这里无需详细列举。我们不打算更全面地讨论这些事例，说一下这些事例的大量重要证词就足够了，这些证词是从中国各地收集来的，足以证实总理衙门备忘录中的指控。这些不断被指控的现象，给见多识广、公认公正的观察家柯乐洪先生留下的印象就是一例。他的《陆路到中国》(*Overland to China*)和另一本著作《中国的转变》(*China in Transformation*)充分说明他对中华帝国的深刻了解,现引述他《陆路到中国》中的一段论述:

> 殉道者的鲜血是法兰西帝国扩张的种子。法国利用天主教和中国本土天主教徒作为煽动者;暴行和殉难是她的政治收获。英国的商业优势为英国带来了利益,天主教保护国地位对法国有意义,而这两者对中国人的影响几乎是对等的;但是,法国从她的宗教事务中获得的资本比英国从她的商业中获得的资本多十倍。在法国政府的培育护理下,天主教已经成为一个名副其实的国中之国,他们无视当地的法律和习俗,对其异教徒邻居专横跋扈,凌驾于当地的法律之上。每当一个天主教徒与异教徒有了争端,无论围绕什么问题争吵,神父会立即参与这场争吵,如果他自己恐吓和强迫当地官员做出对天主教徒有利的判决不奏效的话,就上诉到法国领事那里,把这一争端说成是迫害天主教徒案。然后是苛刻勒索赔偿,丝毫不顾及索赔要求是否正当。当然,伴随外国势力干涉而来的自然是天主教徒对平民的严酷虐待,尽管在威吓中国有关当局和对人民实施暴政方面,法国天主教宣教士们可能做得很过分,但本土的天主教徒则有过之而无不及。

随后,柯乐洪先生记述了一个具体案件的细节,并评论说:"这样武断的诉讼引起了人们对天主教徒的恐惧和憎恨,这并不奇怪,当这种情绪在全国普遍传播时,我们不必怀疑天主教神父偶尔会被谋杀。"

在几乎所有涉及中国人和罗马天主教的案件中,我们所处的不利地位是只知道部分情况,尽管这并不影响案件的真实。但重

德国公使馆

法国公使馆

要和不幸的是,天主教徒故意伤害,有时甚至激怒基督教教徒的事情越来越多,这些事情的细节完全在我们的调查范围之内,这些调查是脚踏实地的。可以举出两个这样的例子。

在 1899 年 11 月《教务杂志》发表的一篇文章中,曾在中国十六年的礼贤会(Rhenish Mission)牧师叶道胜(Immanuel Genahr),介绍了一个名叫朱利安(Julien)的天主教神父对赞恩(Franz Zahn)牧师和他的本地助手进行可耻袭击的细节,赞恩牧师和他的本地助手遭人袭击,被打倒在地,用铁链锁着,遭到像该死的罪犯一样的待遇。这一切的起因是编造的一项指控,即说赞恩是一伙强盗的头目,但实际上朱利安神父本人才是这个强盗团伙的头目,这个团伙洗劫了一个村庄,洗劫了基督教慕道友和皈依者的房屋,造成了数千美元的损失。

这些事实为法国和德国领事随后进行的司法调查所证实,他们认为朱利安应该向法、德两国领事和赞恩先生道歉,朱利安承认他领导那伙人抢劫村庄的问题,并按要求道了歉。他还被要求支付一笔赔款,归还偷盗的手表和其他物品,大家一致同意将他调到另一个地区工作。在评论这一典型案例时,叶道胜先生说:"这种在教会'保护伞下审查臭名昭著的人的政策',让每一个真正关心教会福祉的人都深感遗憾,这一事实本身是不容否认的。中国十八行省都抱怨这一政策。基督教宣教士已经学会如何应对这一问题,1901 年在上海召开的大会将确定关于这一政策的立场。"

神学博士耶士谟(William Ashmore)在 1896 年《教务杂志》上发表的四篇文章,详细描述了罗马天主教成员受神父教唆犯下"对汕头附近美国浸信会的暴行",涉及抢劫和对地方当局的实质性反叛。这件事报告给了美国驻广州领事西摩(Seymour)先生,西摩先生将其提交给北京,在那里由驻华公使田贝(Denby)先生进行调查。调查结果属实，无可辩驳，但法国公使根本无视事实，拒绝提交总理衙门解决，因为法国的影响太大，总理衙门深感无奈，案件当事各方不得不达成了一个不靠谱的妥协，结果是释放了无辜的中国人，而有罪的罪犯也被释放出狱，并未作任何赔偿。在当时对这一著名案例的评论中，有人指出这种做法是双刃剑，将对双方都造成毁灭性灾难，后来的大量事实证实了这一预测。在过去的几年里，在华的外国期刊详细报道了许多与上述类似的事件，有时发生在"满洲"，有时发生在浙江（最著名的一个），在浙江的案件中，对罗马天主教徒提出具体指控的人是安立甘会主教穆稼谷（Moule），他的对手是该省的天主教主教。

中国人对罗马天主教怀有强烈仇恨的一个重要根源是 1860 年的条约，根据该条约，以前属于教会的大量财产将在出示先前拥有的证据后发还。然而，早在十五年前，道光皇帝的一份敕令说改建成寺庙和百姓住宅的天主教以前的房产，不再发还天主教。在后来 1860 年的条约中，这一敕令内容被忽略了，结果就是此后不同程度的摩擦不断。总理衙门备忘录承认，在中国有很多这样的房产，经常更换主人，经常被大力改建，甚至重建。"天主教传教士们不管这些，他们要求赔偿，甚至对改建或重建的房产不付最低限度的补偿。有时他们甚至要求修缮，如不做修缮，则要求一笔赔偿金。这样的行为激起了人民的愤慨，对天主教宣教士表示不满。这样一来，友好便是不可能的事了。"

中国有许多著名的建筑，它们不断地刺激着中国人，鼓动他们仅仅因过去的记忆对这些建筑进行攻击。其中之一是位于白河和天津大运河交汇处的天主教大教堂，其他地方也有。天津的这座教堂建于 1865 年，建在从中国人手中收回的土地上，1870 年被一群暴徒摧毁。1897 年重建时受到严重威胁，1900 年再次成为废墟。也许在整个中华帝国,没有一座大教堂能令中国人如此强烈地充满仇恨之心,那就是广州巨大的堡垒般的天主教大教堂,它矗立在前叶总督衙门的遗址上,叶总督在广州沦陷时被英国人带到加尔各答,死在了那里。凡是瞥见这座大教堂的人,无不产生明显的对抗和攻击它的意图,无论用多么暴力的手段。广州资深宣教士那夏理(Noyes)先生在记述广州发生事件的《五大泄愤风暴》(《教务杂志》,1895 年 2 月)一文中,提到有个非常聪明的人说:"我们中国人一定要让这座教堂倒掉,即便它支撑一百年,最终也还得倒。"

天主教购买财产经常会在中国人的心中留下许多痛苦,每当有机会表达不满时,这种痛苦就成了关键所在。一般来说,中国人不喜欢外国人到处购买土地和建造永久性建筑,理由很简单,从他们的角度来看,这些理由就是某些特定的地点是不能选择的。经验表明,风水学(Feng shui 或 geomancy)这门极为基础的"科学",从来没有像用来阻止外国人立足点时那样强大。各地都在这一问题上反对罗马天主教,认为天主教冒犯了中国人,他们既坚持占领中国人曾在那里进行暴力抗争的地方,又坚持在中国人看来是性命攸关的地方建造高大而坚固的建筑。对中国人来说,这些地方是民族耻辱的永久性见证,不断令人想起外国人的侵害。英国政府在几年前发布的一份通告中提出了明智的建议,供各教会参考,指出"在建筑形式和高度上,应更多地细心考虑中国的偏见和迷信因素"。

罗马天主教会是中国开放口岸一些外人定居地中最大的资产拥有者之一,如在天津法国租界和浙江,天主教会常常是最大的房产主。这些巨大资产的收入被用来支持教会,而基督教依靠的是每年的捐赠。在中华帝国内部,可见到相当多的土地集中在天主教神父手中的现象，在这样的地方，形成了小型天主教社区。饥荒时期，我们知道天主教会向所有符合条件的人提供小额贷款，包括明确参加宗教仪式、学习教义问答的人等，根据贷款金额以固定利率借款的受益人，向教会抵押土地，并每年向教会缴纳谷物税，直到还清贷款为止。这种仁爱与商业的混合可能有其好处，但也必然会使精明而多疑的中国人比以往更确信教会不仅是一个政治势力，而且是拥有土地和金钱的势力，最终的结果，正如笔者所了解的，在道德上确定了天主教比以往任何时候都将成为中国人的敌人。

总理衙门在备忘录中提出的八项规定，第一项与天主教在中国设立的孤儿院有关。与其他任何单一原因相比，天主教孤儿院可能引发更多的不满情绪，并导致更多针对天主教生命和财产的攻击。1870年在天津发生的暴乱，以及1891年在长江流域发生的暴乱，都是由一些关于这些机构的煽动性传言直接引起的。中国人不可能理解这种大规模善举的动机；那么多无助的婴儿的出现，特别是当死亡率很高的时候，立刻让人联想到一种不可动摇的迷信，那就是外国人会一种炼金术，通过残害婴儿从而把铅变成银。

总理衙门希望这些孤儿院尽可能改变管理办法，但最希望的是能废除这些孤儿院。"于中国所立外国育婴堂，收养幼孩不问来历，不肯报官；到堂后他人不得抱养，其家不准领回，且不许亲人来看，如此何能不使百姓生疑？即如津案妄传剜眼剖心，曾经奏明并无其事，而民心至今疑怀莫释，故能钳其口，万不能服其心，而欲将来不再因疑生事耶？果能将外国育婴堂概行撤回，仍归本国设立，凡中国幼孩，无论在教与否，皆归收养。中国各省办此善事不可枚举，何必西人搀越，致以善举而启疑团。故此事不如各行其善，实为两便。"①

在救助无助的流浪儿和失散的婴儿方面，中国人几乎毫无作为。外人的孤儿院是这方面最亲切的慈善事业，但从一开始就被中国人有意地误解了，这种误解一直持续到今天。若能用明智、安抚的办法，不是不可能从根本上改变，以至最终消除中国人的这种感情状态。

天主教神父不开放小教堂向外面的人传道，他们不为广大民众做任何医疗工作，不为大多数民众治病，大部分时间待在比较隐蔽的地方，这一事实极大地刺激了中国人的疑心，认为这是一种奇怪的、不自然的生活。李佳白先生引用了一位深入湖南衡州府的《圣经》推销员的话，他说，尽管外国神父们在湖南已经住了两个多世纪，但他到每一个城市，作为一个外国人都会引起人们的极大好奇。他补充说："神父们生活在一个神秘的与世隔绝的状态中，而这个神秘的与世隔绝的状态是当地人无论如何也弄不明白的，因此编造了许多离奇的故事。"无论天主教机构和那些在那里度过一生的人的所作所为有什么理由如此保密，其对外界的普遍影响都是极端不愉快的。这只能增加中国人的怀疑，这种怀疑本来就是不可避免的，无论如何都无法抑制。很显然，这种不可抑制的怀疑可能受到了不恰当说法的影响。

除了上述诸多误解，还有很重要的一点是那些因教会仪式而引起的误解。婴儿在死亡时所受的洗礼自然地会导致最严重的误解，尤其是那些关于人体某些部位可直接用来炼金的无可救药的迷信，极易引起误解。临终涂油礼更容易引起误解，很可能已

---

① 译文据廉立之、王守中编《山东教案史料》，齐鲁书社，1980 年，第 412～413 页。
　　按：这段文字内容，李刚己编《教务纪略》、吕实强编《教务教案档》均无。

经成为强烈敌意的根源。

凡是祝福中国人的人，谁也不想对罗马天主教会为全国各地的中国人已经做和现在仍然在做的善事进行丝毫诋毁。他们中有许多高尚、忘我的虔诚男女，为了中国人的利益而慷慨奉献自己，但中国人通常对这种牺牲的意义知之甚少。数百年来，在基督教会从长眠中醒来之前，母教会（Mother Church）坚决地致力于它所承担的最艰巨的任务。在这项任务中，它一直保持平静和坚强，不为敌意或批评所动摇。然而，尽管如此，由于前述事实势必更加引起人们注意到中国罗马天主教会目前糟糕的半政治性管理方式，已经播下了邪恶的种子。这方面的一些问题已经明确了，一些问题还不太明确。二十五年来，对其方法和结果的密切关注和密切观察，证实了前述事实确切无疑。已经播下的种子必然按种类结出果实。近三十年前，总理衙门备忘录中早经明确预测出了结果。"似此而欲久安，官民不同心怨恨，岂易能乎？本王大臣思患预防，惟恐津案已结，各处教民闻之，必以津案为口实，而反气焰凌人，平民不怨毒更甚乎？一旦发泄而成巨案，地方官办理不下，督抚亦无可如何，即总理衙门有力难施。倘将中国百姓同心变乱，我大皇帝遣将命师，万不能胥中国之民而悉诛之。况众怒已成，谁肯束手待毙？……且无论中外何国，必以得民心为要，民心未得，以势迫之，定必生变。"①

近三十年前预言的"定必生变"终于发生了。然而，它并不是针对罗马天主教本身，而是针对所有外国人，正如它的旗帜和招贴所炫耀的——"灭洋"。孔子对"礼尚往来"的定义是"己所不欲，勿施于人"。那些迄今跟随我们的人将能够自己做出判断，罗

---

① 据廉立之、王守中编《山东教案史料》，第411～422页。

马天主教会过去六十年在中国施行的管理,如果转移到任何一个与中国有条约的国家的土地上,将会有什么影响。我们有充分的理由相信,在那些国家中,任何一个都会产生比中国最近大暴乱之前更严重的后果。最近的暴乱的特殊性质,由于中国政府对暴乱先是容忍,既而纵容,后来又亲自指导,所以无论怎样认识都不过分,也不可能说得太清楚。这场暴乱的根源是种族仇恨和西方国家的政治侵略。然而,对天主教会在整个帝国的做法所持的普遍和根深蒂固的敌意,极大地增加了攻击外人时的愤怒和由此所带来的痛苦,加大了永久解决中国人排外行为问题的难度。坦率地承认这一无可争辩的事实,将极大地有利于中国人民的利益,也有利于为中国人民的福祉而遭受过太多迫害、有很多人为之殉难的宗教的和平传播。

第五章　排外骚乱五十年

来自许多国家的一大批外国人,在一个像欧洲一样大的帝国中生活了四十多年,他们的经验应该为了解西方人和中国人之间真实关系提供有价值的见解。然而,研究这些关系还存在很多内在的困难,随着时间的推移,越来越引起人们的重视。中国大部分省份的名字在其他地方都不为人知,整个广袤的土地通常被认为太乏味,用密迪乐(Thomas Taylor Meadows)先生(关于中国问题最聪明的权威人士之一,但现在已经被遗忘了)的话来说,就是"万里之遥",不值得深究。不时有关于在沿海或内陆某个地方极度恐慌的报告,但是,除非有与他们有关的特别令人恐惧的情形(这种情况太常见了),否则很快就会遗忘,从来没有人怎么理会到底为什么会引发这些恐慌事件。对于帝国的永久居民来说,要弄清这些恐慌事件的原委还有一个困难,那就是这些事件从表面上看比较相似,而且大多不长时间就爆发一次,即使是记性最好的人也很难把它们都记在脑子里。

关于暴乱的记录没有以永久性的形式收集起来,只存在于一些临时性的出版物里,即便是在中国接触到各种资料的外国人也几乎不可利用。在这种情况下,对每一次暴乱进行认真的历史和批判性的调查,调查其真正的和被指控的原因、作案手法、伤害程度,特别是有关外国政府对该案的处理,极具价值。然而,这里只能考虑过去四十年中发生的几次典型的针对外国人的暴乱,以帮助理解这种持续不断的恶性攻击事件的原因。由于在此期间传教士分散在中国各地,大部分暴乱直接袭击了他们及其住所和教堂;但是,正如后面将要叙及的,暴力绝不仅仅局限于宣教士,因此把这些暴乱定性为排外暴乱是完全正确的。

到目前为止,中国最大的基督教组织是"内地会"(Inland Mission),该组织大约在1865年由戴德生(J. Hudson Taylor)组织,从那以后,他一直担任该组织的负责人。1868年,戴德生先生和一个同伴开始在镇江(长江流域通商口岸之一)以北十五英里处的扬州开展工作。扬州是一个有三十六万居民的城市,坐落在大运河上。在努力与大约三十处地方的房主商讨租房后,终于有一处可以租住。但这时镇江富有敌意的报道激起了文人有组织地阻止他们租住。先是利用一些带有诽谤性质的揭帖激起民众的愤怒情绪,然后张贴大告示,整个城市警觉戒备起来。就在这个时候,科举考试开始了。注意到了有人要攻击他们,传教士们让人参观租住的房屋,并采取了其他一些和解措施,尽一切努力试图消除这些招贴、告示引发的威胁,但徒劳无功。

8月22日,暴徒们坚定地发起了对传教士租住房屋的攻击。当有迹象表明,多次派信使到地方官员那里求助没有任何作用时,戴德生先生和他的同伴冒着生命危险亲自到衙门去拜访,他们在那里等了四十五分钟,期间听到远处暴徒们的叫喊声和摧毁房子的声音,那些人有可能正在夺走留在房子里家眷的性命。地方官员终于露面了,问了一些莫须有的带有侮辱性的问题,说有人指控他们绑架了中国儿童。不过,这位官员承诺处理此事,而他们必须等待结果,据说因为大街上出现传教士,就不可避免地会引来一些暴徒。最后,在经历了两个小时痛苦的焦虑折磨后,他们被允许返回。租住的房屋完全被摧毁了，留在那里的传教士四散而逃，找地方躲了起来。尽管暴动者已经彻底毁掉了许多门窗和墙壁，把房屋搞得七零八落，几乎精疲力竭的传教士们还是在官员的认可下回到了住所。但第二天暴乱再次上演，他们的许多惨淡经历也重新上演了一遍。呼吁知府出面平息暴乱，同样近乎绝望，同样苦苦等候见不着人，因为那位知府尚未起床，不想被人打扰。最后，知府命知县到暴力现场，驱散了暴徒，这些外国人历经种种磨难，总算保住了性命。

有人要戴德生先生写一封措辞温和的信给知府，不要说这是一起"暴动"，只是一场"骚乱"，要求对被捕的那些闹事者进行惩罚，并发布公告，以正视听。虽然可以肯定，暴乱就是道台和知府策动的，写信给知府什么用也没有，但戴德生先生还是写了这样一封措辞委婉的信。与此同时，先给驻镇江的领事送了口信，随后又向领事书面报告了这次暴乱的情况。镇江领事和其他随行人员立即赶来救援，驻上海的领事麦华陀（Medhurst）先生以极大的热情处理这件事。他带着一艘小汽船和皇家海军里纳尔多号（H. M. S. Rinaldo）的七十名海军陆战队员来到扬州，在惊恐万状的知府衙门门口设置警卫，要求会见知府。知府试图将暴乱的严重性降到最低，但领事逐一予以反驳，直到他哑口无言。于是，领事向他发出了最后通牒，要求开列暴乱的带头人名单，给他们以应有惩罚，修缮毁坏的房屋，发布一份宣布英国传教士权利的公告，赔偿损失，释放任何因传教士而被监禁的当地人。知府答应了部分要求，但对于另外的一些要求，说他必须在南京同总督曾国藩商量。麦华陀先生精力充沛，决定亲自与知府一起去见总督，这样就减少了无休止的逃避情事发生，知府声明他要自己乘船去，而不是像囚犯一样被带去南京。在路上，知府要求允许他的船在领事船的另一侧河面上过夜,并书面承诺会在那里待到第二天早上。然后,他在夜里逃走了,离开了他的船,也许是为了赶在麦华陀先生到达之前见见总督,谈谈他自己对这件事的看法。麦华陀先生及时赶到南京,和总督见了面。总督非常和蔼可亲,似乎很有希望公正行事。

但在这个关键时刻,又发生了一次在东方外交中灾难性的意外事件。里纳尔多号的舰长病了,离开麦华陀自己返回了上海。在中国人眼中,麦华陀先生没有得到任何道义上的支持。曾国藩立刻改变了语气,坚决拒绝给予所要求的赔偿,也不惩罚肇事文人、知府、知县,尽管文件显示,他们在暴乱前十天多次接到警报,说很快会发生动乱。这样一来,直到两三个月以后,才得到了归还财产的许诺,说传教士可返回他们租住的房屋,并发布公告禁止干扰外国人;至于要求的赔偿,则减半,因为暴乱以后戴德生先生在那里住了三个月。

麦华陀先生的办事技巧和能力受到了所有认识到此案错综复杂和困难的人的赞扬。不过,人们认为英国外交部并不喜欢他的这种能力,所有在华外国人和中国政府都清楚这一事实。值得注意的是,对整个事件负有主要责任的道台,坦率地承认他没有把事情的真相告诉总督,并说他这样做是职责所在。

在这个典型的试探性案例中,历经一代多人的时间后,每一个人都很清楚,就像当时大多数有判断力的人所看到的那样,英国政府要么根本不应该插手这个案子,要么就把它作为整个长江流域和整个中国的重要案例。在这之前和之后的每一个类似的案子中,引导走向正确结局的阿里阿德涅之线(Ariadne clue)①,

---

① 古希腊神话故事中一座迷宫的"生命之线",寓意引导通向正确、成功之路的事物、铭言、思想等。

一直都是额尔金勋爵的一句简单但影响深远的格言："不提不正当的要求，但永远不要撤回曾经提出的要求。"对外国人条约权利的公开敌意，在很大程度上要归罪于外国政府反复无常且软弱无力的政策。

1870年6月21日的天津惨案，至今仍是中国对外国人施暴的最典型例子。人们以前仇恨法国人，因为法国人把一座受欢迎的寺庙改作领事馆。人们对于天主教孤儿院杀害无辜儿童的报道这一谣言深信不疑，尤其是当流行病盛行、大量儿童死亡时，更是如此。由于天津法国领事极其不公，语调傲慢，地方官员一如既往，懒惰怠政，事到临头反应不及，结果二十名外国人被杀，可能还有更多的中国人惨死。前述的在南京见过的曾国藩，现在已是直隶总督，但他在这里的处境很难，所有百姓完全同情暴乱分子，对所谓的外国暴行毫无理智地感到愤怒。在原本打算为朝廷所用的地块上建立起的罗马天主教大教堂被烧毁，废墟保留了二十七年之久。长期以来，"大屠杀扇子"买卖一直很兴隆，人们显然很喜欢那些毁坏财产和屠杀外国人的画面。紧随天津惨案爆发的普法战争，致使此案无法在防止类似案件再次发生的基础上解决。天津教案的结果是宣布十六名中国人被斩首，还有许多人被流放，但判决的效果在很大程度上被以下因素销蚀：是否处决了该处决的人，以及人们普遍认为每个被处决者的家庭都从中国政府和官员那里得到了一笔可观的补偿金。关于这一问题以及以后针对在华外国人的一些叛乱的详细评介，感兴趣的人最好查阅卫斐列先生的《中国历史》(他父亲卫三畏博士著作的续篇)的结尾章节，关于天津暴乱事件的见多识广的读者，将会倾向于同意作者的明智意见："简而言之，暴乱的整个历史，它的起因、发展、高潮、结果和平定，像以前一样，体现了协调中国和欧洲文明道路上存在许多严重障碍。"

1874 年,上海法租界发生了严重的暴乱,起因是法国工部局决定占有毗邻的浙江人会所的一部分财产。在这里的一些宽敞的大房子里,有一处是存放灵柩的义庄;虽然这大大增加了这座建筑令人厌恶的性质,但法国人还是希望修筑一条穿过这里的道路。而从中国人的角度来看,这处放置去世者灵柩的地方像墓地一样神圣。即使从外人的角度来看,法国人也很专横,不讲道理。近四分之一个世纪的时间过去了,高卢人并没有吸取任何教训,变得聪明一点。1898 年 7 月,同一处房产再次引发了同样的冲突,这时法租界工部局更需要得到这个地方。在总领事的支持下,法租界工部局想办法取得了这处房产,并对毗邻的房舍进行了某些改造。大批民众表示反对,有几名中国人在冲突中受伤。

第二天,反对占用会所地块修路的民众处境危险,法国水兵、警察和志愿者使用了武器,杀死了至少十五名中国人,另有许多人受伤。等待北京解决问题的几天时间里,局势依然混乱。在上海的外籍人士和中国各地的外籍人士都感到,由于拒绝等待谈判结果,以及使用暴力造成无数不必要的死亡,他们几乎所有人的生命都受到了严重的威胁,这是一个巨大的错误。在这种情况下,两年后(1900 年 7 月)看到上海各种期刊上报道大量宁波人涌入上海,排外情绪极其激烈,至少有八名内地会传教士和他们的三个孩子、几个罗马天主教神父和本地基督徒被杀,这有什么好奇怪的吗?

从排外的天津到动荡不安的广州,有近一千英里路程。在《天津条约》签订后的十年里,广东人对外国人的普遍蔑视,已经被一种有助于平复骚乱的对外国势力的恐惧所取代。但在 1871

年7月，广州城到处流传揭帖，指控外国人分发的一种据说有神奇疗效的药粉，实际上是一种慢性毒药。这些煽动性的揭帖贴出后的第二天，惊恐和愤怒交织的风暴席卷了整座城市，外国人从来没有见过如此局势。四分之三的人相信这些揭帖的煽动性说法，恐慌笼罩了整个人群。"在两周的时间里，每天都有胆大包天、干练能干的领导人聚拢一群乌合之众，破坏外国人住所，伤害外国人生命。"

总督处决了几个骚乱领袖人物，平息了人们的激动情绪，但这股骚动后来蔓延到了厦门甚至福州，宣教事工几归于沉寂。

十二年后，当广东人被法国人在安南的侵略所激怒时，一个喝醉酒的外国人意外枪杀了一位中国青年，被判处七年徒刑。一名葡萄牙看守人把一个中国人从船上推了下去，结果这个中国人淹死了。这一事件就是引爆炸药的导火索。在没有任何警告的情况下，一群暴民如同狂怒的恶虎，涌入了租界。男人们从早餐桌旁或办公桌旁出走，女人们抱起孩子，带上可能带走的一些珠宝，慌乱地逃到海港里唯一的一艘船上。一团黑烟在居留区上空翻腾，越来越浓，范围越来越大，看不见任何房屋，只听见从黑暗中传来屋顶和墙壁倒塌的声音。焚烧和抢劫一直持续了三个小时，直到总督派兵驱散了暴徒。有四名暴乱者被处死，十三家大型商业机构变成了一堆堆烧焦的木头和焦黑的砖块。

翌年，总督张之洞（现任湖广总督）与水师提督彭玉麟联名发布告示，表面上是平息民众对所有外国人和本土基督徒的愤怒，实际上是针对敌对的法国人。告示悬赏五千两白银杀死法国海军统帅，按军衔高低依次递减，直至普通士兵赏银一百两，协助杀死法国人者，减半赏给。这立刻被解释为适用于任何外国人和任何本地基督徒。这一消息像野火一样蔓延开来，几天之内就有十八座基督教小教堂被摧毁。几个月里，广州的所有外国人都像生活在活火山口一样。十年后，当这座城市流行起可怕的瘟疫，引发了强烈的骚动时，有两名女医生在街上遭到袭击，如果不是及时抢救，可能会被石头砸死。

在中国西部偏远的大省四川，居民们性情平和，在不受当地官员煽动的情况下，他们对外国人还算友好。该省省城的洋务局（Foreign Bureau）已被证明是在整个区域传播排外情绪的积极机构，给无数人带来了无法计算的损失。这个省对罗马天主教徒的仇恨似乎由来已久，其原因并不完全清楚。可以肯定的是，一些神父已经丢了性命，而可怜的基督徒在很长一段时间里遭受了最可怕的迫害。1886年夏天，显然是由于一个新来的差会在长江岸边的重庆修建教会建筑而引起的谣言，引发了一次暴乱。在这次暴乱中，各差会的房舍以及英国领事官邸都遭到严重破坏。领事馆工作人员受了重伤。在这一年中最难熬的月份里，有二十多名外国人躲在衙门的两间小屋子里，长达两周左右。外面的暴徒，不断地狂暴喧嚣。暴乱者公开宣称，皇帝和官员让他们消灭基督教。政府赔偿了传教士的损失，承认他们拥有的条约权利。但是，当破损的建筑重新修造好以后，"愤怒的人群就会来放火烧掉，其中一个地方的建筑在四年内被毁了三次。在这些事件中，一个不祥的特征不是暴力，而是暴民的执着，他们似乎总是随时准备在任何需要的时候驱逐基督徒"。法律程序只是对正义的歪曲，官员在法庭上公开敦促基督徒变节。中国谚语说："山高皇帝远。"很明显，在这偏远的地方，他们就是要不断制造矛盾，通过简单的摩擦来赶走所有外国人。

1895年春，中日战争结束后不久，四川突然又发生了一场热带雷暴般的暴乱，八十多名外国人被赶出了四川。据报道，在这些持续迫害的过程中,有五万多名基督徒遭受了各种各样的痛苦,许多人被杀害,宣教事工再次完全中断。

这些持续不断的暴乱性质如此严重,致使相关外国政府开始认真对待。美国驻华公使想尽办法,组织了一个委员会到四川,以查明当地官员特别是时任总督刘秉璋与暴乱的关系。田贝公使在给美国国务院的一份急件中说:"中国为这个委员会争执了好几天,但最终被迫同意委员会从陆路进入该省省城成都。中国还以空前的固执反对惩罚刘总督的提议,部分原因是他对太后的影响,部分原因是这一做法没有先例。克服这一顽固不化的障碍的是国务院下令派出的委员会。在中国接受了这一不可避免的提议后,英国公使参与行动,并发出了最后通牒,要求对四川有关官员进行惩罚。一支舰队被派往相关地区水域作为威慑。法国公使随后介入,向中国解释说,为了避免麻烦,必须惩罚这些官员。"结果,总督被革职,并"永不叙用",许多下级官员也受到了惩罚。这项实现真正正义的艰巨任务以这种前所未有的方式成功地完成,自然被认为是向前迈出的最重要的一步。这不仅关乎处理四川教案本身,尤为重要的是开创了一个先例。

毫无疑问,上面提到的四川骚乱,以及之前提到的广东骚乱,其主要根源与中法和中日战争有关。四川省流传的很多招贴,其中一张上写着:"目前,倭寇侵占大清国土,尔英人、法人、美人袖手旁观。若尔等欲在中国传教,须驱逐倭人回国;如此,尔等即可安心把圣道福音传遍天下,畅行无阻。"

在结束排外暴乱这个话题之前,有必要提及 1891 年长江流域的暴乱。长江流域的排外暴乱本身具有整体一致的特性和重要意义。这些将在下一章讨论。然而,已经有足够的证据表明,以前的暴乱已经多次全面展现了 1900 年暴乱的每一个特点。但有一点除外，1900 年的暴乱是第一次由清朝朝廷直接策动的暴乱。各国对中国的态度如何，将取决于 1900 年的暴乱是否是最后一次由朝廷直接策动的暴乱。

第六章　排外宣传及结果

"风吹草低头"是中国的一句经典谚语,说的并不是植物与大气变化关系的法则,而是民众随时随地顺从他们的领导者特别是统治者的情形。这可能是因为中国人是单一民族,对那些代表或体现自己传统思想的人无比尊敬。

各种原因所致,典型的中国学者认为所有西方理念都不如中国的好。竭力想把这些低下的西方理念介绍到中国,是很可笑的事情,同时也令人感到荒唐和愤怒。这就像我们看到有人要有组织地把伊斯兰教介绍到基督教国家取代基督教时的本能反应,并不算是怎么反常和过分。但当他们认为西方的方式和道德说教在中国登堂入室时,便会激动起来,无法容忍。就像受过良好教育的西方人,看到有人有组织地在我们自己国家人民中灌输无政府主义信条和虚无主义实践时,我们也会激动和无法容忍。

大约在天津教案那段时间前后,一本名为《辟邪实录》(*A Death-blow to Corrupt Doctrines*)的中文小册子广为流传,小册子的作者是中国有教养的文人,对西方事物既不明白也不想弄明白,内容充斥着对西方人的敌意,严重威胁在华西方人的平静生活。尽管西方人做了不少阻止这些小册子传播的努力,但却未能避免这本小册子一而再再而三地每隔一段时间就出现一次,毒害着排斥一切外国事物的中国人。

1890 年春,在上海召开的宣教士大会上,李提摩太(Timothy
Richard)牧师提请注意初版于 1826 年、最近又再版的 120 卷本
《皇朝经世文编》(*A Collection of Documents on Chinese State
Questions*),该文编 1888 年又刊行了 120 卷本《皇朝经世文新增
续编》。这些书在政府书局中有售,内容分门别类冠以各种纲目,
涵盖以前呈递高级官员的各类禀文和呈递皇帝的奏折,以及诸多
关于各种重要公众议题的文章,综合集成了罕见的重要大部头文
集。李提摩太先生称这些书是"中国蓝皮书",这是个不太准确的
误导性称呼,可能让人们推测这些书是官员们的报告结集,但实
际上并不是。新增续编中有两卷是关于基督教传教事工的,李提
摩太先生在他的文章中做了概要介绍。在新增的关于基督教传
教事工的文献中,可以发现所有对基督教进行诽谤的源头,即一
些诸如挖去受蛊惑入教的信徒眼球、教会里各种男女杂乱交往、
天主教神父的丑行以及更多不堪言状的谣言。至于对基督教义
的叙说,只是一些拙劣的模仿文字,也有一些婆罗门教、佛教、伊
斯兰教零碎片段介绍和中国秘密教门教义的记述。这些文献中
记述的谣言,以附录形式出现在介绍两个怀有敌意省份排外暴乱
事件之后,这两个省份的排外暴乱是一位前按察使和一位翰林组
织的,他们号召士绅们铲除基督邪教。

1891 年,在华外人报刊报道发现了大量显然是中国学者撰
写的易引发排外躁动的文学作品,这些排外文学作品由湖南省城
流传出来,在全省广为散播。身在汉口的神学博士杨格非
(Griffith John)牧师获得了这些煽动排外的书籍和小册子之后,
进行了翻译,追查这些文字的源头,帮助了所有在华的外国人。
多年来,他一直是这方面的权威,多亏了他,我们才得以发现以尖
酸刻薄、喷发毒液的笔触撰就煽动排外文字的主要人物,这个人

叫周汉，湖南宁乡人，有候补道台头衔。

在离汉口二十至三十英里的一座城市，人们发现了《鬼教该死》(Death to the Devil's Religion)刻本广为流传。那里有七家当铺，其中六家分发这种书册，就像中国人散发"功德书"的习惯做法那样，谁想要就给谁一本，不要钱或象征性地收点钱，目的是积德。这本四处流传的《鬼教该死》小册子的丑恶本质，难以用语言描述，借用杨格非博士给上海《每日新闻》(Daily News)的一封信中所说的话，足以看出其真实面目。杨格非博士在这封信中说："湖南流行的小册子宣扬对耶稣的崇拜就是对淫乱的崇拜。耶稣基督被描绘成一只被钉在十字架上的猪，周围有一群男、女崇拜者，有的跪着，有的纵情狂欢。'天主教'一词通常是用发音相同的文字写成的，意思是'天猪叫'；'洋人'这个词通常是用另一个发音相同的字写的，意思是'羊人'。因此，小册子中的'猪羊鬼'一词有时普遍指外国人，有时特指传教士，有时指称本土基督徒。信教的人也被称为恶魔，外国人的儿子和孙子，也都是猪羊鬼。"

与这本小册子相关的是广泛流传的揭帖，其中有一张叫做"齐心拼命"(Unification-of-Heart and Risking-Life-Agreement)。这个揭帖有七条内容，第一条说，任何宗族的任何成员若被"羊鬼"迷惑信教，必须在宗族祠堂里当众宣布反教。如拒绝，即作宗族弃儿，姓名公告天下，令其无处可去。另一条内容是，任何宗族如发现有"猪羊鬼"而不自行驱逐者，则整个宗族就将被视为猪羊鬼，受世人唾弃。还有一条的内容是敦促对所有来往陌生人进行严格检查，如发现有对询问问题回答闪烁其词，或令人不满意，则应群起将其驱赶出境。揭帖结尾部分有一段宣称，如果猪羊鬼入侵湖南，湘人自愿募勇，大县 2 万人，中等县 1.5 万人，小县 1 万人。说"我等自筹捐助粮草兵器费用；请官府派遣军队，讨伐外人"。一个值得注意的显著事实是，结尾部分一致提醒不要焚烧教堂，究其原因，部分是因为焚烧教堂可能毁坏相邻本地房屋，另外可能考虑到教堂资产可移交给官府售卖，以获取收益。

与散发这些小册子、揭帖、告示等相关联，还有一份《辟邪全图》，用中国图画艺术的最佳方式，对外国人和基督教进行最卑鄙恶毒的指控，以便广为散发。为了让外人私下了解此类湖南作者的真实情感，外国人重印了这一非同寻常的儒家文化作品。重印的这份全图加了注释，说："这份全图是为有思想的少数人而不是为大众重印的，没有遮盖其中极端粗鄙丑陋的图片和语言。这份全图不是没有文化之人的作品。毫无疑问，湖南反基督教作品几乎无一例外地出自文士之手。如是，我们认为最好原样重印这份全图，其中所有的淫秽、肮脏图片和语言，原封不动。只有这样，才能恰当传达中国文人攻击基督教毫无理性、亵渎神灵的本质，才能显示这些中国文人低劣的精神和道德状况，才能展示不少人正在寻求摧毁中国所有阶层深切需求的信仰。"

以上所述小册子、揭帖、告示和全图等，是1891年初播撒在华中大地的排外和反基督教种子，没有多久，这些种子就生根发芽结出了恶果。5月初，由于大力散播罗马天主教育婴堂虐待儿童谣传（据称其中一人在洗澡时被煮熟），人们策划袭击耶稣会在扬州的教堂，当局派兵镇压了计划袭击的暴徒。不过，就在这个月，长江岸边的一个通商口岸芜湖，爆发了排外暴乱。有人挖掘育婴堂院落里的坟墓，掘出了腐烂得难以辨认的尸体，作为外人谋杀中国人的证据展示。众人看见这一场景，群情汹涌，随即到处喷洒火油，焚烧一切外国建筑，顿时浓烟四起，一片火海。英国领事馆和帝国海关大楼也遭到了袭击，幸亏海关志愿者们奋起保

海关英国志愿者卫队

护，待中国官方炮艇前来震慑，才得保全。在长江沿岸的主要城市之一南京，基督教差会驻地和医院遭到暴徒的袭击，只有一名差会成员在困境中有勇气阻止他们的暴行，稍后军队来了，才避免了一场大灾难。安庆府也发生了类似的排外暴行，幸好法国和德国炮艇及时赶到，暴徒们才没有得逞。6 月 1 日，丹阳对罗马天主教建筑进行了系统的袭击，所有建筑要么被烧毁，要么被拆除，但没有造成生命损失。四天后，在离九江二十五英里的长江岸边的武穴，发生了一次更加猛烈和意想不到的袭击。在这里，一旦有诱拐婴儿的惯常谣传，大都很容易引发不明真相的无知民众暴怒，一名新来不久的循道会金（Argent）姓传教士和一位叫格林（Green）的海关职员在这次袭击中殒命，尸体被极其残暴地肢解了。6 月 8 日，大运河岸边的一个重要市镇吴县，再次发生显然是湖南人领导的排外暴乱；暴徒有条不紊地用煤油和火药焚烧罗马天主教房屋。大约同一时间,九江有暴徒试图毁掉天主教的房产,由于三艘炮艇联合道台派来的大队清兵的到来,才阻止了这里的悲剧发生。

最后,从某些方面来说,汉口上游约 365 英里处的宜昌府暴乱①,是 1891 年所有排外暴乱中最离奇的一次。这次暴乱源于处心积虑的设计,导致大批民众聚集。原来,有人带了一个孩子送到罗马天主教修会,该修会附设一座女育婴堂。在育婴堂拟定并签署了所有收养孤儿的文件之后,人们发现这个孤儿是个男孩。第二天,有人要来认领这个孩子,说这个孩子是被诱拐来的,并把这一情况报官。好像是为了保护育婴堂,官府随即派了一名军官来,后面跟着一群人。在随后的诉讼程序中,发生了与中国其他任何暴乱不同的情形。一些基督教差会建筑被摧毁,其他一些则完好无损。一些苏格兰传教士居住的本地房产被烧毁,另一个苏格兰传教士因为是从事慈善事业十年的老住户,他住的房子被抢劫,但却没有烧毁! 然而,暴乱头目随身携带着煤油和火药,将其与其他物品一起毁掉了,而作为英国领事馆的一座外人用的本地建筑被保留下来,但在建的新领事馆遭到了彻底破坏。整个攻击行动就像晴空霹雳,出人意料,彻底而迅速。在攻击行为发生之前,没有一丝先兆,二十分钟后一切都结束了。整个攻击事件进行快捷而准确,表明一切都是经过精心策划的,参与攻击行动的每个人都知道该做什么,并且都做到了。暴乱者总数不超过50 人,毫无疑问,这一暴乱是知道军官要他们干什么的士兵们精明计划实施的结果。

8 月,传教医生格雷格(Greig)博士在"满洲"一个省城吉林

---

① 误,宜昌与汉口间的距离没有这么远。

附近乡村行医时，遭到了将军卫队的野蛮袭击。他被指控偷窃儿童，监禁三天，遭到了严酷虐待。

几个月后，"满洲"地区爆发了一场大暴乱，疯狂袭击天主教徒，破坏教会财产，屠杀了数百名信徒，暴乱发展成了反政府叛乱。最终，政府付出了巨大的生命代价后，平息了这次叛乱。据报道，有两万名叛乱分子被杀，地方官因没有澄清中国各地广为流传的反教谣言遭到了惩罚。1893 年，在距离汉口六十英里的宋埠(Sungpu)镇，两名瑞典传教士遭到围攻，情景惨烈。随后的诉讼，虽然表面上要显得非常公正，但在外国人看来，令人失望，而那些面对严厉惩罚的中国人，则被激怒了，群起抵制欧洲人，并散发揭帖，号召禁止与欧洲人有任何方式的交往，若有违者，严惩不贷。在接下来的一年里，辽阳的满人士兵杀害了李雅各(J. A. Wylie)牧师，这些士兵似乎在上级的直接保护下实施了这一杀害行动，其中许多人对在"满洲"范围出现的西方人持激烈敌对态度。这在中华帝国境内许多地方都是很普遍的现象。

1895 年夏季，中国基督教史上最可怕的悲剧震惊了世界。福建省古田斋会(Vegetarian Society)成员对在那里宣教的传教士史荦伯(Stewart)夫妇和家人及同事发起疯狂攻击，史荦伯夫妇等十人惨遭杀害。事件一度难以控制，最后动用军队才得以平息。人们认为传教士为军队镇压斋会提供了帮助。

上述事件导致了外人在远东不同地区召开众多公开会议，对爆发排外事件的性质和重要性进行了长期讨论；但由于英国政府没有严厉追究中国暴乱省份的省级官员的责任，仅追究了少数不知名的下级官员的责任，因此对中国人没起什么威慑作用。1899 年 6 月，在福建的建宁府发生了类似的排外暴乱，暴乱像通常一样，由谣传引发，结果是毁掉了差会的房产，所幸传教士死里逃生,没发生命案。

在福建建宁排外暴乱的同一年,我们多次提到的滋生排外能量温床的四川省,再次爆发排外暴乱。一名自称为恶霸"余蛮子"手下的人捕获了一位名叫华方济(Fleury)的罗马天主教神父①,将其关押了数月之久。在该省其他地方,基督教差会的房舍被拆除,外国人被迫四出逃命。在开放口岸重庆对岸的江北城里,一家新开的药房遭到突然袭击,药房里一名学徒被杀。在四川比邻的贵州省,中国内地会(the China Inland Mission)的明鉴光(Fleming)先生和跟随他一起的圣经销售员在官道上遇害,虽然人们都清楚凶手是谁,但很难对其进行惩罚。

近十年来中国的排外暴乱,远不止上述这些,不过上文已经涉及了其中比较典型的案例。中国人和外国人都很熟悉这些典型案例,案件涉及的地区也很广泛,涵盖十八个行省和"满洲"各地。这些排外暴乱似乎呈现出周期性,类似于十一月的流星雨。1900年5月上海《每日新闻》的一篇社论指出"暴乱季节"业经来临,应该做相应的准备,自1842年以来的三十四次"大暴乱",只有四次发生在11月到次年2月的几个月里,3月一次没有,5月和6月是暴乱发生高峰期,这几个月发生的暴乱占全部暴乱次数的一半,6月共发生十一起,其中九起发生在1891年。

很明显,从上述现象可见,中国人对外人的敌意根深蒂固,广泛根植于民众之中。排外暴乱针对的是所有触手可及的外人,并不针对哪一些外人,一般来说,这些排外暴乱都是受过教育的人特别是中国的官僚阶层策动激发的。发生暴乱的主要根源在于

① 华方济(Fleury),实为法国巴黎外方传教会士。巴黎外方传教会与传统天主教修会有别,是法国天主教最早全力从事海外宣教的男性传教组织。

民众的无知、愚顽和缺乏理性。在逐步对这种无知愚顽进行启蒙的过程中,遇到了数不清的冷眼相对,且常常发生群起攻击情事,这些群体性事件因偶发因素便引发可怕的灾难。在目前的危机中,中国统治者的愚蠢使解决危机的机会落到了西方人手中,并赋予西方国家一种责任,即避免再发生过去大半个世纪中出现的盲目激愤、毫无理性、令人蒙羞的大暴乱。如果西方国家正确利用这一机遇,履行了它们的职责,尽到了它们的义务,那么在可预见的未来,就不太可能发生我们一直忧心的排外暴乱,同时,中华帝国在新世纪伊始,也将开启她的新时代。

第七章　西方之商业入侵

　　在中国,通常情况下将在华外国人分为商人、官员和传教士三类。近年来,又增加了第四类,称为承办人(promoter),意思是那些利用资本开发中华帝国的"辛迪加"或其他组织的代理人。鉴于第一类和第四类人在目的和方法之间的必然关系,最好是将他们算作一类加以考察。对这一问题最全面的见解是李佳白牧师发表的一系列论文。在这些文章中,承办人被称为中国"高等阶层"工作的先驱,李佳白牧师的系列文章1893年结集在上海出版,书名为《中国排外骚乱的根源》①,书中大部分内容与原来一样。

　　在所有的来华外国人中,商人是最不可能激起中国人敌意的人。很显然,外国商人只是来做买卖的,中国人"天生"就会做买卖。如果没有人向中国人出售外国商品,中国人跟谁去买啊?经过几百年的商业交往,讲求实际的中国人已经很明白,外国的很多产品,即使不是必需品,至少也是很合用的。在人们对外国贸易习以为常的地区,中国人对出售外国货的代理人的敌意可能很小。他们中的许多人说不好中文或根本不会说中文,因此他们与当地人的交流,主要或仅仅是通过人们所熟知的"买办"来完成,

---

① 该书可能有不同年代版本,一般认为1903年版为最后结集版本。

买办的职能，从做中间商到简单房屋管家不等。买办在外国人与中国人的商业交往中，有着不可或缺的缓冲作用，在中国商业关系中具有明显的优势，能在外国人和中国人可能发生碰撞的各种场合起到润滑剂的作用，减少或至少是缓和双方的摩擦，外国人自己并非不清楚这一点。

中国人发挥了他们非凡的商业才能，但却丝毫没有认识到商业进程受自然法则的控制，也没有对政治经济学真理的初步理解。西方国家对于"发展"的理解与中国截然不同，中国人不了解或根本不关心"发展"这个问题。在欧美国家，即使在发明和经济发展高歌猛进的道路上，也难免付出财富和生命的代价，这些都是"改进"、新的"节省劳力的发明"等带来的结果。在西方国家，有人的生意因技术"进步"或时尚变化而毁掉，则这个人有可能另谋他途，而后又做得很好；或者，如果他在这方面失败了，"天地广阔"，仍有大量的机会在很多其他方面取得成功。

在中国，情况完全不同。手艺人只能做一件事，那可能是世代沿袭的一种手艺，除了这种手艺外，他可能就像离开了水就死的不能呼吸空气的鱼一样，离开老本行就无其他生路。来自外国的火柴、煤油以及多样化的灯具，大规模取代了中国的手工业产品，对社会造成的影响难以尽述。人们阅读给轮船公司的董事们关于改善中国棉织品贸易的报告，以及关于从广州到天津、牛庄的沿海地区这一贸易的广阔前景的报告，但却没有人理解这种贸易的扩张对中国广大平原地区从事棉花种植业的无数人所造成的影响。迄今为止，中国手工业者只能靠编织仅15英寸的土布来勉强维持生计，织一匹布要辛勤劳动两天，在市场上出售后只可为家庭购买最基本的生活必需品，以及日以继夜不停劳作继续织布所需要的棉花。但是现在，由于外国棉织品销售畅旺，中国手工土布没有市场了。批发商不像自古以来那样收购土布了，辛勤的土布纺织业没有了利润，也没有富有成效的工业取代手工生产。在一些村庄里，过去每个家庭都有一台或多台织机，大部分工作都在机房里完成，从正月中旬到十二月末，人们都能听到各个家庭里织布机穿梭的咔哒声。但现在织布机闲置了，织布机房也都废弃了。

许多没有织布机的人能够纺棉线，从而挣点辛苦钱维持生计，这是他们能够防范总是在大门外转悠的残酷贪婪家伙们的重要的辅助手段。但是最近，孟买、日本甚至上海的棉纺厂的大量投产，使中国的棉区充斥着比土产棉纱更均匀、更结实、更便宜的纱线，于是乎纺车停工了，原有维持一家老小的微薄收入就此断绝。"文明"稳步推进到中国内地，无数的受难者对他们的灾难原因并没有更多的了解，他们的感觉就像日本农民发现自己被地震或海岸突然或逐渐下沉引起的海啸吞没一样。然而，很多人非常清楚的事实是，在对外贸易扰乱古代事物秩序之前，平常的岁月里，人们足以温饱；而现在，缺吃少穿，度日艰难，而且未来的情况可能会更糟。有这样的经历，中国人在各方面表现出对新事物秩序的严重不满，情有可原。

坦率地说，考察中国人对中外贸易不满的根源，不能忽视贩卖鸦片问题。在这样一个严肃而又难以解决的问题上，中外双方一直恣肆泼墨，一提起它就互相指责对方。就我们这里的目的而言，稍作叙说就足够了。的确，鸦片并不是外国人引入中国的，但是外国人极大地扩展了它在中国的销售，并违背中国人的意愿迫使鸦片贸易合法化，而不管怎么说，中国人无论如何都要消费一定数量的鸦片，但这与迅速增长的这么大数量没有必然联系。一些中国人禁止种植和吸食鸦片的努力是真诚的，而另一些中国人则并非如此。毋庸置疑，本土鸦片逐步取代了进口鸦片，但吸食鸦片又与外国密切相关，甚至名字都冠以洋字（"洋土"）①。中国人虽然几乎已成为一个吸食鸦片的民族，但民族良知尚存，对这一无力阻止的吸食鸦片习惯，持强烈反对态度。

任何人审查英国政府任命的鸦片委员会的详细报告，以及由这份报告引发的关于鸦片贸易的批评和评论，都不能不察觉到许多贸易维护者情愿不去考量证据，而愿意以先入为主之见作出判断。现任印度总督寇松（Curzon）勋爵几句话便舍弃了鸦片贸易这一主题，傲慢地否认中国人是因鸦片而对外国人怀有敌意，说英国人憎恨法国人，也不是因为法国生产的白兰地比其邻居生产的好。他认为事实刚好相反，问题很清楚，中华帝国中许多有识之士，认为中国的腐朽与普遍吸食鸦片的习惯有关。关于这个问题，他引用了苏州城负责盐税的道台曾尖锐指出的一段话："从古至今，中国从未遭受鸦片烟毒泛滥以来之荼毒痛苦……自鸦片首次传入中国至今一百多年的时间里，因鸦片致死者累计数百万。现在，中国达官显贵很多人似乎对事态的真实状况一无所知，不愿意因为中国人吸食鸦片的过错而责备他们，而是把鸦片祸害的真正原因归咎于外国人的贪婪，因而仇恨外国人。此外，无知的民众更是厌恶外国人，反教事件和骚乱连绵不断。"

上述这位道台的话，非常清楚地表明了中国人对毁灭国家的鸦片烟的敌意。很显然，中国最有思想的人都强烈反对鸦片祸患，例如，著名的湖广总督张之洞广为流传、颇受欢迎的著作，最近以《中国的唯一希望》为题翻译给了英国读者②。这本著作中

---

① 鸦片又称"烟土"（未经熬制的鸦片），进口的外国产鸦片，称"洋土""洋药"，本国产的鸦片则称"土药"。

② 《中国的唯一希望》（China's Only Hope），即张之洞的《劝学篇》。

有一章标题为《去毒》,其中有如下一段论述:"中国不贫于通商而
贫于吸洋烟也。悲哉!洋烟之为害,乃今日之洪水猛兽也,然而
殆有甚焉。洪水之害不过九载,猛兽之害不出殷都,洋烟之害流
毒百余年,蔓延二十二省,受其害者数十万万人,以后浸淫尚未有
艾。废人才、弱兵气、耗财力(近年进口洋货价八千余万,出口土
货可抵五千余万,洋药价三千余万,则漏卮也。是中国不贫于通
商而贫于吸洋烟也),遂成为今日之中国矣。而废害文武人才,其
害较耗财而又甚焉。志气不强,精力不充,任事不勤,日力不多,
见闻不广,游历不远,用度不节,子息不蕃。更数十年,必至中国
胥化而为四裔之魑魅而后已。"①

　　当这位中华帝国最受尊敬和最有影响力的中国人向他自己
的同胞讲述这些话语时,显然其背后有自己深厚而坚定不移的信
念。尽管张之洞阁下非常痛苦地表明中国人应该为鸦片造成的
破坏负责,但可以肯定的是,大多数中国人将这种恶毒药物造成
的痛苦、堕落和破坏直接与西方国家联系起来。在中国人看来,
西方国家与鸦片烟毒泛滥有着直接关系这一事实,是他们对西方
人持有敌意的主要因素,是不言自明的。虽然没有任何骚乱可以
说仅仅是由吸食鸦片引发的,但令人怀疑的是,中国哪一次排外
事件不是由在休闲场所吸食鸦片者发起或推动的?中国每个城
市、乡镇和村庄中都聚集有品行最糟糕的鸦片吸食者。

　　外国人有兴趣带到中国的是他们的主要创新成果,像轮船、电
报、铁路、电车以及科学采矿业等。到目前为止,这些现代文明的
产物在中华帝国产生了怎样的影响,不是一个容易回答的问题,也

---

① 这段话与《劝学篇》原文并非完全一致。开头一句可能是英文版译者或者作者为了
　强调这段话的主旨,而从中提出一句加到前面的。

是没有必要回答的问题，因为问题的根本不在于从政治经济学学者的角度来看其实际结果，而是中国人自己怎么看待这个问题。

在众多西方新发明中，蒸汽船很久以来即为中国人所熟知，可能已经成为中国社会、商业和经济生活不可分割的一部分，事实也正是这样。但是，无论是在长江上，还是在从中国中部到天津的大运河上，快捷、低成本、高效率且无损国家税收的蒸汽船航运，已经引起了一些人的敌意，只是这种敌意通常找不到发泄场所和机会，难以化为行动。如今，运送贡米的漕运船队的旧式平底船，仍旧在中国中部通向北京的大运河淤浅的河道里不计成本、费时、费力、低效、笨拙地漂流着。这种垂死的行业仍然受到对走私活动感兴趣的官员们的珍视，据说这种运送贡米活动中夹杂着走私行为，因此，负责平底船运送贡米的数百名官员、数千名随从和数万名船夫（他们都是每一次运输中丰厚利润的直接受益者），对蒸汽船航运满怀憎恶、仇恨之情。

在过去几年中，特许外国蒸汽船在中国内陆水域从事航运一事，遭遇到极为激烈的反对和抵制，外国蒸汽航运很多时候未能获得预期效益。长江上游的蒸汽航运，经过长时间的斗争，最近终于扫除了极其浓厚的敌意和重重障碍得以开启，这一情形意味着中华帝国正在进行一场反抗逐步强加于她的经济战争。蒸汽航运最终必定遍布中华帝国，大获全胜，但整个看来，大多数民众都讨厌运用蒸汽船从事航运，不想利用蒸汽船，一旦有机会，就会毫不犹豫地发泄他们的敌对情绪。在这种对抗的巨大潮流中，为数不多的开明人士，只有得到政府的支持，才能推动蒸汽航运事业有所发展。当政府不给予支持时，既得利益者和具有民主本能的"民众"（这在所有中国问题中始终是一个强有力的因素），就会通过破坏蒸汽航运来表明他们的立场。

中国人一直把电报同统治方式联系在一起,但官员们对引进电报却抱有疑虑,表现出明显的不满情绪。他们认为电报将他们与北京中央政权直接联系在一起,受北京控制。无知的农民觉得电报给他们和平的家园带来了说不清道不明的危险,对他们来说,从脱氧电线上滴下的带有铁锈的雨水是电线渗出的神奇血液,也许是电线中渗出的愤怒的"空气魂灵",沾上这样雨水的人会生病。就在几年前,据报道整个湖南省都反对境内架设可恶的电报线,凡是铺设电报的地方,电线被切断,电线杆被砍倒或拔掉,再铺设,就再毁掉。在最近的义和拳乱中,电报局是最早被攻击和摧毁的地方之一,这是出于电报会祸害中国的普遍直觉,过去是这样,将来也不会改变。

九龙壁,中国人将其视为对抗城市邪恶幽灵的保护神①

---

① 作者这里对九龙壁的定义不确。九龙壁,影壁的一种,用于遮挡视线。这里的九龙壁图应为紫禁城宁寿宫区皇极门外南三宫后的影壁,背倚宫墙而建,乃皇家建筑,非中国城市和普遍可见、可有之物。

然而,更为严重的问题是引进铁路。过去几年间,一直计划、商定在整个中华帝国境内修筑铁路,有的计划已经开始实施了。从某种角度看,"风水"或中国风水学,可以说是腐朽的迷信,但在实际运用中,它却不受文明进步和自负的科学干扰。风水学本身力量有限,无力阻止铁路的发展,但一旦受到干扰,它又足够强大,能够将潜在的敌意汇聚成公开的敌对行动。就像蒸汽船运业一样,策画周详、小心谨慎运营,可以避免大多数风险,克服种种困难;如若不然,潜在的冲突随时可能爆发。1897年,当天津至北京的铁路即将完工时,再次展示了世界范围内长久以来流传的一种信念。这种信念认为,要完成任何一项特别困难的任务,都必须以人的生命为代价。上海大教堂建成后,那一地区的农民和苦力坚信,为保证这座建筑的稳定,地基下面放置了中国婴儿的尸体。当北京铁路建成时,人们同样认为,为了确保铁路稳固,不仅杨村白河大桥的桥墩下,而且整个八十英里铁路的所有枕木下都铺垫了中国婴儿的尸体。这种信念引发的激愤情绪一度十分高昂,随后似乎完全消失了,但没有人能说出这种迷信对"愚蠢之人"的后续行动有什么影响,他们能够在相对安静的情况下忍受严重的种种恶行,但当事情本应被放弃时,又突然爆发出复仇的怒火。每建一条中国铁路,人们都会有关于铁路的难以捉摸的念头,觉得铁路铺设的枕木大约仅有支撑后颈部用的一个中国枕头那么高,以便司机在夜晚昏暗的光线下,可以看到在他高速运行的机车前有一长排棕色的物件,就像一个个人直挺挺地躺在铁路上,人头伸出在铁轨外面。在这种情况下,有时就有必要"十分缓慢"地行驶数英里路程。在唐山煤矿铁路的早期,中国人意外死亡的市场赔偿价格为三十两白银,但据称大多数中国人似乎觉得这是一笔划算的"赚钱"买卖,就对这一赔偿规定进行了修订。

任何一个中国港口的船夫都是一大社会阶层,虽然他们看起来可能不具什么影响力,但他们联合起来行动往往能量巨大,因为任何一位中国官员都不想去处理民众起事,没人能预料类似民众起事的结局,而这种结局在很多方面可能给官员本人带来严重后果。人们至今记忆犹新,数年前,时任直隶总督的李鸿章是如何被宁波籍舢板船夫的喧闹所打动,取消了在天津修建一座铁路桥的计划,原本这座桥已经打桩了,不得不再次费力地拔掉,这对极端专制的中国人来说,无疑是一种耻辱,但对既得利益者甚至是船夫们来说,则是一场胜利。几年后,铁路运输势在必行,再修建杨村大桥时,没有考虑到无数不能从桥下通过的大型而笨拙的官船问题。桥梁铺设完成后,这些曾花巨资打造的老大笨拙的官船便静静地锚在通州,毫无使用价值了。北京的铁路建成后,夺了白河上游弋的难以计数的船家的生意,天津北京间无数的骡车,也被淘汰,甚至与铁路苦苦抗争的全体通州人都陷入了困境,他们的生计被其他随着铁路开通而活跃起来的人们所夺,所有这些骡车夫、船家乃至难求生计的通州人,都清醒地意识到,他们平稳的生活,就是因为引进西方的办法而变得一团糟,对西洋事物充满了敌意。

1898年短暂改革期间,提出了大量改革措施,其中有一项是为了防止贡米在运送途中失窃,宣布要重新安排将贡米运到北京的方法。这实际上就威胁通州的生存(通州几乎完全依赖运送贡米生存),通州人组织了一帮人在丰台首先闹事,他们联合其他人一道破坏了机器,拆除了引擎,捣毁了铁轨及其他设施,以实际行动昭示他们对新政的抗议。值得一提的是,多年前,有一份给皇帝的建议修铁路的奏折,说利用铁路运送贡米将"杜绝船夫偷窃"情事。这不是不可能,但经验表明,中国的铁路,什么东西都可能被人拿走，连刚启用的信号都不见踪影了，这些现象使中国人认识到铁路火车这类西方新器物，并不能避免盗窃情事发生。

中国人对铁路普遍怀有敌意，还有一个人们不太重视的原因。在与铁路有关的实际工作中，许多雇佣的外国人不会说汉语，大量从事铁路建设的中国工人，毫无疑问会受到令人感到耻辱的虐待。据说，比利时经营卢汉铁路时即有虐待中国工人的事件发生，德国经营山东铁路，虐待中国工人较比利时有过之而无不及，而俄国经营满洲铁路虐待中国工人的情形则或许更为严重。所有因受到令人感到羞辱的虐待而产生的敌意聚合在一起，即会成为一种可怕的仇外情绪，一旦爆发，其结果很可能引起全世界的注意。

像其他中国人一样，张之洞认为西方人不讲究"礼仪"，不足为怪。典型的"承办人"是世界大忙人，他大老远一路跑到中国来不是"为了展示他的形象"。他歪戴着帽子，嘴里叼着雪茄，双手插在"紧身短夹克"口袋里，大摇大摆地到衙门里，告诉"老顽固"他这个承办人刚刚进城，想要必须得到的东西。他不听废话，直截了当，有一说一有二说二，毫不客套，也许会发出最后通牒，然后走人。他正从事着吉卜林（Kipling）先生所说的"开化东方"这一通风气任务，往往能够达到通常所要达到的目的。对于一个持重、老练的保守派官员来说，这样的人不管装扮得多么得体，这样一个代表西方的人看上去也是一个野蛮人，一个难以理喻的蛮夷。他们以前从未见过这种人，以后也永远不想再看到这种人。民众并不关心政府以前是不是做出了让步。像西方的承办人一样，他们只想得到自己想要的；不想要西方的承办人。在一个内陆地区，当义和拳叛乱十分危险的时候，一名传教士性命岌岌可危，直到他能证明自己不是那个要用跑火车的铁路震动龙脉、扰乱风水的人，才得以逃生。

　　具有敏锐辨识力的读者会发现，当中国人没有说"中国是中国人的"这句话，而是无意识地发出一声感叹时，其实是心里有很多话要说的。在西方企业的承办人鬼祟而神秘地开展工作的过程中，人们正确地看到了一个政治代理人的身影；因为每条铁路都意味着特别债券，而债券就是金钱，金钱是这片土地的命，拿出去的钱越多，大清帝国就会变得越虚弱。在中国人看来，所有进入这个国家的银子都是显而易见的收获，而所有被拿走的银子都意味着巨大的损失。真正互惠的观念，即对一方有利的事情对另一方同样有利，只是获取方式不同而已，在中国人的思想中不存在。

　　中国人憎恶所有外国人在中国开采矿业，情绪强烈，不可动摇。每一起不可避免的矿业事故都加剧了这种憎恶情感，这些有前途的"中国人自己不开采的矿业"，每一座矿几乎随时都会成为开采者的坟墓。计划在中国开采矿业的人们，深陷惶恐不安之中。

　　中国人对传入中国的西方事物的见解，无时无刻不在添油加醋广为流传，从而形成广泛共识。因此，西方人在中国设计良好的火车，随时都会出现前所未有的爆炸事故，就不是什么奇怪的事情。考虑到各种复杂因素，排外暴乱没有在很久以前爆发，倒是令人感到奇怪了。

第八章　外人之领土侵犯

　　中日甲午战争及其结果,是具有悠久历史的中华帝国的一个标志性节点。在这场短暂而决定性的战争结束后,中国人发现自己不得不接受屈辱的条件,战前那些无知且毫无准备就匆忙进行这场毫无希望的不平等竞争的人们,从未想到会有这样的结果。如果日本没有受到来自其他国家的压力,她无疑会要求巨额赔偿,而且至少在一段时间内,她会占领她用武力征服的"满洲"地区(包括自山海关至黑龙江的整个地区,其南部的盛京省是目前统治中国的满人的世居之地)。如果允许日本占领"满洲"这些省份,他们将成为中华帝国的主人。然而,中国人敏锐地感觉到,清王朝现在的皇帝无权割让其祖先流血牺牲获得的土地。

　　中国人一直尊崇乾隆皇帝,乾隆在位期间,最大限度地扩大了帝国的疆域,任何人任何时候丢失一点儿都是国家的耻辱。的确,数以百万计的人民当时根本不知道,或许现在也不知道曾经与日本发生过战争;但是,可以肯定的是,每一个懒洋洋的农民,当他们像过去五年的经历一样,受到各种因素刺激时,也很快会躁动起来。四十年来,中国人对西方一直施行"以夷制夷"之策,束缚各国手脚,以保自身平安。从另一方面看,由于所有的西方国家尽管多少不一,但在中国都有自己的利益,当中国的安宁受到某一个大国的威胁时,其他国家,或至少其中一个国家就会进

光绪皇帝和兄弟

行干预,以免他们在中国的共同利益受到损害。因而"以夷制夷"
并非没有希望。在处理甲午战后的国际局势时,人们还记得,俄
法联盟在德国支持下,向日本发出警告,要求她必须从"满洲"撤
军,不能保留在战争中获得的成果。不过,在支付应付赔偿金之
前,她可以占据战争末期用武力从中国手中夺取的威海卫港口和
要塞。威海卫位于山东半岛东端烟台以东约五十英里处。对于
中国人来说,日本人夺取并占有威海卫,简直就是难以忍受的奇
耻大辱。此外,日本还将占有台湾,而这里是许多双贪婪的眼睛
一直在盯着的地方。

在俄法德三国压力下,日本感到坚持她自认为的权利毫无用
处。除了英国,她没有任何国家可以寻求帮助,而她四处奔忙的
"外交政策"指导者们清楚,这时的英国选择保持完全中立。设想
这种时刻可能会发生什么没有意义,但有一点是很清楚的,那就

是假如英国此时采取不同政策，则可能改变整个远东事务的整体趋向。

俄国和中国适时达成了一项协议，通过这项协议，日本得到一定补偿，把"满州"归还给中国。这本来是个秘密协议，但在有钱能使鬼推磨的中国，无密可保。伦敦《泰晤士报》和上海《字林西报》向世界公开了这一秘密协议，消息一出，人们都嘲笑这两份报刊轻信《卡西尼密约》确有其事①。不久，这一条约的真实性得到了证实，世界终于明白了，就像布罗厄姆(Brougham)勋爵对所熟悉的令人满意的职员的定义一样②，俄国很自然、聪明地扮演了律师的部分角色，成了"一个从你的对手手中拯救你的财产，然后将其据为己有的人"。俄国的西伯利亚大铁路(great Russian trans-Siberian railway)是充满冒险事业的一个世纪中最重要的工程之一，通向俄国在黑龙江入海口新建的符拉迪沃斯托克港③，长期以来一直在建设中。尽管可以采取一切措施来改善自然条件，但这个港口并非不冻港，远不适合欧洲和西方的铁路线运行要求。因此，作为与中国新协议的一部分，俄国有权建造直

---

① 《卡西尼密约》(*Cassini Convention*)，即《中俄密约》。卡西尼，俄国驻中国公使，不能说他与这次中俄条约的签订毫无关系，但他不是签约人。《中俄密约》是俄国诱使清政府派出的特使李鸿章与俄国外交大臣罗拔诺夫、财政大臣维特在莫斯科签订的条约，原称《御敌互相援助条约》，又称《防御同盟条约》，世人一般称其为《中俄密约》。

② 布罗厄姆(Brougham)勋爵，英国人，1800年开始律师生涯，一度成为辉格党政治家和改革家，担任过大法官兼上院议长，曾主持多次重大法律改革，并于1825年带头创办英国第一所非教派高等教育机构伦敦大学。作者这里引用他的话并非与原文完全一致，而是大意。布罗厄姆的原话是："A lawyer is a learned gentleman who rescues your estate from your enemies and keeps it himself."（律师是博学的绅士，他从你的敌人手中抢救出你的财产，然后将其归为己有。）

③ 符拉迪沃斯托克(Vladivostok)，清代旧称海参崴，原属中国领土。1860年中俄《北京条约》将包括海参崴在内的乌苏里江北以东地区割让给俄国，俄国将其命名为"符拉迪沃斯托克"。

达"满洲"的属于她自己的线路,终点是盛京省内辽东半岛南端的大连湾。为了保护铁路,俄罗斯有权在铁路沿线派驻自己的军队;尽管在规定的一定期限之后,中国可以接管这条铁路,但再傻的人也清楚,通过这样的巧妙安排,"满洲"终将全部落入北方的大帝国之手。

俄国和中国签订的协议,导致大批俄国人涌入"满洲",尤其是俄国军人,随处可见,以至在细心的旅行者看来,"满洲"似乎明显处在俄国保护之下,或者处在俄清共管状态。从关于"满洲"的所有报道情况看,俄国占领"满洲"发生了诸多事件,这些事件若发生在欧洲,势必会导致民众的普遍敌意。中国人非常尊重他们的统治者,觉得不要说是与统治者对着干,即使是试图改变那些拥有权威象征的人的行为,也是不恰当和愚蠢的。不过,他们明白和感受到,现时中国身不由己,而且多年来就自己做不了自己的主了。当他们看到整个中国的东北地区事实上转让给了最可怕的邻居后,深信这是中国遭遇了不可抗力的结果。由此而生的义愤,隐忍不发,表面平静,但却绝不是消弭无踪了,这恰恰说明中国人的民族精神尚存,绝非是对帝国命运漠不关心。

1897年11月1日,发生了一件谁也预料不到的事件。两名德国天主教神父住在山东省西部茌平县以西二十五英里的一个村庄,突然遭到二十多人毫无预兆的袭击,两人几乎当场就被杀死了,其中一人被砍了九刀,另一人被砍十三刀。两名神父住的院落中的其他人未受伤害。关于这一伤害德国天主教神父事件的起因,有许多说法。有的说这是山东那一地区的许多匪徒所为,是对他们没受雇用的报复,有人说是因为天主教会干涉讼案,也有人认为是由"大刀会"鼓动的报复行为,当时那里的天主教徒与大刀会之间有着多年的宿怨。不管发生这次杀害德国天主教神父暴行的原因是什么，肯定不是官方纵容的结果，因为那里的地方官碰巧和其中一位神父很熟，而且在他以验尸官的身份勘验现场时，看到那可怕的景象，感触极深。

上述事件发生不到两周时间，德国战舰便驶入了胶州湾，并占领了青岛，中国官员未做任何抵抗就放弃了胶州湾和青岛。据报道，不久之后，德国公使馆即提出了解决谋杀案的六项要求：（1）赔偿白银 20 万两；（2）重建在暴乱中被毁坏的小教堂；（3）补偿德国在胶州行动中的所有费用；（4）将山东巡抚李秉衡革职，永不叙用；（5）严厉惩罚杀害德国神父的凶手以及发生暴乱地方的地方官员；（6）德国人独享山东境内的煤矿开采权，德国拥有修筑山东境内铁路的优先权，以及在铁路沿线二十公里内的采矿权，授予德国在胶州永久储煤权——也就是说，胶州将"永久地"成为德国海军的加煤站。胶州拥有宽阔的港口，长久以来列强一直对其虎视眈眈。胶州原本应该是《卡西尼密约》中的一个条款，即如果这个港口便于俄罗斯行动，允其暂时予以占领。因此，德国不可能在不涉及俄国的情况下占据胶州港，唯一合理的解释是，德俄两个大国之间事先完全达成了谅解。

最终德国与中国商定，德国管理胶州毗邻相当大一个区域，随之即称这一区域为"胶州殖民地"，从此胶州特别是山东内地铁路两侧开始了高度日耳曼化的各种活动。青岛距上海不到四百海里，是通往富饶繁荣地区的天然门户，拥有扩展贸易的广阔前景。十年间，在东方这块僵化毫无生气的土地上不断出现奇迹，德国占领胶州的举措令世人惊讶不已。

上海一家报纸的通信记者在一个大约二百英里远的港口烟台写了一篇文章，表明烟台这个地方受德国占领胶州事件影响极大，他在文章中称（目前经济形势可以想见，极不稳定）随着墨西哥鹰洋的价格下跌,由于中国人的激烈竞争,贸易前景异常黯淡。他的这一报道犹如"晴天霹雳,猝不及防,天下震惊"！整个世界的舆论骤然聚焦中国。人们一致认为中国是一个弱国,海军力量不值一提,提出的主张无人理睬,没有一个朋友出来帮忙。自从与日本议和以来,她一直在逃避现实、无所振作、踌躇不前,很清楚地向人们表明了这个帝国的现任统治者毫无希望了。他们什么都没学到,什么都忘了。英国在这一局势下的软弱政策不仅引起了世人的不满,而且使所有了解中国真实情况的人深感焦虑。

在德国专横急切派遣海军上将棣立斯(Diedrichs)率领海军舰队占领了她想要的港口,议定租借港口九十九年后,人们自然认为这是中国人"咎由自取",中国方面也觉得命该如此。这不仅是因为德国占领胶州与她的两名天主教传教士被害有直接关系,而且是因为中国觉得自己理亏,除了接受痛苦的教训,别无他法。在远东地区,除了宗教期刊,没有任何人从国际法角度关注德国行为的真实色彩,毫无疑问,这一关键问题,在德国占领胶州一案中,居然完全被忽视了。关于这一事件,人们好像把它看作是一笔颇为大胆、极具冒险性的商业"交易",可能会产生复杂的后果,只是在很大程度上似乎不讲道德而已。的确,这使人想起讣告的口吻,讣告有意完全忽略死者生前职业生涯中的所作所为,而忘记和忽略这些事实是一种"有礼貌的行为";同样的演讲和写作风格一直延续到今天。赫德(Robert Hart)爵士在《半月评论》(*Fortnightly Review*)上发表的一篇《关于国内叛乱和国际事件》(*A National Rebellion and A International Episode*)的文章,就是一个很好的例子。在近三十页的描述和讨论中,没有只言片语谴责导致中国民众叛乱的任何政治机构的道德责任。文章的结尾,两句话轻描淡写地忽略了导致中国民众叛乱的因素,说"目前所发生的一切都是过去行为的逻辑结果。欧洲对中国的态度并不吝啬，但即便如此，对她也有所伤害；一个更讲究策略、合理、没有横生枝节的过程，可能会产生更好的结果，但在任何情况下，外国人都不可能指望永远保持他们的治外法权地位和中国已许可执行的各种商业契约"。

德国"租借"胶州，人们普遍认为这是她谋求获取在山东各方面的控制权的第一步。租借胶州事件深深刺痛了中国民众的心，他们自那以来一直心怀怨恨，世人早就清楚（但却忽视了），可它与随之而来的其他事件所带来的最终结果，却是无论如何也想象不到的。

德国租借胶州的消息一传出来，人们就预感俄国要占有我们前面提到的辽东半岛南端的伟大的旅顺海军基地，这个基地距东清铁路①终点大连湾很近。这个美丽的港口在中日甲午战争中有着极为重要的地位，最终支撑不住，为日本人夺取。正是在这里，日本人失去了他们惯有的自我克制，为中国人一些过于明显的野蛮行为所激怒，开始以同样的方式报复无辜和无助的中国人，给日本的声誉造成了巨大的损害。长期以来，中国政府一直致力于把这里建成帝国北部的海军基地，据报道，用于建造旅顺要塞和船坞的资金，数额之大几乎令人难以置信。

只要看看日本、韩国和中国的地图，马上就明白这个海军基地对中国有多么重要。它离大沽只有163海里，距烟台更近，可谓是控制北中国的关键所在。在日本被迫归还这个港口后，中国竟然允许任何别的国家占有，简直令人难以置信。没人认为英国

---

① 东清铁路（the trans-Asian railway），又称"中东铁路"，为俄国根据《中俄密约》在中国东北修筑的西伯利亚铁路的支线。

对俄国占有这一重要军事要塞会漠然视之,因为如果任凭俄国占有旅顺,远东将没有英国的立足之地。这显然是等于把中国的一切交给了她危险的邻居。关于这一事件,很多问题仍然是一个谜。但似乎可以肯定的是,在旅顺港这一战略要地控制权问题上,英国很难像在"法绍达事件"①中那样在不发一枪一弹或没有任何明显的等价交换的情况下,展示其坚定立场。可是,英国舰队为了一件更重要的事情而远离旅顺港,结果一切成为定局,俄国牢牢占据了旅顺!那些有兴趣查究这一事件在商业方面影响的人,可以在最近出版的几部著作中找到相关资讯。我们这里只要指出俄国占据旅顺促使中国人感到大清帝国已经任凭敌人摆布这一关键问题就够了,这里所谓的敌人,指的是在中国水域航行的任何一个国家。不久,通商口岸牛庄成了争议的对象,这个口岸到底归不归俄国管控成了一个极为复杂的问题,因为英国根据与其他国家的条约而享有的铁路和商业利益突然丧失了,没有任何明确的说法,也没有得到任何补偿。

英国政府没有就旅顺港采取坚定立场的决心,但几周即有消息传出,说中国政府已经答应了英国的要求,将威海卫和港口要塞在日本人撤离后租借给英国,日本人曾将占据威海卫作为清政府保证支付赔款的条件。至于英国租借威海卫的意义,相关专家们自租借以来议论纷纷,众说纷纭。如果英国坚持拒绝承认外国占领中国海岸的原则,不管后果如何,她的立场都在道义制高点上。但事实上,她以中国慈善朋友的面目对外国占领中国海岸地

---

① 法绍达事件(Fashoda incident),也称"法绍达危机",指 1898 年英、法两国为争夺非洲殖民地在苏丹的法绍达镇发生的一场战争危机。当时两军对垒,互不相让,战争有一触即发之势。最终双方互相妥协,以尼罗河和刚果河为界,英国占领苏丹东部和尼罗河流域,法国占领苏丹西部。

方表示反对，"但如果有人现在坚持要拿到最好的，那我无论如何都要得到下一个最好的"。本着这一考虑，德国租借了胶州不久，英国便租借了威海卫，从而使中国人更加确信清帝国已经处在任人宰割的境地。随后关于威海卫租借领土范围和实际划定边界的谈判充满了不祥的迹象。当地人对租借的性质存有疑虑，在划定边界时对英军及其华勇营①发动了武装攻击，给山东人留下了威海卫当地人在维护自己权利、反对贪得无厌的蛮夷掠夺的印象。这些在省内东部的高度自发性的骚乱，与西边义和拳事件同时发生，虽然两者之间没有有机联系，但它们背后有着更为广泛的原因，这些原因笼罩着整个清帝国。

长期以来，英国人一直希望在香港岛对面的大陆拥有比以前割占的更多领土，并借此机会诱使中国政府屈服。然而，与刚刚提到的威海卫同样不机智的办法，随即惹恼了易怒的广东人，他们拿起一切可利用的器具为武器，保卫自己的社稷家园。他们模糊地认定自己是真正的爱国者，就像威廉·退尔②在反抗暴君盖斯勒（Gessler）时所说的一样。即使是有些狭隘的香港杂志，有时也承认广东人反抗的正义性，并且持久地激烈抨击香港殖民政府谈判和随后占据租借地的不适当行为。

香港殖民政府这次向清政府"租借"的大陆土地面积200平方英里，包括九龙外至大鹏湾和后海湾③一线整个内陆地区，以

---

① 华勇营（Chinese regiment），英国租借威海卫后组建的防务力量，军官是英国军人，翻译以及军乐手从上海、香港等地招募，士兵是在当地招募的威海卫本地人。
② 威廉·退尔（William Tell），亦作威廉·泰尔，德国18世纪著名诗人、哲学家、历史学家和剧作家席勒（Johann Christoph Friedrich von Schiller）创作的歌剧名称，也是该剧塑造的瑞士反抗外敌的民族英雄。
③ 后海湾，大陆地区内称深圳湾，大陆以外称后海湾。

及这些海湾的水域和大屿山①。这片新租借地的当地人看到英国人来接管政府、张贴布告说明他们的意图后，立即明白了：皇帝这块"江山"已经到了道光年间抢夺香港岛的敌人的孙辈手里了，于是，群情激愤，怨恨不已，自在情理之中。

正当数千名东莞人准备攻打九龙和几个船坞时，香港殖民政府派来了 1400 名士兵和三艘炮艇，炮轰了隐匿在壕沟的"叛匪"，杀死了许多中国人，缴获了他们的枪械。法国认为此时对他们谋求在中国权益来说，就是现代外交术语所谓的"最佳时机"，遂向清政府提出了他们的租借要求。称广东毗邻东京地区②动荡不宁，有"黑旗军"活动，不久前"黑旗军"在这一地区杀害了一名法国中尉，现在又绑架了一名法国人，要求清政府在八天之内赔偿"黑旗军"造成的损失，"否则，法国将有必要在中国南部采取行动"。事实上，"法国在中国南方的行动"似乎是长期以来的欲求，而"广州湾"③港口则可在一定程度上满足这一欲求。美丽的海南岛也像一个熟透了的梨子，悬挂在中华帝国的边缘，有待法国采摘者来放进自己的水果箱里。

1899 年夏，意大利政府为发展贸易起见，向清政府提出了租借浙江三门湾的要求。有人认为这一要求得到了英国和德国的支持，据了解，日本煽动清政府拒绝意大利这一要求，不过，日本人这样做，并非是出于保护中华帝国领土完整的考虑，而是因为把三门湾租借给意大利，会损害台湾对面日本视为自己当然"势力范围"的福建省的利益。令大多数观察人士感到意外的是，北

---

① 这次"租借"土地，具体详见《香港展拓界址专条》。
② 东京，越南北方的旧称。
③ 广州湾，今湛江市旧称，法国在 1899 年租借了"广州湾"。

京政府在从对意大利这样的国家也宣称要租借一个港口的惊魂中清醒过来后，果断地拒绝了意大利的要求。中国必须在什么地方划定界限，拒绝意大利和她要求租借三门湾这个迄今自己还不清楚的新港口，就是划出了这样一条界限（但有可能因担心此举的后果而胆战心惊）。

拒绝了意大利的要求，没出现什么可怕后果，中国终于松了口气，但局外人再次感到了惊讶。不管是什么因素支持中国拒绝了意大利的要求，就中国本身的问题来看，结果比接受了意大利的要求还糟。我们有充分的理由相信，清政府对自己的大胆和成功感到高兴，并自以为只要直截了当地断然拒绝任何外国的要求，那以后就再也不会遭受被迫出借土地的羞辱了。不管怎么说，清政府自我防御能力还是有限。1899 年秋，各省督抚接到一份"密旨"。这份"密旨"的内容很快泄露出来，即清政府命各地督抚要确保江山社稷不受任何侵扰，紧急情况下，可不事先奏明朝廷即武力驱逐。这一"密旨"内容非同寻常，即便是有过先例，也足以表明清政府政局出现了重大变化。

上述事件和其他许多未能尽述的事件，使研究中国事务的外国专家深信，中华帝国正在解体，虽然人们有时会怀疑甚至否认这一点，但中华帝国当前诸多事件所隐含的走向，很难进行其他解读。

就在这时，贝思福（Charles Beresford）勋爵①出版了一部题为《中国之分裂》（*Break-up of China*）的书，对中国某些事务进

---

① 贝思福，英国议会下院议员，在中国戊戌变法失败后，曾应英国商会联合会之聘来中国访问考察，意在了解中国朝野局势，预测今后中英关系走向，虽然总的说为民间行为，但得到了当时英国政府的重视。贝思福这次中国之行，在中国朝野曾引起强烈反响。

行了彻底考察,并得出了恰如其分的结论。这位杰出的商业水手直言不讳的评论被译成了中文。北京的政策制定者们对贝思福的言论无疑十分清楚。数年来,无论是中国还是中国以外的外文期刊,都在纷纷议论中华帝国即将被瓜分,在中国期刊上发表的难以计数的文章译文中,读者们时常看到中华帝国可能"像西瓜一样被切开"这样的暗示性字眼。长期以来,最开明的中国官员某种程度上都习惯于关注翻译过来的外国媒体(包括中国和西方)的说法。通过这种方式,对西方人说和写的东西的内容有明确的了解,并把这些内容传递给所有对这一问题感兴趣的人。从这些资料中,任何一个见多识广的中国人都不难了解英国人关于俄国在"满洲"大肆扩张以及法国在帝国南部边境的图谋的看法。另一方面,欧洲各国为中国经济发展的各种可能性所吸引,新闻媒体纷纷发表他们的相关看法,大西洋彼岸的美国人也在考虑自己能拿到多少"奖品"。随便浏览一下最近标有大大小小工程的中国地图上清政府"计划"的铁路线,最粗心的人也不能不对中国一定时期内几乎每隔几天就承诺(或被威胁承诺)改进或让与的数量和长度感到惊讶。

简要概述一些比较重要的规划中尤其是已经在地图上标出的铁路路线,会有一个这些铁路在中华帝国具体分布情况的形象认知,看到下述引自一篇排外作品的作者的预言在多大程度上变成了现实,这位作者曾说:"洋人将恣意平山填壑,纵情蹂躏华夏山河,展布铁路于天下四方。偌大中国将无险可守。"

这里应该指出的是,义和拳运动爆发时,中国境内已经开通的铁路只有下列三条:

(1)北京至天津延伸至"满洲"的山海关和牛庄的中国修筑

的铁路①；

（2）卢汉铁路北段，北京至保定府南之定州；终点至汉口附近的南段，相当部分也已竣工②。

（3）从上海到长江岸边的吴淞口短线铁路③。

中国向外国辛迪加明确出让了多少"铁路特许经营权"，似乎没有可靠和真实的数据清单，计划最近要筑成多少铁路，也没有可靠数据。下列线路主要根据贝思福勋爵的《中国之分裂》、柯乐洪先生的《陆路到中国》和约瑟夫·沃尔顿（Joseph Walton）先生的《中国及其当前危机》（*China and the Present Crisis*）中的地图编制而成。不同时期"铁路特许经营权"有所变化，许多计划中的线路实际上"并无凭据"。然而，这些与这里所叙说的修造铁路问题并没什么紧要关系，我们只是列举一下现存的没有可靠依据的清政府出让特许经营权正在修筑或计划中的线路。须知鼓噪计划修建铁路很容易引起强烈的敌意，如此众多和重要的铁路修筑事业，不同时期的各种发展变化，日积月累，很可能会产生巨大的影响。

（1）西伯利亚铁路，穿过边界经齐齐哈尔至哈尔滨，其中一条支线通向符拉迪沃斯托克（海参崴），另一支线向南穿过奉天，

---

① 该路时称"关内外铁路"。始建于1881年，为唐山至胥各庄段，称"唐胥铁路"。"唐胥铁路"1893年向南延伸至天津，向北延伸至山海关，改称"津榆铁路"（山海关历史上有"榆关"之称）。1894年，津榆铁路由天津经津芦铁路（天津—北京卢沟桥）延伸至北京，改称"京榆铁路"，又称"京山铁路"。1898年10月，"京榆铁路"延伸至奉天（今称沈阳），改称"关内外铁路"，并与英国、俄国签定关内外铁路借款合同。

② "京汉铁路"初始名称，民国时期北京一度称北平，故其时又称"平汉铁路"。

③ 即"淞沪铁路"。最初为1876年英国人未经清政府批准擅自修筑的从上海到吴淞口之间的铁路，时称"吴淞铁路"。翌年由清政府购回拆除，拆除的理由是铁路"资敌""病民"。1897年，清政府又拨款沿吴淞铁路原线重建，1898年建成，称"淞沪铁路"。

抵达旅顺港对面的大连湾,有一条短程支线通向牛庄。这条路已开通至奉天,为了保护已通车的铁路,根据《卡西尼公约》(《中俄密约》),人数不明的俄国军人已经进驻"满洲"。[①]

(2)从北京经南口关到张家口,再经蒙古地区的库伦到恰克图,在贝加尔湖畔与西伯利亚铁路连接。(这条铁路以及从北京到牛庄的铁路,将加强俄国对清帝国首都和直隶省的控制,很可能是俄国在本次谈判结束前要求的首批特许经营权的一部分。)[②]

(3)起自北京的比利时承建的卢汉铁路(现称京汉铁路),计划在山西南部的潞安府建支线。

(4)俄国修筑的从卢汉路的正定府经固关到山西省省会太原府的铁路[③],可能延伸到陕西省的西安府。延伸至西安府的铁路,由俄国华俄道胜银行还是英意财团提供资金,很难确定。

(5)俄国修筑的潞安府(如上所述)西南部到湖北省襄阳的铁路。

(6)美国修筑的从汉口到广州的铁路(称粤汉铁路),途经岳州(Yo Chou)和湖南省省会长沙。

(7)上述提到的粤汉铁路分支,从长沙向东经江西省会南昌府和同在江西境内的广信府与下一个分支相连。

(8)英国修筑经营的由上海至苏州、杭州的铁路,再从杭州向南延伸至上述提到的广信府。该路的另一分支则从杭州延伸

---

① 俄国在中国东北地区这几条铁路,当时总称"大清东省铁路",又称"中国东省铁路",简称"东清铁路"

② 北京至张家口的铁路,称"京张铁路",是中国自筑铁路,俄国提出修筑铁路经库伦到恰克图后与西伯利亚铁路连接的要求,清政府没有答应。

③ 即"正太铁路",直隶正定府石家庄(当时只是个小村庄)到山西太原。作者撰写本书时尚未修建。固关(Ku Kuan),即"娘子关",又称"苇泽关"。清代曾在这里增设"固关营",以加强防御,作者大概因此称之为"固关"。

到浙江海岸的宁波。

（9）英德两国贷款修筑的从天津到长江流域的镇江铁路①。

（10）德国经营的从山东北部的胶州穿越山东北部至山东省城济南府与先前修筑的胶济铁路连接②。

（11）德国经营的另一条铁路支线,穿越山东南部至该省边界经沂州府与上述英德两国贷款修筑的津镇铁路（津浦铁路）连接③。

（12）从上海到苏州及上述提到的津镇路（津浦路）的镇江一线,向西经南京到河南信阳,与卢汉路连接④。

（13）从南京向西经河南省省会开封府至山西南部某一点的线路,与上述提到的正太铁路交汇⑤。

（14）英国经营的由九龙（香港对面的内陆）至广东的铁路,向西北经广西省城桂林府、贵州省城贵阳府至四川省省会成都府⑥。

（15）英国经营的从暹罗北部经云南府至长江上游的重庆⑦。

（16）从上缅甸的曼德勒经昆仑渡（Kun Lun Ferry）至滇西大理府的铁路,由英国经营,支线通往云南省城云南府⑧。

（17）从东京（今越南北部）的河内到云南府铁路,法国人

---

① 该路在作者撰写本书时尚未修建,后改为天津至浦口,改称"津浦铁路"。
② 该路没有修建。
③ 该路晚清时期没有修建。
④ 即后来的"沪宁铁路",义和拳乱之前尚未修筑,1903 年时签订《沪宁铁路借款合同》,由英国人经营。
⑤ 即"宁西铁路",晚清时期未建。
⑥ 该路晚清时期未修筑。
⑦ 该路晚清时期未修筑。
⑧ 时称"滇缅铁路",但未修筑。上缅甸（upper Burmah）,缅甸中北部地区。

经营①。

（18）法国人经营的河内经谅山(Langson)至南宁府铁路,该路支线有一条通至元江(Ya Chiang)上游的碧色寨(Pose)地方。

（19）法国经营的广东海岸的北海至南宁府铁路。

（20）法国经营的从湖北境内洞庭湖向西南经贵阳府至云南府的铁路,与上述多条铁路相连接。

即使是最粗心的读者,只要看一下上述开列的铁路线路情况,也不能不被这些铁路中任何一条可能带来的革命性后果所震撼(这还远不是所有"拟议"要修筑铁路的完整记录)。这些铁路有望以令当地人震惊的方式"开放"中国,并使那些满怀欣喜来中华帝国的仁慈的铁路投资者大发其财。上述铁路线有些进行过大量勘察工作,勘察者们及随行工作人员往往遭遇极大危险。人们已经注意到了,精明的中国人完全明白,这些铁路其实是比以往任何时候都快捷、安全地将中国的财富运往外国的通道。上面列出的铁路线路,遍及中国内地十八行省中的十五个省和整个"满洲"地区。正如前面提到的,每一条线路都意味着中国政府要承担沉重的财政义务。为了满足偿付贷款的需求,必须筹集越来越多的资金。帝国海关曾数次为中国解财政燃眉之急,但当有人提议要用像国外海关一样的办法征收厘金时,每个受厘金滋养的官员,都觉得这样做严重影响了他们的收入。

两江总督刘坤一在会见贝思福勋爵时说,如果说厘金是为了满足省级政府的财政需要,那么变更征收厘金办法,一定会发生不利于外人的骚乱。就计划中的铁路项目而言,中国人意识到西

---

① 时称"滇越铁路,即原计划的滇越铁路线,后称滇越西线,由于民众群起反对,未修成。后改修东线。

方国家正在竞相向中国政府提供贷款，改变厘金征收办法是为了偿付这些抵押贷款，如是中国很可能长时期受制于人，不得自由。不难想象大多数中国人对即将改变厘金征收办法的感受，这种感受会因为现在和以后计划让与的铁路和矿产特许经营权而越来越深切，而在某些情况下，外国财团为急于得到帝国（或可能是世界上）数百平方英里最富裕的矿产地争吵不休，旁边往往有人心怀叵测，互相猜忌。英国先行占有了长江流域，极其不安地关注着决心争夺广西、云南、贵州控制权的法国，并觊觎矿产极为丰富的四川。在中国争抢地盘的国家，每一个都想对其他国家实施中国"门罗主义"。据推测，福建将落入日本掌控之中，而意大利则希望在浙江修筑铁路，以促进其弱小的贸易。德国独占山东。俄罗斯控驭"满洲"，京城所在地省份直隶花落谁家，尚无定论，未来对山西矿产的争夺和由此引发的利益冲突，繁杂多变。掌握所有这些商业外交错综复杂内情的人，可编纂一本有趣而颇具启发性的著述。

在许多方面，有一些新举措是中国即将进入的新时代的预兆——不，是已经进入新时代的标志。很有可能，如果一些复杂的因素稍微发生变化，就有可能避免暴乱，或者至少推迟暴乱发生；但遍地都是火药，其中有些已经点燃了。

毫无疑问，中国人自己对他们和他们古老帝国的处境也感到困惑。他们的境况让人想起林肯先生在推测某些人要逼迫他实行一项政策时所讲的一件轶事：一位骑手正骑在马背上，这匹马被苍蝇惹恼了，焦躁地乱踢乱蹬，后蹄踢进了马镫里。骑手瞥了一眼，看到马后蹄子踢进了马镫里，就对马说："如果你要上来，那我就下去！"

也许在这个星球上，没有任何一个国家像中国一样，诸多糟糕事件、情势都暗示不久即将发生暴乱。《孟子》一书中记述了一位统治者的话,说:"狄人之所欲者,吾土地也。"①过去几年发生的一系列事件,也使今天中华帝国满族统治者清楚地意识到了,"夷狄之所欲者,吾土地也"。的确,夷狄人多而强大,但中国人也不能示弱。他们越想这令人无法忍受的局面,愤怒之火就越是炽烈,越要下决心痛下杀手,一举解除所受欺凌奴役之苦。中国这只老虎一旦被唤醒,将会是令人恐惧的猛兽。中华帝国的统治者们觉得一旦有义和拳相助,将无敌于天下。在公元 19 世纪备受凌辱之后,怀揣这样的想法,抱着这样的信念和期望,像只困兽一样发起了奇异的前所未闻、史无前例的讨伐战争。这些现象无论是精神上给人的新奇感,还是研究中国人矛盾心理的素材,都为人们提供了一个几乎全新的考察视域。由于其中牵涉诸多重大权益纠葛,无论我们的记忆多么糟糕,无论我们多么忙,都不可忘记十九世纪末在中华帝国的经历。

---

① 见《孟子·梁惠王》下。

第九章　改革维新之夭折

　　现在的中国皇帝是醇亲王奕譞之子，醇亲王是道光皇帝的第七个儿子。道光皇帝之后是咸丰皇帝，咸丰皇帝在英国人1860年10月攻占了北京并迫使中国签订《天津条约》之后不久①，于1861年死于热河。咸丰皇帝的皇后没有儿子，但他的一个妃子有一个六岁的孩子。这个妃子和道光皇帝的第六个儿子恭亲王一起将她的儿子扶上了皇位。这位小皇帝年号"同治"，意为"共同治理"，这隐约暗示了一个历史事实，即发现并挫败了针对两位皇后和已故皇帝三个兄弟的阴谋②，阴谋策划者受到了惩罚③。结果是两宫皇后、年幼皇帝和恭亲王的利益捆绑在一起了。

---

① 原文如此，误，应为《北京条约》。第二次鸦片战争分为两个阶段，清政府第一阶段战败，1858年被迫与列强签订了《天津条约》，这个条约须经各国批准并交换批准书后始生效。但在到北京交换批准书的路线问题上，中外之间产生矛盾，战火再燃，清政府再次战败，1860年10月不得已陆续与各国签订《北京条约》。《北京条约》确认1858年签订的《天津条约》有效，作者可能据此认为是《天津条约》。

② 道光帝共生九子，同治登基时还有五位在世，其中奕譞早经过继给了已过世的叔叔惇亲王绵恺为嗣子，还有四位，不知作者为什么说"针对已故皇帝的三个弟弟的阴谋"。或许是因为恭亲王奕䜣与两宫太后一起扶植同治登基，不计在内。

③ 指"辛酉政变"，即慈禧与慈安两宫太后在咸丰死后，联合恭亲王清除把持朝廷的御前大臣载垣、肃顺等"赞襄政务大臣"（又称顾命八大臣）的势力，掌控清廷最高权力。

光绪皇帝出生地(醇亲王奕譞府邸)

同治皇帝1875年1月12日去世,在位期间较短,没显示出任何治国理政才干。由于他没有子嗣,上一代的人继承皇位不合适,而同一代人中可承继皇位的人又极少,新皇人选遂成了一个微妙而困难的问题。恭亲王的儿子是不可能的,因为选择他意味着父亲在朝廷上要向自己的儿子下跪,这在所有中国人的观念里都是不可接受的;而要避免父亲向儿子下跪的场面,恭亲王将不得不完全退出公共生活,可恭亲王在当值朝廷中是个不可或缺的人物。下一个可能的候选人是醇亲王的儿子,当时还不到四岁半。他被两宫太后和满洲王大臣一致选中,年号光绪。"西宫太后"于是成了刚登基的年幼皇帝的养母,在1881年东宫太后去世后,对皇帝有了更大影响力。依仗着足智多谋的竞争手段,帮助新登基的皇帝打开了局面,作为同治皇帝的生母,被尊称为"慈禧太后"。

作为光绪皇帝的伯母①，慈禧太后在 19 世纪中叶入宫，生前尊号除"皇太后"称呼之外，达十六个汉字之多②，译成英文则有六十多个单词，现今世上活着的人，很可能没有人有涵盖这么一长串具有实际知识内涵的称谓了。她被描述为一个非常无知又很有教养的女人；其帝王般的美德，堪与印度已故皇后相媲美；其怪兽般的邪恶，喜怒无常，又使她双手沾满鲜血，灵魂堕落不堪。

真实的慈禧，既非天使，也不是恶魔。她有着异于常人的禀赋，一直在充满阴谋和腐败的东方宫廷摸爬滚打，执政时间远远超过了地球上大多数统治者的任期。她已经成为一个老练的机会主义者，虽然过去一些年所发生的事件充分证明她完全缺乏一位政治家所应有的风度，但她具备或许称得上非凡的经世才艺，即遇事不动声色，深藏不露的本领，十分机敏，能够当机立断何时该做什么，何时不能做什么，以及（并非不重要）由谁来做什么事情。她是一个专横武断的女人，恣意妄为不肯服输，她完全有能力随心所欲地掀起暴风骤雨，令那些可能会卷入这突如其来风暴漩涡的人们胆颤心惊。

光绪十三年初（1887 年 2 月），该是年轻皇帝亲政的时候了，当时发布的谕旨暗示皇太后陛下觉得皇帝该亲政了，光绪则恰如其分地表示（或者是安排他这样表示）：听说皇太后有意要其亲政，恍如身陷汪洋之中，不知何方是岸，惊悚不已。两年后，即 1889 年 3 月，皇太后为他选定了皇后，并宣布撤帘归政。

一个僻处深宫每天只见到皇宫那么大天空的满洲妇女，从不向周围任何反对势力屈服，牢牢地在朝廷站稳脚跟，得心应手地驾

---

① 慈禧作为咸丰的妃子，是光绪的伯母，作为光绪母亲的姐姐，又是光绪的姨母，而作为先帝同治的生母抚养新登基的小皇帝，则可说是光绪的养母。
② 慈禧太后生前尊号为"慈禧端佑康颐昭豫庄诚寿恭钦献崇熙"。

驭群臣,这一现象只能说明,即使在半专制主义(semi-absolutism)的中国,也只能用统治者个人素质因素来解释。像中国这样的政府和任何欧洲国家的政府的区别,就像富人的深宅大院的私密性和穷人的公开生活之间的差别,穷人的社会公开生活空间,从房前的街道上随时都可以看到里面的情况。中国政府基本上是封闭的,因为它被限制在半平方英里的空间内、在难以接近的紫禁城内,在那里,各种斗争的情形都不为外部世界所知,就像幼年袋鼠在它们母亲的肚袋中的争吵一样,人们能听到的只是幼鼠声嘶力竭的叫声,意味着有的幼鼠正在经历最糟糕的情况,但它到底怎么了或为什么会这样,却无人知晓。的确,总是有"太监"会透露或假装透露许多宫廷内幕——谁谁说了什么、谁谁做了什么,也会有参与宫廷事务的高级官员最终泄露了更多事情的真相;但对于外国人来说,可以肯定的是,他们通过不公开渠道获得的信息,都是朦胧模糊的,因而他们对明摆着的事实的研究结果,常常总是难以服众,令人困惑。

这里我们不打算探究光绪朝奇异的非暴力变革兴替谜团,而是要简单勾勒出诸多事件的大致轮廓,并指出这些事件在后来几年间所产生的影响。

恭亲王是清政府中一个重要的角色,因 1883—1884 年中法战争清政府败北而失宠①。他的弟弟——道光皇帝的第七子醇亲王崛起了。就父亲成为儿子的臣子,儿子成了父亲的君主、凌驾于父亲之上这一进退维谷的困局而论,在光绪被选入宫继承皇位时,醇亲王要么应当自杀,要么就永久退休隐居起来。他参与

---

① 原文如此,中法战争一般认为是 1884—1885 年。实际上这场战争始于 1883 年 12 月,结束于 1885 年 4 月。

朝廷事务的方式，即使不是史无前例的，也是极不寻常的。在相对短暂的参与朝廷政务期间，他极大地开阔了视野，如果不是过早去世，有望成为中国许多重大政策变革的领导人。

醇亲王去世，很有可能打破了朝廷中各种势力之间的平衡。不过，其时恭亲王虽然有生之年一直没有再度出山参与朝廷政务，但他在朝廷中的影响力依然可观。1898 年的春天，恭亲王去世，清政府错综复杂的政府机构失去了得以平衡的重要一翼。

西方思想设法进入清朝皇宫是难以避免的。1894 年，在中国的一位基督教宣教士突然产生了一个念头，觉得借恭贺慈禧六十大寿之机，赠送慈禧太后一部《新约圣经》，无疑是优雅得体之举。这一想法是肥沃土壤中的一粒优良种子，其结果是制作了一个大型的特别版《新约圣经》，金色镶边，竹子压花纯银封面。这本特制《新约圣经》的制作资金，由二十九个基督教差会的 10900 名中国基督教女信徒捐助，共计金额 1100 多美元。11 月 11 日，英国和美国的公使把装有这件礼物的小盒子送到了总理衙门，第二天，总理衙门把这件礼品呈给了慈禧太后，慈禧向在发起制作这部圣经过程中表现突出的二十二位女传教士回赠了适当的礼品。

这本特制《新约圣经》必定在宫廷内引起了巨大的好奇心。光绪皇帝听说了这件事后，派心腹到美国圣经公会藏书室去为自己要了几本。在后来的一段时间里，他对《万国公报》产生了浓厚兴趣，搜求该报所有过往期刊。《万国公报》是在上海出版发行的一份由林乐知（Y. J. Allen）博士编辑的杂志，光绪皇帝仔细阅读这份杂志，心中不能不产生许多问题。阅读了这些东西究竟对他产生了什么影响，以致是否更易受西方观念启蒙，还是个未知数。不过，据普遍报道，光绪皇帝已学会祈祷，赞成传播基督教。许多

年前,他开始学习英语,引发了一些人不着边际的推测。而皇家
公园中有大量玩具火车一类的东西,则说明光绪皇帝对他知之不
多的西方文明,确实在有些方面还是十分看重的。

　　灾难性的中日甲午战争结束后的几年,对所有的中国朋友来
说,都是一个特别忧郁的时期。一个古老帝国治理到如此地步,
有这样一个令人印象深刻、蒙受耻辱的教训,如果不是致命的,也
是极为罕见的。然而,随着时光的流逝,国家蒙受的耻辱似乎逐
渐淡忘,所有观察家都清楚,不能再这样得过且过了。到了该幡
然醒悟的时候了,然而,中华帝国依然我行我素,在历史激流中向
着礁石驶去。

　　1898 年春,在与日本议和三年之后,开始有迹象表明,北京
一些官员中出现了真正想改革的念头,皇帝本人成了一个认真甚
至是热切推行改革的倡导者,他认识到了,不改革,国将不国。5
月初,社会上初步感受到了改革的气氛,不久之后,光绪皇帝被抛
上了风口浪尖,这股浪潮似乎把萌芽中的改革淹没了。在那一年
的早些时候,发行"昭信股票"筹资,用中国人熟悉的办法从富人
那里筹集资金。中国和外国媒体对"昭信股票"发行过程中的强
制性办法有一些反对意见,一位监察御史向光绪皇帝上奏称,民
间对这种办法颇为厌恶。光绪在 5 月 18 日的一份谕旨中解释
说,他的想法是仿照其他国家的办法发行长期公债,并给予每个
人选择是否认购的充分自由。他命令所有相关负责部门要保证
杜绝摊派勒索行为,若有违犯,严惩不贷①。

　　不久之后,有人上奏建议征收"铺税药牙"筹集资金,交户部
审议批准,并由朝廷发布上谕施行。但 6 月 5 日朝廷又发布了一

---

① 查《清德宗实录》及《光绪朝东华录》,未见有作者所述"仿照其他国家办法"字样。

道谕令宣示天下，谓皇上通过密查暗访，获悉这项税收给百姓带来了大量苦楚和不便，南方施行这项税收政策，遭遇强烈反对。皇帝坦率地解释说，推行这项税收政策之前，不了解其会有如此恶劣影响，现已废止这项税收，禁止所有大小官员再以"铺税药牙"名义敛财，若有官员不予改正，百姓有权予以抵制。很明显，帝国政府已经显示出了一种新的精神风貌。

六天以后，朝廷颁布了一道征选驻外使臣的简短谕旨，认为驻外使臣对国家极为重要，谓"方今各国交通，使才为当务之急。着各直省督抚于平日所知品学端正、通达时务、不染习气者，无论官职大小，酌保数员，交总理各国事务衙门考验，带领引见"。

同一天，发布了关于改革总体思路的长篇谕旨①，其中皇帝概述了他一直努力的一些理想的改革，例如提高军队士兵的个人素质，裁汰旧军，"配备现代武器，采用西方军队建制，改革军官遴选考试制度，仿照西方建立大中小学校和专科院校"；他表示早就想进行这些改革，已经反复考量，决心施行。但他发现很多人或

---

① 这篇谕令即著名的"明定国是"诏书，原文如下："谕内阁：数年以来，中外臣工，讲求时务，多主变法自强。迩者诏书数下，如开特科，裁冗兵，改武科制度，立大小学堂，皆经再三审定，筹之至熟，甫议施行。惟是风气尚未大开，论说莫衷一是，或托于老成忧国，以为旧章必应墨守，新法必当摈除，众喙哓哓，空言无补。试问今日时局如此，国势如此，若仍以不练之兵，有限之饷，士无实学，工无良师，强弱相形，贫富悬绝，岂真能制梃以挞坚甲利兵乎？朕惟国是不定，则号令不行，极其流弊，必至门户纷争，互相水火，徒蹈宋明积习，于时政毫无裨益。即以中国大经大法而论，五帝三王不相沿袭，譬之冬裘夏葛，势不两存。用特明白宣示，嗣后中外大小诸臣，自王公以及士庶，各宜努力向上，发愤为雄，以圣贤义理之学，植其根本，又须博采西学之切于时务者，实力讲求，以救空疏迂谬之弊。专心致志，精益求精，毋徒袭其皮毛，毋竞腾其口说，总期化无用为有用，以成通经济变之才。京师大学堂为各行省之倡，尤应首先举办，着军机大臣、总理各国事务王大臣会同妥速议奏，所有翰林院编检、各部院司员、大门侍卫、候补候选道府州县以下官、大员子弟、八旗世职、各省武职后裔，其愿入学堂者，均准其入学肄业，以期人材辈出，共济时艰，不得敷衍因循，循私援引，致负朝廷谆谆告诫之至意。"按：《清德宗实录》与《光绪朝东华录》这段谕旨，个别字词语有出入，但无碍语意。

托于老成忧国,以为旧章必应墨守,新法必当摈除,众喙哓哓,空言无补。

接下来,他语重心长地阐明改革的重要性,谓:"试问今日时局如此,国势如此,若仍以不练之兵,有限之饷,士无实学,工无良师,强弱相形,贫富悬绝,岂真能制梃以挞坚甲利兵乎？朕惟国是不定,则号令不行,极其流弊,必至门户纷争,互相水火,徒蹈宋明积习,于时政毫无裨益。"

随后明确提出要求说:"嗣后中外大小诸臣,自王公以及士庶,各宜努力向上,发愤为雄,以圣贤义理之学,植其根本,又须博采西学之切于时务者,实力讲求,以救空疏迂谬之弊。专心致志,精益求精,毋徒袭其皮毛,毋竞腾其口说,总期化无用为有用,以成通经济变之才。"

这篇著名的"定国是"诏书强调了京师大学堂的重要性,谕令采取措施首先创办,最后强调:"所有翰林院编检、各部院司员、大门侍卫、候补候选道府州县以下官、大员子弟、八旗世职、各省武职后裔,其愿入学堂者,均准其入学肄业,以期人材辈出,共济时艰,不得敷衍因循,循私援引,致负朝廷谆谆告诫之至意。"

定国是诏发布两天后(6 月 13 日),《京报》上登载了一道朝廷谕令,说一名监察御史已经向光绪皇帝推荐了一个名叫康有为的著名人物,因为他学识渊博,能力超群,被任命为工部主事。上谕要召见他。

康有为出生于广州附近的一个小村庄,名声很好,人称"当代圣人和改革者"。他心系国家安危,研究中国历史和现状以及可能的挽救国运的方法,终于有了明确的治国救国之策。在中国,出现这样的人确实是一种罕见的现象,所以当人们知道皇帝和他的想法一致时,引起了光绪皇帝的师傅翁同龢和时任礼部尚书的注意,就是很自然的事情了。正是翁同龢等人把他介绍给了光绪皇帝。

早在 1898 年 1 月 3 日，康有为有幸受到了总理衙门王大臣们的接见，这次会见持续了大约三个小时。他倡导的改革是，中国应该变通成法，建立适当司法体制，应有外人共同参与修改旧法，改革旧衙门。他认为除非变通成法、革新旧衙门，否则修铁路、建海军和改革教育将于事无补。他认为皇帝一直在推动一些改革，但没有为这些改革扫除障碍、铺平道路。

会见后的第二天上午，恭亲王和翁同龢向皇帝汇报了这件事，皇帝谕令康有为将其改革想法具折入奏。康有为随即上奏，提出了变革要旨，建议皇上应该革除一切陈规旧习，仿照彼得大帝变政。康指出，在目前的制度下，下情难以上达。指出现在的大臣和各省督抚只是奉命行事，没有任何独创性的思考。因此有必要挑选富有西方思想的年轻、聪明的人，让他们每天与皇帝讨论改革措施，协助帝国复兴，但前提是革除旧法，剥夺昏聩老朽庸官的权力。他建议设立十二个机构：一、法律局；二、税计局；三、学校局（各级各类学校都应学习各国语言文字）；四、农商局；五、工务局；六、矿政局；七、铁路局；八、邮政局；九、造币局；十、游历局；十一、社会局；十二、武备局。所有这些部门都仿照西法，应有外国人参与建议，协助办理①。

这些建议非常详细，条分缕析，并指出调整关税、发行银票、设立印花税和采取其他金融改革，可很容易为财政集资七千万两白银。

奏折呈递给光绪之后，据说光绪非常高兴，将奏折发交总理

---

① 作者这里记述的实际上是康有为第六封上皇帝书，即著名的《应召统筹全局折》，具体记述与原折有出入，请参见原奏折。

衙门,要求就这些建议妥议复奏。恭亲王和荣禄反对这项计划,因为这些改革建议涉及面过于广泛,谁都不愿意采纳这些建议,甚至不愿意就此复奏。

康有为还把他写的《日本变政考》《俄彼得变政记》两本书送给了光绪,随后又上了一份奏折,建议皇上下定决心,在改革问题上切不能拖沓敷衍。6 月 16 日,光绪皇帝召见康有为,密谈持续了两个小时,几个月后,康有为在香港接受采访时公开了这次与皇帝密谈的有趣细节。皇帝显然对康有为的改革建议深表赞许,在这个多事之秋颁布的大多数改革诏令似乎都与这次密谈建议有关。

6 月 23 日,上谕科举考试废除八股改试策论。谓康熙年间"曾经停止八股,改试策论",但不久就废止了。谕旨指出"近来风尚日漓,文体日敝。所试时艺,大都循题敷衍,于经义罕有发明,而谫陋空疏者,每获滥竽充选。若不因时变通,何以见实学而拔真才。……此次特降谕旨,实属因时文积弊太深,不得不改弦更张,以破拘墟之习。至士子为学,自当以四子六经为根柢。策论与制义,殊流同源,仍不外通经史以达时务,总期体用兼备,人皆勉为通儒,毋得竞逞博涉,复蹈空言,致负朝廷破格求材至意"。命礼部就一切详细考试章程,妥议具奏①。

思想进步而年轻的光绪皇帝就这样御笔一挥,彻底改变了中国读书人的思想观念,打开了寻求新知的渠道。我们这里无暇描述这些令人震惊的变化对整个帝国的影响,但如果没有在政治上遭遇障碍,废八股改策论的新型科考规划可能实行起来没有多大阻力,从而产生深远和有益的影响,因为整个帝国早已有大量有

———————————
① 光绪这道废八股改策论诏,《清德宗实录》与《光绪朝东华录》个别字词有出入。

思想的人深刻地感受到实行科举改革的必要性，愿意追随帝国领袖一道前行。

诚然，有不少外国人不理睬或谴责这场改革运动，称其不过是一小撮没有头脑的狂热分子的心血来潮之举，这些人不过是些底蕴不足的梦想家，而非实干家。但是，也有一些外国人，他们的职业使他们有充分的机会获得无可争辩的证据，他们肯定，这是一场渗透各省并感动全国人民思想的全国知识分子运动，中国的文艺复兴开始了。几乎每一个省会城市，像在每一个通商口岸一样，都有热心人努力做知识界启蒙工作，以期中国变成理智的国家。各地建立了很多书店，发售合乎标准的教育、科学和宗教等书籍。人们纷纷创办杂志和报纸四处分发，举办各种演讲会，开办新型图书馆。于是，引领人民走向光明的各种书刊迅速遍布全国各地。于是，对外人的偏见开始消除，种族仇恨也渐渐消弭。这一局面引起了人们的注意，纷纷开始关心局势的变化，并想知道这一局势的走向。变革终于形成一股社会思潮，波及了整个社会上层。

在这样的形势下，遥远的古都西安府从巡抚到最穷困潦倒的学者，各个阶层的人都购买新书。他们放弃了从前对外人的傲慢轻蔑姿态，变得友好起来，并常常咨询外人。渐渐地，人们对官员有了信心，开始尊重文人。这个地方的达官贵人要求开设讲堂，邀请那些曾被他们鄙视的外国人向他们传授"西洋学问诀窍"。请外人参观旧书院，并在"大讲堂"公开宣讲基督教国家成功的秘诀和充满活力的源泉。

理性迫使成千上万的学者放弃他们陈旧的理论，认真面对改革的问题。他们纷纷结社出版发行书籍报刊；成立各种学会试图重新阐释和复兴儒家思想。新知识发酵流传，学者们对新知识的

态度和接受能力也完全变了。西安府发生的事，并非个案，而是
遍及整个帝国，许多文人的想法变了，未来理想也在逐渐变化。
改革风气弥漫全国，如果不是遭遇野蛮彻底的阻挠，改革运动可
能已经改变了传统中国发展的轨迹。

6月26日，朝廷颁发了一道谕旨，斥责那些在京师大学堂问
题上因循懈怠的王公大臣们，迟迟形不成成熟开办意见，要求立
即采取行动，迅速复奏，"毋再延迟"；饬令各部院衙门于奉旨交办
事件，务当督饬司员按规定时间议覆，否则，定即从严惩处。同一
天，又诏令道台盛宣怀加紧开办卢汉铁路，因为光绪认为此等铁
路关系紧要，不可观望迁延。

7月4日，发布了一道上谕，似乎要在上海农学会（Shanghai
Agricultural Association）的基础上成立农业局，谓上海最近成立
农学会，大开风气，命该地负责官员将农学会章程咨送总理衙门，
查核颁行，并翻译外洋农学书籍，以备各省学堂作为教科书
使用①。

两天后，兵部和总理衙门奉命就几份奏折拿出意见上报。这
些奏折建议彻底改变武科考试规则，准予西式武备学堂学生参加
科举考试，合格者分别选用。7日，颁布诏令，命总理衙门就此制
定必要的规章制度，推行全国。六天后，总理衙门上奏关于改武
科试等意见，上谕依议，军事改革计划开始在全国推行。

---

① 作者这里的说法应属推测，谕旨原文中并无设立农业局的意思。该谕旨原文为：
"总理各国事务衙门奏议覆御史曾宗彦奏请振兴农业一折。农务为富国根本，亟宜
振兴。各省可耕之土，未尽地力者尚多，着各督抚督饬各该地方官劝谕绅民，兼采
中西各法，切实兴办，不准空言搪塞。须知讲求农田耕种之道，全在地方官随时维
持保护，实力奉行。如果办有成效。准其奏请奖叙。上海近日创设农学会。颇开
风气，着刘坤一查明该学会章程，咨送总理各国事务衙门查核颁行。其外洋农学诸
书，着各省学堂广为编译，以资肄习。"该谕旨《清德宗实录》与《光绪朝东华录》在个
别字词上多有差异，但整体内容一致。

7月10日，发布了一道极为重要的诏令，命在各省省城、府城、州城、县城设立大中小学堂。要求各省督抚两个月内报告他们管辖范围内的各大中小学堂以及自行捐办之义学、社学数目，所有学堂均须改习中国经世之学和西学。这些新式学堂都要为京师大学堂培育生源。上海的轮船招商局、电报局和广州的闱姓捐①，要为开办新式学堂提供经费。对各地绅民捐建学堂者，酌情奖励。民间祠、庙等不在祀典者，一律改作学堂之用，以节经费而兴教育。

这一惊人的改革举措，在整个帝国引起了巨大震动。守旧人士极力反对，设法拖延阻挠，令北京激进的改革者焦虑不安。对于真正进步的人士来说，这些改革举措似乎预示着衰败的帝国将旧貌换新颜。

7月16日，发布了一道迭经申明裁空粮、节饷需的谕令，最后对那些敷衍塞责、不能坦诚以待共度时艰的疆吏发出严厉警告，谓："各该疆臣，身膺重寄，具有天良，何至谆诚谆谆，仍复掩饰支吾，苟且塞责耶？经此次谆谕之后，倘再有仍前敷衍，不肯实力奉行，经朕查出，或别经发觉，试问各该大臣，能当此重咎否也?!"

7月18日发布的一道上谕，提到有人请将在上海出版的《时务报》(Chinese Progress)改为官报，令有关部门妥议复奏。两天后，发布长篇关于改革科举考试规则的谕旨，明确嗣后一切考试，均以讲求实学实政为主，不得凭楷法之优劣为高下。22日，命户部就捐纳虚衔、封典、翎枝、贡监及现行常例准捐各项，究竟有无

---

① "闱姓捐"，清代民间一种彩票赌博方式。"闱"，指科举考试的考场，泛指科举考试。"闱姓"，指科举考试中榜者的姓氏。"捐"，即人们对参加考试的人下赌注所得的资金。猜对了谁考中的有奖，像今天彩票业，但绝大部分人猜不对，故通过这种方式可筹集大笔资金。

妨碍一事,审核议定,奏明办理。在 25 日的一道谕令中,提到了张之洞所著《劝学篇》一书,谓该书持论平正通达,于学术人心大有裨益。命将所备副本四十部,由军机处颁发各省督抚学政各一部,俾得广为刊布,实力劝导,以重名教而杜厄言。

7 月 29 日颁布了两道谕令,其中一道准如前议,设立为京师大学堂培养生源的各类各级学堂。另一谕令要求各省督抚嗣后于属员中,务当详加考核,贤能者即行胪陈政绩,保荐擢用;其旷废职事、营私舞弊之员,随时分别奏参,立予黜革。8 月 4 日上谕,令采取措施在京城设立小学堂、中学堂,与大学堂相辅而行。9 日,谕准京师大学堂管学大臣孙家鼐拟定的京师大学堂开办章程及办学地址,同意孙家鼐面禀请求,准丁韪良出任京师大学堂西学总教习,并"赏给二品顶戴,以示殊荣"(由于有了这一头衔,丁韪良博士应被称为"大人")。

同一天,上谕准《时务报》政府官办,由政府提供资金,谕旨详细解释了它的用途和价值,并令有关部门发行全国①。

第二天,光绪又颁长篇谕旨一道,向臣下申明自己内心期盼,敦促他们理解自己的想法,要求诸臣各精白乃心,力除壅蔽,上下以一诚相感。各部官员要认真考察所属,果系有用之才,即当据实胪陈。高度赞扬陈宝箴"自简闲任湖南巡抚以来。锐意整顿,使湖南士大夫深切了解改革优势所在,与他一道推进改革事业。尔等都要像该抚一样勤勉认真贯彻朝廷旨意"。"继续恪守旧章,

---

① 事实上,作者这里的记述并非当日上谕的全部内容。查该上谕主要是批准梁启超关于开办译书局事务的奏折,兼及《时务报》事,具体内容也与这里的记述不一致。这种情况说明,作者的依据很可能是当时的一些中外文报刊的报道,并非朝廷发布的谕旨原文。

不图进取,面从心违,希冀敷衍塞责者,必当予以严惩。断难宽贷。"①

同一天,光绪发布了另一道谕旨,命南北洋大臣及沿江沿海各将军督抚就选任有能力者管带海军办法问题,一体实力筹办,妥议具奏。并指出"铁路矿务为目今切要之图,造端伊始",亟应设立学堂,预备人材,方可冀收实效。令王文韶和张荫桓具体悉心筹议。奏明办理。

8月16日,上谕准上海开办译书局事务禀报,该局负责"为中小学和大学翻译西方科学、艺术、文学作品和教科书",由前《时务报》编辑梁启超负责办理,同意其所拟译书局章程,并令户部按月增拨资金,用于购置印刷机械和编译美国教科书。19日,诏令废止选取翰林所举行的"朝考"②,认为这是无用、肤浅、过时的办法,规定取得进士资格后,经殿试即行据情选用。

两天后,总理各国事务衙门代奏工部主事康有为条陈,请兴

---

① 作者这里引用的光绪给内阁的谕旨,并非是原文,很可能是根据报刊报道所录,有些内容出入甚大。查该谕旨原文为:"谕内阁:目今时局艰难,欲求自强之策,不得不舍旧图新。前因中外臣工半多墨守旧章,曾经剀切晓谕,勖以讲求时务,勿蹈宋明积习,谆谆训诫,不啻三令五申。惟是朝廷用意之所在,大小臣工尚恐未尽深悉。现在应办一切要务,造端宏大,条目繁多,不得不采集众长,折衷一是。遇有交议之件,内外诸臣务当周咨博访,详细讨论,毋缘饰经术附会古义;毋胶执成见,隐便身图。倘面从心违,希冀敷衍塞责,致令朝廷实事求是之意失其本旨,甚非朕所望于诸臣也。总之无动为大,病在痿痹,积弊太深,诸臣所宜力戒。即如陈宝箴自简闲任湖南巡抚以来,锐意整顿,即不免指摘纷乘。此等悠悠之口,属在缙绅。倘亦随声附和,则是有意阻挠,不顾大局,必当予以严惩,断难宽贷。至于襄理庶务,需才甚多,上年曾有考试各部院司员之谕。着各该堂官认真考察,果系有用之才,即当据实胪陈,候朕录用。如或阘茸不职,亦当立予参劾,毋令滥竽。当兹时事孔棘,朕惩后惩前,深维穷变通久之义,创办一切,实具万不得已之苦衷。用再明白申谕:尔诸臣其各精白乃心,力除壅蔽,上下以一诚相感,庶国是以定,而治理蒸蒸日上。朕实有厚望焉。"
② 朝考,科举考试考中进士的经殿试后,再次在保和殿进行的考试,从中选取有资质者入翰林院。

114

农殖民以富国本。据此谕令京师设立农工商总局,各省设立分局;各省府州县皆立农务学堂,广开农会、刊农报、购农器。所有各局开办日期及派出办理之员,并着先行电奏。指出此事创办之始,必须官民一气,实力实心,考求新法,精益求精,庶几农业兴而生殖日蕃,商业盛而流通益广。

就在同一天,总理各国事务衙门议覆关于寓居外国华人子女教育问题,光绪谕令中国驻外使领人员,体察情形,于所在国建立寓居各该国的中国儿童学堂,兼肄中西文字;命驻英、法使臣任用干练翻译人员,将西方管理科学、学校教科书选择善本,详加润色,务令中西文义贯通,陆续编译成中文。

上谕将于 10 月 18 日至 11 月 8 日恭奉慈禧皇太后慈舆前往南苑和天津阅兵,第一次经铁路至天津,需费甚巨,着各该衙门参酌成案,敬谨办理。

8 月 26 日,上谕斥责对改革因循观望、懈怠职守的官员,谓两江总督刘坤一、两广总督谭钟麟,谕令筹办之事,两月并无一字覆奏。倘再借词宕延,定必予以严惩。称"其余各省督抚,亦当振刷精神,一体从速筹办,毋得迟玩,致干咎戾"。

由于刘坤一、谭钟麟属于公认的帝国中最开明和最实际的官员,可以想象"其余各省督抚"对这位焦躁的帝国改革者造成了多大的困扰。为了消除拖延是由于帝国驿站信使传递信息缓慢的借口,第二天又颁布了一项谕令,宣布嗣后明降谕旨,均着由电报局电知各省,该督抚即行遵照办理,毋庸专候部文,借口延误。翌日,再颁谕旨,令在上海设立商务总局,其沿江沿海商贾辐辏之区,应由各该督抚一体查明办理。所有一切开办事宜,要求总理各国事务王大臣咨商各督抚,详订章程,妥为筹办。

8 月 30 日,又颁布了一道打破旧习的谕旨,重申为应对改革和经济迫切需要，令裁撤詹事府、通政司、光禄寺、鸿胪寺、太仆寺、大理寺等六个京师闲散衙门，指出这些闲散无关轻重的衙门与内阁及礼、兵、刑等部合并。9月1日，诏令军机大臣等，谓已令裁撤闲散衙门归并内阁六部一事，着大学士及六部尚书、侍郎即行分别妥速筹议，限五日内具奏。

8月30日打破旧习的谕旨，还令督抚同城的湖北、广东、云南三省巡抚以及东河总督，一并裁撤。三省巡抚事务归总督兼管；东河总督应办事宜，归并河南巡抚兼办。至各省漕运，多由海道，河运已属无多，应征漕粮，亦多改折，淮盐所行省份，亦各分设督销，其各省不办运务之粮道，向无盐场仅管疏销之盐道，亦均裁缺，归各藩司、巡守道兼理。此外如各省同通佐贰等官，有但兼水利盐捕并无地方之责者，均属闲冗，即行查明裁汰。命大学士、六部及各直省督抚，就裁撤归并衙门及冗员事宜，分别详议，抓紧办理，并将筹议情形，迅速具奏。晓谕朝廷大员及封疆大吏，要力矫疲玩积习，一心一德，共济时坚；若竟各挟私意，非自便身图，即见好僚属，推诿因循，空言搪塞，定当予以重惩，决不宽贷。

大约就在这个时候，发生了一件本身并没什么但后果极为严重的事件。光绪皇帝觉得自己与那些自然应该是他的顾问的人被隔离开了，这些把本应是他的顾问与他隔离开的人，不支持他的做法或者说是所进行的改革事业。他敏锐地察觉到，他的力量源泉在那些按中国官场礼仪规矩不能给他呈递奏折的人那里，这些人无法接近他，作为自己的耳目手足。因此，为了扩大他所进行的改革事业的基础，光绪明确授权许多诚挚支持改革的六部主事，通过各自的主管官员——六部尚书呈递奏折，提出改革主张和建议。据说当时康有为的改革主张已有不少人赞成，但是赞成康有为改革主张的人，多半是翰林院低品级官员、京城文人和一大批六部主事,这些人思想开明,真心实意要求改革,但却无权上书言事,常常遭遇他们守旧的主管上司打压。

其中有一位名叫王照的礼部主事,递交给礼部一份上书,据说他在这一上书中建议:剪辫易服,改穿西装;奉基督教为国教,设立国家议会;皇帝恭奉皇太后赴日本游历,会见天皇,两相比较,或可了解中日之间的差距所在。

上述大胆建议震惊了礼部两位老成持重的尚书(不足为怪),他们把王照召到衙门当面指斥上书内容不当,并命令他收回这份令人讨厌的上书。令他们惊讶和愤怒的是,这个固执的人不仅拒绝撤回或修改他的上书,而且坚持认为,应该把这一上书原原本本呈递给皇上,说这是根据皇上明发上谕要求写成的。尽管有些疑虑,但依仗皇族身份,尚书怀塔布(他也是协办大学士)说服他的同事汉尚书许应骙和满、汉各两名礼部侍郎,上奏皇帝谴责王照这次不可理喻的上书行为。

9月1日,针对怀塔布等人谴责王照上书一事的奏折,光绪发布谕旨,首先阐明为什么要广开言路,指出先前已经下令各部堂官代奏所属司员上书,毋得拘牵忌讳,稍有阻格。随后即指斥有人说王照上书中有偏狭、荒唐可笑的建议,好像是在指责他本人没有足够明智的判断力,强调说各种上书建议之是非得失,自己自会权衡判断,毋须该尚书等多费口舌,遂命将违背谕旨阻格言路的礼部六堂官交吏部议处。

据说当时为避免吏部对礼部六堂官从轻议处,皇帝亲自召见吏部官员,警告说如若从轻议处礼部六堂官,将对他们予以同样责罚。吏部官员闻此警告,遂议定将礼部六堂官降三级,转到下级部门任职。但光绪皇帝没有同意吏部的这一处分建议,下令将六堂官立即革职。

光绪革除礼部六堂官的谕令是 9 月 4 日颁布的，在这道谕令中，皇帝威严地坦率表明了他的立场，认为王照不畏强御，勇猛可嘉，令赏给三品顶戴，以四品京堂候补，以示激励。如果光绪继续执政，王照很可能被任命为省级执法官员。9 月 7 日，《京报》有消息称，李鸿章和敬信（满人）被免除了在总理衙门的任职。

在光绪推进改革的几个月里，皇太后对这期间所发生的事情并非漠不关心。据了解，在德国占领胶州后，皇帝曾表示，除非授予他真正的权力，否则即行退位，当时太后许以不再过问行政事务，给光绪自主行政的权力，不过，同时附加了许多限定条件。五年之前，两位侍郎曾上奏，请给皇帝更大权力，慈禧太后怒从心头起，立即革除了二人的职务，永不叙用。

与 9 月这场灾难有关的阴谋和反阴谋内情，外人虽不完全清楚，但早已露出了端倪，大致脉络显露无疑。保守派遭受沉重打击，内心忐忑，左右摇摆，始终跟不上改革步伐。但当礼部满、汉两位尚书和四位侍郎被斥革，李鸿章和敬信两位总理衙门大臣被逐之后，事态发展到了关键时刻，他们不再摇摆，一致同意联名向慈禧上奏，指出要想使大清王朝和国家免遭厄运，唯一的办法就是废黜皇帝，请皇太后再度垂帘，斥退改革者。

在改革过程中遭斥革的官员，伙同其他许多对改革新政措施怀有敌意的人，来到了在颐和园颐养天年的慈禧太后处，恭请皇太后主持公道。慈禧面无表情地看着他们递上的奏折，并没有暗示她会怎么做，就把他们打发走了。当她起身走动的时候，依旧像往常一样充满活力。随后，她召见皇族端王和载澜，要他们助其废黜皇帝，允诺从端王的儿子中选立新帝。两位皇族某日召集所有宗室王公贵胄，议请慈禧废黜光绪，任命徐桐、刚毅、赵舒翘（均为 1900 年一系列事变的重要人物）等并非皇族中人出任各部尚书及重要官职。

　　与此同时,光绪皇帝仍在发布进一步改革的诏令,不过,此时他并非不知道有人密谋阻止改革。他坦率地向康有为说明了他的困难处境,给了他两道密诏,康有为后来公开了这两道密诏。后一道密诏表现出一个人在与命运抗争时的绝望,充满了悲情。其中有言:"今朕位且不保,汝康有为、杨锐、林旭、谭嗣同、刘光第等可妥速密筹,设法相救。朕十分焦虑,不胜企盼之至。特谕。"①

　　光绪皇帝清楚,不掌握军队指挥权,什么也做不成。当时军队很大程度上掌握在荣禄手中,荣禄老谋深算,位高权重。光绪打算利用袁世凯来遏制甚至摧毁荣禄在颐和园守护太后的军事力量,从而保住自己的皇位,使慈禧太后不能干预自己推行改革。袁世凯是一位很有天赋的河南人,后来曾出任山东巡抚,因早年担任中国"驻扎朝鲜总理交涉通商事宜大臣"成就卓著,脱颖而出,后来聘德国教官训练 12500 名新军,成为清帝国最好和最值得信赖的武装力量。他倾向改革维新,但像大多数中国人一样,是一个稳健的机会主义者,关键时刻,他辜负了光绪皇帝的信赖,并把改革派的计划密报给了驻扎天津的直隶总督荣禄②。荣禄得报后迅速赶到北京,把整个事情禀报了慈禧太后。慈禧闻信暴怒,面斥光绪,夺取玉玺,重新训政。光绪皇帝几乎成了皇宫南海瀛台里的囚徒。

① 康有为公开的所谓密诏,系康个人伪造,并非光绪诏书原意。第二道密诏也不是给康有为的,而是给军机章京杨锐的。作者这里的记述,根据应该是康有为篡改过的所谓密诏,与事实不符。
② 这一说法,史学界有争议,多否认这个说法,认为慈禧政变在前,所谓袁世凯"告密"事件在政变之后。

光绪皇帝被囚地庭院

囚禁光绪皇帝的宅邸

　　康有为和其他几个为光绪出谋划策推行改革的爱国人士,几经周折逃到天津,登上了南行的轮船。慈禧报复心重,下令继续追捕,无论谁被捕,都将死无葬身之地。追捕这些人的行动持续了一年多之后,慈禧仍然高额悬赏搜捕,活要见人,死要见尸。虽然她无法逮到康有为,但抓住了他的弟弟康广仁和其他五个有能力、有前途的年轻爱国志士,并于 9 月 28 日将他们处决。康广仁临刑前凛然谓:"杀掉这几个人可能很容易,但更多的人会站出来!"①

　　皇帝被迫签署了宣布自己放弃主政的谕令,恭请皇太后再次训政。《京报》从此充斥着慈禧指斥、废除改革举措的懿旨!慈禧和守旧派废止了以往一切改革举措以及经济和其他各种新政,满怀怨恨地追捕参与近期改革活动的所有人,这不禁令人想起了希腊悲剧中的一位复仇女神。

———————————

① 有史料称康广仁临刑前的原话是:"中国自强之机在此矣!"

我们不可能了解这样一个女人的心思，但却很容易看到，在随后两年时间里，中国整个行政管理很明显出现了历史上罕见的现象。她在清算其政敌的过程中，总是满怀敌意，这种情形在其他国家和其他时代的女性君主的生活中并不鲜见。事实上。她不得不归政后，并非是在颐和园中自得其乐，而是觉得自己被晾在了一边，心底里十分郁闷。她越想这件事，越难以压抑自己的情绪。她似乎已下定决心，要采取大胆行动，一扫这段时间的郁闷。渐渐地，她开始想入非非，直到她发现义和拳声言要驱逐所有外国人，光复大清一统庆升平旧观，终于出手，成了义和拳的主要支持者。

简短地概述了中国历史上一次伟大变革——光绪新政改革，我们不能不感叹西方各国对慈禧再次训政这场危机性质的漠视和无知。光绪皇帝很想寻求英国或美国公使的援助，但结果当时两国公使毫无表示，也不认为有必要介入这场危机，即使公使们想伸出援助之手，本国政府也不会同意。同文书会总干事李提摩太牧师①，不知疲倦地传布基督教和各种西学知识，他著述颇丰，在消除中国愚昧方面所做的工作，无人能出其右。他竭力争取英国公使表明态度，但一切努力终归徒劳，难以估价的大好机遇就这样白白丧失。西方人普遍把当时要废止改革的政变危机，视为"满人的家务事纠纷"，丝毫也不放在心上。

尽管慈禧重新训政一事就像战争之后会流行瘟疫的道理一样，但西方主要国家丝毫没有认识到这一点，中华帝国就这样步

① 光绪十六年，韦廉臣去世，李提摩太继任同文书会总干事。光绪二十年，同文书会改为广学会(Christian Literature Society for China)，李提摩太仍担任总干事，据说光绪为推行改革新政，曾购买西学书籍129种，其中89种是李提摩太担任总干事的广学会出版发行的。作者这里说的Diffusion of Christian and General Knowledge，是最初同文书会的名称，与史实有出入。

入了激流险滩。光绪失去政权本身就孕育了义和拳运动的种子。假如光绪继续执政推行改革，就绝不会有义和拳运动。公元1898 年 9 月 28 日这一天，将是为一个崭新中国而献身的六君子的神圣纪念日，他们自愿为国家的繁荣昌盛献出了自己宝贵的生命。在将来的某个时候，当帝国脱离现有灾难走上繁荣富强之路时，人们将发现六君子的鲜血没有白流。

第十章　义和拳组织源流

举凡关注中国社会结构的人都清楚,中国社会结构从上到下充斥着巨大的民自作主的因素。中国人具有组织和互相结盟的天赋,这种天赋有时使人联想到构成物质的具有自动、稳固性和普遍凝聚力的化学原子。他们满意自己生活于其间的政府管理体制,但满意的仅仅是这个政府体制,却不能容忍这个政府管理体制运作失误,发生欺压民众情事。

我们必须注意一个重要事实,这就是中国民众一向懂得如何以实际有效的方式对抗官方的苛政。为此,他们长期存留一些历史悠久、具有公认权威的会社。这些会社大多代表民众意愿,遍布全国各地,集多种社会功能于一体,经常以强有力并有效的方式表达民众的意愿和情感。

中国人对他们所称的"功德"(the practice of virtue)有着深厚的敬意,在理论和实践上展现这种奉献精神的组织众多。中国到处都是秘密组织,形式千变万化,行为多样化,教义或者所坚守的信条含糊不清,其中有大量的男性,有时也有女性。这样的会社许多可以追溯到明朝初期(1368 年),其他的则是在 1644 年满族人入关建立大清王朝后兴起的。清王朝很清楚,这些秘密会社无论其声言要干什么,都极易形成巨大的政治势力,因此一直禁止所有类似的秘密会社。已知的容易形成巨大政治力量的秘密会社有"白莲教""三合会"等。

由于这些会社都是违禁组织，我们看不到他们的宣传手册，即使有时看到一些，但错字连篇、文法不通，晦涩难懂，无论外国人还是中国人，也都不可能了解它们的真实面目。不过，现在已有不少人特别是一些宣教士群体对这些秘密会社有了不少了解，一些宣教士的信徒中有许多人曾经是各种秘密会社的领袖，他们丝毫不担心对宣教士们讲述他们过去的组织以及活动情况。然而，在对这些问题花费了大量时间和精力进行调查之后，人们会感到所调查的事实每一部分都有模糊不清之处，这不仅仅是由于缺乏明确、真实的资料，而且因为普通中国人头脑中缺乏历史感，从而造成了现在很多问题依然不清楚的局面。

对中国秘密会社的调查，结果类似于我们试图观测受大气左右的风暴成因。在空间的某一点上，可见到平衡紊乱，但却很难说是从哪里开始的。云本身是由某些地方凝结的水蒸气组成，观察远处山峰光景的人们，始终可以看到水蒸气凝结和蒸发的过程，但是对于不同质量的蒸汽的聚集和分散、聚合和分离，人们既无法追踪，也无法找到确切的原因，因为这些导致云层变化的原因千变万化。叙说任何一个中国秘密会社，都有许多难解的谜团，只可对其一般轮廓做一大致勾勒。基于此，以下我们不去无知地溯源义和拳两千多年的历史，也不去探寻那些中国各地形似义和拳组织的模糊不清的称谓，仅仅对其做一大致的考察。

另外，组织名称一样，并不能证明这些组织起源一致，在过去的记忆和传统影响如此之大的中国，尤其如此。

一些关于义和拳历史的官方公告和小册子，提到了中国北方在 18 世纪的各不同时段出现过的一些义和拳组织领导人的名字,以及他们被抓获和斩首的详细情况。本世纪初也有这样的情况①。

上面所说的这个会社的名称,字面意思是正义或公义(义)与和睦(和)的拳头(拳),显然是指将要形成的联合起来的武装力量。因为中国"拳脚"一词代表拳击和摔跤等格斗,最初,一两个传教士通信记者在中国期刊杂志上使用 Boxers(拳民)这个词来称呼义和拳成员,后来,由于很难再找出一个更合适的词来称呼他们,"拳民"这个称呼便被大家普遍接受下来。

这个组织的另一个名称是"大刀会",这个名称显然是最近才出现的②。1900 年初,山东巡抚袁世凯在一份详细、朗朗上口的公告中指出"光绪二十二年(1896 年)夏突现'刀会'情事",接下来提到了山东的"沂州府"和"兖州府"是这个刀会的滋生地,"沂州府""兖州府"是这两个府的治所。

我们这里不想详细考察刀会初始阶段的情况,也不去仔细解剖大刀会的神秘活动及其与其他秘密会社千丝万缕的联系,只是简单介绍一下这个组织早期相当独立地进行的早于震惊世界的义和拳运动的几次活动。值得指出的是,我们要感谢一些基督教传教士,是他们把各自的亲身经历和个人观察体会形成文字,在上海的外文期刊上公开发表,才使我们得以了解大刀会初期的一些活动细节。

1898 年年底,江苏北部发生了严重的动乱。这一地区大部

---

① 原文如此。这里的"本世纪",似乎应该是作者撰写这部分书稿时所处的世纪,即 19 世纪;抑或是本书即将出版的时间,即 20 世纪。因为这两个时段中国北方都有义和拳等秘密会社活动。

② 不确,早在袁世凯到山东任巡抚发布告示之前,南方的张之洞、山东的时任巡抚张汝梅、曹州知府毓贤等在给朝廷的奏报或给上级的禀报中,早经多次提到了"大刀会"这一组织名称。

分是干旱的盐碱地,土地一年的产量远不能满足这里庞大人口的需求,当很多土地被用来种植罂粟之后,粮食不足的情况尤其严重。在过去的两个季节里,由于相继发生的干旱和洪涝灾害,有些地方颗粒无收。官员腐败更使民众雪上加霜,当饥荒在整个苏北地区蔓延开来时,便出现了中国饥荒年代经常出现的盗贼蜂起现象。官府面对这种情形,应对迟缓,没能及时采取救助措施,加之人们对罗马天主教干涉民间词讼充满怨恨,于是局势一发不可收拾。

1月中旬,粮食价格翻番了。盗贼经常到处抢劫,许多人被抓住,监狱里挤满了抓来的抢劫犯。其中许多人罪大恶极,受到了极为严重的虐待。据报道,在当年2月至10月间,徐城监狱有284人死于狱中①,平均每天死亡人数超过2人。整个苏北地区社会局势,比甲午中日战争时期更为严峻。

就在苏北社会局势动荡之际,安徽北部发生了一次叛乱。这次叛乱起于涡阳,据说那里的叛乱有数千人参与,杀死了一些派来镇压他们的官兵。据报道,叛乱的根源是一些官盐(政府垄断)在运输途中被雇来的车夫偷走,这些车夫因此受到惩罚,他们的雇主也被罚款。就在这个时候,盐场被抢,抢盐场的头目据说是捻军余孽,他们组织心怀怨气的民众继续进行游击战。

数周之内,安徽、江西和山东的毗邻地区发生了大范围的动乱。政府从几乎近一个月路程的天津调军队赶来镇压,不过由于叛乱在他们出发后大部被镇压下去,这支军队又原路返回了。与这次叛乱同时还有一次小规模的叛乱,据说有人在徐州府附近发动叛乱,打出了要灭掉天主教的旗帜,但叛乱头子在这支叛军与

---

① 徐城,古地名,位于江苏泗洪县,早在宋代即废县为镇。

安徽叛乱合流之前被俘,与其他十一人一起被处决。1899 年春天,江苏北部的饥荒非常严重,以至于出现卖儿鬻女的惨剧,每个孩子标价 50～1000 文制钱不等。

就在上述地区动荡不安之时,山东省西北部毗邻直隶的临清的一个小地方,发生了一场严重动乱。就目前所能搜集到的说法来看,这次动乱源于天主教购买的一小块土地。据说这块土地上原本建有一座庙宇,天主教会购买了土地之后拆了庙宇,建起了一座小教堂。随着时间的推移,民间与天主教之间出现了摩擦,民众开始组织力量攻打教堂。结果,教堂被摧毁了;许多有基督教徒的村庄被摧毁,建教堂的地方重新建起了一座庙宇。十八个村庄联合起来与天主教为敌。很长一段时间,这里的农村地区一片混乱,警报四起。山东集结了数股官兵前往镇压,后来的报告说在双方发生的一场战斗中死亡人数若干,具体数目是个谜。有段时间,本来混乱的局势慢慢平息下来,可有谣传说大刀会正在遥远的前述动乱地区东边的一些村庄集结,并锻造大量的大刀兵器,声言要灭洋,对外国人造成了极大威胁。一些县的县令发布了禁止大刀会活动的告示,逮捕和拘禁了一些大刀会头目,而其他一些县令对大刀会的活动,则置之不理。

由于各地对大刀会活动态度不一,数月之间,江西、安徽、山东各地的一些不法分子和民众蜂拥起事。与此同时,在山东其他地区发生了另一场颇具威胁性的动乱。11 月初,沂州府三名传教士造访莒州,莒州位于沂州府东北,距沂州府八九十英里。途中,他们突然陷入了一场暴力冲突的漩涡之中。一名德国牧师在日照遭到了暴徒袭击,受伤后被带进了山里。后来地方官亲自带人前往解救,还差点遭遇伤害。他们最终成功地救出了那位受伤的德国牧师,将其带回了城里。这时民间纷纷传说,一些外国人已经被赶出了北京城,官员们已经发布公告,号召人们起来把外国人和他们的追随者们赶出去。这一消息一经传开,暴乱分子就烧毁和抢劫了一所美国长老会在这里办的学校,几个基督教徒家庭也被洗劫一空。

在上述有利形势下,大约两百名暴动分子开始威胁一个驻有传教士的城镇,希望吓跑外国人,不惊动官府并得到赔偿。有两天时间,传教士不时身陷险境,又不断与匪徒们谈判交涉,十分忐忑,坐立不安。随后,莒州一名接到求救信报的军官带着两名随从骑马赶了过来。结果,传教士们拒绝离开,他们认为在没解决问题之前就一走了之,当地基督徒就危险了,而且不明不白地走了,也有理屈胆怯之嫌。

问题没有解决,骚乱继续蔓延,一群群其他地方的武装匪徒蜂拥而至,村民们用中世纪的武器武装自己。这时又来了一位军官和二十名士兵,地方官第二天也亲自出马了。在官府压力下,暴动者终于妥协了,他们签署了一项协议,归还他们盗窃的财产,重建校舍。武装分子躲藏起来,强迫当地人养活他们,宣称要制造更大麻烦。一群外国人在邻县遭到伏击,大家都清楚地认识到了,各地的骚乱都是针对外国人的,其根源在于最近北京发生的政变。

从这时候,数月之间,无法无天的暴力行为不断发生,面对这些暴乱行为,官府或仅稍予警告,或完全熟视无睹。天主教由于宣教区广大,宣教士人数多,遭受了较基督教更大的折磨。一些试图履行职责的地方官员受到了暴徒们的侮辱,他们被迫下跪,发誓没有接受外国人的贿赂。成千上万的暴徒包围了一个驻扎地方军队的有围墙的大村庄,人们相信,或者假装相信,这些士兵是花钱雇来的,他们的枪里没装子弹。在许多情况下,基督徒遭受了严酷摧残,他们的住宅经常被洗劫一空,随后夷为平地。一个性格温和的基督徒老妇人几乎被剥光了衣服,吊在房梁上,被逼交出家里种地的种子。暴徒们野蛮地对待这些基督徒,是因为他们认为基督徒不是中国人了。与此同时,暴乱分子还到处散发和张贴排外告示。

到了一月中旬,在沂州府与德国新港口青岛之间的广大区域里,狼烟四起,实际上处于无政府状态。当时流行的说法是与外国人(德国人)作战,他们在水面上令人畏惧,但一上岸就没什么本事了(这是半个多世纪前描述英国人的一个老观念)。许多基督徒成了乞丐。在中国新年期间,出现了少有的平和时光,随后迫于美国驻烟台领事方面的压力,军队似乎开始恢复秩序,但时局并无改观,那些勇敢的“勇士”们悠闲地从一个县到另一个县,吞噬了各地的小客栈,不时勒索一下肉铺,声言他们是来抓“二毛子”的,“二毛子”这个说法,意思是追随外国人的中国人,这个称呼后来广为流传开来。

到了三月,局势更加严重了,三个从青岛出发西行的德国人遭到一伙暴徒的袭击。在生命受到严重威胁的情况下,为了自卫,他们向这些暴徒开了枪。不到两个星期,青岛德国当局派出了一支特遣队到发生袭击事件的村庄进行报复,将这个村庄大部毁掉了,然后占领了这个村庄所在的县城,德国军队占领县城期间,当地中国人极其沮丧,恐慌不安。县城附近有一位极其排外的军官,他手下士兵为数不多,当东部1500名士兵赶来增援时,当地人觉得长久以来盼望灭绝外国人的时机到了。但当增援部队安营扎寨之后,德国人占领的县城很平静,双方都没什么动作。

6月,这一排外浪潮气势不足了,渐渐平息下来。10月,所有应付赔偿都已支付。当地一个士绅团体署名核算了基督教徒的赔偿要求(数量极其有限),为了显示他们对基督徒的真实诚意,从赔偿总额中拿出了几百吊零散现金分给了这些基督徒,这一事件遂告完结。

就目前所知,必须清楚一个当时的重要事实,那就是各地暴乱过程中,没有逮捕一个暴乱头目,更不要说对这些人进行惩罚,他们被地方官和士绅们隐藏保护起来。暴乱造成的外国人和当地基督徒的损失,的确得到了赔偿,但那是由上级政府出资赔偿的,而制造暴乱的人毫发未损,这一做法,完全有悖于中国处理与政府有关案件的惯例。

以上用了那么长的篇幅详尽地描述以沂州府为中心的区域内的暴乱,是因为这一区域内的暴乱,比任何其他地区都更能体现一年多以后举世闻名的义和拳运动的特点。德国人入侵临近沂州的胶州地区,内地经常出现德国人的身影,影响深远。人们认为德国罗马天主教是导致德国军事力量入侵山东的直接原因。基督教差会在这一地区活动的时间不长,即使在政治上不具侵略性,可不管怎么说也是外来的,因而也受到普遍的非难,人们对罗马天主教和基督教的怨恨,源于他们都是令人讨厌的外国人。

德国占领胶州对山东南部地区的贸易和民众在艰难条件下的谋生手段会带来什么影响尚未得到验证,但中国人在这一点上的认识是相当明确的。北京的信使传递的一道道保守的帝国谕令向人们宣示,所谓"改革"不是真改革,而是皇帝的被逼无奈之举,出卖了国家利益,向人们灌输大清皇帝遭受外人胁迫的信念,激发民众的仇外情绪,这一信念与政治、宗教、商业、工业、变革等活动错综复杂地交织在一起,导致了沂州府的动乱。

正当上述动乱在离京城甚远的山东部分地区内接二连三爆发时,山东又发生了一场可怕的大灾难,在广大区域内播下了痛苦、不满和毁灭的种子。1898 年秋,官方报道称,山东三十个县全部或部分遭遇无情的黄河洪水,中国历代君主中曾有人预言,称黄河是"中国之悲"。这次黄河洪灾,至少淹没 2500 平方英里土地,冲毁大约 1500 个村庄。受灾地区的人口总数应该在 100 万至 150 万之间。由于几十英里农村被淹,灾区民众唯一可能安全的地方是黄河堤岸,大约四十英里黄河大堤上到处都是围成栅栏的棚子,里面挤满了可怜的难民,约计 16 万 5 千人之多。显而易见,如此大规模的洪灾势必为不久的将来发生的暴乱准备了条件。

就在京城东南各省不断发生上述各类事件的时候,1898 年夏京城附近发生了一场异乎寻常的事变,激发起了人们积郁已久的强烈愤慨。

是年秋天,董福祥将军奉诏进京。① 他出身贫寒,原本是个反政府的叛匪,后来投诚,在镇压回民叛乱中战功卓著,得到了政府重用。远离京城的他这次奉诏进京,显然是为了应对政变危机。在觐见慈禧太后时,他主动提出要用他那来自甘肃"蛮荒西部"令人恐惧的甘军把所有的外国人赶出中国,投入大海。据悉,慈禧闻言和蔼地笑了笑,但语气坚定地告诉他说,不能这样,现在还不是时候。人们第一次听到这些传闻,都觉得很有趣,但事后回想起来,感受就绝然不同了。

临近十月底,负责卢汉铁路的工程师考克斯(Cox)先生在英国使馆甘伯乐(Campbell)先生②和英国陆军少校的陪同下,乘坐有轨电车去卢沟桥考察工程。在那里,他们发现董福祥将军手下

① 误,董福祥率所部甘军进京,是 1897 年的事。
② 甘伯乐(Campbell),时任英国驻上海副领事,曾奉英国公使之命到济南观审卜克斯案。

约 30 名士兵在桥上，就请他们离开，但这些士兵拒绝离开大桥，并称呼几位英国人"洋鬼子"。英国人请一名甘军军官过来，要求他令桥上的甘军离开，尽管他说他不是英国人的下属，但还是命令甘军离开了。这几个英国人过桥检查了工程，回来时遭到甘军士兵们的袭击。其中一名工程师诺雷加德（Norregarde）的脸部和头部被石块严重割伤，考克斯也受了伤。诺雷加德担心他们的生命受到威胁，用一把小左轮手枪向甘军士兵开了两枪，袭击他们的士兵逃走了。随后英国工程师一行退到了丰台，所有铁路上的工程师都被召集到了这里。接下来，甘军士兵们袭击并抢劫了一名外国机车司机的住宅，并向当地雇员的宿舍开枪，打死一名本地苦力，打伤了一些人。

英国驻北京公使立即召集了公使团会议，公使团对甘军驻扎离京城如此之近一事提出抗议。总理衙门答应要关注此事。慈禧太后意识到了这件事的严重性，派顺天府尹胡燏棻前往卢沟桥去查探。外科医生科特曼（Coltman）随同前往检查受枪击士兵的伤情。

探访甘军军营并非没有危险，顺天府尹胡燏棻一行在那里领教了气势汹汹的甘军三名军官的粗暴无礼，这三名军官拒绝把据称遭枪击的受伤士兵带过来检查，说庆亲王已经派人来看过了，现在不能活动，一动就会死掉。他们建议胡燏棻亲自到他们所在的营地去，胡燏棻拒绝了三位军官的无理要求。最后，这两个人被带了出来，经过手术检查，其中一个胸部肌肉下有一粒小子弹，而另一个根本没有中弹，而像是吃东西噎着了。这两名士兵走路与常人一样，所受枪伤很快就会康复。胡燏棻一行与甘军的三位军官交谈十分不快，随即赶紧撤离回京了，他们庆幸能这样平安无事回到京城。

北京城墙

受伤的甘军士兵被带到丰台的铁路医院治疗,在那里,那些犯有袭击罪的士兵,当着外国人的面受到了惩罚。顺天府尹胡燏棻确认要对一名甘军军官给予降职处分,但这时甘军统帅董福祥将军立即从保定府赶来,觐见慈禧太后,据说他请求太后革除胡燏棻的总理衙门大臣头衔,不然,恐怕会出乱子。这一天,正是胡燏棻应该到总理衙门上任的日子,结果,中国政府失去了一位熟悉西方事务的官员为之做出有价值服务的机会,而当时正是最需要这种人的时候。据悉,胡燏棻已经开始与英国公使进行协商,因此,他被撤总理衙门大臣职务,无疑是直接拒绝了与英国的对话,这对所有拥有在华利益的外国都是不祥之兆,因为这次袭击事件最后只有胡燏棻受到了责罚,与此形成鲜明对照的是,董福祥将军完全控制了京畿地区。

沂州府的动乱尚未平息,直隶一个偏远地区又发生了常见的民教冲突。这一次冲突地在直隶省一个叫"小张庄"的集镇,位于距大运河岸边的德州西南约五十英里。很多年前，伦敦会（London Mission）在那个地方就设了布道站，建了一些外人住宅、一座教堂、一所学校、一所医院和一间药房，周围乡村对此十分熟悉。5 月间，开始有谣言说，一伙义和拳民威胁要攻击这个布道站，为了防御这些人的攻击，有必要尽可能多找来一些基督徒。在长达六周的时间里，这个集镇一直遭受围攻，间歇有集镇上的人与拳民领袖谈判，集镇里也给英国领事发了电报。

伦敦会布道站大院里住着几户人家，其中有妇女和儿童，大家都非常焦虑。最后，保定府同知赶过来，他惩治了该县愚昧无知的知县的一位亲戚，这位知县就是围攻伦敦会布道站所在集镇的煽动者。保定府同知还让小张庄的头面人物写下了保证书，担保此后不再发生类似情事，赔偿了动乱期间所造成的所有损失费用。解决小张庄事件正值麦收季节，这样的解决结果，令参与动乱的人心灰意冷了一阵子，但丝毫没有减弱真正暴乱分子要继续闹下去的热情。这一情形表明，小张庄的民教冲突是一种新的性质不同以往的动乱。

农历八月初，人们开始谈论这一带山东义和拳和邻省山东那边的义和拳正在聚集。据说他们打起了"扶清灭洋"的大旗。

类似的威胁性口号早就有，外国人并未认真对待，但当恩县庞庄的基督教差会受到了实质性威胁时，天津领事馆收到了求助电报，山东巡抚收到了直隶总督的电报，商讨在暴乱分子还没有明确诉求和攻击目标时，集结兵力将其剿灭于萌芽之中。

第一次公然抢劫基督教徒的事件，发生在离差会总部十六英里远的一个村庄，位于恩县境内。这次抢劫事先毫无征兆，一些富裕人家损失惨重，所有人家的粮食、衣物和家具被洗劫一空。无能的恩县知县虽然多次发布严禁民间会社的告示，但并没有采取什么实际遏制这些会社发展的行动。抢劫教民事件发生后，知县奉命抓捕匪首，结果被暴民打得落荒而逃。情急之下，山东巡抚 10 月 18 日派出骑兵长途奔袭，前去维持秩序。孰料拳民们自以为有魔法在身，刀枪不入，悍然对巡抚派来的骑兵发起了攻击。

派来的这支骑兵本不想和拳民们真刀真枪地厮杀，但指挥官见当时的情势，如果不抵抗就撤退走人，整个农村地区将陷入无政府状态，不得不下令反击。于是，"战斗"开始了，不一会儿功夫，98 名拳民丧命，很多拳民受伤，余众一见情形不妙，四散而逃。

在一次事件中杀这么多人，这可能是义和拳萌芽时期第一次，也很可能是义和拳时期的最后一次。但当时的山东巡抚、满人毓贤，很快表明了他的态度，对这次行动中骑兵指挥官在没有接到命令甚至是违背他的旨意的情况下随意开战，极为愤怒。他革除了这次冲突事件所在辖区知府、知县的职务，任命了无能的满人；召回了派出去的军队，开除了带队的指挥官和逮捕拳民头目的捕快首领，并将捕快首领锁拏押解至省城。这名捕头被视为这次冲突的罪魁祸首，杖责两千，显然有意杀掉他。

1899 年 10 月是"义和拳"的狂热浪潮的转折点。如果毓贤作为一个人口大省的巡抚，忠于职守，关心民众福祉，趁在森罗殿大败义和拳之机，很容易一举荡平秘密会社。但是，他非但没有这样做，而是怪罪派出去的军队在那里杀了众多拳民，撤回军队任凭事态发展。他这样做的原因，只能说他是在虔诚地追寻他的美梦。在中国，任何行为都不能违背君主的旨意。在那个时候，没有人能肯定地说这就是事实，尽管在此之前，公众强烈而明确地认识到了拳民是"奉旨行事"，因此，任何对抗义和拳的人或行为都不会有好下场。

毓贤的仕途证明上述说法不错。仅仅数年之前，他只是山东西南部曹州府知府，人们普遍认为他在那里组织了大刀会①。在随后的几年中，他的升迁之快令人吃惊，直到发生这些事件的那年春天，他受命为山东巡抚。他让一群人每天在衙门的院子里操练大刀。因此，人们普遍认为他是义和拳的保护神，就是一件很自然的事情。

人们经常把毓贤庇护的这个组织称呼为"义和拳"，对西方人来说，无论现在和将来，义和拳在很大程度上都将是个谜，这部分是因为缺乏足够的相关资料，更多的则是因为西方人明显感觉根本不可能理解义和拳的观念。因此，为了叙述便利起见，我们这里仅指出义和拳的一些基本特征，因为这些特征在以后的每一个阶段都很明显，这样我们虽然似乎无法说明这些特征的原委，但却可以大致勾勒出这些特征的轮廓。

义和拳声言的超自然因素，赋予了它控制民众想象力和民众信仰的强大武器。义和拳崇拜神，但这些神有很多是历朝历代神化的已故英雄人物，这些人的英灵能够激励崇拜者们建立任何过去朝代做出的英雄业绩，这些英雄业绩通过各种戏剧、说书人广为传播，已经家喻户晓。各种神仙寺庙里都有崇拜者跪在这些神话人物的塑像前祈求帮助，求神庇佑或赐予超自然的神奇力量。他们最常向东南方跪拜，但由于某种无法解释的原因，这也和其他中国惯常做法一样，并不是一成不变的。他们很可能是心中念叨某个崇拜的英雄人物，而最终的目标是希望那个英雄人物的灵魂附到自己身上。在达到这一目的的过程中，人们常说这些崇拜

---

① 毓贤任曹州知府期间，曾大肆屠杀大刀会，有"屠夫"之称。直到他1895年担任山东兖沂曹济道后，仍严酷镇压大刀会，他对义和拳的态度，是随着清朝中央政府的变化而变化的。作者这里的说法，与历史事实不符。

者会浑身痉挛、僵硬或疯癫，并且经常进入某种类似于精神恍惚或被催眠的状态。在这段经历的某些阶段，他们似乎真的是疯子，什么都敢做，什么都不怕，这一现象后来在与外国军队对垒时经常出现。

当成功地度过恍惚期后，人们就认为崇拜者无所不能了，并要准备接受关键的检验，检验他是否能赤膊抵御刀剑，看其腹部能否经得住猛刺过来的长矛；试验他能不能经得住枪弹甚至炮弹的打击，能否一挥手就使迎面而来的炮弹不见踪影。为消除人们的疑虑，他们就必须经常在众多观众面前公开展示这些非凡的技能。成千上万的人作证说，他们亲眼目睹过这些表演，无可置疑。

偶尔有基督徒冒险进入密集的人群中去亲自查看，要一探究竟，但在某些情况下，符咒不灵验了，他立即就暴露了，这时有人会宣称现场有"二毛子"。在后来的一段时间里，拳民们发现有个基督徒经常冒着生命危险混进表演现场。在这种情况下，表演记录就往往不是现场记录，表演也很不完整。但可以肯定的是，这些所谓检验很多就是欺瞒朴实村民的杂耍表演。不过，尽管如此，一旦表演失误，测试枪弹还是有不少人受伤。有一次，在离庞庄几英里远的地方，一名男子接受防御大炮能力的检验，结果被一枚炮弹炸成了两半。这尴尬的一幕本应给随后周围地区的所谓检验蒙上阴影。但是关于这件事，有人解释说，这个人被炸成了两半，是因为"神灵"还没有完全附体，他的功夫还没有练到家，就急于接受检验，所以才抵不住炮弹打击。参与的人都捐了一点钱，送给死去男子的父亲作为丧葬费，一切像往常一样，照做不误。

在"满洲"的一个案例中，一名男子刚刚进入无意识状态，突然仰面朝天躺在地上痉挛起来，猛然间头部撞到石头上，头骨破裂，当场死亡。在同一个省份另外的一场检验中，一位自吹自擂的拳民在一户人家抓了三名基督徒，要把他们的头砍下来，当他挥舞炫耀他的大刀的时候，突然笨拙地捅到自己的肚子了，顿时肠子冒了出来，他发现自己不适合做这一位父亲和两个儿子的刽子手，这父子三人中有一位熟悉西医。于是，一场典型的中国交易开始了，捅伤了自己的那位拳民说，如果能医好他的肚子，就放了那位他抓来的受过西医教育的基督徒。受过西医教育的执业医生则要求把抓来的三个人全放了，他就给这个人治好肚子，双方谈条件争执不休，最终这位执业医生妥协了，答应放了他和他的父亲就给那位拳民医治肚子，自己的兄弟留下听天由命。

汉字中用"拳"这个字标示义和拳会组织这一事实，常常导致人们一再重申，义和拳会是个由众多习武健身的人组成的会社，这一论断大胆地推论，每个习武健身的人，理所当然都可以是义和拳成员。像大多数这样的论断一样，这也只是个想象推理，没有多少事实依据。山东有一个历史悠久的民间会社，称为"六合拳"，有人认为是"白莲教"的一个分支，经常遭受官府压制遣散。"六合拳"众，农历每月初一和十五焚香膜拜，但他们的主要活动是练武强身。然而，这个"六合拳"十分兴盛的村庄，无论是初期还是后来任何时候，与"义和拳"都毫无瓜葛。

义和拳在告示中极力强调他们有神灵庇佑，无数神灵都在帮助他们这些忠实的信徒。据说这些神灵都以年轻小伙子形象现身，以前"神拳"是一种用来互相联系伙伴的组织，旗子上赫然写着"神助拳"这样的名号。在许多重要的活动中，一群年轻人总是走在义和拳队伍的前面。人们谈论义和拳进入北京活动的最生动的场景是四十名小孩子组成的队伍招摇过市，所到之处，市民们无不表现出敬畏之情。基督徒们则跑来报告说，不好了，麻烦来了。在许多情况下,义和拳策动者们这样安排有两个目的:其一是要告诉人们,这只不过是一些小孩子的游戏;其二就是通过这些小孩子的活动来探查官府虚实,看看官府会不会干涉这样的活动。

中国北方有一个规模庞大的秘密教门,称为"在理教"。在理教信徒不准喝酒,不准吸食鸦片、烟草。据说很多地方义和拳兴起后,不久就把在理教的戒条作为义和拳众的戒条了。

据称义和拳有很多神奇的超自然力的证据,像用根线绳能提起一个磨盘,刀枪剑戟各种兵器甚至火枪火炮都不能伤到他们分毫,以及像杂技演员表演的那些武功等等,这里没必要一一细说。只要指出这些神奇能力现象,一般中国民众都普遍相信是真实的,而基督教徒则倾向于把它们归因于魔鬼作祟,就足够了。中国士兵派人到通州去告诉那里的外国人说,在与义和拳对阵时开枪射击,完全没用,枪弹根本打不着他们。有个北京围困公使馆期间的故事广为流传,说有个拳民站在英国公使馆附近的一座桥上,颇有挑战意味地挥舞手势来回走动,公使馆里一名海军陆战队的优秀射手,对着他连开数枪,子弹在这个人身边左右乱飞,始终没有击中,最后这个人大摇大摆地走了,毫发无损。

前文已经指出中国政府禁止所有秘密会社,若有借故聚众闹事并带兵器训练,图谋不轨者,必严加防范,以期消患于未萌。那么,像义和拳、大刀会这样如此强大的秘密会社,怎么会毫无障碍地得以发展壮大呢? 在上个世纪的官方描述中,义和拳、大刀会这些会社,均被称为异端,被指斥装神弄鬼、自视神力无边,对抗朝廷。在官方眼中这样的民间秘密会社,怎么会摇身一变成了保卫江山社稷的爱国主义团体了呢?

在中华帝国体制下,民众拥有许多自主行动的权利,其中之一就是民众有权为了防范地方盗匪侵扰而自行组建社团以自卫身家①。特别是在冬季，人们到处可见乡村飘扬着一些旗子，上书各地知县的通令，说这些民众组建乡团自卫身家，有权将违法乱纪者自行拿办。由于每个村庄都有这样的组织，理论上不法分子是不可能逃脱的。这样的会社被称为"联庄会"或者类似的名字，意思是多个村庄的联合会。这样一些自卫身家的联庄会，当然要拥有武器。很显然，这是一些地方民兵性质的组织。这些联庄会一旦不那么顾及法纪闹起事来，对任何一个政府来说，都是极其可怕的。

中国人的长处在于他们具有小规模组织联合行动的天赋。他们的弱点是不能大规模地进行类似的组织联合行动。地方官在违法乱纪分子聚众闹事时，危险时刻需要民众起来帮助维持秩序，但是当民众普遍不满对抗法纪时，地方官就无能为力了。

上述这样的乡村会社组织，官方一直称之为"团"。有时，县里的每一个乡镇都要定一个日子来任命这样的领导人，在这个日子里，知县会设宴款待当地的士绅和乡团首领。在义和团成立之初，它们就标榜自己是地方官委托成立的组织，名为"义和团"，或"义和乡团"，这意味着义和团是官方认可的组织。在后来的《京报》中，这个组织被称为"团勇"，或"义和团勇"，可见其已被视为帝国一支有前途的军事力量了。

---

① 在清代特别是晚清官方文献中，一般来说，"团""乡团""联庄会"之类称呼的组织是合法的，可自行组建，有时官方甚至出面倡建。但除了乡团性质的"联庄会"，其他私立"会""社""门""教"一类名称的组织，不管是公开的还是秘密的，都是违法的。义和拳，是"拳会"，不合法；而"义和团"带有官方性质，是官方允许乃至倡导的，是合法的。所以义和团运动期间及其前后，合法的义和团众，官方文献中称之为"拳民"或"拳勇"，而不合法的义和拳众，则称之为"拳匪""乱民"。

第十一章　山雨欲来风满楼

从前述袁世敦约在 1899 年 10 月率山东官军剿灭和驱散森罗殿一带义和拳起[1]，此后长达大约七个月时间里，山东和直隶大部分地区到处是义和拳，时常发生暴力事件，闹得各地鸡犬不宁。笔者居住的地方是众多动乱地区之一的中心，这里也许比中国任何其他基督教差会布道站都更能提供一个有利的位置，让人们观看颇具启发性且很独特的过程。这里的差会布道站，有时有清军保护，有时忽而撤走了，忽而又回来了，但最后一次撤走之后，就再也没有回来。外国人就这样一会儿受到保护，一会儿没人管没人问，最终无人搭理了，谁也说不准这是怎么回事。

基督徒经常收到一些黄色名帖，上书义和拳（或义和团）首领的名号[2]，邀请基督徒派出代表与义和拳（或义和团）见面，并暗示如果拒绝这一要求，必有严重后果，甚至会危及性命。有时，这些帖子告知某个时间要进行抢劫。在接到这样的帖子时，基督徒们很自然地设法把自己不多的东西藏匿起来。但是，有时候这些帖子又警告说，谁若是帮助藏匿这些基督徒的财产，就会被视为

---

[1] 可能是由于作者的疏忽，前文从来没提及"袁世敦"这个名字，只是说有一位骑兵军官。当然，这两个说法指的都是袁世敦。

[2] 小括弧中的"或义和团"几个字，是原作者本人标注的文字，这说明当时"义和拳""义和团"两种称谓还都比较流行。

基督徒，就是二毛子。于是乎，朋友、邻居、最近的亲戚对待基督徒的态度，开始比对待陌生人还要冷漠。关于这方面的故事，细节各不相同，如要记述下来，足可以写本书。

拳民们通常会在他们说的日子敲锣打鼓准时到来。接着，一场真实的东方活话剧就开场了。现场上基督徒向邻居们磕头，请求他们向拳民求情，尽可能地降低不受惩罚的条件，在这一地区每次交纳一定数量的赎金，即可免受惩罚。一般不会发生焚烧房屋的事儿，也不会有人被杀害。为了尽快缴纳赎金，基督徒会把自己的土地部分或全部抵押出去，有人还愿意提前缴纳赎金，以避免羞辱或惩罚。开始抢劫的时候，基督徒的街坊邻居们积极配合，充当拳民们的向导，告诉哪些房屋是基督徒的家，领着他们前往基督徒的住宅掠夺。有时就是这些向导邀请拳民到这里抢劫的，原因是要利用这样的机会长长自己的志气，报复一下某个自己平时怨恨的基督徒，同时，也在拳民们拍卖抢劫来的财产时捞点实惠。被迫拍卖的东西有个人用品、衣服、床上用品、家庭用具（包括唯一的炊具和餐具），以及各种各样的日用品。拍卖都是在被抢劫的住宅旁边的街道上进行。一套价值不菲的加工粮食的石磨，几个铜钱就卖，不赊账，现金交易。基督徒的羞辱感及无可奈何的愤怒是可以想象的，但是他们必须小心翼翼，不能以任何方式表露他们的情感，在许多时候，他们的性命是没有保障的。

义和拳运动后期，在很多地方，基督徒一旦被拳民发现，便逃无可逃，但在笔者所在的这个地方，尽管农历六月份局势非常危险，也还没有到这种程度。

有一个遭拳民攻击的基督徒村镇事例，可展示典型的中国人行事方式。这是一个大村镇，恰巧也有外国人的临时住宅。很长时间以来，这里就受到了义和拳的威胁，不时有"拳民要来了"的叫喊声。这里的一位基督教学校教师在拳民攻击村镇时，淋漓尽致地显示了他的精明、胆怯、忠诚和敏捷。当他确信拳民这次真的来了时，便冲进院子，把几个孩子从十英尺高的土墙上扔了下去，又把其他孩子推搡到非基督徒邻居的院子里，要他们像兔子一样"趴下"。他的一个没裹小脚的女儿，在胡同里被拳民发现，多亏邻居好心，才未被抓走。基督徒的房屋里的东西，在拳民到达之前精明地廉价出让给其他人藏起来，看上去就像被人抢劫过了。就在做这些事情的同时，另一伙人则忙着砸碎学校和教堂的门窗，捣毁为宣教士建造的房屋。拳民们来到之后，很快就结束了抢劫，一些邻居以每把一百文的价格买下了两把外国餐椅。

在拍卖了外国人的东西之后，拳民们开始要抢劫一家富户，这家人与基督徒毫无瓜葛，随即开始与"调解人"交涉。此时拳民们在富户家里大吃大喝，耗费了差不多一整天时间。攻击一个非基督徒富裕人家，人们认为这完全是没规矩的粗暴无礼之举，心生怨恨。但是，由于义和拳人多势众，佩带武器，要对付他们并不容易。不过，村民逮住了三个落单的拳民，其中两个跑掉了，剩下的这个被村民不是用他自己带的刀就是用村民的铡刀砍死。傍晚时分，骚乱结束后，知县来了，但他没有让他的士兵去追捕抢劫的拳民，而是带了一名犯人回县衙门了。

由于预见到这次袭击一定会发生，宣教士们事先函告有拳民活动的两个县知县，要求预防拳民闹事。其中一位知县忙着庆寿，连信都没回；另一位倒是回信了，但语带讥讽，说你们这些西方先生不要听"孩子们和老太婆胡言乱语"，以免"伤心劳神"，此事他自会处理。他所谓的处理，就是上面提到的在拳民走了之后，到镇子上带走了一名犯人！

在邻近的一个县，无数的罗马天主教家庭遭到抢劫，一位教师的头被砍下来挂在杆子上游街示众,尽管这种极端行为并不常见,但其造成的恐怖气氛可以想见。

12月1日,美国公使接到电报称,义和拳乱已席卷了二十个县,但实际范围比这要广泛得多。北京总理衙门为了应付各国公使保护外人的要求,向各地督抚发出紧急咨文,要求绥靖地方,保护外人在华生命财产安全。山东巡抚毓贤依然我行我素,一切如故。中国官员向来心口不一,口是心非,说一套做一套。济南府发布了不少措辞严厉的告示,但其中许多都放在历城县衙门里,根本没有张贴过。大家都明白,这些告示只是为了显示一下他们有过态度,并不是用来采取行动的。一旦张贴出去,立刻就会被一群精明的乡村文人撕下来,他们非常清楚时局风向。只要放风说这个告示是有人"编造的",或者说它是"外国人花钱买来的"(这种说法是对帝国官方制度意味深长的批评),民众对这个告示就会嗤之以鼻,毫不理会。有个例子很能说明问题,即有份告示设定了一个时限,说届时所有不遵指令继续聚众练拳者,一律拘捕惩办,财产充公,但事实是不论在那天到来之时还是之后,官方并没有采取任何行动。

山东的官兵有时是与义和拳住在同一个客栈,相处融洽,其中许多士兵自己就是义和拳成员。士兵与拳民之间偶尔也会有打斗,一些拳民被打死。发生这种事情,涉事士兵的指挥官或许会被降职,或者至少会受到斥责,于是便都小心翼翼地避免这种事情再次发生。

山东禹城县有个小村庄,庄内人几乎都是天主教徒。这个村庄没有围墙,只借助树木拉起了铁丝网,成功地抵御了一大群义和拳的攻击。双方激战时,大约一英里外的清军漫不经心地注视着这场力量不相称的战斗。战斗结束后,清军指挥官过来查看后,向巡抚毓贤报告说,好斗的天主教徒趁拳民们吃饭的时候偷走了他们的小马,拳民为了要回来,与这个庄里的人发生了冲突,毓贤照此上报了北京,总理衙门又按照毓贤的说法通报了美国公使,很可能这就是关于禹城民教冲突的时至今日的官方说法。

由于上述动乱局势严重影响了各国在华利益,各国驻华公使对北京政府施加压力,要求尽快结束各地动乱,毓贤终于被革职(12月26日),取而代之的是一个与毓贤完全不同的人——袁世凯。假如是让袁世凯个人做主,他很快就会把义和拳剿灭净尽。但由于受朝廷"密旨"挟制,他也只能发布含义模糊的告示,做出美好的承诺,不断训斥属下办事不利,并未对义和拳采取什么实际行动。

毓贤离任山东巡抚,并未离开官场,而是奉命到北京"秉承面谕",并获赐"福"字(据称是慈禧太后亲手写的),然后就在山西开始了一段史无前例的灭绝人性的大屠杀。在离开山东之前,他公开处决了三名拳民,但这一惩罚措施拖延得太久了,以致并未起到任何威慑效果。在很长一段时间里,人们坚信这位离任巡抚会重新上任,这种期望使人们不服从任何命令,除非是认为毓贤本人同意执行这些命令。为了预防出现这种情况,庞庄宣教士们(1900年1月22日)正式提出抗议,要求严惩毓贤。考虑到他后来的那些暴行,这一抗议颇具令人悲伤的意味。该抗议书全文如下:

控告事涉义和拳叛乱官员

山东巡抚毓贤明知山东义和拳泛滥成灾,危害巨大,为前朝历代严禁之属于违反帝国法令的秘密会社,但熟视无睹,未采取任何措施。

10月份山东官兵与义和拳战事冲突，约一百名义和拳民身亡，尽管当事军方官员禀报说这次冲突是不可避免的，但他难抑悲愤，不是因纵拳扰民而是以乱杀拳民为由，将济南知府和平原县令革职查办；当即革除了当事指挥官军职；释放了这次冲突中逮捕的拳民，称他们都是良民，激励了原本在经历这次武装冲突后打算改邪归正的拳民再拾信心，重操旧业。

他不允许官军参与地方民教冲突，私下鼓励煽动拳乱。他那广为人知的态度激励拳乱迅猛发展，酿成卜克斯（Brooks）先生被谋杀惨祸，这位山东巡抚不啻杀害卜克斯先生的刽子手。在上奏朝廷的一份密折中，他建议认可义和拳合法身份，利用义和拳勇将外国人赶出山东。

数月以来，山东广大地区卷入了毁灭性的乱民风暴，毓贤应负直接责任。我们认为，希望山东政府清明、社会稳定的外国列强，应坚持要求罢免毓贤，将革职谕令公诸《京报》，明确宣示"永不叙用"，并列举他获此咎戾的理由。同时，列强应看到这一惩罚确保实施，以保障山东从此和平安定（仅仅颁发惩处毓贤的上谕，而不严格实施，局势将会更糟）。

圣公会传教士卜克斯先生遇害这一特别痛苦的悲剧，发生在毓贤被革职这一年的最后几个小时，是很自然的。卜克斯在从泰安到平阴的途中，于肥城被一群拳民抓住，遭受酷烈虐待后，被残忍地处死。

山东的罗马天主教教会屡遭攻击，引起了德国和意大利政府的关注；义和拳暴乱摧毁了美国两大基督教差会，引起了美国政府对义和拳的注目；卜克斯先生的遇害直接把英国引到了关注中国动乱的前沿阵地。甘伯乐领事为了确保杀害卜克斯的凶手得到应有的惩罚在济南府待了数星期之久。该案最终在袁世凯巡抚的亲切配合下结案了,但该案的解决对义和拳运动发展的影响微不足道。至于说原因,尽管对德国在山东境内修筑铁路和开发矿产的恐惧更易激起人们的仇恨心理,但依然是分析一年半之前沂州府动乱所指出的那些因素。一个值得注意的事实是,在任何一座教堂被毁之前很长一段时间,"民众"就已经开始在胶州附近的高密反对修筑铁路,将工程师们驱赶到了烟台沿海岸一带,有效地延缓了工程进展。

在山东拳民地区的常住外国居民中,许多人基本上都认识到了拳乱危机的严重性,并不失时机地发表了他们的意见。在我们前面提到的庞庄美国宣教士们(1900 年)1 月 30 日写给美国公使的信函中,除了控告毓贤外,还言及:"据负责济南府东部地区的意大利神父说,他的教徒有五六百户遭到抢劫,十人遇害,五千人沦落为难民,而我们没有听说官府采取任何措施,甚至连采取措施的意愿都没有。在法国和德国天主教宣教区,教徒受迫害情形也大致类似,官府同样毫无作为。如果这种情况继续下去,铁路、矿山、商业和差会宣教事工,都将在义和拳暴乱中毁于一旦。"

直隶小张庄、山东临清州庞庄和济南府等地,都有上海报刊的通信记者,他们经常对当地情况作充分的报道,以致公众对内地情况有所了解。不过,这并非他们的全部工作,他们除了报道事实真相,还不断地将对事态发展的见解投送给一些发行量大、影响广泛的报刊。1899 年 11 月 25 日,《字林西报》发表了一篇题为《华北面临战乱》的社论(写于 1899 年 11 月 25 日),对义和拳叛乱的历史和未来发展趋势进行了清晰的描述。文章认为很多中国人反对大量让与西方国家特许权、引入西方新事物,无可厚非，同时补充说："民众一旦确信暴力能阻遏外国输入新事物，保卫大清帝国，那么，随之就会驱逐外国人，让他们在帝国无立锥之地，将来再也不能有觊觎之心。"文章称义和拳"遍布天下，法力无边"。文章指出清廷将派已经应德国要求革去职务的前山东巡抚①，去担任更重要职务的做法，是非常错误的。认为德国必须与美、法等国政府联合起来，要求清廷命毓贤改变其致命的政策，履行条约义务，否则就必须任命另一名官员代替他。"除非未雨绸缪，立即采取措施，否则，大乱将至，局面数十年难以挽回。"

随后，2月17日，同一报刊登载了另一篇大约定于1月中旬的颇有代表性的文章，题目是《华北危机》，综合叙说了义和拳的历史、目的和发展前景，文章结尾部分指出："应当让北京当局明白，花言巧语、敷衍塞责的时代一去不复返了，从今以后，必须言行一致。我们不能不强烈地坚持认为，除非这样做，在华外人必将陷入前所未有的排外烽火之中。帝国境内黄河上下、长城内外，将狼烟四起，不仅会扫除一切外国在内地的利益，而且不难想象，所有外国人都将被赶出天津和北京。长期以来，这种性质的小规模排外叛乱时有发生。当前局势下，除非联合起来采取强有力措施，否则任何意想不到的事情都可能发生。因此，对欲防止大灾难降临的国家来说，是采取相应行动的时候了。"

该报2月6日曾刊登一篇通信新闻稿，结尾部分有下面一段话："我们不认为有理由修改这一长期形成、经常得到证实的结论，现在比以往任何时候都更加确信：除非尽快采取措施遏止这场巨大而危险的拳民运动，否则它将把所有外国人赶出这个帝国，为达这一目的，这场运动酝酿了很久，不断地在积蓄力量。"

---

① 指前山东巡抚李秉衡。

《京津泰晤士报》的专栏也经常就同一问题刊登专栏文章[1]，该报关于警示义和拳危险的社论常常言辞激烈，以致引起了总领事的强烈不满。

详细追溯目前正在进行的排外运动的曲折历程，既困难乏味，也没有必要。山东和直隶所有排外气氛浓郁地区，排外情事以单一模式反复上演。有一种形式的排外活动充满活力，不断重复出现，没有先兆，也不明原委。暗火已悄然燃起。外国的侵犯，外国辛迪加组织掌控铁路和矿产对帝国统治的威胁，以及随时可能出现的另种形式的"瓜分中国"的威胁，使满族统治者怒火中烧，再也无法遏制。

当时没有人猜疑义和拳动乱背后的原因，但我们有充分的理由认为，1900 年 1 月 24 日以光绪皇帝的名义发布的帝国谕令，是精心策划的阴谋的一部分。在这份谕令上，光绪皇帝不得不说，自己是否能生育后代不可预知，请求皇太后挑选一个合适的人，承继同治皇帝大统（这样光绪皇帝就被完全忽视了），皇太后表现得十分仁慈得体，经多次请求，确定载漪之子溥儁为皇室继承人，并向帝国上下及世界宣布了这一颇为蹊跷和极其重大的信息。

关于皇位继承人一事，又发布了多道令人费解的谕令，人们不清楚光绪皇帝的未来命运，但可以肯定这是一个设计好的阴谋，即在不生动乱的前提下，尽快废黜光绪。宫廷两位高官崇绮和徐桐被任命为未来皇帝的师傅，崇绮是已故同治皇帝的岳父，从未与外国人打过交道；徐桐明显厌恶外国人，他回寓所从不走公使馆那条铺设了下水道的碎石路。

---

[1]《京津泰晤士报》(*Peking and Tientsin Times*)，又称《天津时报》。

人们开始注意这位被选为中国皇帝继承人的十四岁少年。他是道光皇帝第五子惇亲王的孙子。由于光绪是道光皇帝第七子醇贤亲王的儿子，这位新任皇室继承人就是现任君主的"远房堂侄"。新皇位继承人的父亲端王①，外国人知之甚少，但可以确定他是一个粗野、没有受过良好教育的人，举止粗俗，颇有野心。从后来的情况看，这个人和皇太后之间很可能有某种简单约定，这就是他支持皇太后的一切举措，皇太后就让他的儿子继承皇位。当然，我们不能证明他们确实有这样一个约定，但他们在立储一事和对义和拳态度上令人费解的默契配合，似乎提供了有这样一个约定的理由，在没证据表明他们没有这一约定之前，大可认定他们有过这样一个约定。

随后发生的一系列事件使慈禧太后确信，必须采取某种方式除掉外国人。义和拳具有未知和不可估量的潜力。如果不是针对外国人，它可能会转而针对清王朝，因为清王朝允许外国人获得了现在这样的地位。在这两种选择之间做出选择并不困难，慈禧太后毫不犹豫。我们前面提到，她召毓贤进京，并赐予"御笔"亲书福字，将他保护起来，随后李秉衡上奏，推荐委毓贤以最值得信赖之职务。

现在让我们来看看在北京的各国使臣用什么样的眼光来看待这场拳民掀起的风暴，看看他们采取了什么措施来应对这场风暴。早在 1899 年 12 月 29 日，窦纳乐（Claude MacDonald）爵士便致函总理衙门，警告说如不果断消除目前的混乱局势，可能引起各国出面干预。一听到卜克斯先生去世的消息，一位

---

① 端郡王载漪，本是道光皇帝第五子惇勤亲王的儿子，后过继给瑞敏郡王奕志（嘉庆帝四子瑞亲王绵忻子）为嗣，固承袭端郡王衔。

大学士就给英国驻华公使送来了清朝皇帝的特别致歉函,中国驻英公使也奉命向索尔兹伯里(Salisbury)勋爵①呈递了同样一封致歉函。

1900 年 1 月 18 日,康格(Conger)先生就清政府不对各地义和拳暴乱采取措施一事,致函总理衙门,提醒总理衙门注意他以前曾发出关于义和拳叛乱的警告,对毓贤在义和拳问题上毫无作为甚至予以鼓励提出抗议。他指出:"目前山东和其他地方仍有义和拳、大刀会等秘密会社活动,据传这些秘密会社的活动得到了朝廷的暗中同情和支持,而不幸的是,许多中国通坚持认为朝廷 1 月 11 日的谕旨证实了这一传言②。当然,朝廷对毓贤的嘉奖,无疑事实上为这一传言提供了依据。"

英国公使窦纳乐　　　　　　美国公使康格

---

① 索尔兹伯里,时任英国首相。
② 该谕旨内容详见下文。

下面将提到的帝国谕旨语意，足以使任何熟悉中国及其政府的人相信，朝廷不仅不愿意镇压义和拳、大刀会等秘密会社，而且始终都在给予鼓励和支持。

在义和拳问题上，我们有必要注意中国官方话语从始至终的虚情假意。很明显，明发谕旨对义和拳等措辞强硬，严令取缔，但同时或紧接着的是令人手足无措的"密旨"，这些密旨与明发上谕的意旨完全相反。这种现象只有西方人认为是反常的，在东方人看来则是理所当然的。所有从中央到地方的官方声明和告示无不如此。民众在这一中国艺术的长期培育下，可以通过本能来判断官方声明或告示里的每一句话说的是什么意思，能够判断出在何种程度上按照这些声明、告示里的话去做或完全反着做才是安全的，而外国人，中国官方明确威胁义和拳和对外国人承诺的语言，似乎有特定的含义，通常根本搞不懂其真实意思是什么。但是，当像 1 月 11 日这样的明发上谕昭示天下之后，他们便不用再去猜测其背后的含义，什么都明白了。

且看 1 月 11 日明发上谕里的一段话：

> 近来各省盗风日炽，教案叠出。言者多指为会匪，请严拏惩办。因念会亦有别，彼不逞之徒，结党联盟，恃众滋事，固属法所难宥。若安分良民，或习技艺以自卫身家，或联村众以互保闾里，是乃守望相助之义。地方官遇案，不加分别，误听谣言，概目为会匪，株连滥杀，以致良莠不分，民心惶惑，是直添薪止沸，为渊驱鱼，非民气之不靖，实办理之不善也。

看到这一明发上谕，人们便不难明白，清廷不仅对义和拳毫无责备之意，即对他们聚众闹教和各种排外口号也只字未提，显然是在为义和拳这类组织撑腰打气。

对完全了解中国此前和当时局势的外国人来说，通过这道明发上谕，即可清楚地预知义和拳的发展前景，排外风暴不久即将掀起滔天巨浪。中国人也能通过这道明发上谕，准确地判断未来的局势。如果外国驻北京的公使们都能够清楚解读这道谕旨的意蕴，那么义和拳运动的走向将会完全不同。

显而易见，上述明发上谕对遏止义和拳排外活动毫无作用。1月27日，英国、美国、法国、德国和意大利等国公使要求清政府颁布诏令，明确宣布严厉镇压义和拳、大刀会非法组织。但几乎整整过了一个月，总理衙门对各国公使来函只字未复。无奈各国公使再次向总理衙门呈递了一封同样内容的信函，但清政府依然没有发布任何镇压义和拳、大刀会等秘密会社的谕令。此时，排外骚乱已成烽火燎原之势，义和拳已在北京和天津周围地区公开操练。康格(1月27日)曾向总理衙门指出，京畿地区这个样子"对任何文明国家来说都是一种耻辱"，局势正在不断恶化。

2月27日，窦纳乐爵士再次致函总理衙门，要求清政府明发上谕，宣示义和拳、大刀会为非法组织，令各地严厉取缔，义和拳、大刀会成员及窝藏义和拳、大刀会成员者，皆为违法乱纪分子。他补充说，"任凭义和拳、大刀会骚乱继续蔓延，对中国政府来说，后果将极其严重"。

2月25日，总理衙门复函各国公使，引起了公使们强烈不满，不过，3月1日各国公使终于盼到了总理衙门令人满意的答复，说清廷已经根据公使们的要求，发布了一道上谕，命直隶总督裕禄和山东巡抚发布公告，严禁义和拳；说直隶总督裕禄已经遵照上谕发布了严禁义和拳告示，并附上了一份裕禄告示的副本。这份告示明白无误地告诉人们，如果在义和拳初起时就采取严厉镇压措施，就不可能造成现在这样的局面。各国公使计划翌日前往总理衙门，并准备了一份表明他们此次前来目的的照会，照会要求再在《京报》上刊发这道上谕。康格先生在这一天还致函总理衙门，称如果拒绝照会中提到的在《京报》上刊发上谕的要求，他将不得不把中国没有对一个极其恶劣的排外组织采取应有的防范措施这一事实报告本国政府。他重申："若义和拳排外骚乱继续蔓延，其后果对中国政府来说，将是灾难性的。"

各国公使到总理衙门递交照会后，总理衙门大臣们声称，中国政府已经采取了一切可能采取的措施，裕禄发布的告示清楚地表明了这一点。克林德（von Ketteler）男爵提醒总理衙门注意裕禄的告示里并没有言及大刀会，并指出这是因为大刀会会长（毓贤）现在北京。总理衙门解释说，大刀会已经与义和拳合二为一了，现在两个组织是一回事，都叫义和拳。关于前山东巡抚是大刀会会长的说法，总理衙门王大臣们听说后笑了，但承认毓贤确实之前没有镇压大刀会，不过他已经因此受到了惩处。

关于外国公使们要求在《京报》上刊发那道上谕一事，多次信函往返，总理衙门始终态度坚决。他们的论点是，《京报》上的明发上谕不如密旨有权威性，而且流传并不广泛，由于公使们早前没有提出这一要求，而且现在镇压义和拳的密旨已经下发了，因此不能违反成例，再把镇压义和拳的密旨变为明发上谕刊登在《京报》上。公使们终于认识到要清政府在《京报》上刊登那道密旨一事难以办到，于是这件事就此搁置下来了。

3月6日，康格先生再次致函总理衙门，就清廷任命毓贤为山西巡抚一事明确指出：很多证据确凿无疑地证明毓贤与义和拳通同一气，狼狈为奸，他完全不适合去有众多外国宣教士及基督教信徒的地方担任官职。"朝廷任命毓贤为山西巡抚，完全无视中外条约义务，是不能容忍的，对此绝不会坐视。因此，为了美国宣教士及其信徒们的安全，谨在此正式提出最强烈的抗议，反对任命毓贤去任何他得以管辖和控制宣教士及其事业的地方任职。"康格先生这一明确清晰的"抗议"，遇到了无法克服的难题，即总理衙门将这份"抗议"函归档，不予任何答复，从此便没有了下文。

四天之后，各国公使再次照会总理衙门，重提前述要求，暗示如果中国政府不对义和拳采取严厉措施，各国公使将电告本国政府，并强烈敦促各自政府明智地"采取其他措施"保护本国国民的生命和财产安全。同一天，各国公使致电本国政府，称除非目前局势有实质性的改善，否则各国最好派出数艘军舰至华北海域进行军事演习。对于外国人和中国人来说，这种演习无疑是军事威胁。作为最后一线希望，人们对这次海军演习抱有极大期待，认为一场场面恢弘的武力示威，将迫使中国政府屈服。

法国外长在巴黎对英国驻法公使表示，如果牵涉此事的五国公使均认为有必要进行这样一次示威活动，他们的政府很可能愿意合作；但索尔兹伯里勋爵认为，"在其他手段用尽之前，采取海军行动是不可取的"。美国政府向大沽口海域派出一艘战舰，意大利公使将两艘战舰交美国指挥官统一指挥，德国公使调用了德国在胶州的舰队，与此同时，英国公使要求派出两艘战船，英国政府同意了这一要求。

在3月10日各国公使再次照会总理衙门后，三个星期过去了，总理衙门没做出任何答复。后来，总理衙门恢复了与公使们的通信联系，依旧是就在《京报》上刊布镇压义和拳明发上谕问题争论不休。4月14日，《京报》登载了直隶总督裕禄给朝廷的一份奏折。该奏折内容是向朝廷报告他已派出淮军右翼统领梅东益和候补道台张莲芬率部与地方官合力清剿、驱散乱匪，保护教堂。他还奏称梅东益曾多次火攻义和拳老巢，逮捕拳匪头目交地方官惩处(的确如此)，另外，裕禄还补充奏明，数月以来，官军曾多次与义和拳交战，在直隶境内各县剿杀了大量拳匪。

关于军方将逮捕的义和拳匪头目移交给文职官员处理的问题，人们发现文职官员经常公开或私下对这些人深表同情，不是在移交过来后立即释放，就是仅仅在名义上拘押起来。

在给朝廷的奏折中，直隶总督裕禄很谨慎，并没有奏报梅东益率军清剿义和拳行动的最终结果，因为这次军事行动对于义和拳泛滥的总体情势几乎毫无影响。由于地方官方和公众对义和拳抱有好感，梅东益的军事行动一开始即遭到了威胁。"宫门抄"(Imperial Rescript)显示的对裕禄这份奏折的批复，是命其弹压遣散，务必审慎办理，不得稍有轻忽，此类呆板的片语套话，到底什么意思，只有让后来的相关行为来解释了。

4月17日，《京报》刊载了另一道颇具特色的上谕，赞扬各省乡民设团自卫，保护身家，本古人守望相助之理。但又指出，恐其间良莠不齐。或借端与教民为难，不知朝廷一视同仁，本无畛域，该民人等所当仰体此意，不得怀私逞忿，致启衅端，自干咎戾。命各省督抚严饬地方官，随时剀切晓谕，务使各循本业，永久相安，庶无负朝廷谆谆诰诫之意。

然而，窦纳乐爵士从总理衙门的语气中推断出了他的结论，认为"中国政府准备尽可能满足我们的愿望"，不过，在他发送的急件结尾处，又不无遗憾地指出，北京和天津附近仍有义和拳在操练，并不断召集新成员，说明义和拳乱的危险尚未消除；"但同时我认为我有理由表达这样一种观点，即有证据表明，中国中央政府终于真的要镇压这个反基督教组织了"。就在同一天，窦纳乐公使致电索尔兹伯里勋爵，说先前奉命驶往大沽海域的"赫尔麦厄尼"(Hermione)号和"布里斯克"(Brisk)号战舰，现在已经返航归队。

第十二章 义和拳烽火连天

在所有国家驻京公使的密切关注下，义和拳风暴就像一小片乌云，从遥远的东南方地平线上以独特而迅雷不及掩耳之势向北蔓延。各国公使满足于向总理衙门递交一份份紧急照会，以及发出要搞一场海军演习的武力威胁，并无其他实际性的有效动作。而即使真的进行这样一场武力威胁，很可能也震慑不住内地数百万中国人汇成的可怕义和拳风暴，更何况这场海上武力威慑从来就没有搞起来。大约自 4 月中旬以后，各国公使与总理衙门之间似乎中断了信函往来，只有来自全国各地罗马天主教和基督教宣教士们详细而单调的报告涌向各国公使馆和总理衙门，称到处是煽动性的告白、揭帖，基督教社区和教堂遭到攻击。

义和拳祸乱之所以会那么迅速地扩散传播开来，一个重要原因是他们专门派出一些人到处散发告白、揭帖等宣传品，并不顾疲劳四处演讲。我们不知道这些宣传品最初从何而来，但值得注意的是，其中一些在上海及周边地区见过的作品，以及在北京及其他地区见过的作品，其措辞在本质上是相同的。在遥远的地方，例如在山西中部，人们清楚第一个知道义和拳事情的人，据说是从来自山东的人那里听说的；而在其他地区，那些最初传播义和拳信仰和实践的人来自何方，就不清楚了。

义和拳组织错综复杂，拳民们的行为癫狂、荒谬，很难理清其中奥秘，但其所有无理性的癫狂行为的基础，则源自民间混杂佛教和道教的迷信信仰，其目的是激起人们对外国人狂热的愤怒情感。他们相信，通过一定手段能立即获取神术，从而轻而易举达到他们想要达到的目的。关于义和拳自信获取神术的诀窍和程式，我们没有办法予以详细介绍，也许从他们难以计数的揭帖中摘录几段能帮助人们了解一二。这些揭帖都是为吸收和指导新加入者而编写和散发的，以使新来的拳民知道怎样去获取神术，成为真正的义和拳。

义和拳咒语："弥陀敕令众弟子，众山祖师诚邀终南山八洞神仙移步中原传艺，弟子（说出名字）习练义和拳，保朝廷灭外洋。练就铁罗汉，刀枪不入，水火不伤。众神仙急召急移步，缓召缓赶来。三山五岳祖师、圣母，急急如律令"。

神拳咒语："天灵灵，地灵灵，五方佛陀三界八方神仙来显灵；天灵灵，地灵灵，唐僧、沙僧、八戒、悟空来显灵。"

习练方式（一）

双手合十，双膝跪地，面朝东，念上面的咒语三遍，叩头三遍，再念三遍咒语，一百日内，大功必成。谨记：习练期间，斋戒沐浴，敬谨如仪，不然，前功尽弃，切切。又，符咒须安放洁净所在，万勿粗心大意。

习练方式（二）

面向东南，左手执三山咒语，右手执蛟龙咒语，在地面划两个十字，双脚踏在上面，诵读下面的咒语，诵读一遍，叩头一次，最少诵七次，最多诵十次。神灵必会附体。

咒语："一请南海大士、西天佛陀，二请尊贵黄天师，三请西天佛祖、三界八方神仙、五方佛，四请尊敬的黄祖师，速速降临教化弟子。前门书写'红天宝剑'，后门书咒语。"

避枪炮咒："北方洞门开,洞中请出铁佛来。铁神铁庙铁莲台,铁人铁衣铁壁寨,止住风火不能来。天地玄我,日月照我。念此(咒语)一遍。"

习练方式(三)

北方供奉关平、周仓圣君。面向东南躬身叩首,诵读以下咒语一次,再颂读三遍,躬身叩首,闭目,双膝并拢,手执咒语,食指指向咒语,念诵。"南无阿弥陀佛来显灵,指天天开,指地地开,一跺脚就来;一打天门开,二打地门来,真心习武艺,请下佛咒来。"手持上体咒,念一遍,向南稽首,再念一遍,三稽首,念另一咒语,向前迈一步,双脚并拢立定,闭目。

义和拳广泛散发揭帖,选取其中一两份有代表性的揭帖抄录如下,有助于我们了解看到这些宣传品的民众心理和情感会受到多大震动。下面抄录的第一份揭帖像其他揭帖一样广为流传,但其结尾处附有与其他揭帖不同的内容:

圣谕增幅财神礼

兹因天主、耶稣教,欺神灭圣,忘却人伦,恼怒天地,收住雨泽,降下八百万神兵,扫平洋人,才有下雨之期。不久刀兵滚滚,速速退教,速进佛门。义和团上能保国,中能安民,下能保身。

见字速传,传一张,免一家之灾,传十张,免一村之灾。如不传者,即有掉头之苦。若吃洋人毒物者,后有救方:

乌梅七个,杜仲五钱,毛草五钱,煎服。

下面引述的揭帖,抱怨和不满的范围比前一份广大得多,更能引发民众的不安。

中朝大地圣教誉满天下,上阐天理,下化群伦,文教所及，山河生辉。

孰料世道衰变于无形。五世以来，官以贿得，卖官鬻爵，大行其道。贿赂公行，学者仕途堵塞，文人学士功名无望，举人秀才头衔，早已空有虚名。皇帝贪图大臣财富，大臣勒索群僚资财，层层抽脂刮油。小吏差役无奈，只能敲骨吸髓于庶民。朱门酒肉臭，路有冻死骨。

官府衙门，朽败不堪言状。鏖肆横征暴敛，贪官污吏敲诈勒索，无所不用其极，若不贿买官员，无有活路可走。大官小吏，一丘之貉，天良丧尽，蛮不讲理，无法无天，唯利是图，天下已无公理可言。官场明争暗斗、敛财肥私，百姓疾苦冤屈，不闻不问，讼案堆积如山。衙门口朝南开，有理无钱莫进来。有苦无处诉，有冤无处伸，屈死冤魂，哀声达天廷。上天垂怜，派神明贤达降世指引沧桑正道，颁向善之书，教导愚蒙。嗟呼！从者屈指可数，何以然？人心不古，世道浇薄，邪恶之人恣意妄为，横行天下，圣贤始知教导已枉然。

如今天廷震怒，遣诸神降世，体察世间人情。当今皇帝，罪魁祸首，子嗣断绝，后继无人。朝廷昏庸，民不聊生，国势日危。文臣武将，沉溺声色犬马，置黎庶哀痛困苦于不顾，无半点悔过之心、向善之念。

更有甚者，劫难当头。洋鬼子传布邪教，诱惑众生，天主、耶稣教徒日多一日，大有遍布华夏之势。洋人天主、耶稣教会，不讲人伦，毫无人性，狡计诱使贪念者入教归主后，极尽逼迫欺压之能事，致为官者贪恋洋人资财，沦为洋鬼子奴仆。是故日以架设电报、修造铁路、制造洋枪洋炮为念，更依洋人歪心谋求机器工艺。洋鬼子崇尚火车、氢气球、电灯，虽然其装模作样坐进了人坐的轿子，到处招摇，但终究还是蛮夷，是以玉帝震怒，特遣神兵天将灭洋。

"红灯照""义和拳"，乃第一批降世灭洋之神兵，奉令焚毁洋楼，重修庙宇，扫除洋货，灭尽邪魔，重整圣教，务使古圣先贤之圣道光照寰宇。

天意既定，除魔立行，三年之内，大功告成。神恩浩荡，作恶之人，必遭天谴。天机玄妙，不能轻易泄露，唯太平盛世，指日可待，即在壬寅癸卯之年(1902—1903)。预告众生，劫难即将过去，福祉就要降临人间，在下告白告到此了结。最后一语，画龙点睛，灾劫之说，文人士绅切勿轻忽，无视微言。

当义和拳散发天廷派遣八百万神兵天将到人间灭洋的揭帖之际，官员们想必在遵从上司旨意发布包含上谕内容的公告。但是，人们很快就得知，在全国广大地区，各地官方公告或根本没有张贴过，或张贴出去即刻就让满怀义愤的民众撕毁了。

外国人对各地官方没有采取行动镇压义和拳乱抱怨不已，为了平复外人抱怨，总理衙门致函康格先生，说他们已经咨请北洋通商大臣彻查此事，请北洋大臣敕令地方官与官军合作，认真采取行动，相信义和拳乱会很快平复，社会秩序即将恢复。

康格公使对总理衙门的说辞提出了异议，指出义和拳正在通州武装集结，那里有一所美国公理会（American Board）办的大学①，成千上万的贡米船船夫正在陆续抵达这里，二十四州县数万科举生员亦将来到这里②，故各处均须严加防范，以保基督教

---

① 指美国公理会的潞河书院，创办于 1867 年，初为小学，称"潞河男塾"，1889 年升格为大学，1893 年改称潞河书院。
② 清代科举考试，顺天府府试在通州举行，顺天府辖二十四州县。

堂无恙。

通州的一位宣教士向道台（通州最高职衔的官员）出示了匿名义和拳揭帖，并指出他们正在城西北角操练，但通州知州说他没听说有这种事。道台请直隶总督派骑兵前去探查，但他们一到，人们立刻明白，原来官军与义和拳已经水乳交融，开始煽动拳民发起攻击。道台是通州城里唯一一位不受义和拳欢迎的人，他的处境非常困难，很快就陷入了极度危险之中。

数月以来，义和拳乱日甚一日。法国、德国、意大利在山东和直隶的罗马天主教宣教士不断地向各自驻北京公使报告义和拳乱情形和他们所面临的危险，这些地方的英美基督教宣教士，也多次向本国驻北京公使报告了自己所处的危险，请求帮助。事实表明，各国公使收到了他们的来函，并分别尽快有力地不断同中国政府进行交涉。

总理衙门从公使们那里了解到外国人对义和拳的抱怨，感到很惊讶，但不失礼貌，他们怀疑是不是没有这么严重，要求公使们给出具体"证据"，并承诺指示直隶总督和山东巡抚调查此事；如果宣教士们抱怨的情况属实，当查明是哪些人失职，向北京报告，并发布告示，严禁类似事件重现。

各国公使将总理衙门给他们的答复通报给来函抱怨的宣教士，但各地宣教士们再次提出控诉，指出了义和拳更为严重的暴行。公使们通过适当渠道收到了宣教士们新的控诉和求助请求，意识到了事态比以前更加严重了，于是向总理衙门递交了一份"措辞强硬的急件"，指出义和拳排外暴行日趋恶化，此前总理衙门的答复和承诺不啻纸上谈兵。对此，总理衙门作出了适当的回应，重新承诺要彻查义和拳乱真相。然而，各地除了偶尔惩罚一名拳民外，没有采取任何遏制局势恶化的措施和行动，各地排外暴乱愈演愈烈。

早在很久以前，就有人指出义和拳乱是中国政府鼓动起来的。时至今日，甚至连外国官员也开始清楚地认识到了这一重要而无可争辩的事实，毕竟过去他们观察问题的视野有限。

5月2日，英国驻天津领事贾礼士(Carles)致函窦纳乐爵士，说在京津之间的东安县知县，弹压义和拳曾作出很大努力，悬赏抓捕义和拳头目和提供他们的驻地信息，结果收到上级禁止他弹压义和拳的敕令，据称这份敕令来自慈禧太后，于是他不得不收回了之前出示的关于弹压义和拳的悬赏令，这引发了民间对外国人的敌视情绪。时局如此清楚明了，这里的常驻宣教士随即开始撤离。

东安县的事情虽属孤例，但这一非同寻常的事例足以预示义和拳乱的发展趋势，遥远的山东曾经发生的情况，现在出现在了皇城周围地区。

中国政府高层支持鼓动义和拳排外的证据越来越多。5月19日，罗马天主教遣使会主教樊国梁(Favier)阁下致函法国驻北京公使，谓情势日益危急；说保定府七十多名天主教徒惨遭屠杀，数个村庄遭抢劫和焚毁，大量村庄的天主教徒弃家出走，两千多名天主教徒逃亡，这些人身无分文，流离失所。北京有几百名男女老少沦为难民，预计在一周内将有数千人汇入难民队伍。

樊国梁主教在信中竭力证明他所言句句都是事实，指出宗教迫害只是个幌子，主要目的是要灭绝在中国的欧洲人。义和拳的同谋者们在北京等待他们来攻击教堂，而后接着再攻击外国公使馆；据说时间已经确定，城里人都清楚，只有外国人不知情。他还警告毕盛(Pichon)先生说①，目前的情况与天津教案期间的情形

---

① 毕盛，法国驻中国公使。

惊人地相似,当时宣教士们也曾祈求援助,但徒劳无功,终遭灭顶之灾。

就在前一天,英国公使闻听离北京 40 英里远的一座伦敦会礼拜堂被毁,还有一位本地传教士被杀,因此,这位外国驻京公使团团长召集公使团会议就樊国梁主教来函问题进行沟通时,感到了事态的严重性。他们同意再次致函总理衙门,要求采取严厉措施镇压义和拳。德国公使克林德认为仅仅征召使馆卫队是不够的,如没有满意答复,各国应派遣海军舰队在山海关海域集结,以便必要时让海军陆战队登陆直趋北京,保护在北京的外国人生命财产安全。

樊国梁阁下的郑重警告,终于使法国驻华公使意识到了局势的严重性;外交使团通过他了解到了正在发生的事情。然而,就在这份给总理衙门的急件的末尾,公使团团长窦纳乐爵士指出,目前北京还很平静,对外国人也很有礼貌,他认为樊国梁主教对未来局势的看法并无事实依据,并以极其令人注目的语句表明了他的观点,说:"我相信连降几天大雨解除长期干旱,将有助于平息农村地区的骚乱;现在农村地区的骚乱很大程度上是干旱引发的,天降大雨要比中国和外国采取的任何措施都有利于平复人们躁动的心。"

如果窦纳乐爵士的意思是说,除了上天的力量外,现在已经没有任何力量能够阻止像海啸一样已经席卷山东直隶两省大部、正逼近中华帝国都城北京的义和拳乱,那么,他说的完全正确。

罗马天主教徒预见到了即将到来的暴风雨,许多大小教堂和村庄增强了防御措施,在某些情况下成功地抵抗了所有能够组织发起的攻击。预料的风暴很快到来,不久,从保定府到北京大约一百英里的整个地区到处都是义和拳营帐,所有基督教团体随即遭到了有组织的猛烈攻击。一处罗马天主教会的礼拜堂，会众在做礼拜时全部被活活烧死。基督徒在家中或任何能找到他们的地方惨遭杀戮，义和拳一见到基督徒，立即砍死，尸体扔到井中或河里。仅涿州城内外就聚集了约三万义和拳，他们在那里日夜操演魔法，这一地区农民家里的粮食全被吃光，无论穷富家庭，尽皆破产。狂乱的义和拳甚至逮捕了知州，占领了州衙，逼迫知州在他们的各种揭帖、告白上盖上官印四处散发。

5 月 28 日，一群来自北京及其周边地区和通州的义和拳，袭击了北京西南几英里外的丰台火车站。这里是京津铁路和卢汉铁路北京至保定段的交汇处，卢汉铁路一直延伸到长江流域的汉口。当时，一支二十人的外国小卫队也许就足以把这个地方从毁灭中拯救出来，这样的话许多严重后果就可以避免或者推迟，至少不会那么严重。然而，当时人们对义和拳暴乱普遍持漠视态度，以致每当有人提出派卫队保护丰台车站这一建议时，人们总是说这是"一个国际问题"，从而将这一建议搁置起来。结果，不久后，义和拳乱真的成了国际问题。

事实上，义和拳汇聚于丰台车站，没受到任何阻拦，他们恣意烧毁了车站、摧毁了机车修理厂，把发动机上的每一块铜片和一切可以移动的东西都扒光了。他们拆毁了铁轨，劫掠或烧毁了卧铺车，砍断了电线杆，切断了北京与外部世界的通讯联系。值得注意的是，清政府常常无知地以为义和拳动乱只是因为敌视基督教，大规模地破坏铁路和电线的行动，第一次使北京意识到需要提醒这些被误导的"爱国者"，遂发布谕旨，说拆毁的铁路和砍掉的电线杆是大清国建造、架设的。

卢汉铁路总部设在离北京大约十六英里远的长辛店。这里有许多外国铁路当局建造的房屋，供比利时和其他国家的工程师及其家属居住，当他们发现被包围时，已经无法逃脱了。29 日，长辛店外国人被围困的消息传到了北京，第二天，在北京开设西式宾馆的沙孟（Chamot）先生（瑞士人）和他勇敢的美国妻子，还有另外五个人，骑马出发去营救。他们绕开丰台，安全到达了长辛店。卢沟桥上挤满了难民，马车、牲畜，拥挤不堪。他们一行人——13 名男人、9 名女人和 7 个孩子——于当天晚上很晚的时候才回到京城，疲惫不堪，浑身湿透，身心极度虚弱。义和拳袭击丰台车站时，那里的工程师开动火车，欲驶往天津，但是没有外国警卫，这条线路是不可能通过的。

丰台车站暴乱事件具有特别重要的意义，它标志着义和拳进入了其发展历程的第二阶段。丰台车站暴乱事件之前，义和拳只是拆毁基督教徒的房屋，抢劫或勒索钱财，杀害本土基督徒，这些行为在中华帝国对外关系史上并不罕见。但从此之后，清政府教唆的所谓维护民族尊严的起事，开始把矛头指向政府了。

当 5 月底义和拳暴乱涌动之时，英美公使馆的家属正在离北京十二英里的西山避暑别墅里玩得很开心。情况危急，不得不立即将他们召回。可是，在接下来的几个星期里，致命的假设似乎让整个北京外人社区都产生了一种错觉，认为"北京没什么事"。看来，只有大量惨祸才有可能消除这一莫名其妙的错觉。

面对日趋紧张的局势，外交使团经过反复磋商，决定电召在大沽集结的海军舰队派出卫队前来保护使馆，这本来是应该在一个月前采取的措施。总理衙门当然反对外国使团采取这一措施，表示中国军队足以保护外国公使馆，这很自然，因为外国卫队进京城保护外国公使馆，是对中国政府的侮辱。各国公使拒绝与总理衙门讨论这一问题，认为外国卫队必须进京，无论总理衙门同意与否。在这种情况下，总理衙门只好商请庆亲王面奏慈禧太后予以定夺,最终为了不冒与整个世界对抗的风险,同意了外国卫队进京的要求。

即使是清政府同意了外国卫队进京保卫公使馆,各外国公使馆中仍然有不同意见,许多人反对派一支数量庞大的卫队进京,因为一支小规模卫队进京,道义上也能起到同样作用,同时对中国政府的刺激要小一些。由于很难确定清政府将会如何动作,因此有理由担心340名海军陆战队员克服重重障碍在5月31日晚上抵达京城后,将会引发对所有外国人不加区别的掠夺和屠杀。

美国、俄国、日本、意大利、法国和英国卫队从城南火车站(铁路暂时修复,城门也已开启以供他们通过),穿过密集的人群向各自的使馆行进,人们见到士兵均背着上了带刺刀的步枪。中国人没有任何形式的示威活动。周日(6月3日),一支德国海军陆战队和三十五名奥地利水兵带着一挺机枪乘坐中午的火车进京,驻扎天津的直隶总督确信若予阻止,这些士兵会自行抢占火车离去,于是极尽所能款待他们,给予了方便。危机初步解除,在北京的外国人的生活暂时又有了保障。进京的外国卫队总计仅18名军官和389名士兵,其中包括7名哥萨克常驻使馆警卫。事实上,要保证使馆安全,至少需要一千人的使馆卫队。

中国政府曾承诺修复京津铁路,数日来,进展情况还不错。然而,卢汉线从一开始就无可救药地遭到了破坏,修复无望。几乎每个车站都被毁掉了,大部分路段都挤满了义和拳,那条路上与南方的所有通信联系均被切断,据报北京南部和西南部地区到处都在疯狂地掳掠、焚烧和屠杀,惨状日甚一日,局势一天比一天严峻。

保定府一大群比利时人和其他外籍工程师发现他们的生命

受到威胁，试图在一个护卫队护送下奔赴天津。但在乘船时，所谓的护卫人员背叛了他们，于是只好弃船逃命，但上岸后迷了路。这伙人分成了两路，一路试图原路返回，但由于迷失了方向，数月时间不知所踪。后有人发现他们去了保定府，与那里的一位主教、几名神父和修女合力自卫。另一伙人人数多，经陆路去天津，路上吃尽了苦头，最后天津租界一队人马出来寻找接应他们，带他们去了租界。

义和拳烽火日益蔓延，不祥之兆频现。6月7日，三位外国人决定再次求助道台——通永分巡道，该地最高长官。道台早年曾在轮船招商局任职，向往西方事物，对外人非常友好。他的接待室配备西式座椅，办公室摆放着西式写字台，这在中国人家里是极为罕见的。这些众所周知的癖好，这个时候对他十分不利，他本人也很清楚，他的家庭摆设甚至可能使他陷入危险境地。

在会客室，道台打发走了所有随从后，谈到他对局势发展到这个可怕的地步感到十分悲哀，并且坦率地说，他自己没有能力做任何事情。他只有一小队装备很差的兵力，没有一个人可以依赖，而且太多的地方需要人手。他派人去天津求援，请求增派士兵到这里维持秩序，这些士兵日前已经来了，但他和他来访的客人都确信这些士兵会参加义和拳，一旦有难，根本不会有任何保护作用。他明显的痛苦使人丝毫不怀疑他的坦诚，对他关于时局的看法颇有同感。

三位外国人离开道台衙门后，迎面遇到了一群乱哄哄找茬闹事的人。三人略施巧计，避免了一场冲突，但立即意识到必须马上回北京去。他们发了一份电报，告知美国公使他们这里的危险情势，并要求派支由十名海军陆战队员组成的警卫队护送他们回北京。然而，公使没有派卫队过来，而是建议他们雇佣中国军队护送。但这时他们认为，一方面不能确定清政府的官兵是否接受这样的护送任务，另一方面他们也不能确定雇佣的清军是否可靠，而且即使雇佣到了可以信赖的中国官兵，这一过程势必耽搁时间，期间随时可能有生命之虞，因此，不能接受公使的建议。当时，通州无论如何都找不到可利用的交通工具，因为当地人早经预料大乱将至，没勇气应对，而溜之大吉了。在这种紧急情况下，北京的梅威良（W. S. Ament）①牧师好心在北京雇了十六辆大车，独自一人带领车队从北京赶到通州，到通州时，夜已深了，途径动乱的农村地区一路走来，这是需要相当勇气的。

当他们准备离开通州时，有消息说，就在前一天，一个罗马天主教村子遭到洗劫、焚烧，数人死亡。两处早经感受到威胁的基督教布道分站，随后遭遇了同样的命运。一个传教士和他的全家都被杀了，另一个侥幸逃脱。据报道，在这两个村子里，大约有35 到 40 名基督徒被烧死或被乱刀砍死，教堂几乎彻底毁掉。

第二天凌晨 3 点过后不久，一个由 24 名美国人组成的队伍离开了城外的潞河书院（North China College），其中包括 6 名男子、11 名妇女和 7 名儿童，以及不敢再待在这里的当地基督徒。这些人组成了一个长长的队伍，有马车、手推车和驮着沉重货物的驴子。大多数美国人和一些中国人都备有步枪或左轮手枪，或两者都有。

在通州的美国人当中，有两位直到最后一刻还想与一些值得信赖的中国基督徒留下来，希望显示一下他们对抗义和拳的力量。他们在一座房屋的塔楼上悬挂起了美国国旗，先前义和拳看

---

① 梅威良，美国公理会传教士，1877 年来华，先后在保定、北京、通州等地传教。

到美国国旗，就认为这周围的房子里可能隐藏着军队，行为有所收敛；又在悬挂国旗的塔楼边安放了一台望远镜，以为中国人会把那架望远镜看作是威力奇大的旋转炮，一旦开火，整个通州城有一半会被夷为平地！然而，从道义上看，天津士兵将和所有中国军队一样，肯定站在义和拳一边，因而这两个美国人显然是异想天开，过于鲁莽了。最后一刻，他们放弃了这一不切实际的计划。结果，由于突然改变计划，决定撤离，一些传教士和难民没能准备好足够的衣物。

虽然几个小时后再这样旅行就是不可能的事了，但此时在路上并没有发现那些赶往北京的中国人举止有什么异常。

后来查明，通州沈道台①非常担心这么一大帮中外混杂的人群在没有保护的情况下去北京，路上会有危险，就派他的护卫携带武器，穿着便装远远地跟在后面，指示如遇到义和拳攻击，即行还击。这些护卫就这样一直跟到这群人进了北京南门后才返回。后来，沈道台自己侥幸逃到上海，但失去了所有的财产。道台对他管辖范围内无助的外国人表现出的明显的友好态度，我们有充分理由给予赞赏。

这伙人于星期五（6月8日）上午8点进了北京城，大部分人住进了位于孝顺胡同的美以美会大院，这里很宽敞，美以美会热情友好，妥善把他们安顿下来。美以美差会大院离哈德门几百码②，几乎就在城墙根下。

当天下午，美国人在美以美差会的大院里聚集开会，讨论在当前危机中应该采取何种适当措施。

---

① 作者这里所称"通州沈道台"（Shěn Taotai of T'ung Chou），实为通永道沈能虎，通永道驻地通州。
② 1码约0.9144米。

这次会议决定,所有尚未住进公使馆的美国人立即搬到美以美差会大院共同防御;应请美国公使派来二十名海军陆战队员加强这里的守卫;鉴于伦敦会及其许多皈依者都在这里,请英国公使派出十名海军陆战队员;并向美国总统发出一份强有力的电报,报告这里受到的严重威胁。电报于当天下午发给美国总统。电文如下:

华盛顿,麦金莱(McKinley)总统①:义和拳摧毁教堂,屠杀了数百名基督徒,威胁要消灭所有外国人。通州已废弃;保定府、遵化处在极度危险之中。面对义和拳暴乱,中国军队袖手旁观。北京、天津每日都受到义和拳攻击的威胁。他们拆毁了铁路,切断了电报线。中国政府已经瘫痪,帝国发布的谕令朝令夕改,两面三刀,袒护义和拳。三十名美国人会议一致认为,除非局势得以缓解,否则将无活路。

值得注意的是,上述电报内容与1899年12月2日山东西北部的庞庄两位美国宣教士发给康格公使的电报所述情形几乎一样,六个月过去了,局势没什么变化。庞庄两位宣教士六个月前的电文如下:

义和拳叛乱在山东、直隶二十县迅速蔓延。抢劫、纵火、谋杀行为日多一日;他们的公开目标是屠杀基督徒,灭绝外国人。庞庄、林清、济南府等地美国人认为,除非四国公使联合施压,否则目前局势无可挽回。

有些人认为,如此直白的电文,清政府的电报不会发送,但事实并非如此。只要"double-faced"(双面人)这个词当作两个词计

---

① 麦金莱,又作麦金利。

算价钱,外国人愿意支付账单,中国人就会发,这足以证明中国人并不在乎"双面人"的身份。

人们从未见过这封电报的付款发票,而且似乎也没人收到过这封电报,尽管它可能已经发出去了。不过,那时其他电报都能按时收发。

第十三章　义和拳与清政府

5月底，义和拳烽火燃至京师，声势浩大，愈演愈烈。此时，义和拳首领们与清政府之间到底是什么关系成为人们关注的焦点。无数中国人和许多见多识广的外国人确信，义和拳至少得到了帝国最高当局的默许，但许多对当时时局举足轻重的人物，却断然否定了这一观念。这些人通过断断续续波澜不惊的关于义和拳信息的披露情形，认定义和拳根本就是"儿戏"，不值得大惊小怪。

在中国人看来，外国人正在蚕食大清国，攫取中国最古老、宝贵的权益，若不尽快遏制它们的侵蚀，华夏神州必将尽遭其荼毒。

在外国人看来，中国人遇事总是瞒顸拖沓，不可理喻，至今尤甚。人们普遍认为，若想让中国人完全履行早前的所有条约义务，遵守近来各项协议，就必须采取强有力的措施。

当双方都觉得对方违反了协议，摩擦便不可避免，也有可能发生冲突。中国人最喜欢的信条之一是，经过一段时间的社会安定之后，必然会出现一个相对混乱的时期。对西方知识分子来说，有种说法难以理解，这就是中国人认为有闰月的年份社会不安定，特别是如果闰八月这年恰好是农历"庚子"年，必生灾殃。1900年农历既闰八月，又是"庚子年"，具备天降灾殃的条件。在十八行省的大部分地区，人们普遍认为到这一年第八个月的时候将发生严重动乱。

但1900年的动乱令许多预料到会发生这样动乱的人们大吃一惊，因为这场动乱没等到八月，而是提前几个月开始了。为什么会出现这种情况，没有人能够解释清楚，人们大多认为很可能是一连串的事赶到了一块，导致动乱过早发生了，不会有什么其他原因。其实，1900年春天爆发动乱，有其特殊原因。这年春天旱情严重，波及地域广泛。自从1878年的大饥荒以来，中国北方任何地方都没有过没种植冬小麦的情形，1899年冬是第一次。好年份春雨几乎总是充足的，但1900年几乎一滴春雨都没下。土地干裂，春季无法播种。在这种时候，闲散不安分的人们就随时准备闹事。

自中日甲午战争结束后，英国在中国的声望一直在稳步下降，直至无可再降。在过去的几年里，中国本地出版发行的报纸成倍增长，给沿海地区和北京消息灵通的中国人带来了大量关于外部世界的肤浅情报信息。尽管中国人对当前事件的起因一无所知，而且完全不受历史哲学之类的东西影响，但他们以经验的方式对不同大国可能会做什么或不会做什么做出了非常精明的判断。他们很可能惊讶地注意到了总数不及中国一个五类城市人口数的南非农民，竟然与世界最强大的大英帝国对抗了数月之久，并未分出胜负。能干的英国领事在解决山东卜克斯凶杀案时，认为应该让袁世凯巡抚知道克龙耶将军（Gen. Cronje）①和他的几千军队已经投降了，如果袁巡抚以为英国在非洲与布尔人的战争对解决卜克斯一案有什么影响，那也是微乎其微的。不过，

---

① 克龙耶将军，第二次英布战争时期布尔人的军事指挥官。

英国在最近几年最关键时期困于非洲战争这么长时间,或许已经改变了西欧(the Far West)局势[①]。

　　义和拳风暴再一次提醒我们,满人与汉人在中华帝国政府中的关系是"黑头发民族"历史上最有趣的现象之一。满人很久以前就失去了他们治理帝国的美德,而且越来越多的事件表明他们也失去了所声称的"奉天承运"资格。近年来,在中国政府实际行政管理中,满人日益违反了他们入主中原所遵循的行政管理的明确认知,即维持满人与汉人行政权力的均衡。义和拳风暴高潮时,中国的大部分重要职位都掌握在满人手里,现在人们普遍认为,过不了多久,满人就会掌控帝国全部重要职位,因为只有这样,才能保证臣子对王朝的绝对忠诚。

满人装束　　　　　　　　　北京街上的义和拳装束

[①] 本书撰写和出版时间很仓促,这里的 the Far West,疑为印刷错误。根据这一段话语意判断,或为 the Far East 之误。若是,则最后一语应为"或许已经改变了远东地区局势"。

　　明朝灭亡有很多原因,其中最重要的是宦官专权滥政,导致行政管理混乱不堪,政府腐朽,从而日益走向衰亡。据说清王朝早期有一位皇帝为了避免前朝宦官干政悲剧重演,铸铁铭文,严禁宦官干政①。但在慈禧太后掌握朝政时期,偏袒太监或许已经比以往任何时候任何王朝都严重,其中有一个慈禧的贴身太监(人们常称之为"假太监"),通常被认为是北京城里最富有的人之一。据说他的资产价值三千八百万两白银,都是通过收受贿赂和馈赠得来的。他名下拥有北京许多许多金店、银行(钱庄)、典当行。当义和拳风暴临近京城时,据说这个人已经咽气了,人们觉得这真是大快人心。但后来的事实证明,这不过是个谣言。目前,人们感兴趣的是这个"假太监"一年后出现在了流亡西安府的朝廷里。据说,和在北京的时候一样,依然不起一点好作用。根据中国权威人士称,这个"假太监"李连英是朝廷最有影响力的人物之一,正是他使慈禧太后觉得把所有外国人赶出去的时机成熟了。

　　关于神秘的紫禁城内所发生的事情的诸多说法,没有一个聪明的中国事务观察家能够断言哪些是真有其事,哪些纯属虚构。大多数中国宫廷秘史从未披露过,现在全部或几乎全部宫廷秘闻档案都被幸运地销毁了,永远看不到了。但是,在义和拳风暴的冲击之下,一些平常情况下从不会外传的事件,就难免会泄露一二。

　　1900年5月10日,中国的主要外文报刊《北华捷报》登载了一篇北京"本地记者"未署日期的长篇通信,这位"本地记者"是著名的湖南曾氏家族成员,时任朝廷某部章京(Secretary in one of

---

① 清初顺治皇帝(爱新觉罗·福临)曾命内十三衙门立铁牌,严禁内监干政。

the Boards）。动乱期间,他在去往南方途中失踪了,据推测,和许多处于类似情况的人一样,被杀害了。

这封信有几段话值得保存,作为一个有特殊机遇了解内情的人,他对未来将要发生的事情做了预测,他在那封长篇通信中写道:

> 我现在要谈的问题,希望贵报的外国读者严肃考虑,因为这个问题与所有在华外国人有关。保守派公开敌视除俄国人以外的所有外国人。在此谨严肃诚挚地通告各位,有一个极大的密谋计划,目的是要制伏在华所有外国人,夺回"租借"给他们的领土。这一运动的主要领导人是慈禧太后、庆亲王、端王(大阿哥的父亲)、刚毅、赵舒翘和李秉衡。

> 用来达到这一目的的军队都是满人,即庆亲王麾下的神机营(Peking Field Force),50000 人;端王麾下的虎神营(Husheng Corps),10000 人;以及刚毅等人率领的帝国禁卫军八旗各营,共 12000 人。

> 上述 72000 人将组成复仇者联盟的核心,义和拳将被视为这场比北京或其他地方的外国人所想象的更为重要的大战的辅助力量。

> 中国上层人物都知道保守派要制伏外国人,那些把外国人视为朋友的人曾警告外国人注意此事。但据我所知,外国人对那些视自己为朋友的人们关于时局的焦虑,冷嘲热讽,毫无感谢之意。但愿我能有幸提醒诸位而不被嘲讽! 我知道,各国公使已经向总理衙门提出抗议,说北方各省义和拳组织越来越多,但这些外国人还是不了解全部实情和事情真相。自年初以来,不仅山东和直隶的义和拳数量增加了十

倍,甚至连顺天府的皇城和东北三省("满洲")现在也到处是义和拳社团组织。

有两个例子可以说明义和拳在北京当权者眼中的崇高地位。

第一个例子是,一位王姓御史(Censor)最近谒见慈禧太后①,谈到了义和拳的事。太后问御史:

"汝是本省人氏,应该知道。你看直隶义和拳如何? 你觉得到了动手的时候,他们真会帮官军合力打'洋鬼子'吗?"

"微臣肯定,皇太后。还有,义和拳人人明白至死效忠天朝的道理,活是天朝的人,死是天朝的鬼。微臣以为义和拳定能制伏'鬼子',拳民家中,老幼都在练习义和拳魔咒,如人人都加入义和拳,和官军一起保大清,定能把'鬼子'赶到海里去。若皇太后能授权微臣,微臣一定竭尽全力组织、武装拳民,一旦时机到了,自当率领他们群起杀敌。"

皇太后颔首表示赞同他的说法,沉默了一会,颇为感慨地说道:

"哎! 这义和拳了不得啊! 我琢磨着,没老成人统带,拳民行事毕竟草率,朝廷要找'洋鬼子'的麻烦,总得样样准备妥当。"

然后又停了一会儿,说:"你下去吧,直隶和山东的拳民,得有靠得住的人统领。"这次接见到此结束。第二天上午,北京发布了一项谕令,任命这位御史为顺天府尹。也就是说,

---

① 这里所说的"王姓御史",恐实为鸿胪寺卿王培佑,他任职鸿胪寺卿之前曾任监察御史。另,下文说他是"本省人氏"所指不明,其实王培佑是山东人,籍贯并非直隶。查王培佑维新变法时,身为监察御史还曾上光绪皇帝《变法自强当除蒙蔽锢习》奏折,获光绪赞许。

一个六品官员,大笔一挥,提升为四品大员①,仅次于一省巡抚! 因此,王将有机会达成他的愿望,能着手为他的朋友们——义和拳出谋划策,具体组织和统帅他们行动了。

第二个例子是,自1870年天津教案以来,为了今天外国人得到的待遇,各地官员除了极端顽固的保守人士,都曾颁布过不许再称外国人"洋鬼子"的敕令,使用这一称呼的人,都受到了责罚。但我们现在发现京城不仅义和拳到处吆喝"洋鬼子"长,"洋鬼子"短,而且从皇太后嘴里得知这一称呼已获官方认可了。

就目前情势来看,上述长篇通信所披露的事实真相和预言,作者原本期望能够打动外国人,引起他们的警觉,但可惜的是人们对这封通信不理不睬,毫不上心,直至作者的预言变成了现实,凝固为历史,在人们头脑中留下了无比生动的记忆。对照前述慈禧太后1月11日谕旨赞赏义和拳会、指令要"分清会匪"话语,很容易明白长篇通信的作者说得已经很清楚了;而慈禧太后关于义和拳需要有人统带的话,6月24日《京报》刊登的谕旨说得很明白:"义和团民分集京师及天津一带,未便无所统属,着派庄亲王载勋、协办大学士刚毅统率……该团众努力王家,同仇敌忾,宗室子弟绝不可落伍,总期众志成城,始终毋懈,是为至要。"②

毫不奇怪,义和拳获得了清政府明确无误的认可和赞助后,行事方式和态度迅即发生了变化。他们的祭坛所供奉的神圣,通

① 此处说法有误,监察御史在清代乾隆以后为从五品,顺天府尹一般都是正三品。巡抚为从二品,如加兵部侍郎衔为正二品。
② 查这里引述的刊登在京报上的谕旨全文如下:"义和团民分集京师及天津一带,未便无所统属,着派庄亲王载勋、协办大学士刚毅统率,并派左翼总兵英年、署右翼总兵载澜会同办理,印务参领文瑞着派为翼长。该团众努力王家,同仇敌忾,总期众志成城,始终毋懈,是为至要。钦此。"其中并无"宗室子弟绝不可落伍"一语。

常都是一般中国人所不熟悉的，义和团成员以外无人理睬。但此后情形就大不一样了，所有官员哪怕是高级官员，经常要被迫下轿，匍匐跪拜。

在上述谕旨发布前不久，义和拳向皇宫里的人展示了他们的超自然力量。人们都清楚，汉人和满人无论哪个阶层多高级别的官员，甚至包括慈禧太后在内，都很迷信，这在上面引述的谕旨中就可见一斑。5月底和6月初，关于义和拳来势汹汹的谕旨接连下发，但那大多数都是为了欺瞒两眼一抹黑的外国人。这些谕旨警告非法集结的义和拳应立即解散，谴责骚乱行为实属不成事体，要严加惩处，煞有介事地惩治一两个骚乱分子，却闭口不谈有多少基督徒被杀害了。

其中有一道谕旨是这么说的：

> 西人传教，历有年所。该教士无非劝人为善，而教民等亦从无恃教滋事。故尔民教均各相安，各行其道。近来各省教堂林立，教民繁多，遂有不逞之徒，混迹其间，教士亦难遍查优劣。而该匪徒借入教为名，欺压平民，武断乡里，谅亦非教士所愿。
>
> 至义和拳会，在嘉庆年间，亦曾例禁。近因其练艺保身，守护乡里，并未滋生事端，是以屡降谕旨，饬令各地方官妥为弹压，无论其会不会，但论其匪不匪。如有借端生事，即应严拿惩办。是教民拳民，均为国家赤子，朝廷一视同仁，不分教、会。即有民教涉讼，亦曾谕令各地方官持平办理。

谕旨对过去一年来义和拳暴乱、焚掠、谋杀种种不法行为只字不提，这才是该谕旨最核心的问题。

与此同时，上面引述的谕旨还宣布任命两名官员去宣示晓谕义和团民①，其中一名官员是赵舒翘，他对外国人的敌意是出了名的；而另一名官员的情况更糟。他们去了涿州，在那里加入了义和团，从那时起，这场运动显然成了整个帝国的运动，其力量和和雄心勃然大增。

6月初，几乎位于北京和天津正中位置的永清县两名英国圣公会宣教士孙牧师和孟鹤龄（Robinson and Norman）惨遭杀害，据称他们是在永清知县的默许之下被杀的。消息传来，英国公使就这一严重事件立即与总理衙门交涉，但总理衙门对此爱答不理，态度十分冷漠。无奈之下，窦纳乐爵士电告索尔兹伯里勋爵抱怨说，当使馆秘书翻译他说的话时，总理衙门四个人中竟然有一人睡着了。窦纳乐爵士中断了会见，决定离开，声明翌日要见庆亲王。

庆亲王信誓旦旦地向窦纳乐爵士保证，说朝廷对当前危险局势十分重视，已经派聂将军率五千人马从天津出发保护铁路。当窦纳乐爵士告诉庆亲王说有充分理由相信聂将军下令军队不要向义和拳开枪时，庆亲王装出了一副很吃惊的样子。关于聂将军不准军队向义和拳开火一事不久即得到了证实，据熟悉清政府利用义和拳全盘计划的人士透露，聂将军最初在同义和拳冲突时，曾命令军队开枪，但在向裕禄报告此事请求进一步指令时，裕禄要他把聚集的义和拳驱散就可以了，不要向他们开枪。紧接着，更令人吃惊的是聂将军已奉命率军撤回到芦台，把铁路留给了义

---

① 作者书中关于义和团或义和团成员的称谓，除个别例外，在引述清政府官方文件或一般事实叙述中，大都是随着局势和清政府政策的变化而有所不同，1900 年五六月之前"义和拳""义和拳民"这种中性的称呼比较多，此后则随着清政府袒护、纵容和"召民成团"政策公开化，称呼有所变化。同时，不同场景下对义和拳的称谓，也有所不同。译文依据作者的不同用词而变化，没有统一称呼。

北京颐和园

和拳处置。陪同庆亲王的一位总理衙门大臣坦率地对窦纳乐爵士说，中国没有代表民意的代议机构，义和拳势头很猛，这就是民意的体现，中国政府不能忽视这一点。

理解了总理衙门公开表达的这一层意思，窦纳乐爵士立即就明白了送到公使馆含六大项内容的《维护京城秩序规章》，以及共十项内容的顺天府尹《严禁义和拳会告示》和前面提到的每天发布的谕旨的实际含义了。这些官样文章更清楚地昭示了清政府明一套暗一套的本质和京城外国人所面临的巨大危险。

在这种紧急情况下，窦纳乐爵士提出了驻京外交使团最好立即谒见慈禧太后和光绪皇帝的请求，这一请求引起了总理衙门的极大不安。在没有母国政府授权的情况下，即使最后采取这一措施，显而易见也是毫无意义的。

慈禧太后已经在北京以西的颐和园待了大概一个月，面对全国大动乱，她竟然依旧和随侍们乘船看戏享乐。6月9日晨，她和皇帝回到紫禁城，人们希望他们在北京的出现能平息这场民变，尽管这很可能导致新一轮的暴力。那天早上，一群义和拳从附近的寺庙里冲了出来，在北京以西三英里的赛马场的看台上放火，一名当地的基督徒被义和拳抓住放到火里活活烧死。当天晚些时候，一群英国使领馆的实习生骑马从西城外回来，遭到了几十名手持大刀长矛的土匪袭击，最后他们只好向这群匪徒开枪，才得以逃脱。

紧接着，傍晚时分，窦纳乐爵士从一位似乎值得信赖的中国人处获得消息，说慈禧太后当众公开表示她渴望清除京城的外国人，董福祥的军队在外国使馆卫队即将到来时，为了避免冲突，已经撤离了火车站，只等发起攻击的号令了。听到这一消息，窦纳乐爵士即刻给英国高级海军军官发了一封急电，通知他局势随时可能急剧恶化,部队应该登陆,并立即作好向北京进军的一切准备。其他各国公使也持相同看法,并据此采取了行动。此时,海关职员离开了遥远的城东的住所,集结到了总税务司处。很多外国人不得不将财产移交给中国政府,躲到了公使馆势力范围内。

义和拳此时已公开在城内官方演武场操练,更有甚者,有一些在正对着英国公使馆的理藩院(Mongolian Superintendency)衙门操演;在辅国公载澜和他的哥哥端王——大阿哥的父亲、总理衙门领班大臣(6月10日上谕任命)的府邸操演。另外三名鲜为人知的满人官员也被任命为总理衙门大臣。端王上任总理衙门领班大臣后,没有到公使馆拜访,所有外国公使都不认识他本人。

在这个节骨眼上,美国美以美会和美国公理会两大差会正在召开年会,美以美会在北京召开,公理会在北京以东十二英里的白河航道起点通州召开。美以美会一些成员已经乘最后一班火车离开北京前往天津,但其他一些人,连同相当多到北京的游客,迟了一步,发现自己将一直被困在这里。6月5日,美国公理会年会散会,一些人离开通州去了北京,而其中有三个人——两名男的、一名女医生——则继续朝长城边上的张家口(Kalgan)进发。这三个人在四天内安全抵达了张家口,途中没有发生任何意外,但到了之后却发现他们的住所被一群吵闹的暴徒包围了,随时可能被摧毁,生命危在旦夕。无奈之下,只好到当地衙门暂时躲避。而后,他们从那里出发,艰难地穿过蒙古,来到恰克图,最终去了欧洲。由于通州到天津的水上路线不安全,公理会剩下的其他成员不得不留在原地,不过每天都能接到来自北京的情况通报。

第十四章　围困京城外国人

6月8日至20日的这十二天,可以看作是袭击北京外国人的一段间歇期,义和拳的攻击和缓下来。到了9日,星期六,除了北部罗马天主教堂外,几乎所有教堂的人都在外国警卫的保护下转移到了一处四合院里,这座大院一直向东延伸到美以美会所在地,这里房屋很多。

外人在军事方面,只有五十名海军陆战队员防护公使馆,自然不愿意让其中的二十人去保护一个离公使馆有半英里多的地方,而且这个地方一旦受到攻击很难进行有效防御。但对于那七十个挤在美以美会各个角落里的美国人来说,公使馆没有任何地方可供他们居住了,更不用说他们拒绝放弃的六七百名中国基督徒了。因此,公使拒绝了军官们保卫那座大院的意见,坚持按照先前的承诺安排警卫人员。9日,陆战队员们在霍尔(Hall)上尉的指挥下开始履行他们的新职责。这位英国公使没有像期望的那样派出十名海军陆战队员,而是派人送去了十支马提尼步枪,这十支步枪发挥了良好的作用。

出于民族的组织本能,美国人迅速召开会议,并选出了一个委员会,委托这个委员会负责与军队在防御行动方面的合作,同时编制中国人名单,以便让他们从事劳动、进行军事训练,并负责其他一些被普遍关心的问题。整个美以美会所有房屋都由外籍平民和中国基督徒巡逻,海军陆战队员们则安排到了更重要的岗位,他们都有在菲律宾长期工作的经验,完全能够胜任分配给他们的任何工作。院落的长外墙有瞭望员,他们的视野可以俯瞰整个周边地区。在很短的时间内,外墙被大大延长了,可以看到汇文书院(the Peking University)大院,从这里向西北走几分钟就到了。美以美会大教堂的镀锌铁皮屋顶上总有哨兵在执勤,那里无论晚上下雨或有露水,白天都散发出炽热的光。哨兵们每个人都荷枪实弹,危险时刻各司其位。有警报时,有专人负责照料中国人,确保让每个人都知道该怎么做,防止慌乱。

在美以美会管辖的长方形区域内,住着十五到二十个非基督徒家庭,有的友好,有的敌对。卫队军官和公使下令让这些人搬到别的地方,小巷两头都设置了路障,并派驻了严密的岗哨,特别是要防范火灾。第一道和第二道防线已经规划好了,在墙后竖起了带刺的铁丝网,以防有人爬墙而入。所有院子里的厚石板、瓷砖都用来做了交叉路障,后面挖了很深的壕沟。外国商店都搬空了,所有能用得上的东西都用来做防御工具了。大量精良的外国提灯和铁锹都已备妥,但英国公使馆后来还是感到这些物资严重缺乏。

一切防御措施安排妥当后,看上去无论义和拳发起多么突然或暴烈的攻击,都无法冲进美以美会的房屋里。为了防御大批义和拳连续不断的攻击,一座砖砌的大教堂已改建为城堡,门用镀锌铁板加固了,窗户也堵死了,只留下射击用的小孔洞,备好了大量食物和水,采取了一切可能采取的措施,以便人们能够经受几天的围困。

由于普通住宅很可能在某次袭击下失火,所以人们把许多大小不一的箱子搬到教堂里,门厅、过道和讲道坛都挤得满满当当。

在那一时期,礼拜日礼拜时整个礼拜堂也乱糟糟的,到处摆放着晚上睡觉用的床垫、一罐罐法国黄油、树莓果冻罐头、食用小黄瓜罐头,还有许多婴儿摇篮。讲道坛下的地板上放着一排巨大的水缸装满了水,到处都是一排排"大箱子"。每天晚上,所有的女学生在外教的监督和陪同下,安静地列队从女校的教学楼出来,穿过一条街道进入教堂,睡在教堂的地板上,以便发生袭击时更安全一些。有好几次发警报,说义和拳要来攻击,所有女学生和其他妇女都秩序井然到了教堂,没有一点慌乱。当确定警报毫无根据的时候,她们又返回学校。所有这些有组织地防御准备和训练都在警报声中进行,虽然当时大家都不怎么理解,但为了应对将来的危险,这种训练非常重要。

大家都知道,那支接到电报的救援队伍已于 6 月 10 日离开天津。许多欧洲人到马家铺火车站去欢迎,但他们不得不在知道所有交通都已中断的中国人的嘲笑声中原路返回。6 月 11 日(星期一),日本公使馆书记官杉山彬一个人手无寸铁闯过城南永定门去火车站迎接他期待的援军,被董福祥的甘肃骑兵碰到,随即把他从马车上拖下来,尽情地羞辱了一番后,用长矛刺死,并挖出了心脏。据报道,随后他被送到董福祥将军那里,头被切下来绑在一根杆子上。这具残缺的尸体丢在当地随便用土盖了盖,尽管日本公使馆二等秘书就此事去找总理衙门交涉,但没有人搭理,尸体就那样半遮半露地放着。两天后,《京报》上登出一道谕旨,说这件事是一伙无法无天的匪徒所为。但事实上,众所周知,这是清军自己干的,一旦发出信号,他们就会屠杀所有其他外国人。

第二天,有报道说,通州大清邮政局被毁,电线杆被砍断。通往天津的线路在几天前就被破坏了,连接北京和世界其他地方的最后一根细线是通往张家口的,这条线在 17 日也被切断,于是,北京从此开始了长达数周的与世隔绝时光。

从来自通州的难民口中得知,通州城内和城外的基督教差会房屋都已遭到被召来保护他们的中国军队的洗劫。随之而来的是一大群饥饿的暴民。所有八所住宅、潞河书院、礼拜堂、学校和各种资产,在撤离后的三天内被洗劫一空,所有建筑随即被摧毁。据说道台实际上已成了义和拳的囚犯,义和拳强迫他在他们的宣传品和命令上盖上官印,就像他们强迫涿州县令一样。这里道台以外的其他官员,早已经公开支持义和拳。

12 日,许景澄等三位总理衙门大臣来到英国公使馆。其中有一个叫赵舒翘的刚从涿州回来,前面说过,他本来是奉命去弹压义和拳的,但他到那里以后答应了义和拳的一切要求。他现在对英国公使说,他认为对义和拳可以晓之以理。最近任命的另一位大臣向英国公使保证说,拳民运动已经结束了,外国军队派到北京毫无用处,公使应该依靠中国一直以来提供的有效保护。

一名身穿红色制服、头缠红布、腰系红腰带、脚穿红鞋的拳民从公使馆街道招摇过市,被克林德男爵抓住打了一顿,而他的同伴看到这一情形逃走了。第二天,顺天府尹崇礼在两名高级官员的陪同下来到公使馆,要求释放被抓的拳民,但没有成功。

第二天,从天津出发的西摩远征军的消息传来,说他们的进程缓慢而艰难。次日收到的信件显示,虽然他北上行程过半,已经到了廊坊,但由于饮水和食物匮乏,前方铁路全毁,进程十分艰难。

6 月 13 日下午传来消息,一群义和拳暴民正在拆毁几百码外大街上的一处美以美会的小教堂,喧闹声此起彼落。使馆派出了一队海军陆战队员赶到胡同口,指责暴徒们的暴行,但没有向他们开枪,目的是要遏制他们继续破坏。拳民们通常拆除折断一些木制品,然后浇上事先计划好带来的煤油,点燃焚烧,不许任何人救火。

那天夜里,北京城里各处都有燃烧的各种建筑物,可怕而炫目的火光映红了天空。在随后两三天时间里,北京的外人建筑,除了有外国卫队保护的,全部被毁。城东和城南的两座罗马天主教大教堂,东部的先遭劫难,在拆除焚毁这座教堂时,上了年纪的艾儒略(Garrigues)神父拒绝离开自己的岗位,在大火中殉道。法国公使馆福礼玺(Fliche)先生率领营救队夜间前往南方大教堂,清晨时分把包括德高望重的董文学(d'Addosio)神父、三名教士、五名法国修女和二十名中国修女在内的所有传教人员都带回了公使馆。这座古老而又具有历史意义的建筑,凝结着来中国最博学的天主教徒南怀仁(Verbiest)和汤若望(Schall)的辛勤劳作果实,毁于一旦,无数的天主教徒葬身大火或被屠杀。上午,毕德格(William N. Pethick)先生率领的一支由美国和俄国士兵组成的救援队伍出动,发现并救出了大约二百三十名基督徒,打死打伤二十六名拳民。当天下午,《泰晤士报》记者莫里循(Morrison)博士带领由德国和英国海军陆战队员组成的另一支救援队,救出了大量基督徒,不然,又一大批基督徒也将被屠杀。

在这次大规模、有组织的针对北京外国人的袭击中,有多少财产被毁,无法准确确定。许多私人在城市的各个地方都有住房。大清帝国海关一处位于勾栏胡同的大院连同其他院落一起被烧毁,给中国政府造成了巨大损失。发电厂以及尚未竣工的大清户部银行(Imperial Bank of China)①和新建的帝国铸币局

---

① 大清户部银行,中国最早的官办银行,但史载该行始设于1905年,不知作者这里具体指的是哪一家银行,待考;帝国铸币局(Imperial Mint),亦不清楚是否为设在北京的户部铸币局。

北京 罗马天主堂废墟

北京 庙宇废墟

(Imperial Mint)也都惨遭毁坏。北京七个宣教组织被摧毁的财产,有三十四所住宅、十八所小教堂、十二所男校、十一所女校、四所训练学校、十一所药房和八所医院,这些建筑都在城墙之内。英国公使馆在西山新建的昂贵避暑别墅,连同其他各使馆的三十三处避暑别墅,都被洗劫、烧毁,一些有用的材料则被附近村民运走。拥有近二百年历史的希腊正教会(the Greek Church)设施也未能幸免。

北京外城北面的平则门①外的外国人墓地毁坏殆尽。墓地一条有三十多年历史的大柳树林荫道完全消失,树干从近地面处锯下来,所有的木头甚至树枝都被搬走了。墓地围墙被夷为平地,地基全部挖开,砖块运走移作他用。墓碑和纪念碑都推倒砸碎了,十三座墓穴被掘,尸体被拖出来焚烧,到处都是骨头、衣服碎布和金属纽扣,情景惨烈。各处俄国东正教和罗马天主教墓地的情形,也都大同小异。

一连数日,整个北京城笼罩在四处大火升腾的滚滚浓烟之中。16日,内城前门也就是内城南墙上的中门外,燃起了最大的一场火。这一地区坐落着规模庞大的银钱业、皮草店、布店和北京最大最富有的商业场所。据报道,这场火灾的起因是有人企图烧毁不远处的一家蒸汽面粉厂和一家出售外国药品的商店。当时风很大,火势很快就失去了控制,甚至连火神自己也无法把握。受惊的拳民们绝望地跪倒在火神面前,祈求他不要让城门上的箭楼着火,但这几乎是不可能的了。箭楼高耸壮观,高悬于外中门之上,这道门只有皇帝才能通过,当他去天坛和地坛祭天祭地时就走这道门。箭楼距地面一百多英尺高,比四周城墙高出五十英

---

① 平则门为元代旧称,清代称"阜成门",不知作者这里为什么用元代旧称。

尺。火借风势，风助火威，箭楼很快火舌四射，围观人群，人人目瞪口呆。

北京的外国人和中国人一样，认为火烧前门箭楼不过是大清王朝灭亡的先兆，这个王朝早经失去了她自称的"奉天承运"统治中国的资格。大火延烧了一天一夜，箭楼这座原先通往皇宫的庄严卫士，烧得只剩下了丑陋的砖块。汇丰银行的买办估计，仅这次前门一带大火所造成的损失，就不下一百万英镑。

义和拳大都带着火把，就像嗜血的猛虎，到处焚烧，伺机抢劫。他们在一切公开的场合焚香祭拜他们的神灵，很显然有难以计数的民众参与其间。公使馆和美以美会的院落都在离城墙不远的地方，被围困在这里的人们能够清楚地听到夜间聚集在城南的大批暴徒的叫嚣声，他们高喊着"杀洋鬼子！杀！杀！杀！"那些听到这群疯狂的人发出令人毛骨悚然的叫喊声的人，永远不会忘记这场暴乱，不会忘记这次地狱场景的彩排。

考虑到南城门只有几个完全靠不住的满人卫兵，他们手持棍棒间隔距离很远站在那里，嗜血的暴徒蜂拥冲向外侨区时，根本抵挡不住，所以负责美以美会大院委员会的主管与美国公使进行了沟通。公使立刻写信给负责把守大门的下级官员，请他早点把门关上，以防止大群暴徒进来，这些人要进来的话，不要开门。不过，为了确保这一要求得到落实，委员会在黄昏时全副武装到大门口见了这位官员和他的士兵，并得到他的同意，按公使的要求关闭了大门。为确保大门锁上后不再开启，委员会要求把关闭城门后的钥匙给他们保管，满人守卫们有些迟疑，最后还是同意了，事实上守门人是在委员会的武装押送下，把钥匙送到了美以美会大院的。委员会给了这个守门人一张通行证，派一名海军陆战队员把他送了回去。凭借手里的通行证，他第二天早上就可以通过委员会设置的防线,取回那根两英尺长的铁棒,开启城门,开始北京人一天的生活。

第二天,总理衙门照会美国公使,要求把大门钥匙送还保管员,并表示只要义和拳还在闹事,外侨区有外侨居住,就可以每天晚上取来钥匙,第二天送还。不仅如此,有一次在傍晚大门关闭之后,率领 1500 名中国士兵的指挥官要重开城门,让他的士兵到城南"逮捕义和拳"。守门人认为必须有规矩,不能开这个先例,于是通知这位皇帝的仆人说,城门已经关闭,请他第二天再出城,这位军官无奈,只好等到第二天。

局势混乱,乡下人不敢到城里卖东西,城里许多商店关闭歇业,每天购物变得越来越困难。外出购物,人们都结队而出,全副武装,外国人经常充当中国人的护卫,中国人讨价还价,他们在旁边看着。有时上了膛的枪往柜台上一放,店主会立刻拿来要买的东西,当然,价钱一分不少,当面付清。

在这段高度紧张、危机四伏的日子里,使馆街设置了部分路障,其他一些街道和小巷也被堵住了。这些设置路障处都安排了岗哨,配置意大利霰弹枪(Italian shell gun)和美国"柯尔特机枪"(Colt's automatic),随时准备抵抗可能的攻击。17 日,奥地利和德国军队与中国军队发生冲突,部分中国士兵阵亡。

当天晚上,两名总理衙门的人不顾中国士兵的阻拦,冒着生命危险拜访康格公使,保证要给外国人提供保护,要求康格公使撤走守护使馆的卫队。康格公使告诉他们,美国人会在这里保护自己,警告他们立即离开,海军陆战队指挥官迈尔斯(Myers)上尉适时地开了几枪,提醒他们这里已经做好了充分的防御准备。清朝当局一开始说义和拳是些小孩子和农民玩的把戏,后来又说这是一场政府难以控制的大规模民众起事,现在派人来的意思,显然是想说明对于这样一场起事，他们已经无能为力了，只能任其发展。

大清邮政业务越来越不确定，6月16日以后，甚至不再派出邮差，而是将邮差伪装成乞丐，先前派赴天津的邮差未能抵达目的地，很可能在途中被杀。

人们不断地向救援部队发送信息，其中有些已成功送达。美国大使馆收到的最后一封来自海军上校麦卡拉（McCalla）的信，是给使馆头等参赞关于京城四处大火、外国人十分危险的信函的回信。被困在美以美会院落里的美国人要派人送出一封紧急笔信，尽管提供了丰厚的报酬，但无法送出，因为一群群的义和拳看守太严密了。

在焚毁北京及周边地区的外国资产总体行动后，清廷发布了一道上谕，但对已经发生的暴力行为却轻描淡写，似乎只是在批评肆意焚烧的暴徒，说这里是京师，不像他们以前在远离京师的地方可以胡作非为。说哪有一个政府会允许自己的臣民胡作非为的，因此，所有拳民都必须立即解散，前经迭次谕令解散，遵纪守法良民都听命拆掉帐篷解散回乡了。现在剩下的都是不法之徒，应立予严拏惩治。

6月16日，清廷又颁发一道谕旨，通知总理衙门说已经派兵保卫京城，防止匪徒滋事。声言外国公使馆，已专门派兵保护。如果公使要离开北京，必须派兵护送，但由于铁路尚未修好，是以现在还不能离京，需等修复铁路以后才能成行。并说已委派荣禄负责保护外国使臣，并要总理衙门征求外国公使的建议，看看护卫使馆的中国士兵安排在什么位置合适。

清廷谕旨的措辞欺骗不了任何人，外国人心里也都很清楚。虽然外国人不可能知道宫内发生了什么事，但很明显，北京正处在一场可怕的危机之中。6月14日,英国公使接到消息说,在一次御前会议上,已决定由清军进攻西摩海军上将率领的远征军,从这次清军进攻到清军与义和拳联手进攻各使领馆,间隔时间实际上非常短。

后来查明,16日的御前会议是在下午晚些时候举行的,会议是根据一道突然下达的圣旨而召开的,参加人员有满洲王公贵戚和六部九卿所有满汉高级官员。关于这次御前会议,有很多口头和书面的描述,但可能最详细、最可信的是8月8日发表在《字林西报》上的《北京蒙难与南下纪实》

根据这篇纪实叙事,满人先被召见,然后满、汉官员一起在仪銮殿聚齐议事。

慈禧太后在会议开始时说:"外国势力以一种我们再也无法忍受的方式恐吓和迫害我们。因此,我们必须联合起来,与所有外国人战斗到底,以挽回我们在世人眼中的'面子'。我们满人的王、公、贵戚和各级大臣官员,无论贵贱,都一致决定要与洋人拼个你死我活,我赞成他们的爱国抉择,特向众卿宣布这一消息,期望诸位为国尽忠。"

随后的程序带有几乎所有中国人议事的特点,每个人都唯唯诺诺,生怕承担责任,尽量不开口;或者,如果必须要表达个人意见,那他就要设法压倒所有反对意见,甚或进行人身攻击。前驻俄公使、中东铁路公司督办许景澄请求重新考虑这一决定,因为与所有国家对抗是不现实的。对此,刚毅反驳说,这次与洋人开战与以往不同,现在有刀枪不入的义和拳。

总理衙门大臣袁昶对刚毅的义和拳刀枪不入的说法提出质疑,说他在前一天亲眼目睹了义和拳袭击公使馆的事件,看到了冲突现场散落着他们首领的尸体,每具尸体上都有一两颗子弹穿过，这怎么能说义和拳刀枪不入呢？慈禧打断了他的话，说他一定是弄错了，他所看到的不可能是义和拳的尸体，而是不法之徒的尸体。此言一出，众人立刻哑口无言。

曾侯①恳求说，如果一定要打仗，那也要在一个有利的地方打，而不应在北京打，首先应该对公使馆表示尊重。有些大国对中国完全友好，我们有必要同他们都开战吗？除了最近出任总理衙门大臣的那桐，其他满人都一心要开战，当那桐恳求不要开战时，他所有满洲同僚纷纷指斥他是个叛贼。不过，那桐又接着说，如果一定要开战，那也应该在沿海地方打。

那桐奏陈时，慈禧怒目相向，似乎期望刚毅出来反驳，刚毅建议派反对满人政策的那桐和许景澄去阻止西摩联军北上，因为许景澄是一个讨外国人喜欢的外交官。提出这一建议是希望战争把他们灭掉。

皇帝陛下没有参与辩论，但当看到就要做出同所有外国开战这一致命决定时，他出言恳求皇太后重新考虑同所有外国开战的问题，称一旦打起来，议和就无望了，国家社稷将毁于一旦。慈禧太后没有理会他的恳求，会议在满人指斥汉人的喧闹声中结束，满人官员们指斥汉人官员是大清的对头和叛贼。那桐和许景澄被迫承担阻止西摩远征军这一徒劳无益的差事。但他们到了丰台，被义和拳拦截下来。义和拳根本不管他们是什么官还是什么钦差，强令二人去他们设的神坛，等待神灵裁决是要判二人死罪还是要听一遭训斥，丢人现眼回去复命。最后，他们被释放了，但是被警告说，如果还坚持要做劝阻西摩远征军这个差事，就砍下他们的头。闻听此言，他们屈辱地踏上了回京城的路。

---

① 曾侯应是曾国藩之孙、曾纪泽三子曾广銮，承袭一等勇毅候。

光绪皇帝皇宫(乾清宫)

　　在接下来的几天里,似乎每天都有一次御前会议。据称,慈禧太后在其中一次会议上出示了一份虚构的外交使团的信函,要求指明一地让中国皇帝居住;要皇帝重新执政,尽收天下钱粮,执掌天下兵权。面对外国公使团这封信函,据说慈禧太后十分激动,大声呼吁群臣为"江山社稷"各矢忠君爱国之诚。至此,群臣再无他言,均表示要同心报国。

　　6月19日下午,公使馆收到了同文照会:

　　　　大清国总理各国事务衙门王大臣有幸知照大美利坚合众国使臣阁下:

　　　　现据直隶总督裕禄奏报,称本月二十一日,法国总领事杜士兰照会内称,各国水师提督统领,限至明日早两点钟,将大沽口各炮台交给伊等收管,逾此时刻,即当以力占据,等语。闻之殊为骇异。中国与各国向来和好,乃各水师提督遽

有占据炮台之说,显系各国有意失和,首先开衅。现在京城
拳会纷起,人情浮动,贵使臣及眷属人等在此使馆情形危险,
中国实有保护难周之势,应请于二十四点钟之内,带同护馆
弁兵等,妥为约束,速即起行前赴天津,以免疏虞,除派拨队
伍沿途保护并知照地方官放行外,相应照会贵大臣查照
可也。

很长一段时间以来,中华帝国首都的政治气氛一直处在大风
暴来临前的状态,电闪雷鸣。总理衙门发出的同文照会,不仅仅
是发给了各国公使,显然也作为情报通报给了赫德爵士,不过没
有对他如何处置帝国海关的雇员下达命令或给出建议,这样的情
报通报不仅像一个晴天霹雳,简直就是一枚重磅炸弹。总理衙门
的同文照会特别表明从四点钟起二十四小时的期限。这就可以
断言他们在起草这份同文照会时已经知道大沽炮台失陷不是在
18日,而是在前一天,只不过他们不愿意直接承认这个事实。到
那时为止,清政府还觉得天津不会有什么危险,甚至认为天津要
比大沽安全得多。他们认为外国海军将领们的鲁莽行为,不会危
及远离海岸地区的人们的生命。几个月后,当事实真相大白之
后,他们不得不重新认识海上远征军的行动目的。

接到同文照会的当天晚上,各国公使在公使团长——西班牙
公使的使馆召开会议,讨论决定如何回复总理衙门的同文照会。
这是一项很难做出的决定,同时也极其敏感,原因是多方面的。

公使们商定首先要表示对总理衙门的照会深感震惊,各国公
使对索要大沽炮台一事毫不知情。现在公使们只能相信总理衙
门照会的说法,接受离开北京的建议。但是,要在短短的二十四
小时内动身,是很不现实的。应向中国政府申明,各国公使馆有

许多妇女和儿童，出行队伍很庞大。

其次，关于总理衙门同文照会提到的沿途护送问题，公使们认为应该说明现在中国到处都是叛乱分子，必须清楚护送的具体办法。表示他们不怀疑中国政府的真诚意愿，但由于有外国士兵在路上，目的是与中国政府友好合作，重建秩序，希望请他们分出一部分与撤离人员同行。同时，中国政府应该为撤离准备大车、渡船等运输工具和给养，由某些总理衙门大臣陪同出行。最后，回复照会要求第二天上午 9 点与庆亲王和端王面谈。

会议上，各国公使总体都同意必须尽速撤离，大部分人员已经为这一决定采取了行动。但也有人认为，唯一适当的举措就是按兵不动。不过，当各使馆其他高级官员整晚都在收拾行李和作初步安排时，独立行动是不可能的。一切都取决于总理衙门对公使们上述回复照会的答复。

康格先生立刻给美以美会的美国传教士们写了一封信，通知他们总理衙门同文照会的内容，以及各国公使决定必须尽快撤离。这封信是在傍晚时分送达美以美会的。晚上九点钟以后，美以美会召集了当时未执行任务的所有人开会，商讨该怎么办。他们决定给康格公使回信，指出在上述条件下离开北京的实际困难，以及那些离开北京的人可能面临的后果和留下的那些中国基督徒必然惨遭屠杀的命运。由于撤离一事事关重大，第二天早上他们又连写了两封信给康格公使，再次表达他们对撤离一事的诸多担忧。

各国公使在随后召开的公使团会议上，未再讨论是否要在救援部队到达后再行撤离的问题，也没再议及总理衙门大臣陪同撤离一事。他们议论的唯一一件事是何时动身，他们认识到这显然就是数小时之内必须做出的抉择。他们已经要求总理衙门提供一百辆大车。他们确实一心想可能的话尽量推迟撤离时间，但同时又感觉推迟撤离恐怕是不可能的。

对于那些觉得自己必须为中国基督徒尽最大努力的人来说，这些基督徒的未来命运是个亟待解决的问题。但在这一问题上，恰恰没有任何保证。如果说外交使团对一个他们从未遇到过，而且其中一些人对此还毫无兴趣的问题有任何态度的话，那就是：他们只对自己国民的生命财产负责。中国基督徒是清政府的臣民，最终必须由清政府来决定他们的命运，他们无论如何也救不了这些中国基督徒，外交使团现在所能做的就是拯救自己。虽然宣教士们的宗教情怀和作为中国基督徒牧者的身份，都令他们高度关切中国基督徒们的命运，然而此时公使团不可能出于博爱完全冷静下来思考这些基督徒的未来命运，特别是那些教会女校的女学生留下来会怎么样，他们不能让感情因素来决定如何行动。如果让传教士们留下来，他们不仅保护不了那些中国基督徒，甚至恰恰相反，他们将会在自己毁灭的同时，加快那些中国基督徒的毁灭进程。因此，公使们决定每一个宣教士都必须撤离，如果有谁拒绝撤离，那就强行带走。

上述这些考虑没有人明确说出来，因为在这个问题还没有经受最后考验之前，就已经开辟了一条道路，其令人惊讶的程度不亚于摩西为了让以色列人逃脱劈开红海之水显现一条大道。

如前所述，6 月 14 日上午，两名义和拳民被德国人俘虏，其中一名逃跑躲进了英国公使馆对面的肃亲王府第①。据报肃王

---

① 这里可能是作者的疏忽，前述德国公使只抓住一名义和拳民，并非是一次抓到了两个，时间应该是 6 月 2 日，不是这里说的 6 月 14 日。肃亲王，指清太宗皇太极长子肃武亲王豪格十世孙爱新觉罗·善耆。前文记述德国公使抓住一名义和拳民时，也没有具体说明肃王府的地理位置。

府实际上已成了义和拳的训练场，甚或是义和拳总部。一名义和拳民跑进了肃王府躲起来，从而给了英国公使带兵搜查肃王府一个借口。日本卫队指挥官要求合作，各国公使会议商量的结果，由日本使馆卫队的柴（Shiba）大佐和英国卫队的韩礼德（Halliday）上尉、莫里循博士和秀耀春（James）①教授一起去通知肃亲王管家，说要到王府搜捕义和拳逃犯，请肃亲王允准。

肃亲王愤怒地拒绝了，声称他与义和拳毫无瓜葛。对于第二次更强硬的要求，他答复说，肃亲王一向与外人友好，如果坚持要搜查的话，他愿意屈尊请便，"以证清白"。他在内堂会见了检查团，热情欢迎他们的到来，带他们看了府内各处地方，甚至打开门介绍了他的妻妾和下人，这些人都身着盛装，列队成排。

在随后的会谈中，他与秀耀春教授约定，数百名从南塘获救（前已述及）的罗马天主教徒可暂时住在王府外院。这样，由于两个英国人的精力充沛和机智，为新教传教士不愿放弃的数百名教徒开办一个庇护所的道路已经开辟，当局从未想过为这些人做些什么。

---

① 秀耀春（James），英国人。1876 年以中国内地会宣教士身份来华，先是在江苏、湖北、山西等地活动。1882 年回国述职时脱离内地会，加入了英国浸礼会，先后在山西、山东进行宣教活动。后因信仰问题，脱离了英国浸礼会，1897 年到江南制造局任翻译，翌年至京师大学堂任教。《近代来华外国人名辞典》说他 1900 年 6 月 20 日失踪了。事实上，秀耀春就在这一天帮助营救难民时被清军士兵逮捕，数日后被义和拳砍头示众。

SHOWING ENTRANCE
OF ALLIED TROOPS

DRILL GROUND

CHINA IN CONVULSION
By ARTHUR H. SMITH

British..........................
Americans ----------------------
Russians and Japanese.......ooooooooooo

Copyright 1901, Fleming H. Revell Company.

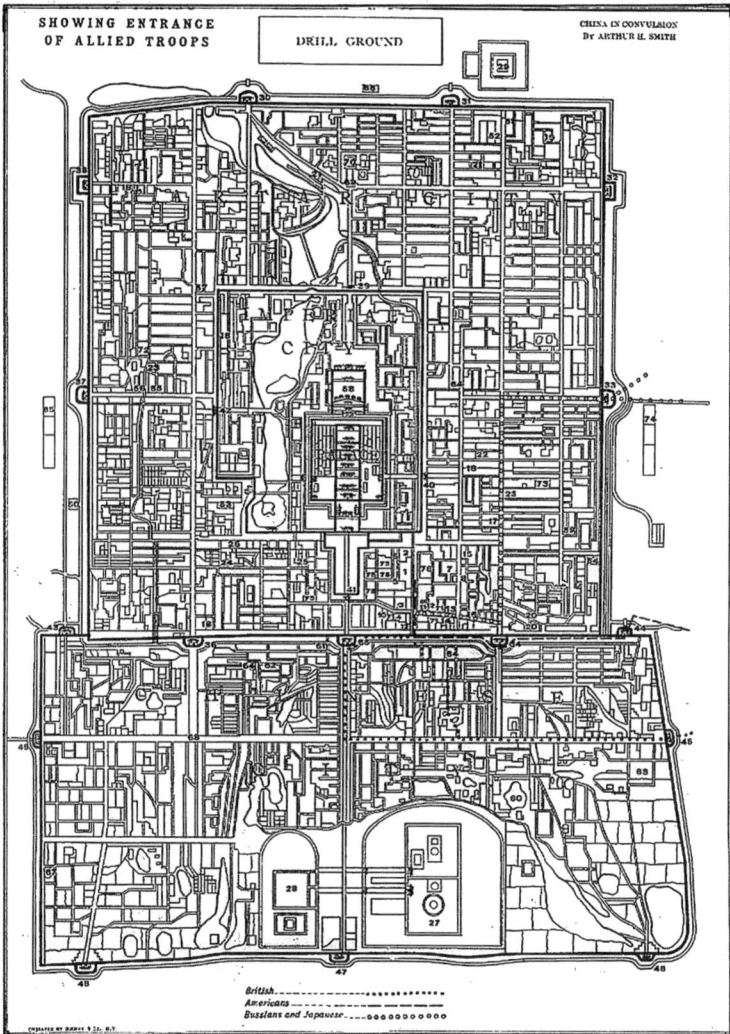

INDEX TO MAP OF PEKING.

1. British Legation.
2. Hanlin Library.
3. Russian Legation.
4. American Legation.
5. Mongol Market.
6. Imperial Carriage Park.
7. Imperial Customs.
8. Post Office.
9. Korean Embassy.
10. Netherlands Legation.
11. Spanish Legation.
12. Japanese Legation.
13. French Legation.
14. German Legation.
15. Austrian Legation.
16. Italian Legation.
17. Belgian Legation.
18. Roman Catholic Mission.
19. Greek Church Mission.
20. Methodist Episcopal Mission.

21. Presbyterian Mission.
22. American Board Mission.
23. London Mission.
24. S. P. G. Mission.
25. Christian Alliance Mission.
26. Rev. Gilbert Reid's Mission.
27. Temple of Heaven—British Headquarters.
28. Temple of Agriculture—American Headquarters.
29. Temple of Earth.
30. Tê Shên Mên.
31. An Ting Mên.
32. Tung Chih Mên.
33. Ch'i Hua Mên.
34. Ha Ta Mên.
35. Ch'ien Mên.
36. Shun Chih Mên.
37. P'ing Tzŭ Mên.
38. Hsi Chi Mên.

Gates of
Tartar
City.

39. Hou Mên.
40. Tung Hua Mên.
41. Ta Ch'ing Mên.
42. Hsi Hua Mên.
43. Hsi Pien Mên.
44. Tang Pien Mên.
45. Sha Kuo Mên.
46. Chiang Tze Mên.
47. Yung Ting Mên.
48. Nan Hsi Mên.
49. Chang Yii Mên.
50. English Cemetery.
51. Lama Temple.
52. Confucian Temple.
53. Mohammedan Mosque.
54. Imperial Observatory.
55. Imperial Temple.
56. Pai T'a Ssŭ—Buddhist Temple.
57. Hu Kuo Ssŭ—Buddhist Temple.

Gates of
Imperial
City.

Gates of
Chinese
City.

58. Mei Shan—Coal Hill.
59. Examination Halls.
60. Goldfish Ponds.
61. Picture Street.
62. Book Street.
63. Foundling Hospital.
64. Soup Kitchens for Beggars.
65. Temple of the Moon.
66. Russian Cemetery.
67. Burial Place for Executed Criminals.
68. Execution Ground.
69. Drum Tower.
70. Bell Tower.
71. Foreign Stores.
72. Mr. Murray's Blind School.
73. Tsung Li Yamen.
74. Temple of the Sun.
75. The Six Boards.
76. Su Wang Fu—Palace of Prince Su.

第十五章　攻击驻华公使馆

6月19日，星期二晚，在北京举行的外交使团会议上，德国公使克林德男爵强烈反对同僚们几乎一致认为有必要离开北京的意见。第二天早晨八点钟，各国公使再次集会，等待总理衙门对我们已概要提及的照会的答复，该照会最后要求在九点钟面晤总理衙门大臣，尤其是要会见总理衙门的两位王爷。

总理衙门一直没有答复，克林德男爵对同僚们说，他本人无论如何也要去总理衙门一趟，因为他在前一天晚上已经发了要求今天九点见面的照会，不需要再等答复。为了避免中国人反对，担心德国的武装警卫会激起中国人特别是士兵的仇恨，他决定不带任何形式的护卫，只身前往。同僚们基于安全考虑，纷纷反对他这样去总理衙门，他回答说，外国公使去拜访总理衙门不太可能受到攻击，特别是在总理衙门知道他要来，并且王大臣们在那里等他的情况下，不会有什么危险。如果总理衙门王大臣们不在那里或根本没打算到那里，他就在那里一直等下去。为此，他还特意带了一本书和雪茄，以备在那里消磨时光之用。

这位德国驻华公使出身于一个古老的罗马天主教家庭，是一位大主教的侄子。他曾是一名军人，担任过普鲁士军队中尉。后到领事处工作，于19世纪80年代初来到中国，熟练地掌握了汉语。在镇压广州发生的严重骚乱时，他表现出众，获得了德国和中国政府颁发的勋章。当德国驻北京公使馆参赞一职空缺时，他被调进驻北京公使馆从事外交事务。数年之后，出任德国驻华盛顿公使馆一等参赞，从那里晋升为德国驻墨西哥公使。担任驻墨西哥公使两年后，调任德国驻华公使。

他的军人经历可能对其外交生涯有重要影响，处事坚决果断。他决定不受同事们的影响，单独去总理衙门会见，体现了他的行事特点，因为他深信自己有一个重要的消息要传达给衙门，尽管这个消息并不新鲜。此外，他去总理衙门的目的，除了要了解总理衙门打算怎么护送驻华公使出京的消息外，还想要与清政府最高当局谈清楚，将 11 个国家的公使驱逐出北京这一举措，将导致清政府灭亡这一恶果。他希望在危险局势下，向清政府提出最严重警告，能够暂时阻止他们的行动。

外交使团会议一结束，德国驻华公使立即在翻译官柯达士（Cordes）先生的陪同下，乘坐平时乘坐的官轿赶往总理衙门。经台基厂胡同通过法国公使馆东部到长安街，转而向东至哈德街，就到了单牌楼下。数天以来，人们就看到一群群的士兵站在附近，但是这次他们没有特别注意。

在单牌楼以北几百码的地方，正对着总部胡同（Tsung Pu alley）口一个地方的巡捕房附近大约有三十名士兵①。后面的柯达士先生看见那个戴着有一颗白钮扣和一根羽毛的帽子的军官，稍稍向其余的人另一边走了一步，突然向公使的轿子放了一枪。公使在轿子里一动没动，毫无疑问，他当时就被打死了。柯达士先生立刻站了起来，就在他站起来的时候，大腿上挨了一枪，伤得很重。要不是他站起来，子弹就会穿透他的头骨。轿夫们即刻放

---

① 明清时期又称总铺胡同、总捕胡同，今名总部胡同。

下轿子逃走了。清军那边骑马的侍从见状迅速跑向总理衙门报告刚刚发生的事情。柯达士先生鼓起勇气，拼尽全力逃走。

　　这似乎是完全不可能的，因为在他后面有一群士兵，他们立即向他开枪。他向北跑去，进入街道右边的第一条小巷，从那里经过几条迂回曲折的小巷，向至少三分之一英里外美以美会大院跑去，手持长矛的清军士兵追赶了一段距离。当他第一次看到一张外国人的脸时，随即失去了知觉。他立刻被带进院落，由通州的盈亨利（Ingram）医生照料他的伤口，碰巧盈亨利医生这时就在附近，他认为痊愈的可能性很小。考虑到那么多人袭击追赶和严重的伤势，他能逃回来简直可以说是个奇迹。

　　枪杀克林德公使这一事件，骇人听闻，制定国际犯罪法的那些人未曾想到也没有预料到会有这项罪行。此时北京所有外国人，不管是在公使馆内，还是在外国人控制的矩形区域，抑或在美以美会大院里，很快都得知了这一极其重大的悲剧消息，并随即引起了整个世界的关注，清政府绝对的背信弃义行为已经大白于天下。因此，所有人都打消了在任何中国人护卫下离开北京的念头。就此而论，德国公使的死亡确实是一种替代性的牺牲，拯救了在北京的所有其他外国人的生命。

　　清军军官枪杀克林德公使的当天下午，总理衙门厚颜无耻地发急件给德国公使馆，说有两个德国人在枪杀案那条街上走，首先向人群开枪，遭到回击，其中有一人毙命，想知道这两个人叫什么名字。

　　针对总理衙门这封急件，德国公使馆自尊地回复说：恕不奉告。一位友好的中国大臣收敛了克林德公使的尸体，据说这位大臣受到指控，收敛克林德的尸体即其罪状之一，几周后被执行死刑。

值得注意的是，6 月 16 日的伦敦各晚报刊登了一篇"拉芬"(Laffan)通讯社天津办事处的电讯，称德国驻北京的公使已被谋杀。

至少公使馆收到的几份电报透露了一些信息，但没有提到其他人的名字。说要杀死克林德是有原因的，他行事专横，招致了中国人厌恶。

伦敦关于克林德事件的消息传到柏林的当天下午，德国驻圣彼得堡临时代办，驻东京、伦敦的外交代表和驻烟台、上海领事，即展开了广泛调查，但没有得到任何所谓的事实真相。这种非同寻常的罪行发生四天前就在世界各地广为传播，极为罕见，然而，当这一惨案真的发生时，却有一段时间无人知晓。

海关大院与肃亲王府邸相对①，肃亲王府在西边，海关大院里的外国人现在都被匆匆转移到英国公使馆，这里的妇女几天前已经转移了。许多天来，使馆附近的街道一直由中国军队巡逻。既然满人开枪射杀了一位外国公使，中国军队就应该决心同每一个外国人作战了，他们有必要尽一切可能进行自卫。

霍尔(Hall)上尉奉命护送聚集在美以美会的平民前往美国大使馆，同时允许中国基督徒尾随其后。然而，当聚集在那里的七十位美国人接到转移命令时，说要他们在二十分钟内离开，还只能携带能随身拿得下的行李物品，人们一下子明白了，这是一时半会不能回来了。于是，每个人都急忙跑到改造成堡垒的教堂去，打开箱子，看看哪些东西必须随身带走。由于不知道还能不能见到现在遗弃的东西，人们有点心痛地锁好自己的箱子，有些东西不得不扔下了，整座教堂到处乱糟糟的。

---

① 清代世袭罔替八大铁帽子王之一，这里的肃亲王是指爱新觉罗·善耆。

很快,美以美会大院里就排起了长队,20名海军陆战队员后面是外国妇女和儿童,126名女学生紧随其后,再后面是中国妇女和儿童,所有人都带着他们能拿的东西。中国男人和男孩组成了一个大搬运队,他们中的许多人为外国人搬运重物或用自行车运东西。好几箱炼乳分送给中国人,每人几听,不然这些东西就拿不走了。几个星期后,当不可能再弄到新的补充食物时,这些炼乳对被围困的人来说,将是无价的恩惠。一队德国海军陆战队员护送受伤的翻译,满脸忧郁地走在队伍里,队伍的后面几个传教士召唤他们打起精神,他们中的大多数人都带着步枪或左轮手枪,或者两种武器都带着。几个中国人也配有枪支,许多人还配备了中国的长矛,他们曾每天晚上都不知疲倦地操练这种长枪。

总体看上去,这些人就像是一个游行的队伍,即使在这可怕的变幻莫测的形势下,队伍里的许多人也觉得这是一场既可悲又

中国基督徒家庭

北京的传教士和女校学生

可笑的事情。此时人们不由得想起以色列人离开埃及时的情景，尽管他们带的东西远没有以色列人带的那么多，相对说来，这些难民带的行李的确很少。长长的悲伤队伍走出孝顺胡同，先向南沿着大街走向哈德门，从那里向西拐到使馆街。总务委员会主席深谋远虑，先行一步到哈德门告知满人指挥官，说美以美会大院要闲置一段时间，请安排一名士兵在门口站岗，以防有人偷盗。他们在到美国公使馆的半路上，经过意大利公使馆东端的街垒。这里安置着意大利机关枪，其余的美国海军陆战队员也到这里聚齐。不知道是什么原因，中国基督徒在这个地方被耽搁了很长时间。

拥挤在大街上的无数观众中必定有一些人感到喜悦、高兴，但他们却面无表情，一副十分冷漠的样子，因为他们看到了一张很明显的大网已经把这些外国人和跟着他们的中国人网在里面了。整个行进队伍中最引人注目的或许是中国基督徒，他们非常安静，毫不惊慌。以前的许多警报都是预演练习，现在和那时练习一样，女学生们的动作也像去参加宗教仪式一样迅速而得体。没有一个女人哭泣，没有一个孩子呜咽，但所有的人都本能地服从命令，保持队形。其中一名美国海军陆战队队员在一旁看着，不禁钦佩地说："教会指派这些女士照顾这些中国人，肯定知道她们有这样的能力。"

从现在起，为了跟踪这群难民的动向，有必要对北京使馆区的地形有一定的了解。借助地图的话，一眼就会看得很清楚，但即使没有地图，也很容易搞明白。在北京内城南城墙有三个大门。中间的一个叫前门，在前门和城东南角的中间是哈德门。每个门都有一条宽阔的街道通向北方，每隔一段路就有几条宽阔的街道与之成直角相交。其中，离城南墙最近的是使馆街

(Legation Street)，中国人称它为交民巷（Chiao Min Hsiang or Instructthe People Street），全长约一英里（约合 1.6 公里），其西端靠近前门。再往北大约三分之一英里的主要的东西大街，称为"长安街"（Ch'ang An Chieh or Street of Permanent Peace）。长安街的西半部就在皇城的南城墙下面；东端通向哈德门大街。

大约在去前门和哈德门的中间位置，与哈德门街平行的是所谓的御河（Imperial Canal）。这实际上只是一个排水沟，皇城多余的水通过它经水门流入城南护城河。这条御河有几杆子宽，有六英尺或八英尺高的砖石墙，上面盖着石板，两边有宽阔的道路。使馆街经一座叫作御河桥的石桥跨过御河，在皇城城墙附近，另一座御河桥跨越长安街①。

在南面以内城城墙为界的两个长方形区域内，北面是长安街，东面是哈德门街，西面是另一条叫作兵部街（Board of War street）的路，除比利时公使馆外，其他所有的外国公使馆都在这里。此外，这里还有旅馆、银行、外国商店、帝国海关、邮局和尚未竣工的户部铸币局（Imperial Mint）。从哈德门街往西走，北面的第一个使馆是意大利公使馆，和其余公使馆有些距离。再往前是法国公使馆、北京饭店、日本公使馆和西班牙公使馆。街的南侧是德国公使馆区，对面是法国公使馆、汇丰银行和一家外国商店。在御河桥的西边，北面是俄国公使馆，南面是美国公使馆、华俄道胜银行（Russo-Chinese Bank）、另一家外国商店和荷兰公使馆。

从使馆街御河桥过了御河，走几百码，就到了英国公使馆的东门，它的南端离俄国公使馆的北墙不远。后来证明，这一事实非常重要。英国公使馆西北，毗邻銮驾库（Imperial Carriage Park），

---

① 老北京御河共三座御河桥，分别是北御河桥、中御河桥、南御河桥。

这是一个广阔的区域,有许多大型建筑,专门用来存放皇帝使用的御辇、轿子和其他车辆,以及它们的附属设施和装饰。北侧延伸到"长安街"的是翰林院,它很快成为了保护公使馆的风暴中心。

中午时分,从美以美会大院来的美国难民们疲惫不堪地鱼贯进入美国公使馆,根本不知道到了这里后怎么办,因为几乎每个人离开的时候,除了携带随身物品外,都没有机会准备食物。但是由于头等参赞司快尔(Squiers)的①夫人的盛情款待,全部难民很快就吃上了一次非正式的午餐。不仅如此,她把丰富的储藏室交给了她的贫困的男女同胞们,告诉他们这里的所有东西随便用。转移过来的人充分利用了这一许可,苦力和运货马车反复运送了好几个小时,尽可能多地把这里的东西搬到了英国公使馆区,因为英国公使馆区已被确定为守护使馆区的总指挥部。美国难民能够成功地度过被围困期间的物资匮乏难关,很大程度上是由于这出乎意料和前所未有的慷慨。可以毫不夸张地说,司快尔夫人的举动挽救了几个人的性命,极大提高了人们在被围困期间的生活质量。在整个被围困过程中,司快尔夫人十分慷慨大方,她对不同民族的人一视同仁,都把他们当作客人热情招待。

司快尔夫人并不是唯一一个为他人的舒适着想的人。窦纳乐夫人宽敞的住所,就像英国公使馆区本身一样,任由这些人随便进进出出;她的餐桌旁不仅有英国人,还有意大利人、奥地利人和比利时人。她家的舞厅成了疲惫女士们的卧室,白天用作她们的休息场所。吸烟室晚上供绅士们使用,办公室改造成了精心照料伤病员的小医院。在这里,准备了可以帮助难民或后来受伤者的一

① 司快尔,美国驻华公使头等参赞,早年曾在美国陆军任职。

切所需物品,招聘了一些交民巷养病院(International Hospital)
女医生担任护士,否则这里不可能设立医院。窦纳乐夫人和她的
妹妹把白天的卧室让给了劳累过度的军官们,以消除夜间值班造
成的疲劳,因为其他地方没办法安静地休息。

在美国公使馆待了两小时后,转移到这里的这批美国人奉命
前往英国公使馆,在那里他们被安排到教堂,这是一幢位于英国
使馆区中心的建筑,这么多人在这里显得过于局促狭窄。人们到
使馆街的中国人商店搜寻用得着的物品,尤其是给养,店主人在
场时打个收条,不在的时候,就搬走一些商店废弃的物品。通过
这一迅速的行动,他们得到了许多后来无法得到的东西,在后来
的日子里,这些东西简直就是无价的。

在这批美国人抵达英国公使馆时,现场紧张忙碌。数不清的
手推车不断地送来各种各样的家具,成群的苦力挣扎着穿过宽阔
的通道,那些想要进去的人不断地与那些想要再出来重新装运东
西的人拥挤在一起。整个使馆区彻底改变,全部进行了重新安
排,把不同的建筑物分配给了不同的国民。这里是俄国人的住
处,那里是法国人的住处,另一个地方安排给帝国海关的人住。
宽敞的前楼挤满了各种混杂的行李,尤其是箱子和葡萄酒,这里
成了许多卢汉铁路雇佣的比利时、法国和其他国家雇员的聚居
地,他们勉强逃过了在长辛店的大屠杀逃到了这里。

后面楼贴有一个醒目的通知,说疲惫不堪需要地方休息却又
无处可去的人,可"待在这里"。这个地方杂乱地划分出了几个区
域,汇丰银行的两个职员在一个角落里叙说遗留在银行里的东
西;几名军官把另一个角落当作了他们的指挥部;《泰晤士报》的
一名记者则躺在铺在瓷砖地面的床垫上,周边堆了一大堆书,他
很高兴在他原来的住宅被毁掉之前抢救出了这些书。

除了少数留在自己公使馆的人，以及在已经被包围四天的北堂里的外国人，英国公使馆现在几乎就成了北京的外国人社区。到目前为止，这些在英国公使馆避难的人，除了英国公使馆本身的人外，还包括住在几百码以外的海关工作人员，大部分几乎没有什么财产积蓄。有的人只有一只箱子，有的人只有一只旅行箱，而有的人穿的衣服都是他进英国公使馆时才配给的。

英国公使馆到大清帝国海关总署虽然只有几步远的路程，但却不能轻易地把那里办公室和一些私人住宅里的重要文件都带出来，大清邮政局里有大量有价值的挂号信，已经堆积了好几天了，也没办法安全取出来。有些工作人员已准备好，渴望把这些东西拿过来，但又担心不让他们带，因为很显然有人认为在不久的将来，麻烦一解除，人们都将返回他们的工作岗位。所有大量的记录、信件、档案和海关的其他文件就这样无谓地丢失了，甚至连全世界都想见到的总税务司赫德爵士的"日记"，差一点也都丢失了。一个不争的事实是，那些所谓的中国通们，既没有料到会出现义和拳这样的运动，也没有理解出现在他们面前的义和拳到底是怎么回事，这是一个举世瞩目的现代精神现象。

前已叙及，肃亲王的府邸向基督教难民开放是一个渐进的过程。6月20日，星期三下午，他们开始源源不断地涌过来，开始待在大门外树荫下的过道里几个小时，在那里，他们又饥又渴，几乎昏厥过去，这并不奇怪。英国公使馆一些妇女前去照顾他们。不久之后，秀耀春（James）教授打开了大门，把这些人领进王府的外院里。西方人帮助他们清理了院中的垃圾，把院落收拾得很干净，最后为所有的妇女和儿童提供了一个舒适的地方。王府里的大厨房，宽敞豪华，配有做饭所需用的所有设施，还有一张大躺椅和很多煤炭，是一个很不错的住处。就在这个时候，奥地利公使馆附近的甘肃士兵向这里开枪,肃亲王谨慎地撤到了皇城里的安全地带,他的整座王府成了无家可归的基督徒的住所,直到他们被一股比义和拳与甘军更为凶残的敌人赶了出来。

从美以美大院转移过来的一帮美国人一到分配给他们的住处,立即决定要带一些可利用的中国人回去,把在上午的恐慌中不必要地丢弃了的行李尽可能多地带过来。街道和上午队伍经过时一样寂静,长长的、全副武装的传教士队伍拿着步枪,中国人拿着长矛,没有受到骚扰。他们看到满人守卫在门外站岗,但是一些邻居显然是越墙到了大院里,不少东西已经被抢走了;愤怒的中国教徒向来抢东西的人发起了攻击,一些当场被抓到的人受到了伤害。通过勤勤恳恳地使用现有的交通工具,加上大价钱雇佣的几辆马车,抢救出了大批财产。如果没有这些财产,遭受围困期间会有很多麻烦。不过,还有价值数千美元的衣物和其他物品因无法运走而丢失了。

当时,中国人中流传一种说法,即下午四点清朝的士兵们就会开火,因为这是限定公使们离开京城的最后时间。军队既不知道也不关心总理衙门说什么或不说什么,一切决定权都掌握在他们自己手里。如果外国公使们不主动离开,他们就会用武力赶他们出去。现在还无法确定这个谣言是从哪里来的,但毫无疑问,这一谣传不仅加快了抢救财产的进程,而且也缩短了抢救财产的时间,因而有些财产没能来得及运出来。

下午四点钟,董福祥将军的部队立即向奥地利公使馆开火。不久,四面八方都响起了枪声,大家都急忙躲到安全的地方。

荣禄本人曾向秀耀春教授明确保证,在这个时候不应该攻击外国人。其实,荣禄的这个说法很含蓄,后来发生的事揭开了他这个说法的秘密。秀耀春教授为安顿中国基督徒,前往肃亲王府第。他在靠近内城南城墙的地方，打算通过御河桥时，遭遇了中国士兵挑衅，秀耀春教授高举双手表示他没有携带武器。后来发生了什么事，在当时和以后很长一段时间里，人们都不十分清楚，尽管大家都在尽力确定他的命运。围困结束后，人们才知道他很可能是被士兵带到荣禄面前。在被囚禁了几天之后，他由于拒绝拜倒在义和拳首领面前，被推出去砍头了。后来，一颗外国人的脑袋悬挂在东华门城楼上的事实说明了一切。

秀耀春教授是一个有学者气质的人，长期致力于了解熟悉中国的情况，对中华帝国和中国人有着广泛认知。他对研究义和团运动的发展特别感兴趣，几个月来，仔细收集了有关义和团运动的所有法令和其他文件。可惜的是，这些辛勤的劳动成果，在 6 月 13 日摧毁全部外国人财产的暴乱中，与其他有价值的东西一起消失在一片废墟中了。

肃王

肃王的孩子和德国教师

这里值得指出的是,就在美国人激动地前往英国公使馆期间,期待已久的总理衙门复函到了,这封回信是通过外交使团团长葛络干(de Cologan)①转交给公使团的。总理衙门的复函确认他们前一天旁晚接到公使团来函,称他们原来知照公使们所说"'应于二十四小时内离京',无非是考虑到北京城内土匪骚乱,除离京别无好法保护。但现在北京周边地区正遭受袭扰,不能不担心公使馆家眷子女列队出行遭遇危险。现在贵使臣既称无法在二十四小时内启程离京,我们自然同意延期,重新洽谈离京日期"。

复函进一步指出:"中国和各大国之间的关系,并没有因为任何敌意而变得紧张。但目前,由于民教纠纷,实际上已经发生了一种无法预见的情况。关于来衙门晤谈一事,须穿街过巷,十分危险,王大臣每天都在皇宫守卫,不能分身他顾。贵我双方均望和平相处,共同维护友好关系。"信的结尾询问各国政府有何意图和指示。

第二天,外交使团复函总理衙门,向各位王大臣保证,各国政府对中国的态度,除了最友好相处的指示外,从来没有别的指示。奔赴京城的各国小分队,无非是要确保外人安全,别无它意。同时指出:人们已经注意到,已有人于日前开始向公使馆射击,至今不曾间断。这必定违反政府意愿,为叛乱分子和小股叛军所为。此情此景与总理衙门照会精神及派兵保护使馆宗旨相悖,请立即制止这一侵犯行为。

仅仅阅读这些正式而礼貌的信函,人们丝毫不会想到中华帝国政府正在发动对整个文明世界的战争。在接下来的六周时间

① 葛络干,又作葛罗干,西班牙驻华公使。

里,总理衙门保持绝对沉默,忽视了各国公使的存在。公使们被困在使馆区内,遭受了两个月的枪炮轰击。

射杀德国公使的那一枪,是有人发出明确指令的结果,这个人很可能是端王。从那时起,他似乎行使最高权力,主管一切事务。这一枪的回声尚未完全消失,这一行为的严重性和它的某些后果即迫使清政府设立一个委员会商讨如何应对,事实上,目前似乎有一个政府委员会正在开会。

满洲贵族迫使皇帝发布诏令,命荣禄为北洋诸军统帅,率军进京师正式攻击各国公使馆,扫平使馆区,然后南下天津,消灭那里的外国人,或将他们赶到海里去,这是保守派约两年以来最称心的计划。

据说就在慈禧太后要表示同意之时,光绪发出了强烈而可怜的请求,要求推迟实施这一政策,谓这项政策将毁掉他的数百万无辜臣民,危及帝国的根基。言词之间,情绪激动,难以自已。但慈禧太后和端王肆意羞辱他,致其哭着离开了大殿。没有一个中国人敢反对圣意,于是这道诏令立刻颁布了。当天下午,荣禄的军队就涌进了城里,配有野战炮和机枪,以及大量最新式的、性能最佳的带弹夹的步枪。

从这时起,北京就像法国巴黎一样,笼罩在类似巴黎公社最放肆的狂欢之中。任何穿着拳民服饰的人都被赋予了任意杀人、放火和毁灭一切的权力,没有人敢反对。北京顿时成了魔窟的同义词。甘军在城市里四处游荡,洗劫了无数官员的住宅,根本不管他们的履历和偏好。像徐桐这样最顽固的保守派(他渴望有一张西方野蛮人的皮肤制成的地毯)、京师大学堂(1898 年光绪皇帝改革的唯一遗存)管学大臣孙家鼐的府邸,都遭遇了同样的命运,所有东西都被一扫而空。无论谁劝告他们不要这样做,都极其危险，可能立即被杀，或被抢劫。大量高级官员也都难逃厄运，谁多言多语就会大祸临头，以致城内大街都被鲜血染红了。荣禄的军队在掠夺和屠杀方面并不亚于甘军，尽管有一位满洲军官和许多士兵在抢劫时被当场抓获砍了头，但这就像"扬汤止沸"，暴乱和毁灭行为无可遏止。

可靠的当地目击者讲述了董福祥和荣禄的军队洗劫北京的细节。他们讲述的故事生动地描述了这座不幸的城市当时的情景。其中有一位目击者的家就在奥地利公使馆附近，他描述了当得知放纵军队抢劫时的可怕恐慌景象。邻居中那些有任何抵抗行为的人当即遭枪杀。他本人尽量说好话，乖乖地屈从，保全了性命，但大大小小的箱子、皮草、衣物、珠宝和金钱，凡是能找到的东西，全部被拿走了。一帮人得手了，另一帮人又来了，接连不断。有时候，几个人争先恐后地从官员们的身上抢夺衣服，大街上每一个家庭都有人被连续不断的枪击打死，院子里和门外街上到处都是尸体。许多官员和北京的其他居民发现他们的财产被掠夺，性命随时难保，于是想尽一切办法，慌慌张张奔向通州。但那里同样是无法无天。

逃到了通州的那些人，想从那里坐船到天津去。因为海路不通，只好顺大运河往南走。在天津和在北京一样，他们被肆意地掠夺和侮辱，许多人失去了他们的一切，还有一些人死掉了，没有人知道他们死在哪里、死在谁手里。

第十六章　围困使馆第一周

在占据英国公使馆不到二十四小时的时间里,许多难民就至少能够了解同时期南非战争(South African campaign)灾难①的一些原因了。七十九名英国海军陆战队员和军官突然从海上被召来保卫公使馆,他们具有几百年来英国海陆军向世界展示的所有优秀品质——勇敢、耐心,随时准备履行职责,拥有面对几乎难以应对的沮丧环境时英勇顽强、坚持到底的传统。但这些军官和士兵都很年轻,对他们现在将要参加的那种战争毫无经验。

英国公使馆的这些海军陆战队官兵,没有一个人超过 30 岁,许多人也就 20 出头。他们以往的经验和训练都不适合现在突然需要的那种无与伦比的驻防任务。这些海军陆战队员到公使馆以后,几个星期来每天例行训练,但除了在使馆入口处堆了一座低矮的土墙保护安放在那里的机枪外,并没有采取任何加固使馆防御的措施。大门口有几个麻袋装满了土,但除了这些,事先没准备一个沙袋,甚至根本没想过准备沙袋的事。

英国公使馆区四方形区域的一个至关重要的位置是肃王府。围攻开始时那里没有任何防线,英国公使馆卫队此前在御河桥上

---

① 南非战争,即第二次英布战争,指 1899 年英国同荷兰移民后裔布尔人建立的德兰士瓦共和国和奥兰治自由邦为争夺南非领土和资源而进行的一场战争。

218

设置的岗哨已经撤离。日本卫队驻扎在肃王府北墙外。不久之后,意大利在最左边位置安排了防御,这个位置的防御一直未作变动。肃王府东面不远处就是帝国海关总署大院,由海关总署的志愿者们守卫。海关总署东邻的一条街道对面是奥地利公使馆,奥地利公使馆南面是大清邮政局,东面是一片空地,空地南边不远的地方是意大利公使馆。这些建筑彼此之间相隔很近,联系紧密,在这些建筑之间的街道上设置路障,似乎能够进行长时间防御。

中国本土基督徒占据的肃亲王府

在遭受围困初期,窦纳乐爵士询问他认识的一个美国人,请教在面对许多随时需要解决的问题时能依靠谁来帮忙。这位美国人告诉他说,已经成立了各种委员会来处理每一项需要解决的问题,需要的时候,五分钟内即可召集完全有能力的人来解决相关问题,他们在各自承担的职责方面已经有相当经验,并曾获得显著成就。最终，一个小时内，根据人们的建议组建起了十二个委员会。前委员会主任保留下来，又重新挑选能干和愿意合作的适当人员加强这些委员会的力量。

民间关于北京围困外国人的说法与军事历史记录有很多不同之处，这主要体现在上述成立的这些委员会的工作上，下面将详细介绍其中一些的工作情况。

总务委员会（General Committee）的职能是负责各种杂务和全面工作，由不知疲倦、多才多艺的都春圃（Tewksbury）先生[1]负责，即使解除围困之后，他那不知疲倦的精力似乎也丝毫没有减弱。该委员会的其他成员包括英国公使馆汉务参赞戈颂（Henry Cockburn）、俄国公使馆的柏百福（Popoff）先生[2]、法国公使馆的穆文琪（Morisse）先生、帝国海关总署的裴士凯（Bredon）先生、美以美会的厚巴德（Hobart）先生，雷思德（Stelle）先生[3]担任秘书。

独立于各委员会之外、只受窦纳乐爵士掌管的使馆防务工作，委托给了贾腓力（F. D. Gamewell）[4]牧师，他曾在伦斯勒理工学院（Rensselaer Polytechnic Institute）和康奈尔大学接受两年技术训练，有大量防务实践经验，后由于身体残疾中断了防务工作研究，才把注意力转移到了其他方面。他具有长期从事中国式建筑工作的经历和管理、调配中国劳动力的能力，了解各种中国建筑材料的性能和坚实程度，这些经历和能力使得他负责防务

---

[1] 都春圃，美国公理会宣教士，1887 年哈佛大学毕业后来华传教，1896 年始任华北协和大学物理和化学教授。

[2] 柏百福，俄国驻华公使馆翻译，精通汉语。义和团运动时已年届退休年龄。

[3] 雷思德，美国公理会宣教士。

[4] 贾腓力，美国美以美会传教士，1881 年来华，1889—1900 年任北京汇文大学堂（The Methodist Peking University）教授。

工作得心应手。可以毫不夸张地说，遭遇围困期间，贾腓力牧师从始至终，骑着破烂不堪的自行车在英国公使馆内各处巡梭，从早到晚，不分昼夜，不顾酷热和雨淋，一心扑在防务上，尽可能地保证使馆不受损害，一直维持坚固防守状态。

其他重要的委员会是负责粮食供应、登记中外人口以及提供和分配劳动力的委员会。这些委员会是否能正常运转，关乎被围困的所有中外人士的生命。

食品供应委员会采取的第一个步骤是立即检查使馆防区内的所有中国粮店，并让中国人将粮食装袋转送至英国公使馆或肃王府。人们发现了好几吨大米，有些是白米，但大多数是有霉味的黄米，北京人很多都吃这种米，他们甚至声称自己更喜欢这种黄米，而不愿意吃白米。但对于没吃过的人来说，这种有霉味的黄米特别难吃。

在使馆街和御河交叉口的一家商店里，人们发现到处都是刚从河南运来的新小麦，装在一个个巨大的圆柱形囤子①里，囤子的上部用篾席一圈圈围了起来。据芳泰瑞（Fenn）先生②估计，这些小麦能磨出不下八千蒲式耳面粉。芳泰瑞先生是负责非常重要的碾磨面粉工作的唯一一人，这些情况就来自他对粮食供应的全面描述。另外，这家粮店还有一些义和团的告示和所谓的圣坛。但是，现在顾不了那么多了，没有什么比这批小麦更重要了，只有拿到这批小麦，才能抵抗义和团的攻击。无论中国人还是外

---

① 囤子，过去农村或有些粮店装粮食的一种器具，系用柳条、竹篾等可弯曲不断的材料编织而成，一般在内里抹上一层草泥，以防颗粒小的粮食渗漏，同时也保持囤子与外界隔绝。这种盛粮食的囤子，为了多装一些粮食，有时还在囤子上缠绕一般用高粱秸秆的皮或竹篾编织成的可卷起来的"罩子"，有时围得很高。现在农村也见不到这种囤子和"罩子"了。
② 芳泰瑞，美国北长老会传教士，1893 年来华，在北京传教。

国人,都以此为主食。没有这批小麦,就不可能坚持到 8 月 14 日解除围困。

起初,人们用手推车或者靠苦力把小麦运到英国公使馆。但后来发现了更为省时省力的办法。粮店里有十一套磨面用的石磨和十五匹骡子,骡子拉磨用的套、筛面用的簸箩和箩、盛面粉用的面缸等用具一应俱全①,这样就可以每天只往公使馆运面粉了。于是,被围困的日子里,人们就在这家粮店的磨坊里接连磨了七个星期面粉。

由于粮店这种情形日益公开,来回路上必须注意敌人冷枪袭击,因此人们决定把磨坊和粮食都转运到英国公使馆。大约有一半的小麦运到了肃王府,供那里的罗马天主教难民使用,但他们的供应管理不善,在围困解除之前很久,小麦就已经用完了。有四盘石磨放到英国公使馆的马厩院子里为外国人磨面,而另外三盘石磨则留在原来的位置磨面,供基督教难民食用。

遭遇围困之初,食品供应委员会即对公使馆内的所有粮食进行了清点,以作为必要时进行粮食配给的依据。在遭围困的大部分时间里,大米、小麦、面粉、玉米粉、肥皂、糖和黄油都是配给的。

下列赔偿要求清单,那些追踪被围困在各国公使馆里人命运的人将特别感兴趣。这份赔偿要求清单被提交给了英国公使馆,并获准由中国政府在"私人索赔"项目中支付。因此,也只有这样,才会像中国驻英公使向英国政府报告的那样,中国政府在各国公使馆遭围困期间,向各国公使馆"提供了食品"。

围困公使馆期间大量通讯员的薪水,均由英国政府支付,这

---

① 面缸,并不是烧制的盛水用的缸,而是过去农村用纸浆或树皮浆以瓷缸为模具做成的装面粉或小米用的工具,大小不一,一般最后都用纸糊在表面,比较结实,也很光滑。

笔钱也包括在政府的索赔中。

请英国公使阁下怜悯,御河桥公使馆东街广兴粮店损失陈情如下:

原　料	担	单价(银两)	总值(银两)
红、白小麦	850	5.00	4250.00
陈稻米(精米)	20	5.00	100.00
陈稻米(糙米)	30	3.50	105.00
长白稻米	5	9.00	45.00
优质白稻米	10	6.00	60.00
中等白稻米	15	5.00	75.00
糯米	20	4.00	80.00
黍米	10	4.00	40.00
黄小米	5	4.00	20.00
绿豆	15	5.00	75.00
白玉米面	30	2.60	78.00
黄玉米面	10	2.60	26.00
优质白面	30	4.50	135.00
高粱	40	2.00	80.00
黑豆	20	2.80	56.00
麦麸	10	1.00	10.00
黄豆	15	2.30	48.00
白豆	7	5.00	35.00
豌豆	2	3.50	7.00
小豆	5	3.50	17.50
总　计	1149		5342.50

另:十五头骡子······ ··· ······ ······ ······ ······ ···　500.00
各种用具及破碎石磨。

6 月 22 日，星期五。

今天早晨发生了一件不同寻常的事，各色清军在毫无预警的情况下，乱哄哄地涌进英国公使馆的侧门。

随后未发生任何值得恐慌的事情，但似乎是命令日本人放弃肃王府。于是日本人就退到自己的使馆去了。没有人员伤亡，也不知道当时的具体情况；令我们吃惊的是，意大利人、奥地利人和法国人冲进公使馆。不久之后，日本人和德国人也跟了进来，他们没开一枪就放弃了他们在城墙上的阵地。站在城墙上的美国人看到这些人轻率地逃走了，以为他们自己被孤立起来了，随即从城墙上顺着坡道撤下来，与俄国人一起进入英国公使馆。在保卫使馆的战斗中，这是唯一一次出现的蜂拥溃退的情形，但这次事件是如此危险，是个值得吸取的教训，它说明任何时候都必须有一个明确的首领。

奥地利人托曼(Thomann)海军上校似乎是北京使馆卫队中军衔较高的人。他得知美国公使馆已经被放弃这一不负责任的消息之后，没有采取措施核实事实，就发布了灾难性的撤退命令，造成了这场混乱，并危及全体被围困人的生命。如果中国军队迅速部署并展开行动，公使馆卫队就只有被全部歼灭的命运了。事实上，这些阵地在很短的时间内就得以重新占领了，损坏的地方也得到了修复。

这次经历的一个有价值的结果是，俄国、法国、意大利和日本的公使们提出了一项要求，请窦纳乐爵士负责使馆防御工作，这一要求后来得到了其他大国的确认。窦纳乐爵士从那时起开始负责使馆区防御事宜。

当天下午，似乎有炮弹一样的东西掉进了使馆区，但有些人认为是中国一种长八或十英尺①的抬枪发射的。树叶和树枝都被打断了，四处散落，空气中充满了来复枪子弹的呼啸声。另一种说法是，庆亲王的军队从哈德门城墙那里向荣禄的士兵发射炮弹。

英国公使馆汉务参赞戈颁住宅

英国公使馆头等参赞的住宅开始精心用装满土的箱子和沙袋加固防御工事。从一开始乃至几乎整个围困期间，盎格鲁-撒克逊人与其他人之间就存在着一种令人印象深刻的鲜明对照：许多欧洲大陆的人，大部分都悠闲地待在阴凉的走廊处聊天、吸烟或品葡萄酒，他们显然是在听天由命，相信一定会得救；而盎格鲁—撒克逊人的代表们则满怀激情脱掉外套，投入到修护防御工

---

① 1 英尺约 0.3048 米

事的紧张、艰苦劳作中，享受1500年前的祖先们遗传下来的战斗喜悦。

从这时候开始，使馆区就需要大量沙袋了。所有的妇女都开始工作，借助几台抢救出来的缝纫机，很快就生产出了大量的沙袋。窦纳乐夫人扯下了窗帘，把几乎所有可以用来做沙袋的使馆窗帘和其他布料都送来了。由于长期的经验和沉着操作，妇女们能够在四分钟内做成一个袋子，有时在三分钟内就可以。两个小时制作几百个，一天内制作两千个。人们设想如果沙袋是深颜色的，就不会引起狙击手们的注意，他们就把制作好的沙袋放进浸泡了煤尘的水中上色，直到一天或两天后不见效果，才不这样做了。

就在这一天，意大利使馆被放弃，随即遭到焚毁。荷兰公使馆也被烧毁了，同时被烧毁的还有使馆街两侧到前门半英里距离内的所有房屋。下午晚些时候，英国公使馆西墙外响起了火警。按照命令，塔楼上响起了铃声，随着铃声，出现了令人激动的忙碌场景。在大火看上去已经被扑灭时，另一幢大楼又着了火。当时汉文参赞的房子似乎不可能保住了，他所有的物品和大量的书籍都搬到了路上和网球场上，立即构成了一个大型的露天公共图书馆。

从英国公使馆大院中央的水井到南马厩院子，人们排成了一条运水的长队，一开始用皮水兜传递。唉，这些皮水兜有的干瘪收缩到一起了，最后有些漏水，有些掉了提手。于是，人们又用一些陶器、石罐、铁瓶、锡罐、提水桶、水壶、广口瓶、洗脚盆、小浴缸、茶壶和许多其他的餐饮用具，其中大部分开始只能从井里装上一部分水，经过这么多激动的男男女女倒手传递，通常到达遥远目的地的时候就几乎没水了。但是，尽管如此，每个人，不论国籍，都积极地忙碌着,公使们的妻子和中国苦力肩并肩,在这运水的时候,就像在其他类似的场合一样,都愿意而且热切地互相提供帮助。

这天发布了一项完全符合中国人习性的命令,要求洗澡时尽量少用水,以免水不够用。后来的经验证明,这种担心是没有根据的。在火灾发生的整个过程中,中国方面一直枪炮不停连续轰击,他们希望利用这次机会毁掉使馆的围墙。在这次破坏使馆围墙的袭击中,一名叫司盖丁(Scadding)的英国二等兵头部中弹,使馆保卫战中失去了第一条生命。

为了防止中国人再次成功实施这种纵火攻击政策,人们决定拆掉靠近英国公使馆西南角的一座寺庙。这项工作相当困难,危险不小。在那里发现的材料数量惊人,包括成堆的丝绸。这些丝绸最终被制成沙袋。从此以后,许多仆人天天束着这种丝绸腰带。

下午,一个满身灰尘的基督徒满脸荣耀地跑到院子里,带来一张从总理衙门章京们那里拿来的收条,表示收到了外交使团昨天下午发送的急件。总理衙门建议,以后的任何信件都可以交到哈德门,但这个地方远在我们防线之外,很难抵达。与中国政府持续进行了四十年的外交交往,就从外事机构取得了这样一份成就:从只有一英里左右的外交部门,得到一个收到信函的回音,足足用了三十六个小时之久。

6 月 23 日,星期六。

昨晚三枚两英寸①的炮弹落在美国公使馆附近,这是这次袭击的新特点。一项命令称,没收的价值不大的财产可以给予贫困

---

① 1 英寸约 2.54 厘米

的中国基督徒，而更有价值的财产留作将来处理。梅威良
（Ament）①博士负责掌管所有这类货物。

昨天发生火灾附近地方的建筑物里传来了猛烈的枪声，对着
英国公使馆西侧狂射，上午尤甚。吃晚饭时，我们听到火警铃又
响了。这场大火发生在英国公使馆北部的翰林院。从事破坏活
动的士兵首先点燃了那条街上的外门，然后依次点燃了翰林院内
四个院落的内门。他们自己躲进翰林院第三排大厅里，在翰林院
大火燃烧期间连续不断地向公使馆射击。后来，人们看到这个大
厅的地板上布满了他们的弹壳。燃烧的大火在几扇门之间一处
一处地延烧，北风很大，整个翰林院彻底燃烧起来后，危及公使馆
（翰林院在英国公使馆北面）。要想阻止英国公使寓所后面仆人
们的住所失火，似乎是不可能了，因为那些住所离翰林院大火只
有五码远。

英国海军陆战队首先破墙进入翰林院，然后进入中国士兵开
火的大厅。然而，这种情况没有维持多久，因为这里也很快燃起
了大火，一直烧了几个小时，火势十分壮观，直到巨大的屋顶塌了
下来，数吨重的泥土和瓦砾充当了一个局部临时灭火器。

与此同时，所有能利用的人都开始工作，用水桶从最近的井
里打水，开动小型消防车，很多人不顾树干或倒塌墙皮砸伤的危
险，砍伐树木。这些巨大的老树是火势延烧最有力的传导体。一
根大树枝掉到院子里，不久就在一个新的地方燃起了大火，因为
那里先前做木工活，很干燥。为了安全，我们不得不拆掉距公使
馆最近的一个大厅。这是一项艰难而危险的工作，因为这座建筑

---

① 梅威良博士，字子明，美国公理会传教士，1877年来华，在北京、保定、通州一带
传教。

英国军队打通的内城城墙

紫禁城城门洞

很高,有又大又结实的柱子和屋顶木材。在这场危机中,防火救灾委员会在窦尔慈(Tours)先生的领导和其他许多人的大力支持下,忘我奋战,战胜了自身难以克服的困难。韩礼德(Halliday)上尉尤其以他的精力和勇气而声名大噪。不久之后,他受了重伤,我们自此失去了一位能干而受人爱戴的军官,他的名字后来被刻在了前门防御工事上,士兵们把这一防御工事称为韩礼德堡。

大约在最危险的时候,风向突然转而向西北吹去,这极大地鼓舞了灭火队员和他们的助手。前面那座倒塌了的建筑后面装满了书架,珍藏着翰林院一些最好的书籍,尤其是人们后来称作《永乐大典》的巨制,这是一套博大精深的中国百科全书,从来没有印刷本,全是手工抄写而成。这套《永乐大典》,应该是帝国唯一一套抄本。在中国,“偷书不算偷”,这种书很重要,这样的工具书往往不可或缺,但个人又很难得到,由于一些翰林学者的无原则的掠取,所以这套书已经很不完整了。

一个个笨重的大箱子里,都装着这套百科全书,每个箱子盖上都贴有黄色丝绸,书长十九英寸半,宽十二英寸,大约一英寸厚,封面有一条鲜艳的丝绸书签,上书“永乐大典”四个大字。对于海军陆战队以及许多其他努力灭火、清理危险性建筑的人们来说,这只不过是在那个值得纪念的日子里胡乱丢弃的一些难以理解的图书样本。但对于一个即使对中国多少有点了解的人来说,这些书是过去的美妙遗存,即便中国人自己并不在乎,但也值得“外国野蛮人”保存。

当这座建筑很可能延烧到其他建筑时,箱子里的书都被随便地扔到了院子里,很快就被其他书籍覆盖,看不到了。有人试图拯救这部伟大的百科全书,但尽管收集了几百卷,还是有大量的卷宗都找不到了。有一些连同其他书卷和手稿，都被扔进了莲花池，为了防止它们着火，又用垃圾覆盖了。后来，灭火器喷的水和雨水彻底把这些书浇透了，书慢慢地开始腐烂时，人们又奉命在上面堆上泥土，以防滋生蚊蝇蛆虫和病菌感染邻近地区。这样一来，中国翰林院所有残存的其他书籍都毁灭了。

在整个翰林院区域逃过火灾的建筑是经义厅（现在里面除了十一座刻有圣人程子语录的石碑，已经没有其他任何东西了），以及已经提到的收藏《永乐大典》的大厅和这个厅后面的三个小楼阁。第一座小楼阁和其他两座一样，放置着翰林们的文章和其他中国刻本书籍，这些东西尤其是诗歌刻本，火灾时极大增加了火势。建筑物周围散落的尚未着火的大块木料，都做了柴火，或被用来构筑路障。

在这段激动人心的时间里，人们认为公使寓所后面仆人们的住房肯定完蛋了，因此，把这些住房的窗户和门框大都拆卸了，屋里的东西也都搬出来了。大家对火灾太恐惧了，以至于认为除了下水道，所有地面上的东西都有可能着火。一伙中国男人在吵吵嚷嚷地毁掉所有木制品，其他男男女女以及孩子们，则排起长队到前门去捡拾门框、百叶窗、木板和各种木材，拿回来堆积在比较安全的地方以备将来使用。人们抱着一包包装好的木花以胜利者的姿态抬送到远处的河道，妇女们提着一篮一篮的马饲料蹒跚而行，一个少年像做什么大事一样，一手拿着一把拖把，一手拿着一顶毛皮帽子，汗流浃背，串串蹦蹦，一脸胜利的喜悦。在这次行动现场附近，一位虔诚的上了年纪的苦力站在一个角落里，手里斜握着一根竹竿，不停地祷告着。

经过两个小时的努力，火势已得到控制，危险总算过去了。几个不同区域的空气中烟雾弥漫，其中一处显然是发电厂；另一个是离帝国海关大楼和大清邮局很近的地方。在华俄道胜银行救出了一位德国人，伤势严重。

在南马厩以西三百码的一条小巷子里，有一门中国炮。下午晚些时候，这门炮开始向一座两层楼房射击，造成了严重的破坏，很快就使那座楼房无法住人了。海军陆战队用来复枪攻击炮手，几声枪响后，炮声消失，很快就撤走了。

6 月 24 日，星期天。

今天早上，通州潞河书院最有前途的一位毕业生带着赫德爵士的一封急件出发了。他在试图进入天津时被捕，或者是死在了去天津途中。总之，看来这个人是没有希望了，几乎每个人都为他的鲁莽感到遗憾。一直再没有他的消息，直到北京解除围困以后，他才陪同一支救援队伍出现在北京，讲述了他的冒险经历，以及不被允许回到北京等事情。

据报道，另一名俄国人今天早上受了致命伤；一名当时在俄国公使馆执行任务的姓金（King）的美国人头部中弹身亡。现在医院里有十多名伤病员。

有消息说，昨晚德国公使馆屋顶上的人看见了白色火箭，第一支是在一点钟，两小时后又见到一支。中国军队向肃王府发起了猛烈攻击，一条通道烧毁了，但由于大门已经砌砖头封死了，他们攻不进肃王府。当时，我们最优秀的两名华人受了重伤而亡，一位是美以美会的牧师王诚北①，另一位是王牧师的帮工，姓刘，

---

① 据《中国圣省山东》记载，王诚北，山东泰安府新泰县安家庄人，1900 年在北京抵御"一次特别猛烈的攻击时"，被子弹击中腹部，十二小时后身亡。他的两个儿子都毕业于京师大学堂，大儿子 1909 年通过了清政府官费留学考试，赴美深造。参见 Robert Conventry Forsyth, Compiled and Edited, *Shantung*, *The Sacred Province of China in Some of Its Aspect*, Shanghai: Christian Literature Society, 1912, p. 246.

他们来自山东的同一个村庄,品质优秀,大家都深感悲痛。

由于严重怀疑肃亲王府能否保得住,窦纳乐爵士下令将那里的所有中国人转移到英俄两国公使馆之间一个叫大慈观(Ta-tzu Kuan)的小巷子里。转移工作进行得非常顺利,一些妇女和女孩流泪了,因为这给她们留下了深刻的印象,她们实际上没有固定的地方住。过御河桥时没有卫队保护,一头骡子在大门口附近被击毙,但没有中国人伤亡。

就在转移这批中国人的过程中,昨天遭受攻击的马厩西邻的一幢大楼又发出了火灾警报。火灾一度比昨天危险,局势比昨天更为混乱。院子里的俄国海军陆战队员匆忙赶了出去,院子里铺满了他们的行李和许多其他杂七杂八的东西。西马厩的大门已经用沙袋堵上了,但很快又着起了火。不过,尽管沙袋都烧成了散沙,但很快又筑起了坚固的砖墙,以防止就在门外的中国士兵冲进来。在筑墙过程中,经火烧过的滚烫砖块被从墙外扔到了正在封门的工人身上,这是我们第一次接触到这种"围困期间中国人使用的最可怕的武器"。海军陆战队从墙上的一个洞向西突袭,清除了大量的中国士兵,缴获了许多毛瑟步枪、大刀和长枪,这些武器放在钟楼里展出。在这次防御战中,一位英国海军陆战队员和韩礼德上尉受了重伤。

前天拆掉的寺庙附近的一所房子起火了,现在的危险比以往任何时候都大。由于这里离中国妇女和姑娘们刚搬进去的住处不远,而且附近有发生大火灾的危险,于是又让她们回到肃王府。人们发现,在南马厩的一些房间里储存了近二百箱煤油,赶紧匆忙地搬到了网球场上,随后覆盖上了泥土。假如这些存放易燃物质的建筑物着火,就无法扑灭了。

我们前面介绍过,外国公使馆除了比利时、奥地利和英国的

在内城城墙上俯瞰美国公使馆

使馆街

使馆区外,其他的使馆区都位于使馆街,其中三家位于使馆街南侧,尤其是德国公使馆,几乎就在内城南城墙下面,城墙高出公使馆五十英尺,直接控制着他们所在地区的每一英尺地面。从 6 月 22 日开始,德国人就在城墙上设置了一个哨所,修筑了城墙与地面之间的坡道,从而中断了中国人前门至哈德门之间的联系。但是城墙上其他部分中国士兵都可以随意穿越,而且经常是大量的。美国派来的使馆卫队只集合了五十三个人守卫使馆区,军官们很不情愿试图用如此薄弱的兵力来守住一长段城墙,对付成千上万名敌人。这些敌人装备着许多膛线炮和最现代化的武器。在美国内战期间,康格公使本人曾是一名军人,公使馆头等参赞司快尔(Herbert G. Squiers)曾是一名中尉,有在美国骑兵部队十五年的经验,是个彻头彻尾的战士,有着敏锐的直觉和出色的判断力。正是由于他们顽强坚持,才在这个站不住脚的位置坚持到最后,完成了从人数和物质力量对比上原本不可能完成的任务。

今天,德国人和美国人都对城墙上的清军发起了进攻。美国人几乎一直进攻到前门,那里有中国军队的大炮。他们带着柯尔特式机枪(Colt's automatic gun)上了坡道,向前推进后,假装撤退。当中国军队大举追赶时,被每分钟射出的 400 多发子弹成片地扫倒。要确定在这次袭击中丧生的中国人的数量是完全不可能的,按照中国的习惯,把死亡人数记为"不少"是最安全的方法。这一次袭击像其他所有战斗一样,没有俘虏或被俘虏的情形,所有的伤员不是被刺刀刺死,就是被扔出城墙。人们发现,原本想要缴获的那门大炮防卫得太严密,攻不过去,只好放弃了。一名叫科姆(Kehm)的美国海军陆战队员被一块弹片炸伤,但伤势并不严重。当晚,安葬了一名德国人。

虽然今天是星期天,但直到天黑很久以后才有可能举行礼拜,尽管此前计划了好几次。沙袋的需求不断增加,所有外国女士和许多中国妇女整天都忙着缝制沙袋,制作出了数千个沙袋。理论上,沙袋大约 32 英寸长,8 英寸宽,但更全面的经验表明,几乎任何尺寸和形状的沙袋都是有用的,说不定可以用在什么地方。人们在附近的房子里发现了大量的材料,每天都在外国商店和意想不到的地方搜来很多东西。制作这些沙袋所用的布料,常常会令制作沙袋的女士们不断叹息,这些材料本来很容易设计制作出其他用途的东西,就这样浪费掉了。她们觉得很可惜,但又不得不这样做。难以计数的上好丝绸、锦缎,每码 5 到 12 美元不等,就这样在妇女们敏捷的手中消失了。平均说来,一个质量最好或最坏的沙袋,一场大雨后就破裂、漏沙了,失去了防御枪弹的作用。因此,缝制沙袋简直就是一项永远完不成的任务。要满足看不到尽头的防御需求,必须投入数万美元的布料。

填装这些沙袋的泥土是从使馆区院落各个可以挖洞的地方挖出来的。从清晨开始,一干一整天,传送这些沙袋耗费了大量人力,男男女女和儿童都参加了这项工作。迄今为止,欧洲人还没做过这种事情,现在他们有事做了,人们见到不同国籍的人都在做一种很不习惯而又十分疲乏的事情:一位身着长袍的东正教会神父拿着铁锹一锹一锹地铲土,装进一位公使夫人撑着的袋子里;中国小男孩则用绳子绑住沙袋口,公使馆里不知疲倦的牧师把沙袋运送到各不同地方,鄂方智先生①刚被斧头伤了,依然在帮忙救火。

沙袋用人力车(公使馆弄到了大量人力车)、大车或者苦力的肩膀运送到无数的地方。每当发现有地方需要沙袋,一时间就很

---

① 鄂方智(Norris),英国圣公会传教士,1882 年来华,初在山东传教,后调至北京。

难满足需要。许多妇女在不同的建筑物里不知疲倦地工作，一刻不停，除非碰巧没有布料了，才能稍微歇息一会儿。机器缝制不可缺少的车线，似乎随时都能按需供应，虽然有报道说，在围困解除时，全都快用光了，只剩下手头上半个线轴了。外面城墙顶上又需要沙袋了，凡是有哨兵站岗的地方，都需要沙袋，医院的窗口、屋顶、楼梯口以及正面和侧面，更需要大量沙袋，因为医院似乎特别容易受到袭击。

6 月 25 日，星期一。

夜里又一场火灾，一个激动的法国人不顾一切地敲铃报警。

早上，门房里关押的两名义和团员，被押出去枪毙了，尸体扔进了御河。肃王府以东发生了激烈的交火，那里增加了二十人防守。我们这样少的人竟然能阻挡住那么多中国人的进攻，越来越令人感到惊奇。

自从马厩遭到袭击以来，有些马一直散放在院子里。一位女医生在夜里遇到了其中一匹，那匹马闯过墙上的月门，好像要从后门进入医院！有些马被流弹击中，今天第一次杀死了一匹做了"法国牛肉"。在一次混乱的开饭场面中，人们对吃这道菜有些犹豫，有位女士道歉，说"马肉还没有加咖喱"。大多数人习惯这种味道，并不讨厌它，有些人完全拒绝吃，极少数人"喜欢这种马肉胜过其他任何东西"。使馆区剧院前的装饰性石雕都拆掉了，在这里安放了一口口大锅，一群围着印花棉布围裙的厨师在那里看管煮马肉。

昨晚，城墙上的美国海军陆战队试图突袭中国军队，但被发现，只好撤了回来。柯尔特式机枪在中国军队现在建造的防御工事面前，毫无用武之地，已经被带到英国公使馆。中国人在各个方面都在模仿我们的工事风格，甚至是用粗麻袋做成沙袋；由于他们不受物质和劳动力的限制，有时他们还在我们的基础上做出了很大改进，而且常常做得很快、很熟练。

为了寻找制作沙袋的材料，我们搜查了防区内的许多私人住宅。在一户人家遗弃的房屋内，发现了大量的丝绸和皮草，这些东西都很值钱，一位当地基督徒阻止了邻居们的抢劫，这些东西都送到了公使馆，增加了充公物品的数量。为了防火，派出了一些人到西南方向去拆除中国房屋，每一次这样的行动都为中国难民增添了衣物和被褥等用品。

下午 5 点钟后不久，敌人突然不再向公使馆开枪了，御河桥上竖起了一面白旗，一个石柱上绑缚的木板上贴了一份公告，大意如下："奉旨保护外国公使，停止枪击，有急件送达御河桥。"过了一阵儿，公使馆派出去一个信差，手持白旗到了御河桥去。他拿的复函也系在一块木板上，上面写着："谨遵帝国谕令要求，我们在此接受急件。"信差持白旗上了御河桥，突然见到许多中国士兵用步枪指着他。他急忙把贴有复函的木板靠在一根石柱上，却没注意贴有复函的那一面是对着自己的，便迅即退了回来。

整个行动，从对方第一次展示白旗到这边的信差回来，虽然只有半个多小时，但每个人心里都产生了最乐观的期望。为什么中国人要展示休战的旗帜，莫非他们确定救援部队会很快到来？这一事件提供了有望达成和解的机会，双方反复进行磋商，彼此心里都既怀有希望也深感恐惧，以致那些最熟悉中国事务的人发现自己都完全搞不明白到底是怎么回事了。

6 月 26 日，星期二。

一直到半夜都很安静。突然，翰林院或是銮驾库响起了枪炮声。寂静的夜里，公使馆的高墙和肃王府等的墙壁回声严重，杂乱刺耳，仅凭声响，难以辨别到底是哪里发射的枪炮。

英国公使馆防御区的北京饭店亭子

美国人在城墙上占据的位置处境艰难，十分危险。昨晚一位最好的战士范宁（Fanning）中士，在那里执勤时头部中枪。日本人放火焚烧了肃王府北面的一些建筑，因为昨夜那里有人袭击他们。到御河桥递送复函的那位信差说，他昨天去那里没有见到有炮台，但在夜里架起了一座炮台，今天日本人出去把它摧毁了。英国公使馆前门开始构筑防御工事，在一些不同的地方挖坑道，以便在危急时刻躲避炮击。这些坑道又长又窄，只有几英尺深，上面覆盖房屋的木料，像门、木板、席子等一些物件，这些物件上面再覆盖些泥土。事实上，这些坑道都特别潮湿、阴暗、很浅，根本没有防炮弹攻击的能力，只是比没有要好一些而已。

今天从使馆街上的一家商店弄来了大量的小麦，其他供应也都整天不断。关于昨天"停战"的性质和意义仍在继续进行讨论。有些人认为停战是确定无疑的，因为事实上，20 日下午 4 点开始枪击，一小时后，即在 5 点就完全停止了。25 日，听到了许多号角声，说明政府在控制军队的活动。窦纳乐爵士的寓所后墙上弹痕累累，现在靠近大院中心的教堂也遭到了枪击。

一整天都在制作沙袋。中外小孩子们拉着人力车，把制作好的袋子拉到使馆前门，在那里装上沙土构筑防御工事。这对孩子们来说是一项很好的运动，他们在特定的时间里所做的工作，按比例来说，要比成年人多得多。

最近已经派出了几名信差，试图送信给救援部队，或者送到天津去。这些信差都是花高薪聘用的。最后派出的一名信差，是从城墙上用绳索放下去的。

在早期遭围困的这些日子里，虽然各种事情都或多或少有些混乱，但已开始逐步显露出有秩序的迹象。这主要是公使馆防御总指挥和首席公使窦纳乐爵士任命组建的各委员会努力的结果。

英国公使馆的正常人口在夏天只有几十名外国人和中国人。由于各国各类人员突然入住，围困一开始，就多出了四百多名外国人、六百多名中国人。这些新来的大多数居住生活条件都非常拥挤，很不正常，于是卫生保健就成了头等大事。众所周知，大多数中国人的邋遢和肮脏习惯使这项任务比原本要困难十倍。在许多情况下，用作仆人宿舍的低矮潮湿的小房子可能是各种有害微生物的温床。

那座人造假山改造成了户外厨房，每天在那里宰杀马和骡子，蒸煮和烹调肉食，结果那里就成了数百万只苍蝇的势力范围，连空气都变成了黑色。土壤里也浸满了血和令人生厌的小动物，如果不做好卫生，这个屠宰场就会成为瘟疫区。由于人们饮用了大量葡萄酒，在几天之内，到处都堆满了空瓶子，不清除这些空玻璃瓶子，一旦炮弹袭来，就会一片狼藉，到处是碎玻璃片，十分危险。

为了构筑防弹掩体，人们不断地拆墙、挖坑，拆下的砖头用来构筑防御工事,挖出的泥土制作沙袋。各种材料不断地从一个地方搬运到另一个地方,到处一片忙碌景象。同时,各处也不断地制造出垃圾,显得乱糟糟的。不过,在富有经验的德贞(Dudgeon)医生①的倡议下,在其他几位医生的努力下,情况不久就有了明显的改善。一大群人的袖子上缝着"卫生"二字,他们不再被叫去修筑防御工事,而是专门清扫卫生,定期修整各处小路和草坪,结果环境卫生状况大有改善,连草坪也整整齐齐。他们还收集和研究人们的各种抱怨,并在切实可行的范围内加以改进补救,考虑到当时的各种条件限制,公使馆各处外观上看来还算过得去。所有垃圾和污水都送出去,倒进离公使馆远一点的御河里。每一场大雨,都会把御河里的垃圾和污水冲走,流到外城合适的地方。然而,清理卫生的人在奉命执行任务的过程中,并非总是能做到"完美无瑕疵"的程度。下面是一个法国人给总务委员会的投诉信,指的是御河对面通往肃亲王府的一条通道,这是围困期间后来几周内唯一安全的通道。

> 总务委员会主席:
>
> > 在那个被称为"隧道"的地方,现在有八点钟屠宰的马匹残骸扔在那里。这对健康是非常有害的。请委员会对各处污物进行必要的考察。

换句话说,就是要求对社区卫生进行检查和改进。每当清军大胆而频繁地向御河一带打炮的时候,处理"马的残骸"和其他内脏就成了一件极其困难的事情,因为这些东西既不能保存也无法送到该送的地方。

---

① 德贞,英国伦敦会传教士医生,1860 年来华,曾任英国驻华公使馆医生,有多部关于中国问题的著作传世。

第十七章　内南城墙争夺战

6 月 27 日,星期三。

夜里,城墙上枪炮齐鸣,异常激烈,就在天亮之前,四周还响起了一阵激烈的枪炮声,不过也许没有前一天晚上那么猛烈。每天晚上都有数千支枪瞄准使馆,但没有人受伤。一名美国海军陆战队员抱怨说,他已经连续四十八个小时待在城墙上了,那里根本没法睡觉,刚从城墙下来躺下休息,就被叫到这里执勤了。在前门和我们的防御工事之间有几处防御工事,但中国人大多躲在后面。他们现在可能有四支霰弹枪,其中一些用得很好;他们也有一些优秀的步枪射手。一名法国志愿者后颈部被跳弹击中,但很快就会康复。据说到目前为止已有三十二人伤亡。死亡十八人,其中三名法国人,三名奥地利人,两名日本人,两名美国中士,两个俄国人,两个意大利人,三个德国人,一个英国人。

每天都有一些侥幸脱险的例子,像有人拿着一把扇子,有一颗子弹穿过张开的手指,又穿过手里的扇子,竟然没伤到人;还有一没戴帽子的志愿者,从二楼的窗户往外看,想弄清楚外面发生了什么事,结果一排子弹从头上飞过,头发都被子弹带来的风吹得飘起来了。另外有一个人,飞来的子弹从他的衣服袖口进去,从夹克下摆处出去,擦着西裤从夹克另一边下摆处飞了出去,人却没受到什么伤害。俗话说,"每颗子弹都有它的归宿",躲避子弹是没有用的，但是对于普通人来说，不去躲避几乎是不可能的。

对在北京的外国人进行了一次人口调查，结果如下：

	男	女	孩子	总计
英国公使馆内	191	147	76	414
英国公使馆外	54	2	3	59
总　计	245	149	79	473

一个英国人今天生了一个儿子，丁韪良（Martin）博士说服他给这个孩子取名"围攻"，或许是希望他最终能被抚养长大。

几乎一整天，特别是在下午，到处都是和晚上一样疯狂而猛烈的枪炮声，到处都是呼啸的子弹，我们这边几乎没有回应。像往常一样，女士们自始至终都兴高采烈，忙忙碌碌，好像没有什么不寻常的事发生似的。大约4点钟的时候，西北方向突然发起了猛烈的进攻，号角声一如既往地召唤着中国人拿起武器。没过多久，不知什么原因，枪声减弱了。在肃王府北部的一个院落里，中国人试图攻破院墙。此时奥地利人守在一边，日本人守在另一边。一直等到中国人进去后，他们才交叉火力射击，打死十七人，或更多一些。

两天前的晚上，当清政府贴出了告示之后，日本人发现他们的外墙安装了云梯，于是派人去拆掉了。有一些杆子上绑上了破布，浸满了煤油，准备大肆放火。人人都喜欢日本兵，他们坚强而勇敢，我们从未听到过任何抱怨。

有人认为，今天的进攻可能是为了庆祝农历六月的到来。

昨天，有三个罗马天主教的小孩在肃王府门前的过道外迷了路，其中有两人中弹身亡。今天下午，在教堂附近和教堂后面的大锅旁发现了一些子弹。这些子弹没有伤着人，很长期间以来都是这样，真是一个谜。

大约晚间 11 点钟，西北方向响起了激烈的枪炮声，警报钟声响起来了。许多地方都吹起了中国军号，但子弹飞舞声只在头顶响了一会儿，然后就寂静下来。随后下达了大家都回去休息的命令，夜晚的其余时间相对安静。

6 月 28 日，星期四。

上午有一则新闻，一个从天津过来的中国人带来消息说，我们的救援部队将于"下周一分三个纵队"展开行动。据说，北京周围到处都是军队，很难进来，更不用说出去了。昨天伤六人，一人死亡。中国军队用一门大炮攻打肃王府，向大院里进行炮击，男士们不得不过去把女学生们从一幢危楼里救出来，这幢楼被炮弹击中起火了。抬进来一名受伤的法国海军陆战队士兵，很快咽气，另一名士兵受伤后不久也死去了。现时，医院共有二十二名伤员，这里不时遭到枪击威胁，很危险，窗户都用沙袋堵住了。

预计中国军队会在中午时分发动进攻，大家都做好了防御准备。枪战持续了好几个小时。傍晚时分，响起了另一场全面进攻的警报。随着一声枪响，中国军队向南边马厩里开火了。意大利人急忙把机枪从肃王府拿了过来，抬到二层受威胁的楼房。蒙古内馆那边的露天广场上起火了，周边全是中国人的住宅，中国军队在那里设了一个射击点，建造了一个新炮台。就在那栋建筑物将要被摧毁的时候，袭击突然结束了，就像它突然开始一样。

三天前派出去的信差回来了，他只走出去七十里地（二十一英里），有好几次因为受到怀疑而被捕并被绑了起来。他遇到了从天津来的大批难民，听人们嚷嚷大沽炮台陷落了，大批外国军队正在往京城这边赶来。

内城南城墙上的路障

三名成功派出去的信差

6月29日，星期五。

凌晨3点，雷伊（Wray）上尉率领的一队海军陆战队员出去试图俘获昨天造成如此大破坏的那门炮。尽管他们已经接近那门炮了，但许多来复枪向他们开火，无法得手，只好退回来了。这次出击只有两名海军陆战队员受轻伤。这次袭击行动显然计划不周，完全失败了。整夜都是没完没了的枪炮声，根本无法入睡。

昨天晚上被袭击的两层建筑，看上去受炮击损毁严重，如再轰几炮就完全坍塌了。当时有两门不同口径的大炮向这座建筑发射炮弹。不是所有的炮弹都爆炸了，也许一颗也没有爆炸，不过有一头今天准备宰杀吃掉的骡子让炮弹打死了。肃王府有人送信过来说，炮弹已经在肃王府后墙上炸开了一个大口子，现在前面又被炸开了一处豁口。枪声越来越近，越来越频繁。女学生已经完全搬出了肃王府，搬到了南面的一个衙门，罗马天主教徒一直住在那里，而且不算拥挤。

一名日本人在操作意大利机枪时被击中身亡。中午过后不久，肃王府里就起了火，人们发现起火的地方是肃王府后殿，无法扑灭。看到胜利在望的中国士兵发出狂暴的叫喊声，压制住了我们的进攻。一个日本人从肃王府来到英国公使馆借灭火器，他说，昨天晚上中国军队进来的时候，日本人把热水泼在他们身上，现在他想要"刺激他们的皮肤！"日本人和其他肃王府的保卫者的勇气，使攻击使馆区的中国军队除了放火，并没有占到什么便宜。

有一天，在中国军队向肃王府发起猛烈攻击时，一名单身女士吓晕了。那里的基督徒们都感到很害怕，但还是灵机一动唱起了赞美诗。日本士兵停止射击很长一段时间，询问他们唱的歌是什么意思，然后鼓掌欢呼。今天，一位极受敬重的英国海军陆战队队员菲利普斯（Phillips）站在肃王府前门附近，被一颗流弹击中，当场毙命。美国卫队的外科医生李贝德（T. M. Lippett）博士也被一颗子弹击中，股骨断裂，当时他正与英国公使并排站在公使馆楼外的台阶上，这使他无法继续参加公使馆护卫工作了。

天黑时，一名受伤的意大利人被抬了进来。下午 6 点 30 分左右，在法国公使馆遭受猛烈攻击时，有一名法国人被派来请求援助。一些受伤的中国人被抬了进来，然后又送到了肃王府的中国人医院。一车又一车的货物从一家外国商店送了进来，主要是餐具和纺织品。

今天，好心的窦纳乐夫人在她的厨房里开了一个免费洗衣店。几乎所有的工人都是这个行业的新手，这一点大家都清楚，洗过的衣服不要求熨烫。肥皂方面的需求是惊人的，但在某种程度上，似乎还总能得到满足。这个洗衣店收脏衣服的时间是固定的，但许多人不注意这个问题，当限额已满的时候还有些人赶来，就感到很伤心。在被围困的环境里，即使最没有经验的洗衣工也很少。因此，每周定量洗两千件。当需求量少一点任务不那么紧急时，公众可以每天从 5 点半到 6 点半来送要洗的衣服、领取洗好了的衣服。但一旦人太多，拥挤不堪时，公告栏就会贴出告示，通知公众"今天不收洗衣服"。

正是在对大量服装进行整理和贴标签的过程中，白莱伟（Brazier）先生和他那些能干的中国助手们的天赋得以尽情发挥。他们根据每一位顾客带来衣服的日期排序，将每天送洗的衣服各自编号，每一件衣服上都系有或缝有一块布条，上面写有与排序编号一致的号码。交付衣服时，当所有的号码都对上号时，就不会有错了。但生活并不都是称心如意的，标签布条有时会缝错或系错了，或日期排序出错了。在这种情况下，每一个交货日都成为一个戏剧性的时刻，每当这种时候，发放衣服人的耐心服务，取衣服人的坚持要取回真正属于自己的衣服,吵吵嚷嚷,换来换去,最终对上号时,大家皆大欢喜。当一堆衣服混杂在一起,看似一样又各不相同时,就要考验这些排序编号方法的效力了,结果证明他们的排序编号方法是有效的。

窦纳乐夫人厨房的免费洗衣店,不管阴天下雨,不顾场地狭小,尽管工人工作生疏,设备严重不足,同时整天枪炮不断轰击,很多时候都有工人受伤,还是出色地完成了洗衣任务,体现了西方人适应恶劣环境的优势,是盎格鲁-撒克逊人能量和能力的独特展现。

大约晚上 10 点左右,英国公使馆区西北侧遭到了猛烈攻击,一些中国士兵闯入了翰林院。暴风雨来了,伴随着雷鸣和闪电。这似乎明显增加了中国人的愤怒,人们在其他许多场合也注意到了这一现象。他们似乎认为每一次雷声都是中国众神仙发出的进攻信号,而不是下雨了要大家停下来休息的信号,所有中国人从古至今,总是在这种时刻倍加努力,只有当暴风雨势头减弱的时候才消停下来。这次对公使馆的攻击比以往任何一次都更加猛烈,在被围困期间的其他事件被遗忘很久之后,人们也都还记得这一次攻击。

在这一次攻击中,发射了数千发枪弹,但据知没有一发有效。攻击警报响了之后,所有的人都冒着瓢泼大雨跑了出来,即刻对中国军队发起反击。十五分钟后,宣布中国军队已经被赶走了,公使馆又恢复了平静。

6 月 30 日,星期六。

每个人都在谈论中国军队昨晚进行的攻击。曾在美国内战中参加过许多激烈战斗的美国公使说,他从未经历过像这样持续不断的攻击所带来的恐怖。在普通的战斗中,一方不是赢就是输,但在这种情况下,对我们来说,则是一场永恒的战斗,一旦抵抗停止,很快就会灭亡。一位经验丰富的不可能被骗的德国军官,说昨天晚上看到了"圆锥形的、固定在一个地方的探照灯",推测是救援队伍的探照灯。这些日子里,北堂一点消息都没有,但那里的枪声一直不断。有一个未经证实的传闻,说日本人从天津得到了关于他们军队的消息。

昨晚一颗子弹从教堂的窗户里射了进来,但没有击中任何人。一大清早,法国公使馆遭到袭击,一百名苦力被派去帮助防御,枪声持续了很长时间,两名海军陆战队员受了重伤,据说法国人对他们的惨重损失感到有些沮丧,这也难怪。今天早上,一名美国海军陆战队士兵手臂中弹,但他能够自己步行前往医院。

快到中午的时候,有报告说德国人在内城南城墙上的工事守不住了,这并不奇怪,因为他们损失惨重(这支德国卫队最初只有一名军官和五十名士兵,在这致命的一天,其中四人在城墙上被枪杀,一人重伤十天后死在医院里。另外还有三人中枪,一人脸部中弹,一人头部中弹,一人大腿中弹,这三人最终都康复了)。据认为,有三门大炮攻击德国公使馆,一门在前门附近,两门在肃王府北面。英国海军陆战队前去帮助德国人,但遭遇炮击退回。

今天早上,北面的大炮又开始炮击,炮弹呼啸而过,许多炮弹弹道都很高,其中四分之三落在了外城。在向我们发炮的这段时间里,这种情况某种程度上仍在继续,这一定使四面八方的许多中国人感到特别沮丧,他们在毫无预警的情况下发现自己遭到飞弹的野蛮袭击,而这些人对飞弹有一种特别的恐惧。毫无疑问,这种炮击导致了大量中国人意外死亡。

英国公使馆前门的防弹掩体正在加固。人们把泥土装在织花麻布做成的袋子里,运过来倒空了土之后,再回去装运。人力车在运输这些防御材料方面非常有用，拉人力车的是一个小男孩。装土的袋子是用肃王府里那些悬挂的雅致帘子做成的。在那里值勤的一些意大利平民志愿者，经常带着成堆的战利品回到英国公使馆，像镶嵌着蒸汽机模型的精美时钟，以及大量精美的服装。

一位从肃王府过来的中国人说，昨天着火的地方有一口大水缸，他看见里面有大量火药。英国公使馆随即派人去取了回来，立即派上了用场。今天有人看见一位从外城逃难出来的老妇人，从肃王府外大门里走出来，蹒跚而行走到御河桥上的工事。有人向她打招呼，问她要到哪里去，她平静地回答说"去买点东西"，显然是忘记了现在是什么时候、什么局势，她已经被烦心事搞昏了头，乱了方寸。一个中国人来到大门口门房，要兑换一美元零钱，因为他想给一个苦力十美分。门房搜集所有零钱，凑了九十美分，他心满意足地走了，否则他可能不得不把那一美元送人。今天，北京的一位老居民说，他在中国的这一辈子，从来没有在大街上见到一文钱，可是眼下街上到处是铜钱，已经没用了。

今天，一枚炮弹击中了窦纳乐爵士寓所和后面凉亭之间的一棵树，折断了一根直径四英寸的树枝，炮弹的碎片落在屋顶上，打碎了几块瓦片。令人费解的是，中国人拥有这样射程的火炮，为什么没有更多更好地加以利用。

我们在英国公使馆待了十天，但直到今天才第一次完成了打通御河桥到肃王府安全通道的工作。这是一条中外军人和平民永久使用的通道，一开始就应该像伦敦桥(London Bridge)①一样安全，但现在还是遭受多方炮火的威胁。

---

① 伦敦桥，英国伦敦泰晤士河上的一座桥，历史上曾被称作是伦敦的正门。

7 月 1 日，星期日。

昨天，美国海军陆战队员塔克（Tucher）在内城南城墙上被一颗子弹击中头部身亡，夜间在俄国使馆安葬。一位俄国海军陆战队员坚持自己挖墓穴，他把泥土刨平，用砖块当枕头，说："他是我的兄弟，我和他一起上过城墙。"塔克是一名优秀的射击手，射杀了很多进攻的中国士兵，但他自己却被一颗从防御工事射击孔里射进来的子弹击中身亡。

在过去的几天里，英国公使馆里增添了制作面包这一新行业，由似乎无处不在的总务委员会主席监督。面包房需要进行大量的工作和计划，有时即便所有工作都做得很好，也可能因某一失误而导致失败，就像昨天发酵失败一样，结果是制作出了一批特别硬的面包。雨季即将来临；昨天夜里下过阵雨，今天乌云密布，天气凉爽。一条射杀所有到处乱跑的狗的命令引起了一场大的骚动，杀狗断断续续，持续了很长时间。

早晨人们在交谈中传来消息说，德国人和美国人都要放弃他们在城墙上的防御工事。有一个地方的防御工事需要四百个沙袋，其他所有防御工事需要再制作两千个沙袋。每个国家的人都干劲十足地把填装好的沙袋放到大车、人力车上，或干脆用人扛，搬运到美国公使馆，去加固横跨街道的工事，并且供城墙上的阵地使用。有一天白天，美国人一度离开了他们的阵地半个多小时，但中国军队没有发现，或者怀疑这是一场骗局，这个阵地很快又被重新占据了。德国人也失去了城墙上的防御阵地，接着又重新夺回，在夺回阵地的战斗中，一人身亡。不久之后，这个阵地很快又被中国士兵占领了。

今天上午传来消息说，法国公使馆已经放弃，那里的人撤到了戒备森严的北京饭店（Hotel de Pekin）。不过，后来又夺回来了。饭店勇敢的经理沙孟(Chamot)①先生手下有一群中国雇员，每天三次为几百码之外的客人送饭，即使是在流弹如雨、炮弹碎片四处飞舞的情况下，也从未耽搁。没有人会想到中国人表现出如此不顾一切的勇气。特别值得注意的是，他们中的一些人已经受伤，或者很可能已经死亡，从人数上看他们已经少了很多，即便如此，他们也从未退缩。当被问及他们是不是不觉得这样做很不安全时，其中一人简单地回答说："那些外国人能不能吃上饭非常重要。"

意大利机枪安放在学生居住的二楼图书馆的一个窗口，枪的周围塞满了沙袋，攻击銮驾库那边的一些工事。图书馆里的书散落得到处都是，其中有一些就做了防御工事材料了，艾理国(Ellicott)主教的著作就用来垫住机枪架下面的轮子。

美国柯尔特式机枪从这个时候起安放在英国公使馆的大门外，因为它很少卡壳，要比贝思福勋爵所说的"过时的"诺登菲尔德(Nordenfelt)英国枪好用得多。但英国这种"过时的"机枪也比俄国人的装备好得多，俄国人把他们的炮丢弃在天津火车站站台上，带过来一些其他武器无法使用的炮弹。在遭遇围困初期，有一次，俄国人由于误解了命令，曾放弃了俄国的使馆，士兵小心翼翼地把炮弹沉到了井里，以免让中国军队使用。由于这些炮弹制造有缺陷，结果都浸泡坏了，以致后来不得不拆开，费力重新填充。

负责在内城南城墙上指挥英国卫队防守的英国雷伊(Wray)上尉手臂受了伤；一名英国海军陆战队员也在同一时间、同一地

---

① 沙孟，瑞士人，妻子是美国人。说他"勇敢"，很可能是因为此前他曾与妻子一起骑马到长辛店救回那里被困的欧洲籍京汉铁路工程技术人员和他们的家属。

点受了伤。另有两名守卫肃王府的人也受伤了，一名法国人，伤情严重，被抬到了英国公使馆。而许多一直在各处帮忙搬运沙袋的中国人，大多也都带伤了。我们医院的人越来越多，不断减员令人极为沮丧，显然局势快到了我们可以承受的极限。到目前为止，总共死亡 32 人。

下午，我们组织了一个小分队突袭中国军队的一门克虏伯炮（Krupp gun）阵地。这门炮距离很近，对肃王府北部造成了极大破坏。这队人并不清楚炮的确切位置，怎样才能找到那门炮安放在何处，只能靠猜测。这支小分队包括保利尼（Paolini）中尉指挥的意大利人、柴（Shiba）大佐指挥的日本人、四名奥地利人、两名法国人、七名英国海军陆战队员和五名英国学生。日本军人强行进入指定地点，但未能守住阵地，无奈撤退，一人死亡，两人受伤。

从英国公使馆马厩北端的瞭望台上可以看到这次突袭中国大炮阵地的整个过程。刚刚提到的联合小分队（包括十六名意大利人）选择了御河东面、翰林院对面的一条小巷作为攻击点。在巷子的一百码外，有一座高大的中国工事，在它的附近，肃王府的墙上有一个洞，先前曾有人想从这个洞进入巷子。保利尼中尉集合了他的士兵，冲向小巷，中国军队从工事后面和巷子北侧房屋的射击孔，对着小巷猛烈射击。

保利尼中尉的胳膊受了伤，两名意大利人倒地而亡，小分队被迫撤退，但这时他们看见肃王府墙上有个洞，他们以前并不知道这里有个洞，于是互相搀扶着准备钻过去。一名英国海军陆战队员受了重伤，沿着小巷逃跑了。自愿参加这次行动的五名英国学生拉塞尔（Russell）、布里斯托（Bristow）、汉考克（Hancock）、弗莱厄蒂（Flaherty）和汤森德（Townsend）都非常谨慎。拉塞尔命令他们在一所民房伸出来的墙后面躲着，直到其他所有人都逃出了小巷,他们几个才逐一冲过小巷,向肃王府墙上的洞那儿跑去。一个人冲出去的时候,其他人对着中国军队的工事开火。布里斯托先生十分冷静地拾起了一支被一名海军陆战队员丢下的来复枪,因为这个时候任何一件武器的丢失都是一件严重的事情。除了汤森德先生,所有的学生都毫发无损地逃了出来。汤森德先生两处中弹,一处在肩膀后面,另一处在大腿上。这些年轻人表现得像老兵,他们的勇敢和冲劲引人注目。但不幸的是有两个意大利人死亡(其中一人的尸体都丢失了)、一位日本人死亡、一名英国见习翻译和两名英国陆战队员受伤。在每个人都是必不可少的防御力量的时刻,这次判断错误付出了沉重的代价。

到目前为止,使馆街上的粮店一直是研磨小麦的最佳场所,因为那里的石磨是现成的。但到那里去正变得越来越危险。为了防弹,账房的整个走廊都封死了,所以里面不透气。临时增加

通向美国人在内南城墙上防御位置的坡道

了一道防御工事,把一个冰箱填满砖块,上面又堆上了沙袋。煮马肉的锅旁有一棵小柏树,有人很自信地挂着一串制钱,似乎没有人想去把他们拿走。目前,金钱对我们这些人来说,就像对鲁滨逊·克鲁索(Robinson Crusoe)和他的仆人星期五一样,毫无价值。

很显然,必须要占据美国使馆后面的内城南城墙。要占领那段城墙,就需要加强防御城墙下面的街道,使其免受枪弹袭击(这条街道目前由城墙其他部分控制着),同时也要加强防御通向城墙的长坡道。在那条坡道上通过是非常危险的,只要有人从那里经过,就会遭遇连续不断的枪击。为了在通过坡道时不受枪击威胁,需要大量的沙袋。这些沙袋放置在横跨马路的壕沟边,作为部分防护,但这些防护工作必须在夜间进行,以避免遭到无数中国士兵从不同方向连续不断的致命枪击。

保护坡道的最好办法似乎是用城墙表面的砖砌成一连串"之"字形护墙,这些砖又大又重。不过,因为砌城用的灰浆比一般中国建筑中通常使用的灰浆要好得多,所以挖出一块砖需要很长时间,费很大力气,而砌坡道上的"之"字形防护墙需要成千上万块砖。在这里,就像建造其他所有需要的防御工事一样,由于缺乏合适的工具,中国人有至少一半的时间都浪费了,而另一半时间往往因为工具太差,做起来事倍功半。

每当中国军队因怀疑有人在修建工事而开枪时,中国的工人们很快就学会了不像起初那样暴露自己,把头低下来,不暴露在外面。令人惊奇的是,他们在黑暗中如此努力地工作,要从城墙上一块一块地挖出如此难挖的大砖块,且大部分时间都在不断的枪击声中劳作,这需要多大的忍耐力啊。每当枪击猛烈时,他们就蜷缩在他们的首领周围,有时紧紧地抱住他们所信任的外国监察员的腿，好像这样会比各自分散开来更安全。

只有 26 名美国海军陆战队员牵制中国的进攻部队，指挥官迈尔斯（John T. Myers）上尉已经在那里待了一个星期了！很明显，那里既危险，也很不舒适，因为空间有限，庇护所既不防晒，又不防雨。中国军队不论白天还是夜间，总是不间断无规律地进行射击。个人利益在慢慢地消耗士兵们的巨大个人责任感，这很难阻止，但如果放任不管，则会带来致命危害。

7 月 2 日，星期一。

早晨天气潮湿，细雨蒙蒙，表明雨季已经到来。"探照灯"昨晚又出现了，甚至有人猜测它与"恐怖分子"的探照灯有关联，而"恐怖分子"应该是西摩海军上将的部队。今天早上中国的大炮又开始轰击了，意大利的机关枪送到了翰林院。中国人现在大多在胳膊上缠一块白布条，上书"基督徒"字样，这就在某种程度上实现了毓贤的建议，他曾希望政府强迫所有外国宗教的信徒通过穿着，让所有人一看就知道他们是外国宗教的信徒。

女士们正忙着用宁波丝绸和织锦制作沙袋，每袋布料的价值约十个墨西哥鹰洋。昨天晚上前门西面的顺直门①前起了一场大火，但谁也猜不出烧的是什么。东南部还有一场火灾，可能在城外。

肃王府越来越难防守了，有人担心怕是要守不住了。日本人把他们的一些给养从肃王府搬到英国公使馆，这表明他们对未来结果感到焦虑。他们公使馆的一名随员在修建防御工事时头部中弹。日本人是最勇敢的，他们占据着一个危险的位置，总是利用开阔的大孔洞射击，尽管小的孔洞也能打枪。他们大多数都在

① 顺直门，即宣武门。

头上缠一条某种样式的绷带,除非迫不得已,否则他们不会放弃。

英国公使馆东北面的墙需要加强防御力量,以免我们丢失肃王府,并且防止中国军队从侧面炮轰我们。今天,正在拆除窦纳乐爵士家门前的厚石板,以便再建一堵墙,以防中国人进入肃王府之后从一个新的角度向这里射击。两家外国商店中较大的那一家的老板,已经允许任何人随意到店里拿他想要的东西,海军陆战队队员和其他一些人一直在随便拿他们最喜欢的物品。结果,在使馆门房以及各个岗哨哨位上,都有了老式留声机和音乐盒。

俄国水兵好几次进入女学生们所在的院子,女学生们都非常害怕和厌恶,她们向俄国公使抱怨这些水兵的行为。

7月3日,星期二。

昨天晚上,一位记者发出了一份花费一千美元的电报,上面写着迄今为止所有死伤者的姓名和日期,但是没听到任何回音。今天早上下了一场大雨,一直持续到中午,所有人和所有的东西都湿透了。这样的天气,中国人竟然能在户外做饭,真是个奇迹。医院里挤满了大约五十名病人,甚至护士用的长椅子上也坐满了伤员。昨天晚上,似乎有人在树上向医院射击。这个位置视野广阔,可向任何方向射击。这种时候,医院的窗户都要用席子蒙住,屋内的灯都得放在地上。医护人员必须摸黑或在昏暗的屋子里救治伤病员,一旦露出灯光,就会引来枪弹,这很危险。

御河涨水了,已经变成了一条激流,有三四英尺深的水,没人能再通过隧道到达肃王府了。人们都讨厌下雨,因为下雨肯定会延误我们救援部队的行动,他们是带着重型武器来的。一个主管部门的人说,下雨只会延误救援部队一天时间,但其他人说可能延误十天。今天,一颗子弹把大门旗杆上的升降索打断了,有关部门命令把旗取下来，钉在旗杆上。

昨晚去内城南城墙坡道建造"之"字形防御墙的那些中国工匠，因为中国军队射击范围覆盖了坡道，而且子弹密集，未能完成任务。在最后一段时间，他们加固了刚刚从中国军队手中夺回的防御工事。英国人和俄国人在协助守卫那段城墙。

近几天来，我们守军在城墙上的位置越来越不利了。中国军队一直在大举推进，他们枪炮齐发，从各个方向向这里轰击，美国人的阵地防御极其困难。城墙的顶部是平的，宽三十到四十英尺。抵达城墙顶部的坡道总是成对的，像字母 A 切断上部的形状，两条坡道在城墙顶部相交，坡道顶端都有规则地各设置一个巨大的堡垒以加强防御，相交点的距离长三十到四十码。

美国人的防御工事错误地设置在第一个坡道的顶端，致使另一个坡道和坡道顶端的堡垒无法进行防御。中国军队在西边的前门和我们的防御工事之间筑起了几道工事，并且一直在慢慢地靠近，一堵墙像蝎子的毒尾巴一样弯曲在另一堡垒的表面，在那里他们是不会被炮火击中的。最后，他们刚刚建造了一座高塔，离我们的哨所只有几英尺远，现在他们从这个难以接近的高地把巨大的砖块扔到我们士兵的头上，我们的士兵无法反击。

康格先生、司快尔先生和窦纳乐爵士均具有军事经验并善于做出准确判断。他们都清楚地认识到了：必须把另一条坡道顶端的中国军队赶出去，否则这段城墙就废掉了。这一重要任务交给了美国卫队的指挥官迈尔斯上尉组织执行。迈尔斯是一个头脑冷静而有能力的军官，他满怀豪情对待这一任务。参加这次行动的有 27 名英国人（包括一名平民志愿者）、15 名美国海军陆战队员和许多俄国人。

海军陆战队以他们自始至终表现出来的无畏勇气而著称。

迈尔斯上尉特别提请他们注意需要克服的困难，并要大家记住一个事实，即数百名妇女和儿童的生命就取决于这次两军对垒的结果。接着，他带头越过美国人的防御工事冲了出去，当他们突击到对方工事的面前时，他们的工事还没有完全建成，很容易就推倒了。紧随其后的是英国人和美国人，俄国人被派去攻击敌人城墙内侧的坡道。推倒了敌人的工事之后，就处在了敌人堡垒的弯墙后面，不再受火力威胁了，然后他们突然向敌人发起攻击，以致对手还没缓过神来，战斗就结束了。

最后带头发起攻击的是特纳（Turner），他是一名美国海军陆战队员，也是一名熟练的神枪手。冲锋时，特纳和他的战友托马斯（Thomas）一样，头部中弹，当场毙命。迈尔斯上尉的小腿意外地让中国长矛刺伤，这是一个痛苦而危险的伤口，加上随后的伤寒发作，使他在此后的围困期间无法继续服役。一名英国下士脚背受伤，一名俄罗斯人也受伤。中国军队的溃败和他们见到我们突袭的情形一样，不明白怎么回事就败了。这次行动除了缴获了大量来复枪和弹药外，还杀死了一名董福祥军中姓马的军官、十五名士兵，伤十五名，缴获了标志马姓指挥官的大旗和另一面军旗。

中国军队被赶到城墙下，退到了很远的地方，我们立即占据了他们修筑的工事，此后他们再也没有回来过。这一英勇行动的道义影响当然不亚于其军事上的重要性。很可能是由于这一事件，以及其他类似的日本和其他国家人的行动，才使得强大的中国军队在攻击使馆时从未找到能够一举歼灭外国野蛮人的方法。他们有充分的理由担心，在进攻使馆的过程中，他们中的大多数可能会死伤，永久失去参加崇拜祖先仪式的能力，而这些仪式在每一位先贤子孙的心里是如此高尚和珍贵。

美以美会大院里的哨兵特纳

北京美国公理会

在这里，我们可以看到中国军队在围困公使馆期间是多么无能。有些场合，例如我们在英国公使馆聚集那天，中国军队大规模迅速出击，就能一举消灭所有外国人，而这样的行动没有任何风险，但他们没有抓住这个机会。几天来，他们几乎控制了公使馆后面整段城墙，本可以在一夜之间集结成千上万的军队和所有的大炮，这样的话就不可能把他们赶走了，而我们也就不可避免地被他们的炮火消灭。这是那些在国外的人了解、预料的情况，但却没有成为事实。

在天津，中国人让所有根据"对日战争"的经历评估他们军事能力的人感到震惊。战斗极其惨烈，以至于在攻陷天津城之前，联军遭受了严重的损失。

但是在北京却没有这样的事情发生，因为尽管袭击很猛烈，很凶残，但是中国士兵并没有暴露自己的身份。有难以计数的机会，如果他们愿意牺牲几百人的生命，完全可以在一小时内摧毁公使馆的防御。然而，他们只是进行疯狂的枪炮轰击而不是一次性大举进攻，结果损失的兵力是组织一次性大规模进攻的五到十倍。大炮的炮弹质量很差，射击很不稳定，轰击时断时续，十分凌乱，毫无准头，尽管当时没有人想过要对此品头论足。然而，当围困结束后，人们发现了无数新的克虏伯大炮，如果用所有大炮同时进行炮击，结果会是致命的。但是事实上很多大炮从来就没用过。

第十八章　至险至恶之时日

7月4日，星期三。

昨晚9点半左右，从西北、西部和西南部开始了猛烈的扫射，先是零星的分别射击，后来各处齐发，枪声密集，就像一场总攻。每时每刻人们都以为警报铃声响了，枪击总是断断续续，没有停下来的意思，直到天亮。下了一整夜蒙蒙细雨，虽然雨势不大，但一切又都湿透了。天阴沉沉的，没有露出太阳的迹象，除了一个爱国公民在几张卡片上画了一些小旗子外，这一天没有任何喜庆的迹象。

美国公使馆本身也死气沉沉。有几个夜里在城墙上工作的中国人正在使馆参赞的房间里睡觉。公使的办公室一片混乱，地板上满是被子弹打破的碎玻璃和墙砖遭受枪击落下的灰尘。四处散落着法律摘要、国会档案记录、布莱克本（Blackburn）委员会报告、美国联邦法规大全、打翻了的墨水瓶子、废纸筐和窗帘杆，一片狼藉。有颗子弹穿过镶嵌独立宣言的框架，在第十二和第十三行之间留下一个弹孔，那两行正好是批评乔治三世古怪行为的文字。

昨晚出现了明显的人造光，不像前一晚的那些，现在人们认为是没有雷声的闪电。在肃王府的中国人对那里发生的袭击事件非常害怕，但她们获悉，住在俄国使馆区附近房子里的女孩并

262

不安全。今天,肃王府里有位姑娘的一条腿被一块弹片击中,失血过多身亡。这是所有女学生中唯一丧命于袭击的人,与其他大多数女学生不一样,这个孩子和她的父母在一起。

中国军队的计划是摧毁肃王府的防御工事;但是,我们采取了内部防御措施,所以肃王府还可以继续待下去。我们很高兴地得知,这里可以防御任何危险。今天又有一个意大利人在那里丧命,到目前为止,总共有四十三人死在那里。日本人把一些缴获的枪支交给了志愿拿起武器的中国基督徒,与他们并肩站岗执勤。昨天,一名日本脑疝患者死于医院,但由于人们认为他进医院时已濒临死亡,所以他的名字登记在前一天的死亡记录里。

有些住在使馆街的人被困在了我们的防线内,他们手上有泡菜和其他酱料,现在他们每天都在兜售,这是我们遭围困以来见到的第一个商业性活动。对内城南城墙的炮击和对公使馆的一样猛烈。据报,中国军队在哈德门的一门大炮发射的炮弹,越过我们的工事,击中了远处的中国军队工事,炸得砖块乱飞。我们这边的人顿时一片嘲笑欢呼声。

7月5日,星期四。

虽然昨晚相对比较安静,但法国公使馆在凌晨遭到了袭击,袭击持续了半个小时左右。北京饭店的经理沙孟先生已被迫将房子的墙加厚到十英尺到十五英尺,以用来抵挡炮弹。但是饭店屋顶是最薄弱的部分,他今天早上报告说,在猛烈的炮火下,屋顶已经成为废墟。他带来的一些炮弹碎片显示这些炮弹是一种新的、威力很大的大炮发射的。据报道,今天他那里的一名苦力被打死,昨天有两名被打死,现在还有人活着,简直就是一个奇迹。昨天晚上,一个小男孩带着信从城墙上下来,伪装成一个乞丐,带的信用油纸包裹放在一碗稀粥底部。这个男孩是梅威良博士那一群孩子中的一员①。

公使馆的卫生设施正在改善，清理了大量的空瓶子扔进了御河。这一次没有人在意这些瓶子了。肃王府那边，每幢房子都住了太多的人，他们中的许多人都生病了，如果不解决卫生问题，那里生病的人会越来越多。已经任命了一个委员会来研究如何改善目前完全被忽视的卫生条件。

关于究竟是什么阻碍了天津的军队到来，有许多令人焦虑的猜测，人们担心可能是各国之间的猜忌，难以确定由哪一国家的人做联军统帅。有人担心，可能是中国的外交代表欺骗了某些国家，使他们相信各国公使在北京受到了精心的"保护"。他们援引6月25日在御河桥上设立的告示牌作为证据，尽管似乎没有人会相信这一点。

翰林院那里又重新筑起了工事，英国公使馆的欧利丰（David Oliphant）留下来砍树，却被子弹射穿了肝脏，不久就死了。他以一个真正的英国人的勇气，在防御工事中英勇无畏地劳作。大家对他的不幸深表哀悼。一个德国人带来了一颗没有爆炸的新型炮弹，光是它的重量就让人觉得可怕。在此之前，中国军队使用的炮弹，没有他们预期那么大的威力，破坏力微不足道。

我们一名最优秀、最有价值的中国牧师在和一群人一起从使馆街的商店运送谷物时，被附近的一名德国海军陆战队员开枪打死了。俄国人还差点误杀了一些在城墙上工作的基督徒，窦纳乐爵士在与法国公使的会谈中发布了一项命令，要求每一个基督徒都必须佩戴徽章，就像他们中大多数人已经做的那样。

---

① 公使馆遭围困之前，梅威良曾到通州将那里的传教士及其家属和100多名中国基督徒接到了公使馆。这里"那一群孩子"，应指他到通州接走的中国基督徒中的孩子。

英国公使馆前门外部防御工事正在用沙袋加固,沙袋上涂满了泥浆,这是一种非常有效的防弹屏障,甚至可以阻止中国人的炮弹。皇城内御河桥头筑了一个新炮台,安放一门新式大炮,实弹射击,四处乱射,许多炮弹飞得很高,好像是要射向北京外城。刚刚发布了一项命令,禁止对那家外国商店进行可耻的抢劫,这在抢劫开始之前就应该禁止。抢劫商店不仅使海军陆战队道德败坏,也使周边平民道德败坏。事实上,在这个世界上,抢劫对大多数人来说具有巨大诱惑力。今天下午,李佳白博士在经过使馆街时腿部中弹。

7 月 6 日,星期五。

现在中国军队最喜欢夜间发动攻击,攻击中有大量步枪,也有一些大炮不停地轰击。昨天下午,他们的一枚炮弹击中了英国公使寓所附近的一辆中国大车,把它炸翻了。而一名中国妇女就睡在旁边的另一辆大车上。昨天晚上从使馆区和城墙那边都听到了沉重的炮声,人们对此通常都做出乐观的推测,认为我们的救援部队就要到了。

一些中国人说,敌人在高空发射数万发来复枪子弹是有原因的。他们以为我们在地面上非凡的抵抗能力是因为有天上的神仙保护(在当时情况下这种假设是合理的),他们现在把全部火力对准"老天爷"(the prince of the power of the air)。但在我们看来,所谓"老天爷"在很多方面都与我们作对,而对中国军队来说,攻击所谓的"老天爷",从任何角度看,都是一个错误。

今天,日本人又发起了一次突袭,意欲夺取中国军队的大炮,事实证明这是很不应该的。就像此前试图夺取中国军队大炮的那次突袭一样,完全失败了,他们奉命撤了回来。指挥这支志愿军发动突袭的安藤(Ando)上尉受了重伤。日本人把这次突袭失

英国公使馆大院内汉务参赞戈颁的房子和防弹工事

败的责任归咎于意大利人迟迟不合作，以及中国苦力拒绝在激烈的交火中拖走一门很沉重的大炮。据说中国苦力喜欢为日本人工作，因为日本人从来不像某些人那样对中国人拳打脚踢。当一件困难的工作完成时，日本人会向中国人鞠躬致意。昨天日本人被迫退到了一个比较好的防御位置，但由于中国军队在放火这种攻击上的技巧和创造力，对肃王府会造成很大威胁，他们感觉整体上退到这个位置不利于保卫肃王府。

前门方向射过来的一枚炮弹，在美国公使馆大门外的三名美国海军陆战队员头顶上爆炸了，但奇怪的是他们无一人受伤，尽管其中一人说："我刚才差点就没命了。"俄国旗杆和美国旗杆都没了，美国旗杆被刚才提到的炮弹炸飞了，炮弹把俄国公使馆大门的门楼屋顶炸出了一个大洞，俄国旗杆随着瓦片一起掉了下来①。

① 美国公使馆与俄国公使馆位置相对，一北一南，中间是使馆街街道。

安藤上尉被送往医院后不久就去世了。他是一位很有能力、很受欢迎的军官,在公使馆防御方面做出了很大贡献,人们将非常怀念他,尤其是在日本卫队人数急剧减少的情况下。皇城的城墙上又筑起了一个炮台,这对我们来说意味着更多的灾难。

夜间,派出了另一名信差,送出的信上写着:"急。速来营救。"一名俄国公使馆的学生喝了太多烈酒,冲向中国军队的工事街垒,被当场击毙,几名试图抢夺他尸体的敌人也被击毙。

7月7日,星期六。

肃王府昨晚遭遇了不太严重但却持续不断的枪击,足以让人们无法入睡。城墙上没发生什么重要的事情,但有一个中国人受了轻伤。昨晚在东南(或西南,不同人的说法不一样)方向各处又响起了重炮声,再次引发了关于救援部队的各种猜想。昨夜派出去的信差,因为被人盯上,就从水门回来了。他似乎很害怕,睁大眼睛大声说:"哦,那么多敲梆子的巡夜人!"

公使们的估计还是颇具权威性的,他们认为,当电报被切断表明情况很严重时,俄国可望从旅顺港抽调八千人进京救援,而菲律宾可抽调一万人北上;拖延这么久都没有到来,最有可能的原因是救援部队本身的日子也不好过。中国有句箴言说得好:"火烧眉毛,且顾眼前。"这句话很可能就说明了从这里到天津的情况,因为义和拳太多了。

如何处理我们防区内的非基督徒的问题,显得越来越严重了。在肃王府南面的蒙古内馆(Mongolian Superintendency Yamen)①里,有二三十人,其中许多人是肃亲王突然离开时留下来的。还有许多人住在使馆街。由于有可能出现食物短缺,最好

---

① 蒙古内馆的实际位置,应该是在肃王府和英国公使馆的西南面。

把他们打发走。但我们不敢送他们走，怕他们把我们的窘况暴露给敌人。这真是一个"骑虎难下"的问题。

炮弹今天第三次射进了窦纳乐爵士的餐厅。炮弹从北向南穿过，擦过女王的巨幅画像，打掉了画框的边缘，但除此之外没有造成任何损坏。然而，这个房间不再适合做餐厅，"风水"被破坏了，这个二三十人的大家庭只好到别的地方，找个比较安静的环境吃饭。窦纳乐爵士的一个仆人拿来一块弹壳，这是打到屋顶上滚落下来的。

奉命调查肃王府卫生状况的委员会报告说，肃王府的卫生不堪言状。那里的罗马天主教徒，很多人患上了天花和猩红热，那么多人拥挤在一起，情况十分糟糕。由于连续不断的枪炮袭击，英国公使寓所后面的仆人，不得不从他们的宿舍中搬出来，到了肃王府那边，这使得肃王府更加拥挤不堪了。

中午时分，又一轮猛烈的枪炮轰击开始了，许多炮弹在英国使馆大门附近的空中爆炸。中国军队从四面八方向这里开火。一名日本人和一名奥地利人受伤。皇城的炮台显露出了两门加农炮口。可以想见，当这两门大炮开炮时，我们会面临什么处境。

在急需某种大炮的情况下，至少是为了表示一下对中国大炮不断轰击的回应，我们的一位聪明的美国退役军人建议，可以用铜线把消防车的铜管缠起来，制作大炮。在这次行动中，美国炮手米切尔（Mitchell）一整天都忙得不可开交，许多女士和先生都来看这一新奇制造的进展情况，他们都说："看看，真是个聪明的办法。"炮弹是用堆积如山的中国旧烛台和其他英国器皿制成的，其中有一车又一车的东西是从肃王府和其他藏有大量这种物件的地方运来的。当这项工作正在进行的时候，我们派了一队中国人到前线一个废弃的铁匠铺去取工具,他们偶然发现了一门古老的中国大炮。带头的非常高兴,急忙拖回到公使馆,把去取工具的事都给忘了,随后他们又返回去找来了大量用具。有了这门中国式大炮,消防车铜管造的炮就不用了。

从卢汉铁路逃出来的比利时工程师们,终于开始认真地建造一条穿过御河抵达肃王府的安全通道了。这些人都是使馆防御志愿者,每人都有一把砍肉的砍刀,用铜丝绑在步枪的枪管上,代替了刺刀。这给他们的战争增添了厨房的血腥味,但若粗心大意,有时会对同伴带来危险。

俄国人和最典型的盎格鲁-撒克逊人一样,不能容忍无法与外界取得联系,尽管找人或恳求人去送信很困难,甚至根本找不到,也有人不希望花大代价雇用信差,但公使馆的先生们还是坚持重金悬赏信差。他们承诺,只要有人把求救信送到救援部队那里并带回回信,即赏给一万墨西哥洋;每一个把求救信送到天津的人赏给一千墨西哥洋。任务一完成,立即兑现。对于那些只身前往天津或救援部队送信的中国人来说,只要有信心成功,这笔钱从理论上讲,按比例就几乎相当于一个美国人工作几天就可以拿到一百万美元。结果是中国人觉着外国人花这么大价钱,肯定是一件无法做到的事情,尽管赏金优厚,但没有人愿意去救援部队送信,也没人愿意到天津送信。

在对法国公使馆的一次猛烈袭击中,许多中国士兵破门而入,造成三人死亡,但法国人无一人伤亡。今天下午,中国军队又在肃王府附近放火。意大利机枪的子弹用完了,不过,英国军械士托马斯(Thomas)把手枪子弹装进机枪弹壳里,用来引爆填装的中国火药,推动发射今天一些中国补锅匠和铁匠制作的银汞合金弹,显示出他在防御方面良好的事先准备意识和技巧。

7 月 8 日，星期日。

昨天晚上 10 点左右，四面八方又响起了激烈的枪声，听起来像是要发起全面进攻。一颗子弹击中了英国公使馆内礼拜堂的屋顶边缘，打掉了附在建筑物角落里的一只脊兽。英国公使馆曾经是梁公府①，梁公是乾隆皇帝的孙子②。中国人以外的西方人知道乾隆，是因为他统治时期的陶瓷特别珍贵。梁公府一类的府邸是皇帝的财产，就像整个帝国应该都是皇帝的财产一样。这个地方以八千英镑的价格卖给了英国人，原主人不得不接受其他地方的一个小规模府邸了。府内各种亭阁展馆仍然保持着原有的风貌，但大部分主建筑已进行了彻底改造。

这是一个非常不安宁的夜晚。吃早饭的时候，肃王府传来消息说又有人放火了，一个日本人在随后的战斗中受了重伤。几小时后，这场大火被扑灭了，但紧接着又燃起了另一场大火。整个上午，枪炮声不断。几名英国海军陆战队员和海关志愿者前往肃王府支援，加强防御。中国军队正在肃王府里放火，他们拿着一端绑缚破布的长杆子，破布上浸泡了煤油，很快就成功地在一些看起来不太可能着火的地方放起了火。在这个焦虑不安的星期天，战斗一直在进行。下午 5 点，日本人通知说肃王府的前门着火了，基督徒必须转移，否则他们将被屠杀。

各主要委员会的领导人很快组织肃王府内的中国人转移到了美国公使馆东边的民居。傍晚时分，西面某个地方发射的炮弹

---

① 梁公府，即淳亲王府。淳亲王，康熙皇帝第七子胤祐。每下一代袭封降一级，至第五代传至爱新觉罗·奕梁，降爵"奉恩镇国公"，是以府邸习称"梁公府"，其实还是原来的淳亲王府。英文原文梁公府的"梁公"写作 Duke named Liang，实误，"梁"既非姓，也非名。

② 英文原文作 a grandson of the Emperor Ch'ien Lung（乾隆皇帝的孙子），误，事实上非嫡系，也不是孙辈，而是曾孙辈。

开始落到了英国公使馆内，一枚炮弹击中了汉务参赞的屋顶；另一枚炮弹对俄国人占居的建筑造成了很大破坏。总之，前景令人十分沮丧。奥地利军舰"森塔"（Zenta）号的指挥官托曼（Thomann）今天在肃王府被杀。

下午，经过大量的准备，前面提到的那门安置在英国公使馆门房的中国式大炮派上用场了，声音极大，后坐力很强，但炮口太高了。不过，接下来放的一炮非常成功。施放这种老式旧炮要准确命中目标很难，何况用的还是不配套的外国炮弹（俄国重新填充的炮弹），施放时本身就有偏差。

7月9日，星期一。

夜间，中国军队发动了三次攻击，我们对这种攻击已经习以为常了。到处都是子弹的呼啸声，打得树叶和树枝纷纷掉落下来。中国军队大炮断断续续地轰击。我们新配成的"国际炮"现在安放到了学生图书馆（二楼），从这个位置对着銮驾库那里的中国军队的工事打炮，效果很好。但是，这门炮后坐力太厉害，把窗户顶破了，沙袋也都掉到了窗外。斯特鲁茨（Strouts）上尉急需沙袋，为此动用了大量军用毛毯，但毛毯不适合用缝纫机缝制，制作起来有很大困难。一枚炮弹击中了警卫室，这显然是中国军队新设工事里的大炮施放的，不过还好，其他几炮发射距离不够，炮弹都落到了路上或御河里。

城墙上的美国人已经开始在原城墙上的防御工事以东大约十五码处建造了一座新工事，在建造过程中还没有遭到攻击。昨天移到使馆街民居的中国基督徒已经重新登记并开始工作。我们的"国际炮"成功地将一枚炮弹射入了皇城城墙顶端炮台的瞭望口。从那以后，人们注意到这些瞭望口都被显然是从发电厂偷来的巨大铁板堵住了，只有在他们要开炮的时候，铁板才挪开一

英国公使馆大院里的布告栏，美国传教士占据的小教堂

会儿，打完炮后立即又封上了。这似乎使他们的炮手像身处大海中央一样安全，使我们的炮弹打不到他们。

据报，三名男子试图在法国公使馆放火时被抓获，但各种谣传互相影响，难以弄清事实真相到底如何。据称其中一人主动提供信息说，和我们作战的有八千人，其中一些是荣禄的部队，另一些是董福祥的部队。

到了下午，钟楼的布告栏上张贴了一则通知，说派往城里的信差回来了。被围困的公使们，和诺亚（Noah）①第一次放出鸽子时的心情一样，急切想知道外面的世界什么样子了。那人报告

① 诺亚，圣经故事人物，他和他的家人乘坐诺亚方舟避难时，由于天地茫茫，四处是一眼望不到边的洪水，他想知道他眼力不及的宇宙其他地方的情况，曾放出鸽子去打探消息，看看水退了没有。但第一次放出的鸽子，由于四处汪洋，无处落脚，飞回来时，什么消息也没带回来。

说,哈德门已经关了好几天了,他从东便门出去,出了城墙,到了齐化门①。他发现,在齐化门和哈德门大街的十字路口,四大胡同一切都和平常一样。为了证明这一点,他还带回来在商店里买的一些东西。因此,如果有谁认为我们被困在公使馆一带而整个世界就乱套了,那么他就大错特错了。据说皇帝和慈禧太后还在北京,《京报》照常发行。路上没有任何外国军队方面的消息。

7 月 10 日,星期二。

昨天晚上又像往常一样进行了枪炮轰击,我们的国际炮在大门口发了四炮。当时正在对上次从肃王府转移出来的人及其家属进行重新登记,为了方便清点,把他们集中在了一起,但没有人受伤。在肃王府协助作战的欧洲军人,有一些时常会粗心大意或惊慌失措,而日本人却总是沉着冷静,也许他们是太自信了。昨晚城墙上好像什么事也没发生。一名夜间一直在那里协助防守的英国海军陆战队员告诉我们:"除非哪个家伙把头探出工事,你才可能去对付他,不然,什么办法也没有。"这不正是整个公使馆区防御战的简明写照吗?

我们的大炮向皇城工事那里发了几炮,但没有什么明显的效果。中午时分,英国公使馆门房附近遭到了多枚炮弹轰炸,显然是对着旗杆来的。公使馆的东墙正在用土和木支架精心加固。一枚炮弹击中了工人们头顶上的一棵树,一枚炮弹击中了门房的一角,造成了很大的破坏,但还是没有人受伤,这真是不可思议。今天,有一名军官把我们防区内的十三个人通过水门放走了。与通常的复杂评价一样,有人认为他很聪明,说他这样做可以节省食物;另一些人则认为他是一个傻瓜,让这些人出去会让敌人知

---

① 即朝阳门,元代称"齐化门",不知作者这里为什么用旧称。

道我们的秘密。

昨天在我们的防区内发现一名中国人用手绢包着火药,但让他逃走了。他打算拿这些火药做什么?又有传闻说,前两天晚上,在肃王府里的一些欧洲士兵受到惊吓,离开了他们的岗位,半个小时没有回去。据报,有两名俄国人在新设的工事处丧生,一名德国人因脚部受伤感染破伤风而死。某些平民努力要求总司令把旗帜从门房移到其他位置,因为炮击危及许多妇女和儿童的生命,敌人那边已经算计好了到这里的距离,一直打得很准。但是,负责此事的上尉对这些人的说法很不以为然,他的理由是对方炮手看不见旗子,也不知道炮弹是否击中了什么东西,结果,对方的炮弹照旧继续朝门房这里打。

英国公使馆受到了来自北部和西部的炮火袭击。有一次炮弹爆炸,碎片飞进了俄国公使夫人和一些孩子睡觉的房间,还是没有人受伤。据说在法国使馆区放火被抓的人现在不在里面了,而是住在附近的某个地方。他们说一些中国士兵被派到了民房里,从房屋的射击孔向外观察。如果看到外国人,这些士兵们就会发起攻击。

下午,一队英国海军陆战队被派往法国公使馆协助防守,带他们过去的挪威人没走后面的安全小巷,而是带着他们从使馆街的入口绕行。他们在中国工事的正前方站了一会儿,听到他们叫门,前门居然打开,让他们过去了。这件事引起了很多议论。还有更多关于在法国公使馆内或公使馆外被抓获的一些人的故事,其中有一个人说,其他所有的攻击手段都没成功,中国人正在从西山召集矿工过来,要把我们炸飞。

7月11日,星期三。

昨天中午再次派出一名信差,今天又派出了一名。尽管俄国人出价很高,但有的信差说要尽力把信送出去,不要报酬,因为他们的家人和我们这些人都在一条船上。昨晚一枚炮弹击中了头等参赞的住宅,一块弹片掉在了一位躺在医院长椅子上正在康复的病人的肚子上,把他惊醒了。依然没有人受伤。

今天要动身的那个送信人离开水门时被人打了一枪,很没面子地回来了。中国军队正在稳步向加强了防御的肃王府推进。在翰林院被杀的奥列芬特(Oliphant)的兄弟腿部中弹,被抬进了英国公使馆,但没找到弹头。另一名在肃王府的日本人受伤,那里双方工事的距离很近,许多人被从不远的地方扔过来的砖头砸伤。有人说要用化学药品来对付中国人,从精神上摧毁他们,但我们没有那么多化学药品,此事未能成行。

据报道,今天的气温高达 99.5°F,以前也有过几天类似的天气。但总的来说,这里的天气比任何人想象的都要好得多。多年来,人们一直认为处在大山之间和大海之滨的北戴河是避暑胜地。但今年,整个外国人社区第一次也可能是最后一次一致认为,到目前为止,最有益于所有人健康的事情是做一件根本没人想过要做的事情,即在北京度夏。

在图书匮乏的情况下,我们非常高兴能像难民们一样,受到汉务参赞戈颁(Cockburn)先生的热情欢迎,到他的图书馆去。戈颁先生似乎认为他的图书馆承担着为公众提供阅读服务的义务。

7 月 12 日,星期四。

肃王府的气氛非常紧张,一名意大利志愿者将肃王府描述为"地狱"。昨天有六人被送往医院,晚上一名德国人中弹身亡。今天早上,抓住了一名义和拳,对他进行了审讯。他被抓住的时候,正在"寻找废铁",他交待的事,必须由最精明的知识分子进行长时间的审查，即使如此，他的说法也缺乏可信度。他说他以为外国在天津的定居点已于 6 月 16 日被摧毁了，但后来又承认被外国人重新占领了，具体日期不详。他还告诉我们，攻击我们的中国军队不允许使用大炮，只能使用小炮，以免大炮意外炸伤了中国人。

今天，一名年轻的日本志愿者表现勇猛，杀死了三名中国士兵。当有人越过御河把这个故事传到英国公使馆时，则成了这位日本人看到二十名中国士兵放下枪放火，便抓住机会突然袭击，拿走了所有的二十支枪和弹药，杀死了一半的士兵！因此，军事史学家的工作，除了那些性情古怪的人，不会有人羡慕。战争期间的故事，很难准确无误。

在英国公使馆正门的东面有一个小军火库。那里一直在用坩埚制作一种非常坚硬和有用的汞合金子弹，用子弹壳为意大利的机枪制造弹药，德国人拥有大量的空弹壳，正在装弹。不幸的是，虽然有很多锡炉、铜炉等材料，但火药的供应有限。

中国军队的大炮发射到了肃王府，新建的防御工事被摧毁了。这个地方的防御工事必须重建，日本人急忙派人去请了十个苦力。今天有几名中国人在法国公使馆内或附近被杀，至于他们是士兵还是来抢劫的，说法不一。

中国军队离法国公使馆非常近，他们甚至得意地把他们的军旗斜靠在公使馆的墙上，其中有一面旗帜被巧妙地钩住，拿了过来。今天，翰林院的美国炮手米切尔（Mitchell）和"奥兰多"（Orlando）号的普雷斯顿（Preston）中士，趁中国军队放火时，也成功地缴获了一面军旗。

最近，许多抢劫犯闯进了被烧毁的汇丰银行的废墟，翻遍了所有的文件，把巨大的丘伯保险柜（Chubbs safe）弄了个底朝天——这需要大量的人手，显然是想打开保险柜，但这是不可能的。今天，一颗实心炮弹击中了我们的门房，钻进了几英寸厚的砖里，用匕首才把它给挖出来。这些实心炮弹，似乎型号不一，大小不同，种类很多。目前大约有四十个样本堆放在英国公使的寓所前面，没有一枚炮弹爆炸造成损害，尽管其中一颗穿过一个房间，落到了主屋房顶上，当时房间里有十六名中国人。

中国军队的大炮安置在内城南城墙上、离各国使馆最近处的各城门、肃王府后面和附近各地以及距英国公使馆几百码的皇城城墙上等地。考虑到这些大炮的数量和发射威力，一旦开火，任何外国建筑物能存在二十四小时就是个奇迹。不过，人们认为，有些大炮的发射方向与到皇宫的方向一致，这对中国宫廷和公使馆都是不安全的，因此炮口总是封着的。在安放这些大炮的时候人们这么认为，现在很可能还有人这么认为。在西班牙、日本和法国公使馆所在的矩形区域的一角、肃王府的北面，矗立着一座称为"堂子"（T'ang-tzu）的建筑，里面安放着当今朝廷的一些远祖的灵位，这可能就是安放在前门对着英国公使馆的大炮不能开炮的原因。在中国，攻击祖先是大逆不道的罪恶。

7 月 13 日，星期五。

昨天晚上 9 点半，西南和肃王府方向的来复枪开始猛烈射击，肃王府方向的枪声持续了一整晚，偶尔伴随着中国的大炮声。然而，海军陆战队在回答如何应对昨晚的枪炮攻击问题时，竟然说这"是一个非常安静的夜晚。"早晨，开始有从新的方向打过来的炮弹，但仍然没有人受伤。一枚炮弹落在储存粮食的房间里，一块弹片击中了正在修理医院的工人的屋顶，另一块碎片穿透了挂在绳子上的床单。一整天似乎有六门炮在轰击。一名在肃王府的意大利人死亡，白天有三名德国人受伤。美国公使馆那里，公使的寓所已经遭到严重损坏，康格先生和康格太太死里逃生，他们当时正在一个房间里工作，而炮弹碎片从另一个房间的屋顶上掉了下来。公使馆办公楼的二层遭受炮击，损坏严重。但这件事发生在几天前；目前炮击似乎是对着另一个四合院，攻击的是肃王府和法国公使馆。

我们对一名中国俘虏进行了反复审讯，又经过补证查询，直到有了足够的证据，才发布了一条小公告，这是很长时间以来人们都很好奇地想知道的消息。那个中国俘虏肯定了如下事实：皇帝和太后还在北京；公共事务由端王、荣禄和董福祥将军掌握，庆亲王不参与；在这座城市里还有很多义和拳，他们的主要支持者是端王，他们在端王府里登记、吃饭和领薪水。士兵们都嘲笑这些义和拳，因为他们自称刀枪不入，但却不敢到前线经受枪炮攻击。

董福祥的部队在城墙上与我们对峙，荣禄的人在攻打法国公使馆。每天都有几个人被击毙或受伤。这名俘虏说，他和其他几个人被雇来搬运和埋葬尸体，每人每天一吊京钱。北京城里大约有三千名董福祥的人。慈禧太后已经禁止使用大口径的炮攻击公使馆，因为这可能会伤害到她忠诚的子民和他们的房屋。直接的进攻失败了，我们的射击比他们的好，他们决定把我们饿死在公使馆区。

中国俘虏还说，两周前有消息说外国军队乘坐 100 艘军舰到来，攻占了大沽炮台，占领了塘沽火车站对面的塘沽。因为这事，天津城里的人都慌了。军火是从南苑（Southern Hunting Park）①搬过来的。皇帝御令照例颁布，街上生意兴隆。四家主要银行都关门了。中国士兵认为我们有几千人武装。

---

① 南苑，又称"南海子""海子里"，是辽、金、元、明、清历代皇家猎场。

如果这个人说的是真话，就不能杀了他。他看起来讲的都是实话，并提到攻击肃王府的大炮就在发电厂的院子里。

傍晚时分，在英国公使馆区西南方向的蒙古内馆开始用步枪进行猛烈攻击，但人们认为这是为掩护进攻法国公使馆所发动的佯攻，那里的枪炮火力要激烈得多。一段时间以来，中国军队与法国公使馆只隔着一堵墙，虽然有传言说他们正在挖地道，但似乎并没有采取任何积极的应对措施。也许在这里也不可能采取什么措施，因为法国公使馆东边本身就是房屋，没有可以挖壕沟的地方。

6点刚过，发生了一场巨大的爆炸，有些人误认为是地震。法国公使馆的两所房子被炸毁，很快就着起了火。第一次爆炸掩埋了数人，其中包括奥地利使馆代办纳瑟恩（von Rosthorn）博士和帝国大学（Imperial University）教授铁士兰（Destalan）①。纳瑟恩和铁士兰被埋到脖子，但奇怪的是，在第二次爆炸中他们都钻出来了。两名法国海军陆战队员当时在这所房子里值班，他们被埋到里面了，尸体再也没有找到。

连续的爆炸一发生，中国军队就不顾一切地进攻使馆。尽管遭到最顽强的抵抗，他们还是取得了部分成功。建筑物很快就燃起了大火，大火不停燃烧，中国军队趁机大肆进攻，稳步推进，最终法国公使馆区丢失了三分之二，中国军队占领了已成废墟的法国公使寓所和其他房屋，使馆区内主要通道也都落入中国军队之手。

与此同时，中国军队发起了对德国公使馆的攻击。十个英国

① 铁士兰，1896 年入中国海关，后出任中国邮政会办。这里说的"帝国大学"教授职务，可能是来华之前在法国的任职。

人和许多俄国人前去帮助德国人,德国有很多士兵丧生。他们打退了中国军队的进攻,许多中国军人毙命。中国军队这一次对德国公使馆的攻击,火力比以往任何时候都更猛烈、更稳定,持续的时间也更长,目的是掩护对法国公使馆的攻击。驻守在城墙上的美国海军陆战队看到有中国军队沿着城墙脚下偷偷行进,随即发起攻击,打死了许多人,伤者在夜间被拖走了。

7月14日,星期六。

今天上午,三名中国妇女走出了英国公使馆前门,不到两分钟,其中两名妇女返回,她们说另一人被打死了。人们将中枪毙命的妇女抬回来埋葬了。从此,禁止任何人从正门出去。

当工人们在加固英国公使馆区的东墙时,弹片或子弹击中了窦纳乐爵士的浴室屋顶,屋顶上的灰尘落了工头一身。不久,一颗实心炮弹射进了海关杂货铺所在房子的二楼,钻进了一间卧室。卧室里躺着两位女士,炮弹静静地滚落到地板上。

不断有人报告说,在位于銮驾库的学生图书馆西北方向,有些声音很可疑,像是在挖地道。但有关方面并没有采取积极措施设法消除这些可疑的声音,引发了人们越来越多的批评,尤其是在有了法国公使馆的教训之后。什么工具都不够用,而且似乎好几个地方都需要各种工具。精力充沛的北京饭店经理断定,我们用来磨粉的面粉厂今天要被毁掉,现在最重要的事情是把剩下的粮食和石磨搬走,因为我们的吃饭问题就靠这些粮食和石磨来解决了。劳动力极其匮乏,但由于所有人都在各处忙得不可开交,这个问题无法解决。

此时,据说权威人士也认为,法国人在他们的公使馆最多还能待两天。两天之后,他们要撤到坚固的北京饭店。

第十九章　休战协议之达成

7 月 14 号，星期六。

吃晚饭的时候，有消息说窦纳乐爵士四天前派出去的一个信差回来了。他是南堂(Southern Cathedral)的看守人。他在哈德门外被捕，信被人拿走了(信里的信息很少)，受杖责八十，然后被送到设在皇城的指挥部。他在这里见到了一个熟人，被拘留了四天，放出来时带着一封署名为"庆亲王等"字样的信。信是这样写的：

农历六月十八日(1900 年 7 月 14 日)，庆亲王等致英国公使窦纳乐函

迳启者：旬日兵团交閧，彼此消息无闻，殊深悬系。日前曾悬旗相告，以通消息。惟不意洋兵仍复攻击，置之不理。

昨由营获住教民金司喜一名，询知各国贵大臣等起居无恙，不胜欣幸之至。惟变生意外，续来洋兵早被拳民阻回，若仍照前约保送贵大臣等出都，津沽一带团民甚多，深恐疏虞。

今请贵大臣等先携宝眷率领参赞翻译各员分起出馆，本爵大臣等检派妥实兵弁严密防护，暂寓总署，嗣后再作归计，以全始终睦谊。惟出馆时万不可带持枪洋兵一人，免致兵民疑忌，变生不测。

庆亲王

贵大臣等如肯相信，以明日午刻为限，令原人将复文交到，以便预定保护出馆日期。此乃本爵大臣于万难设法之中筹此一线全交之路。

若过时不复，则亦爱莫能助矣。

顺颂时祉

（签名）　庆亲王等

这是写给英国公使的系列信件中的第一封，在那些拥有使馆警卫的使节中，英国公使被视为是资深的。这些信件的文风，常常是拙劣的，有时是混乱的，不同于通常由总理衙门发出的信件，而且有迹象表明这些信件是由不同的人写的。不过，每一位写信人显然都通晓书信的全部内容。因此，各国公使把每次信件语气的变化归因于天津或天津附近所发生的事情影响的结果，这无疑是对的。

没有理由认为，庆亲王和这些信件中被称为"等"的其他大臣没有特殊的关系，这样署名不过是要蒙骗各国公使，不让他们了解谁是真正的写信人。从道义上看，可以肯定的是中国人内部有针锋相对的两派，天津的沦陷一定引发了愚昧的满洲贵族集团极度疯狂的反应，他们一致决定要同时对全人类开战。但是，在这种微妙的情势下，必须十分谨慎地进行谈判，不断拖延以争取时间，这似乎是唯一对我们有利的事情。

这是自遭遇围困以来收到的第一封正式信件，各使馆以及所有遭围困的人的命运，都系于这封信和如何答复这封信上。对于遭到围困的这些人的命运，这封信和其他信件的作者都没有考虑，刻意把这个最重要的问题给忽视了。在这种特殊情况下，要想从这封信中获取写信的人的真实意图，是很困难的，如何回复这封信一时难以决定。数小时之后,贴出了一张告示,把庆亲王来信的要义写在上面,紧急征询大家的意见,宣称"此事与每个人息息相关"!

过了一段时间,外交使团举行了一次会议,会议商定各国公使依据下列口径回复总理衙门:

> 在每次战争中,使臣的地位都是神圣的。中方是如何对待驻京的外国使臣的?自6月20日以来,他们一直遭受枪炮攻击。从来没有对战败国官员采取行动的先例,但如果外国使节遇害,该地的负责官员很可能遭到报复。根本不存在所谓外国士兵发动攻击情事,他们的所有军事行动都是自卫。中方最好停止攻击,公使们不觉得有什么理由到总理衙门居住。如果真的想要开启谈判,应该派一名高举白旗的值得信赖的信差过来。

白天,实心弹和炮弹落到各处。有一枚实心弹穿过洗衣房,击落了洗衣工们上方的建筑,掉下来的砖块砸伤了两名工人,他们暂时不能工作了。一些人正在中国军队挖地道的一个角落开挖战壕,以备抵御。今天是法国人庆祝攻占巴士底狱的周年纪念日。

7月15日,星期天。

一整天炮击不断,有实心弹也有炮弹,这一次实心弹型号与以往任何一次都不同,这表明中国军队的军火供应十分杂乱。其中一颗实心弹穿过两个沙袋,落在了英国公使馆主大门处。大约在下午三时左右,四处枪炮齐鸣。一个由五人组成的小分队出发攻击蒙古内馆附近的一座建筑,中国军队进行了反击。昨夜,西南方向又传来"沉闷的炮声",被围困的人们一如既往地心情复杂,既希望是援军到了,又怀疑那不是援军的炮声。

今天下午,一名年轻的公使馆见习翻译沃伦(Henry Warren)中弹,伤情严重,于夜间死亡。

今天收到了庆亲王等人给外交使团的回信。回信不再建议公使们到总理衙门暂避,由他们提供保护。说中国政府必须增兵,阻止乱民再次开火袭击法国公使馆。要求法国公使馆不要再惹事以引发攻击。中国政府将依据通例,尽一切努力维持秩序和提供保护。

信中不断重复提到中国政府"依据通例"提供"保护"(在枪炮轰击间隙),特别是还说到鉴于我们"彼此的情谊",他们为提供有效"保护"已经心力交瘁,这使得被围困的人们特别"感激"。

到了晚上9点钟,四面八方发起了一场特别猛烈的攻击,空中尽是枪弹呼啸声,但不到半个钟头就平息下来了。大约午夜时分,又发生了一场更猛烈的攻击,持续时间也半个来小时。

7月16日,星期一。

昨夜,中国军队在翰林院那边使用火球和砖块攻击,对此我们没有防御办法,这引起了人们的不安,也造成了不小的险情。前几天法国人抓获的一名俘虏被当作信使送了出去(抓他的那些人对此非常不满和愤怒),许诺如果他回来就赏他五百两白银(他再也没有回来)。人们把他从城墙上放下去,他身上带了两封窦纳乐爵士的亲笔信,一封是用英文写的,以吹嘘的口吻说明了我们的资源和前景,另一封是用希腊文写的,说了我们的真实情况。我们要求他如果被捕就交出英文信,如果那边把他当朋友接待,就交出希腊文那封信。

有个挪威人曾在不同时期制造了很多的麻烦,现在让他待在南马厩的院子里，不准外出活动了。

上午时分，阴雨绵绵，有消息说英国资深军官斯特劳茨（Strouts）上尉和莫里循博士在经过肃王府一处无遮蔽的地方时受了伤，日本的柴大佐的衣服也被子弹打了个洞。斯特劳茨上尉伤情十分严重，不久就离世了。他是一名勇敢的军官，在特别困难的环境中竭尽全力做好防御，他的突然死亡在这个被围困的小社区里引起了深切哀悼。他只有 30 岁，考虑到他在保卫使馆区的努力，几乎肯定会升职。莫里循博士虽然不是军人，但却证明了自己是保卫公使馆的力量中最重要的成员之一。他总是在行动，对周围发生的事情了如指掌，是公使馆四合院中迄今为止消息最灵通的人。此外，他具有冷静的判断力，完全不顾危险，永远有责任感，尽最大努力帮助每一个人。由于这些原因，这位《泰晤士报》的记者在受伤以后不能像以前那样积极从事他所熟悉的工作期间，大家都极为想念。

上午，美国海军陆战队队员菲舍尔（Fischer）在城墙上毙命，下午，天上下着蒙蒙细雨，人们在俄国公使馆安葬了他。美国公使馆过于暴露，不能在那里举行葬礼。

今天中国军队的大炮很少射击，但是有一个奇怪的事实值得注意，昨天下午、傍晚和晚上枪击猛烈，但却没有伤着人，而今天几乎没有听到枪声，却有两个人被打死，五人受伤。

斯特劳茨上尉遇难后，重新调整了军事职责。雷伊（Wray）上尉、普尔（Poole）上尉和史密斯（Percy Smith）上尉分别被任命为负责某些方面的指挥官，司快尔先生（军衔为中尉）被任命为窦纳乐爵士的参谋长。下午 5 点钟刚过，开始举行斯特劳茨上尉和年轻的沃伦的葬礼，他们被埋在一个普通的坟墓里。葬礼仪式刚开始，就传来消息说，有人打着一面休战旗，上面写有"庆亲王等"

的复函,正如前面提到的各国公使给庆亲王等的信函所要求的那样。三四枚炮弹在参加葬礼的人们上空爆炸,似乎在强调中国人的和平与保护观念。那个去御河取信的信差自己也拿着一面白色的旗子,但旗子并不显眼。由于没有挥舞白旗发出信号,遭到枪击。当他返回时,有人问他怎么不挥舞白旗作为信号,他回答说,那边一打枪,他就挥旗子了。

信差是总理衙门派来的,他给康格先生送来一封信,附有一封美国国务院编码的密电,有三组数字,每组数字都是五位数,意为"请回电"。这是非常神秘的,特别是这几组数字是写在电报的一个适当的空白处。据推测这封电报是从东京来的,或者是从汉城来的,但是为什么要这个人"回电"呢?这个要回电的人又是谁呢?

美国公使馆设置的路障

7月17日，星期二。

今天快到中午的时候，中国军队在蒙古内馆发动了攻击，这次攻击持续了一段时间，结果在南马厩的一名英国海军陆战队员受了重伤。昨天晚上，毕德格（Pethick）①先生询问昨天来的信差，他的耐心通常能成功地从荞麦皮中榨出油来。中国人之间似乎有相当大的分歧。中国官员曾问信差公使们是否吃马肉，信差承认说吃马肉了，但进一步追问他们是否把健壮的马杀掉吃了时，信差回答说只是把那些不好使的马杀掉吃了，意思是说有些马可能被流弹打伤了，但关于饮食方面的问题，信差对中国人说的基本上都是错误的。

审问法国人的俘虏时，由于这个人被吓坏了，没有提供多少情报。他说他是受雇掩埋战死的中国人尸体的，每埋一具尸体五百文，每天要埋十具或更多。他只在法国公使馆也许还有德国公使馆作战的地方处理尸体，那个兵营大概死了三百多人，所有的尸体都被带到城外的一个深坑去埋了。中国人花了几天时间挖地道，摧毁了法国公使馆，爆炸中有十多名中国人丧生。

对于法国公使馆以西地区的情况，那名俘虏什么也不知道。没有可以通到那里的通道，也没有那边的消息。据说中国军队由三名不同的指挥官指挥。他以为慈禧太后和皇帝已经离开北京了。关于外国军队的情况，他一无所知。他说他很穷，也很忙，每天就买块饼充饥，躺在大街路旁睡觉，从来不到那些谈论时事的

---

① 毕德格，美国人，1874年来华，任天津副领事，后辞去副领事职，长期担任李鸿章的英文秘书。熟悉汉语、德语、法语，与李鸿章关系极为密切，参与过李鸿章重大外交活动。李鸿章甲午战后去职直隶总督、北洋大臣后，入京供职，他也随侍左右。据称毕德格自任李鸿章私人秘书起即每天记日记，可惜的是在1902年临死前，被人盗走。

茶馆去。每说几句话，他就对询问他的人申明自己不是义和拳，而是一个过苦日子的人，有一位八十多岁的老母，几乎所有的中国人走投无路时都这么说。

上午中间时分，荣禄的两名士兵逃到了我们的防区，透露了一些我们想知道的消息，但很零碎，或不靠谱。他们说中国军队现在接到命令要原地待命，不准开枪攻击。其中一名士兵说，他所在的五百人的营伤亡了二百人。许多人想逃跑，但城外的义和团不许他们离开，他们三十来个人只能带着武器绕道回来了。他们说外国军队在天津和大沽打败了中国人。有一名逃兵是号手，但他的上司不喜欢他吹奏的音调，割下了他的一块耳朵，以示惩戒，割下那块耳朵说是要用来制药。他说，聂将军战败自杀，但中国官方报道说他"阵亡"了。

今天，窦纳乐爵士和各国公使给最近一封"庆亲王等"的信复函，说他们很高兴中国政府打算制止"乱民"向公使馆开枪，而公使馆除了自卫外，从来不开枪。中国军队在北御河桥的行动自然引起了不信任，我们不能让他们自由通行。使节们虽然急于寻求和平，却不知道是谁在公使馆附近走来走去，修筑工事和炮台，因此，如果我们自卫时向他们开枪，也就没有什么可惊讶的了。在信任恢复之前，中国最好停止所有这些举动。在复函结尾处，顺便提到：总理衙门的上一封信是和许多炮弹一起送到英国公使馆的。这封信由一位秦姓中国基督徒转交给了中国方面，他回来时带了总理衙门的一封回信，主要内容如下：

> 外国军队有在街上闲逛的习惯，兴之所至，随意开枪。6月21日，一位亲贵大臣进宫，突然在宫殿东门听到一声枪响，子弹穿透了他的车盖。此事引发兵民愤怒，并导致相互

攻击。现双方既已同意今后不再有战事,也许局势会和平安定下来。前门以东,不时有外国军队发动攻击。若能予以约束,从城墙上撤下来,则不胜欣慰。

关于总理衙门的上述来信,第二天即予回复。回信先是重复了 6 月 19 日的信的内容,然后说,第二天下午四点他们向使馆开火,一直持续到 6 月 25 日,那一天御河桥告示牌上挂出木板暂停敌对行动。我们派出信差,带着回应暂停敌对行动的另一块木板,但由于遭遇枪击威胁,他退回来了,我们没有开枪还击。但在午夜时分,贵方军队突然发起猛烈攻击,从那时起,枪声就一直响个不停。如此对使臣展开攻击,在世界历史上是绝无仅有的。

暂停敌对行动协议言明,预备攻击行为视同公开攻击。即便不即行攻击,各公使馆也不允许在其周围建造炮台和各种工事。外国军队不能从城墙上撤退,因为大部分攻击都是从那里开始发起的。由于不断遭到攻击,各国公使很难产生信任感。我们从不随意开枪,除非我们看到有人四处活动,显然准备发起攻击,或设置工事等。制止这类攻击的最好办法是中国政府切断弹药供应。请允许售卖冰块和水果的商贩到公使馆来,让我们在和平环境下自由交易。

下午晚些时候,信差带着另一封信回来了,这封信是从荣禄的大本营发出的,还有几封给公使们的信。他还带回来一些电报,其中有一封是给康格先生的,据说是伍廷芳公使发来的,显然是那封要求"回电"的电报。这件事有些神秘,但康格用密码简短地回答说,使馆已经遭到枪击和炮弹袭击一个月了,除非立即得到救援,否则恐怕会发生大屠杀。

这封电报的复杂历史直到很久以后才为人所知。原来是中国驻美公使伍廷芳坚称,各国驻华公使馆是安全的。美国国务院自然要求他拿出证据来证明这一点,而最好的证据就是很久没有发报的康格公使发出电报。伍廷芳公使努力的结果就是康格公使接到了那份从东京或汉城转来的"请回电"的电报,从而开启了康格先生揭露令人震惊的真相之旅,聚焦了全世界关注中国事实真相的目光。若非整个世界都被那些拙劣的谎言欺骗了,康格先生是不会这样做的。然而,电报为什么要用美国国务院密码,还是一个难解之谜。关于此事的信件、社论以及随后的诸多说明,足可以写一本十二开本的著作了。

今天停战期间,一个年轻的法国实习生不小心闯入了中国工事,被中国人抓了俘虏,送到了总理衙门。人们普遍认为,他会遭受酷刑,被逼说出他所知道的一切,然后会被处死;但是,正当人们悲观忧虑之时,有人送来了一张他写的便条,告知他受到了亲切的接待,吃了一顿丰盛的晚餐,人们这才不那么担心了。傍晚时分,总理衙门放他回来了,人们据此推断,他的行为虽然鲁莽,但却不失为是对中国围困公使馆休战所做的一次比较聪明的试探。

布告栏上现在专门辟出一块地方用于"军事通告",其中有今天发布的一条通告,命令停战期间,用砖头堵死所有射击孔;查看外面的情况,使用双筒望远镜。人们认为如果遭围困一开始就这样做的话,那很多人就不会白白送命了。所有战士都勇气有余而谨慎不足,他们认为谨小慎微不像是军人所为,也显得不体面。但是,最近减员太多,损失惨重,不得不采取一切可能采取的预防措施。

据报,下午有人在使馆街俄国防区西面修筑一座很高的工事。对此,俄国防区竖起了一个大标语牌,上面写着汉字,警告如果修筑工事的话，将对干活的人开枪。尽管发出了警告，但那边并未停止，于是就运来国际炮予以告诫，这门国际炮和很多步枪同时开火，修筑工事行动不得不暂时停止了。

敌对行动一停止，中国士兵就蜂拥越过他们的工事，要到我们这边来，这是一种很难处理的局面，因为我们不想让他们近距离观察我们的防御工事。在肃王府那边，有七个人就这样走进了日本人的工事，这时一位中国军官走了出来，要他们回来。这时一位日本军官说："我不会杀他们的。"中国军官用夸张的语调回应说："他们是休战的时候自己走过去，怎么杀死他们？"他摆出一副对日本来复枪毫不在意的架势，直到士兵们撤了回去。

7 月 18 日，星期三。

整整一夜，我们只听到五声枪响。二十四小时里，没有向我们这里发射一枚炮弹。然而，贾腓力先生正在英国使馆西北角的反地道壕沟辛苦劳作，在外国救援部队到达我们这里之前，他对休战协议、休战或休战旗毫不理会。据报道，义和团勇在城市里随处可见。在南方马厩的西面，手无寸铁的中国士兵爬上工事，扇着扇子，向我们正盯着他们的人致敬。俄国人向他们开了一枪，他们很快就消失了。从某些方面看，与中国人打交道，休战期间比相互攻击情况下更难对付。"如鲠在喉，无所措手足。"

10 点钟的时候，回到使馆的信差又被派往总理衙门，另派了两个人同他一起出去，以便有信差领路可以购买一些东西。但中国方面不许这两个人跟随信差一起走，他们只好很快就回来了。因为在目前情况下，"打着白旗买东西"似乎有诈。这次派信差前往总理衙门，再次提请总理衙门不要让中国人进入我们所设的路障区域。有新的传言说，中国政府已经派人去请李鸿章了。一名从城墙上下来的美国海军陆战队员报告说，他们终于能够将死了数周之久的中国士兵掩埋了,这些尸体一直停在露天地里,哨兵们无法忍受。他报告说,有二十八具尸体埋在我们工事的西面,二十三具埋在我们和德国人之间空地的东面,十八具埋在城墙下的空地里。一名中国官员说,戴毡帽的士兵(美国人)杀死了他手下三百人。

下午2点左右,日本人6月30日派往天津的一名基督徒回来了,带来了围城开始以来的第一个来自外界的消息,这一消息引起了一阵骚动。布告牌上适时贴出了关于他的经历的描述,内容如下:

> 信差从齐化门出发,乘船经通州赴天津。7月5日抵达天津,但由于天津被中国军队包围,无法进入。他在城门附近寻找机会,发现在火车站以北驻扎着一支由程将军率领的中国军队,正在炮轰驻扎在火车站以南的一支日本军队。7月9日,程将军战败,他便在7月12日设法越过日军防线,把日本公使的信交给了日本将领。在天津期间,他收集到以下信息:聂提督阵亡,所有在天津和边远地区的传教士都已经回国了。经过两天的激战,大沽炮台被占领了。7月13日,信差在日军护送下离开天津,前往红桥,由陆路返回北京。在他本人到天津之前,自6月底以来,天津没有北京送达的任何消息。

日本公使西德二郎(Nishi)男爵收到的信也贴在了布告栏上,内容如下:

> 一支由2400名日本人、4000名俄国人、1200名英国人、1500名美国人、1500名法国人和300名德国人组成的联合军队,将于7月20日或前后离开天津,前往北京救援。外国

租界没有被敌人占领。

这个单调的结论性公告，让很多人不明所以。其他一些事项的零星备忘录也很简略，例如直隶总督裕禄自杀、占领大沽要塞（很久以前就知道了），以及日本人在天津和大沽激战中的损失情况等。

在这种情况下，每一个外国人都极其迫切地想知道所收到和发出的信息的内容。这毫不奇怪，因为这些信息对每一个有关的人来说都可能是十分重要的。美国公使康格先生完全同情人们这种天生的渴望了解详情的心情，不断地向他的国民传达一切真实情况，但他向美国国民通报的内容，大家一致认为有些可以公开，有些是不宜公开的。这就将他推到了一种孤立的境地。其他公使都将他们的信息，或者是有选择地在一定范围予以公开，或者更经常的做法是通过总务委员会的删选审定，很多内容隐瞒下来了。

在坡道上

美国工事

今天,窦纳乐爵士在美国和中国工事之间的城墙上同一位中国将领进行了会谈,双方就停战条件达成了谅解。后来,这些文件以书面形式发送给了据称当时在政府拥有统治权力的大学士荣禄。

结果,下午大约 4 点,总理衙门来了一位叫文瑞的蓝顶官员,几乎所有公使都到英国公使馆的大门外去见他。这一做法有失尊严,尤其是还不清楚来的是个什么人的情况下,受到了广泛批评。张贴出来的公告通知所有被围困的人,说荣禄派来一位总理衙门章京,就公使馆单独给荣禄的信函作出答复。给荣禄的信函曾说,如果派一个负责任的官员到公使馆来,将会促进沟通。他并没有带来什么特别的信息,但答应看看是否能提供《京报》,可负责建一个冰块、水果、鸡蛋等的市场,并确定一下是否可以代表各国公使向各国政府发送电报。他提到了大家在一个月前就已知道的电报中断的情况,表示中国政府关注义和团的所作所为,说义和团制造了这次中外之间的困境。他报告说北堂(Northern Cathedral)①什么事也没发生。

从后来了解的情况得知,这位总理衙门章京是上谕任命的义和团首领之一,这表明他是赞同义和团的。因此,在这种时候选择这样一个人作使者,完全是故意羞辱他,虽然当时我们还不清楚。这些情况说明了他到公使馆来时为什么那样紧张和尴尬。

7 月 19 日,星期四。

现在,我们防区内已经是一片和平,已不再有以前那样的战争警报了,被围困的人们心里想的不再是怎么躲避枪炮,而是如何搞到鸡蛋和西瓜。我们已向中方发出通知,称向欧洲军队发出

---

① 北堂,即北京天主教西什库教堂。

了以下命令：（一）除非遭到枪击，否则不得开火；（二）发现有修筑工事的中国士兵，开枪阻止；（三）有离开自己工事向使馆区附近移动的中国士兵，开枪阻止；（四）不得向手无寸铁的人、信差等开枪，但人数不能超过两人。如果人数超过两名，对空放枪警告，如果再向前走，则格杀勿论。

在停止敌对行动期间，所有可用的劳力都用于加强防御工事中的薄弱环节。我们不允许中国人修建新的工事，也不允许中国人不间断地修补旧工事，但我们自己却在加强防御工事。这是因为他们只要后撤几步，就安全了。而我们却是在为保命而奋力拼搏，如果我们在他们狡诈的和谈诱惑下忽视了防御，可能会造成灭顶之灾。很难理解鸡蛋供应为什么一直很少。

7 月 20 日，星期五。

和昨天一样，夜里只有几次零星的枪声，大家都享受着不同寻常的宁静。总务委员会主席都春圃先生孜孜不倦，花了相当多的时间来努力开设一个市场，但收效甚微。卖鸡蛋的人似乎害怕挨打，但有时士兵们也会把鸡蛋藏在袖子里来卖。所有这些东西，无论好坏，都以墨西哥洋四分的价格出售，每一分墨西哥洋都是一张小支票或承诺兑付的欠条，这些支票或承诺兑付的欠条似乎是由汇丰银行的经理签发的。即便对一家规模庞大、慷慨大方的公司来说，这似乎也是一项新业务，尤其当人们普遍认为这些支票永远不需要兑现，而是要由现在负债累累的中国政府来支付的情况下。

关于俄国人在救援部队中人数最多的问题，引起了人们很多议论。许多人认为，俄国暗中鼓励中国人煽动义和团暴乱，希望他们能把外国传教士从中国北方赶出去。俄国人认为，中国北方是他们的特殊领地。他们可能私底下对中国人说："我们不能容忍这些宣教人在我们国家传教；你们为什么要这么做呢?"而其他一些人则认为，其实这个问题没什么可议论的，尤其是俄国人在很多方面像其他国家一样，遭受了重大损失，他们的银行、公使馆、东正教总堂和墓地也都和其他国家一样，损失惨重。

在翰林院北部我们的防区内挖了一条很深的壕沟，以防止中国军队在这里挖地道或发动突然袭击。工人们在这里挖出了一些似乎是软石制作的炮弹一样的物件，最初他们以为这些物件就是炮弹。这些像炮弹一样的软石物件，大小不一，制作方法是耐心地在一块大石头上打磨，石头上的打磨凹槽清晰可见。一些很古老的大树树根下有很多这种物件。在场的每个人都拿了一个样品，但太多了，根本拿不完。没有人知道现在的翰林院是何时建造的，不过肯定不会像中国这个国家一样古老。学生宿舍后面的反地道壕沟一直挖到了大楼的地基，尽管空间有限，但人们认为最好还是继续往前挖，因为在那个地方挖地道埋设地雷会带来很大风险。

既然枪炮攻击已经停止，我们就有时间去看看以前遭攻击地方的情况了。除了北京饭店外，德国公使馆的受损程度似乎比其他公使馆都严重。翻译柯达士（Cordes）先生的房子炸毁了，一些炮弹打进屋子时留下了帽子大小的洞，炸裂后各处就像鸟啄的一样。在楼上的一个房间里，所有的东西都被炸成了碎片；一个衣柜炸得粉碎，但镜子安然无恙。来自三个方向的炮弹不断地落在那里。有些屋顶上仅仅覆盖着镀锌铁皮，并不能很好防弹。一所房子的门廊快倒了，再有一枚炮弹就会将其炸塌。然而，尽管遭到了大量炮弹轰击，但似乎没有人死于炮弹，而全都是遭枪击身亡。在50名德国士兵中，有10人死亡，13人伤势严重，另有8人受轻伤。附近的新俱乐部大楼损坏不大，旧俱乐部遭焚毁。

北京饭店的经理沙孟先生说，中国人在他饭店不远处很辛苦地挖坑道，声音清晰可辨。他费了好大的力气才把他家门前使馆街的主要下水道扩成了一段很长距离的壕沟，用来对付那边正在挖的坑道，他准备用乙炔炸毁坑道。他认为，他的饭店堡垒可以长期坚守，那里显然是迄今为止我们防线中防御最牢固的地方。

目前，北京饭店每天为 1662 名罗马天主教徒、奥地利人、法国人、德国人和俄国人，以及酒店的客人碾磨粮食。饭店经理储备有一些小麦，每天烤三百个面包。在碾磨的过程中，许多牲口日夜不停地拉磨，据说有些骡子是帝师徐桐的财产，他的家就在附近。他的房子和其他的房子都在大火中被毁了。饭店上层甚至遭到了比德国公使馆还严重的毁坏。

到目前为止，如果说中国人的各处攻击有一个中心目标的话，那就是北京饭店。沙孟先生和他勇敢的妻子在饭店各处巡视忙碌，从来没有放弃他们的岗位和职责，虽然那里经常遭到炮弹的袭击，而且好几次失火。中国战旗和工事似乎离他们只有几杆子远。在饭店里，有人告诉我们说，他们仔细记录了炮击次数和落入旅店的炮弹数，最严重的一天炮击 124 次，落在旅店的炮弹487 枚。楼上的卧室被炸成了尘土和碎片，成了一片废墟。

在整个炮击过程中，北京饭店一直不停地在碾磨粮食，碾磨粮食的地方建筑物较低，不易被击中。为保卫这个地方已经做了大量的工作，这对每个人来说都是一个奇迹。在饭店前面入口处，通常飘扬着七面旗子，最大的一面是美国国旗，这是为了向饭店经理的妻子表示敬意①，而丹麦、爱尔兰和瑞士的小旗子，排列在一起，格外招摇，明显是为了向对方炫耀自己奉陪到底的决心。

---

① 旅店经理沙孟的妻子是美国人。

英国公使馆大门和诺登菲尔德机枪

防御墙和壕沟

沙孟的马车，始终在一定范围内不停地跑来跑去，上面挂着一面法国国旗①，似乎有一种神奇的力量在保护着，始终未受炮火攻击。

中午时分，几名志愿者到御河岸边掩埋了许多死马，这些马已经死了很久，尸体一直在那儿，极不卫生。返回来时，他们带了几个装满各种大小炮弹的篮子回来，大概有四十枚。

法国公使馆在很大程度上已被地雷爆炸后的大火摧毁。在那次袭击中，当中国人向前推进并向三所住宅开火时，公使馆建筑墙壁上出现几处巨大缺口。火焰把法国人迅速赶到了他们现在的位置。当时大约有四十人守卫，有四名海军陆战队员在一个射击孔处丧生。小教堂圣母像的上方有个孔洞，尽管不太容易够到，但还是曾被用作射击孔，一枚炮弹就从那里打进了小教堂。法国公使馆附近只有一处工事，根本不够用，甚至不起多大作用。如果法国人要撤退，下一个防御工事就是沙孟那座坚不可摧的城堡了。据报已有九名法国海军陆战队员身亡，包括平民在内，计有三四十人受伤。

下午，英国公使馆大门外搭起了一个接待官员的席棚。当天晚些时候，棚子尚未全部搭好，昨天来过的那个总理衙门的章京就来了，他带来了总理衙门写给五位公使的七封信，这是自围困公使馆以来，总理衙门第一次正式送达的公函。康格先生拿来一份他寄出去被退回来的电报，希望能予转发。但衙门的人说，恐怕不能代为转发，如果为一位公使转发，就得为其他所有公使转发。

毕盛（Pichon）公使收到了一封来自巴黎的没有标明日期的

---

① 沙孟是瑞典人，不知为什么用法国国旗。

密电,不过发报日期不应晚于巴士底日(7 月 14 日,适合授予荣誉的日子)①,通知他授予他荣誉军团大十字勋章,并告知联军已攻陷了大沽炮台,我们这才开始慢慢相信了这一事实。据了解,中国政府已命各驻外使臣坚守岗位,"与他们所在国政府保持良好关系",当法国政府向中国驻法国公使提供护照时,中国政府随即予以重新任命。

在一捆有总理衙门印章认证的通信中,有一组是交给德、英、日、俄、美各国公使的电报,这些电报是发给英国女王、德国皇帝或其他各国国家元首的。电报内容大同小异,呼吁帮助中国摆脱目前所处的困境。上谕命军机处致英国女王陛下和其他各国元首的电报,标明的日期是 7 月 3 日。标明这个日期,显然是为了使各国不要认为中国政府因大沽要塞失陷感到恐惧才这样做。然而,就在那一天,各国公使馆受到了特别猛烈的攻击。就在前一天,官方发布了一项谕令,命令各地驱逐传教士,迫使基督徒放弃他们的信仰。

在那捆有总理衙门印章认证的通信中,有一封信函说,民众的仇恨是如此激烈和无法控制,以至于非要摧毁公使馆才能平息他们的怨恨,因此才敦促公使们离京去天津。如果继续留在北京,一切后果自负。总理衙门发给窦纳乐爵士一份正式的照会,称朝廷已发布上谕,大意是现在天气炎热,公使需要水果和蔬菜,必须立即给他们送去。"据此,四车蔬菜和四车西瓜将送达公使馆。"与离奇的战争和西瓜相伴的,是总理衙门庆亲王、端王、王文韶、启秀、徐桐、崇礼、赵舒翘、伍廷芳、许景澄、溥兴、那桐、联元、

---

① 巴士底日,即 1789 年 7 月 14 日巴黎民众攻克象征封建统治的巴士底狱的日子,这一天也被确定为现代法国国庆日。

袁昶等所有王大臣发给公使馆的名帖。

关于上述庆亲王等再一次详述总体局势、要求各国公使转移天津的来信,公使们做出的答复如下:

> 来函称贵国发生了一场无法控制的大运动,排外情绪难以遏止,只有摧毁公使馆才能平息民众怒火。有鉴于此,很难相信贵国政府能够保护公使们安全赴津。朝廷或可颁布一道上谕,说明这些使臣是客人,他们留在北京对于维护和平十分重要。至于建议公使离京赴津一说,则意味着中外友好关系已经断绝。如果发生什么不测,将会给中国官员和民众带来难以形容的灾难。中国在其他国家的公使现在还在他们的岗位上履行职责。外国使臣离京赴津是不安全的,因为他们在这里不受保护,往那里去就更不安全了。贵王大臣等称不能对任何可能发生的不测灾祸负责,但中国政府不可能不对此承担全部责任。

下午,一名被派去取《京报》副本的信差带着一份文件回来,分发给了翻译人员。这一天是战神①的生日(农历六月二十四日),由于人们担心对战神深信不疑的义和拳可能认定这是一个攻击外国人的好时机,公使馆传下命令,要求重新准备战斗。由于有了贸易机会,在那棵小松树上挂了几个星期的那吊钱已经不见了。

7月21日,星期六。

晚上几乎没有枪声,但为了纪念战神关帝的生日,人们放了一些鞭炮。现在人们认为,由于中国人昨天没有攻击我们,在救援部队到达之前,他们可能不会再发动攻击了。

---

① 战神,指关羽,中国民间在他死后称其为"关公",尊为战神。一般认定农历六月二十四日是关羽的生日。

现在有鸡蛋供应,但太少了,只能供给妇女和儿童,当鸡蛋极度缺乏时,买鸡蛋需要有病号证明。

昨天出去的信差说,中国士兵们证实,我们打死了他们三四千人,在法国公使馆受到袭击的当晚,有二十辆大车装运尸体。据说安放在东便门的三门外国大炮撤走了。中国军队将在三天内从目前的位置上撤离,但或许是要转移到离我们更近的地方。

下午,总理衙门又送来几封信函,有两封是写给窦纳乐爵士的,其一封询问窦纳乐爵士的健康情况,并对他的寓所毁掉了表示遗憾,称尽管这件事发生在一个月以前,但他们刚刚才知道。

1900 年 6 月 20 日—8 月 14 日笔者经历的北京外国公使馆防御战示意图

下　卷

第一列穿越北京城墙的火车

第二十章　围困期间的生活

　　这里有必要偏离一下本书的主题,交代一下人们在遭遇围困期间某些阶段的生活情况,否则这一问题就被完全忽略掉了。

　　登记劳动力是最重要的问题之一。自从外国人安顿进了公使馆,中国人安顿进了肃王府之后,登记委员会就立即进行了系统的人口调查。外国人的名单很快就完成了,几乎不需要修改。而中国人的名单却出于各种各样的原因,要清楚登记就很困难。

　　围困期间最重要和最有用的两名负责人是劳工监督和注册登记员。他们的工作在很大程度上是需要相互配合的,前者主要负责管理英国公使馆之外的基督教劳动力供应,后者则控制着每一个生活在英国公使馆之内的中国人进出使馆的时间。这些劳动力在围困期间所取得的工作成效,与这两个人旺盛的精力、高度的警觉性、和蔼可亲的工作态度、坚定不移的工作作风和机智果断的行事风格密不可分。应该指出的是,由于委员会初次管理劳工效果欠佳,居住在英国公使馆以外的罗马天主教徒劳工,即改由他们的神父和其他一些他们为之工作的法国人、日本人等进行管理了。英国公使馆内的劳工登记注册和任务分配非常成功。后来肃王府人员进行的登记注册也是按照英国公使馆的模式进行的。

　　各处都吵吵嚷嚷人手不够用。公使馆的仆人前些时候有很多逃走了，需另找一些人来代替他们。众多的主妇都要配备厨师、打杂的和苦力；医院需要随时听候外科医生指挥的工作人员；大量的马匹需要吃喝，要有人照管；清洁和其他卫生工作必须有人专门负责。而诸如面包店和洗衣店之类的工作，也不允许临时随便找人去做。一些受过教育的本地基督徒和中国的文人阶层一样，不习惯体力劳动，也不适合做这类工作，但最终还是被各尽其才地利用了起来，尤其是那些会说英语的人，他们可以充当信差、翻译或监督员。一小部分人长期以来养成了根深蒂固的懒散习惯，但没过多久，他们也都被根据各自的特点安排了适合他们做的工作。

在第一次安排好了各处所需要的人手后，有很多天还是一团糟，不时出现供需矛盾，或阴差阳错的情况，让我们看一下实际的事例：

一天晚上九点钟，指挥肃王府日军的柴大佐下了一道命令，要立即找十个人和五十个沙袋。管理员准备好了五十个沙袋，但却只找到四个人。然后他又唤醒了另一位先生，让他去做这项工作，而这位先生隶属于另一个委员会，与这项紧急任务毫无关系，只能临时帮忙。等赶到肃王府后，这位先生又发现柴大佐已经从附近的罗马天主教徒那里得到了所需的人手。

与此同时，城墙上的美军上尉给英国大使馆送来纸条，要求派二十个人把他们在东边防御工事的西墙筑得更高一些，因为西边工事的中国军队正在向这里开火。劳工监督觉得其中一个身材单薄的少年搬不动城墙上的大砖块，就用身边合适的人替换下这个少年，带着另外三个壮年一起到城墙上去帮助美国人，他们一直守在那里应付突发事件。派劳力们去的时候，美国人已经工作整整一天了。当替换少年的那个人到达城墙上美军阵地时，派人传送纸条的那位美国上尉已经换班了，他的接班者根本不知道是否需要什么人手，但他通知工头说，决定加固防御工事的事等天亮了再说，那时候能做得更好一些。这样一来，这些来帮忙的人、监工和中国工人才能在夜里休息一会儿。

好像法国人传信来说，要建造一处重要的工事，但当时已是深夜，劳力市场特别是自由劳力市场都闭市了，根本找不到人，那怎么办？他们到肃王府去看了一下，结果发现有不少中国人无所事事，这些人都说自己有这样或那样的病痛，不能劳动。有个人说他拉肚子很长时间了，什么事都做不了；另一个走路一瘸一拐，说他小腿断成两截了，骨头都碎了，自己都听得见，然而对一名训练有素的外国检察官来说，听到自己腿部骨头碎裂的声音是根本不可能的，这名检查官很快就确定这个人是可以走路的。有些人应该得到原谅，但有些显然是不诚实的。结果没有多久，就在一些少年和成年人中凑足了需要的人数，派他们到工作岗位上去了。

劳工监督刚刚回到公使馆，经历了一天的劳累工作后，为了让混乱的头脑清醒一下，他准备上床休息一会。可就在这时，有人要求立即派十个人到翰林院去通宵加班，新建一座重要的防御工事。除了劳工监督本人，谁也无法找到需要的人，而且其他人也不理会这一要求。他必须再去一次肃王府，提着灯笼查看每个卧室。昏暗的灯光下，隐隐约约可以看见一些黑乎乎的人影躺在炕上。在这里，又一次重复着上述过程，直到最终确定下来要派哪些人去。但是，在经过这么多的庭院和在黑暗中穿过御河之后，已经找来的十个人中有三个逃掉了。由于身份不明，无法确定他们原来在什么地方，也没法再找到他们。后来，我们把每个人都编了号，这个号不仅登记在册，而且缝在他们个人穿的衣服上，这样就不可能逃避工作了。

大约午夜时分，人们听到一阵骚动和愤怒的抗议。疲惫不堪的登记员从睡梦中惊醒，海军陆战队急需十七把短锹，而另一个公使馆的人要马上把这十七把短锹带走。经过一个小时的努力，找遍了每一处前一天挖土的地方，终于找到了一些。但拿来后，海军陆战队派来的人说这些没有用，他们不要。因为找来的这些铁锹没有奥地利铲子那样的锯齿状边缘。于是，不得不打着灯笼，再到每个可能的地方去找有锯齿状边缘的铲子。

"把那盏灯灭了，"一个哨兵加重了语气喊道。这时候有人告诉他，说找铁锹是官方的命令，还得继续找，直至找到所需要的数量为止。

在围困使馆的后期，公使馆找来一位船舶登记员帮忙做使馆登记员工作，要求他尽可能地在晚上把工具都找齐了，放到钟楼附近的一个箱子里。很多中国人干活时粗心大意，把铁锹、铲子和铁镐的把儿折断了，这些工具都成了废品，铁锹、铁铲和铁镐本来就少得可怜，但到处都需要这些工具，有时候还很急。于是，后来又给这位新找来的助理登记员加了一项任务——负责修理好损坏了的工具，保证不再有不能用的工具。中国的木匠一直忙着做铁锹、铁铲等的把儿，铁匠也忙着用铁棒制作铁镐或撬棍。

由于登记制度的有序进行，在这里的每个中国人，不仅名字为人们所熟悉，而且他这个人怎么样也都让我们了如指掌了。有些人很好，工作努力，完成任务不打折扣，根本用不着监督，只要把任务说明白就行了；而有些人懒惰、偷奸耍滑，需要不断地给点刺激。他们每个人都可以得到一张当日有效的饭票，根据所做工作的多少，可以凭票吃一顿或两顿饭。当他们完成了自己承担的工作，吃完饭后，就回到他们在肃王府的住处。在肃王府基本失守之后，这些基督徒就搬到御河和美国使馆之间的空房子里去了。那些需要夜间工作的人则被关在他们工作的地方，无法逃走。如果一个住在肃王府里的人在公使馆工作时被解雇了，他的通行证就会被没收，这样他就不能回到他的家人那里去，这一惩罚通常情况下很管用，因为他一家的吃饭问题必须依赖于他。

有些中国人很幸运或很有远见，有自己的食物供应，这在一定程度上使他们能够独立，不归公使馆的人管辖，不做各种劳务。后来有一个极端的例子教育了这样的人。有个受过教育的中国人，无论如何都拒绝做劳务，在反复警告无效后，人们将他反剪双手，绑在一根柱子上，不答应参加劳务就那么一直绑着他。最终，几个小时后，他明白了军事法规，也吃到了被绑在柱子上的苦头，改变了观念，答应参加劳务活动。

中国人不在意在任何地方磕掉他们吸完了的烟锅里的烟灰，因此有必要禁止在屋里吸烟。那些违反这条规则的人被罚连续二十四小时值班。先前曾发生过一起特别严重的案件，有人发现有一位使馆的厨子在深夜生火，目的是看清楚如何照顾他的孩子，但差点引发灾难。因此，无论会对个人造成多少不便，根据经验，登记注册委员会认为这一规则是正当的，整体上是对的，驳回了所有修改这一规则的建议。当然，反对这一规定的人并不多。那些应受惩罚的人，往往会被派去完成最紧急的任务，只有在恰好没有紧急任务的时候，才可以逃过惩罚。

但是，无论登记注册制度多么完善，劳动力安排得多么合理，在交战的军事状态下，也不可能同时满足所有场合的需要，从而给军事行动带来一些麻烦。比如说，有六个人刚被派去翰林院修筑工事，但就在这个时候，医院窗户上堆的沙袋禁不住大雨冲涮，掉落到下水道里，堵住了排水沟。于是，马上又得让这六个人从不是很紧急的任务中转移到更紧迫的任务上来。但在转移途中，其中一个人被叫去把一名妇女送往中国医院。结果，在从肃王府穿过御河这一特别危险的地带时，不幸中弹身亡。

由于缺乏劳动力，公使馆规定每一个身体健全的中国人每天都必须为公众工作两小时。但事实证明，这一做法常常招来使馆仆人、女主人和各项工作监督的厌烦。

后来，这一征调劳动力为公众服务的做法，又扩展到征用一名或更多的中国人全天时间为公众服务，一些雇主对这种征用法提出了强烈的抗议。有一位绅士，起初非常积极地合作，后来他召唤几个人去为他的私人住宅做防雨工程，稍后又招呼他的两个人回去清理俄国公使馆的卫生。登记员记得很清楚，这位先生的两个仆人已经有一段时间没为公众服务了，就到他的厨房把他们叫了出来，让他们去做他认为应该做的事情。但结果是他们拒绝了，说他们没有这个义务，因为他们不是住在英国公使馆，而是住在俄国公使馆。

"对头，"登记员说，"这正是你们俩要去工作的地方。"这位绅士既感到惊讶，又觉得登记员在胡乱安排人，但他还是领着两个仆人，回自己所属的公使馆里干活了。

被围困在这里的基督徒，工作常常极其辛劳，累得精疲力竭。但不管多么辛劳，所得到的报酬也仅能维持生存需要。不过，这些人一般都显示出了中国人特有的耐心和忍耐力。他们中的许多人，在外国人不知疲倦的监督下，投入了个人所有的精力，在某些情况下还展现了相当的工作技能。

事实上，他们的行为几乎总是令人钦佩的。他们并没有像许多被围困的人所担心的那样，成为外国人的沉重负担，反而很快就证明，他们是拯救其他人的一支不可或缺的力量。如果没有他们在这里，没有人会得救。在所有随意聚合起来的一大群人中，都有一些害群之马，还会有许多不清不楚的人，但通常情况下，基督徒在如此危险的环境中，艰辛劳作，所表现出的耐心、任劳任怨和忠诚的确令人赞叹不已。中国女性，特别是一百二十多名女学生，在不断受到攻击和一再从一个不安全的地方移到另一个不安全的地方的过程中，表现出的稳定心态，也令人刮目相看。许多中国人带着步枪，与日本人并肩作战，甚至赢得了他们的衷心赞扬。许多人在危险的岗位上丧生，还有许多人被数不清的飞弹击中，其中有美以美会两名最好的助手——其中一位是按立牧师，同时为保卫使馆而献身。

还有许多中国人死于疾病，可能有二十名可怜的中国儿童因为营养不良导致病情加重而死亡。但这些孩子的母亲以基督徒的刚毅坚强承受着深深的悲痛，没有像非基督徒中国人那样，说一句怨天尤人的话，而是感谢圣父一直以来赐给她们的恩典。

中国人和外国人每天都会在草坪上聚集一次，检查越来越多的带进使馆的衣物和其他物品。或许可以在这里详细说明一下如何处理没收物品。由于几个公使馆围起来的区域很大，其中有许多与外国人和义和团都没有关系的中国家庭，这些家庭肯定很快会发现自己被中国军队包围了，出入变得越来越困难，日常事务也不可能处理了。

随着时间的推移，这些家庭中的大多数都对前景感到担忧，趁还来得及逃走了。然而，他们中的有些人留下了值得信赖的仆人，以照看他们的房子。但是，也有难以计数的住宅和商店都空无一人，有些商店里堆满了各种各样的货物，而有些住宅里的家具也很齐全。在混乱的年代里，许多商店和房屋不可避免地要受到邻居和贫困基督徒的抢劫。这些基督徒逃命过来时，除了身上穿的衣服,什么都没有。

在全体人员聚集到英国公使馆之后不久,人们就感到有必要制止这种混乱的掠夺,并确保合理地使用抢来的各种物品。梅威良(Ament)博士奉命组建了一个全权委员会。在网球场的草坪上,临时设立了一个类似中国当铺的储藏室来存放旧衣服。许多天来,它为数百名中国人及其家人提供衣服和床上用品,直到需求似乎得到了基本的满足。但许多中国人在工作时不善于保护自己的衣服,还有一些人在大雨中、在潮湿的战壕或城墙上劳动时,把衣服给毁了,这些都必须重新供给。不过,好在仍然有衣物不断地补充进来。外国人也自由地从这里领取衣物,最后分发衣物成了管理者的一大负担。

当缺乏制作沙袋的布料时,中国妇女就把一些棉衣剪开,把这些衣物的裤腿或袖子填满泥土,用来加固城墙和屋顶的防护堤。为了寻找制作沙袋的材料,搜寻了数十座中国房屋(也许有

国际炮

数百座），但没有在任何一处强行拿走东西。这些房屋中有一些已经有人进去过，并且将其洗劫一空，也有一些一动没动，还是房屋主人走时的样子。一开始，很多物品似乎与被围困人们的军事需要无关，但最终证明它们都是很有用的，尤其是铁匠铺的工具和一门中国旧式大炮——它被称作"贝特西"（Betsy）或"国际炮"。有些房屋被匆忙地遗弃了，留下了很多精美的衣服，丝绸、毛皮、珍贵的瓷器、钟表和古玩。在肃王府中发现了大量这样的物品。日本人的一个工事，大部分是由装满贵重衣服的箱子建成的，这些箱子里的衣物都是很好的制作沙袋的材料。可惜的是，所有这一切都因为与泥土混合堆砌、雨水浇灌或激烈的交火而毁掉了。

住在肃王府的基督徒们很早就报告说，那里可能藏有相当数量的银锭。这些银锭被找到后，转存在英国公使馆的密室里，直到围困结束。一些商店里还发现了小型枪支，以及许多无法兑换的银行票据。有一次，在一个煤堆里发现了大约七十两银子，无疑中国人还私吞了其他很多银子。

使馆街上两家外国商店的店主决定放弃商店，把一切可以带的东西都带进英国公使馆。围攻紧张激烈时，使馆街上的商店越来越危险，呼啸的子弹经常打进商店，曾打死了一名店员。大商店的店主宣称大家可以随便到他的商店里拿东西，看好什么就拿什么。这是一个很不幸也很错误的决定，结果是那几天里抢劫成了合法的勾当。这造成到处散发着醉人的烈酒味，秩序一片混乱，以致不久后总务委员会不得不颁发一项命令，任何人未经总务委员会的明确许可，都禁止再到这家大商店去。从那以后，这家商店里的物品被送到了一个食品供应站，根据需要发放。其实，从一开始就应该采取这一措施。

在短暂的无法无天的几天时间里，道德败坏的情形极其严重。许多穷苦的中国人吃着残破瓦罐里的米饭，但旁边可能放着一面镶在毛绒框里的大镜子，或者一个刻花玻璃糖罐、一座大理石挂钟。食品供应部不仅供应给养和餐具，而且供应一切能够弄到手的日用品。围困期间个人所需要的所有物品都用铅笔或钢笔记录在记录簿上，根据这些记录向负责供应的委员会提出申请，以确保满足需要。人们只要清楚地了解自己需要什么，并得到大家的认可，供应委员会就会按需分配，因为事实上被围困时期，所有物资都是共有财产。

布告牌上张贴着停战期间获得的《京报》译文，接连好几天都有一群人围在那里，人们对这份独一无二的出版物有着极大的兴趣，聚集在那里议论纷纷。这些《京报》有许多是几周前印出来的，但有些是非常重要的，而且大多数都是新的。

《京报》上最重要的一段话是在德国公使被谋杀的第二天颁布的一道上谕，但有意思的是上谕并没有提及这一事件。通过这道上谕，我们可以看清中国方面在国际问题上的观念。上谕内容如下：

> 我朝二百数十年，深仁厚泽，凡远人来中国者，列祖列宗罔不待以怀柔。迨道光、咸丰年间，俯准彼等互市，并乞在我国传教；朝廷以其劝人为善，勉允所请，初亦就我范围，遵我约束。讵三十年来，恃我国仁厚，一意拊循，彼乃益肆枭张，欺临我国家，侵占我土地，蹂躏我民人，勒索我财物。朝廷稍加迁就，彼等负其凶横，日甚一日，无所不至。小则欺压平民，大则侮慢神圣。我国赤子，仇怨郁结，人人欲得而甘心。此义勇焚毁教堂、屠杀教民所由来也。朝廷仍不肯开衅，如

前保护者,恐伤吾人民耳。故一再降旨申禁,保卫使馆,加恤教民。故前日有"拳民、教民皆吾赤子"之谕,原为民教解释夙嫌。朝廷柔服远人,至矣尽矣!

然彼等不知感激,反肆要挟。昨日公然有杜士兰照会,令我退出大沽口炮台,归彼看管,否则以力袭取。危词恫吓,意在肆其猖獗,震动畿辅。平日交邻之道,我未尝失礼於彼,彼自称教化之国,乃无礼横行,专肆兵坚器利,自取决裂如此乎。

朕临御将三十年,待百姓如子孙,百姓亦戴朕如天帝。况慈圣中兴宇宙,恩德所被,浃髓沦肌,祖宗凭依,神祇感格。人人忠愤,旷代无所。朕今涕泣以告先庙,慷慨以示师徒,与其苟且图存,贻羞万古,孰若大张挞伐,一决雌雄。连日召见大小臣工,询谋佥同。近畿及山东等省义兵,同日不期而集者,不下数十万人。下至五尺童子,亦能执干戈以卫社稷。彼仗诈谋,我仗天理;彼凭悍力,我仗人心。无论我国忠信甲胄,礼义干橹,人人敢死,即土地广有二十余省,人民多至四百余兆,何难剪彼凶焰,张我国威。①

6月21日的《京报》上登载了另一道上谕,表达了朝廷对直隶总督裕禄禀报6月17—19日在天津的战绩很满意,赞美义和团不用官兵、不要国帑,为国效力。令裕禄先行传旨嘉奖,将来事定后,再行加恩。要求义和团民同心戮力、御敌效忠,始终勿懈。从已经征引的上谕措辞可见,慈禧太后在义和拳问题上很显然是

---

① 这里的上谕,即学界曾长期认定的"宣战诏书"的主要内容,仅省去了结尾关于奖惩和希望的字句。近年学界有人认为这不是一道宣战诏书,而更像是一道战争动员令。不过,从当时的具体形势看,这道诏令既然公开刊登在《京报》上,似也可认为是清政府的宣战书。

朝三暮四,两面三刀。她经常斥责义和拳违反条约,要严行弹压解散,但几天后又褒扬义和拳忠勇可嘉,是国家社稷的勇敢捍卫者,激励赞美,要给予奖励。

6月24日,户部接到命令,拨给刚毅两百袋大米,分发给义和团民。同一天,朝廷又发布了另一道上谕,正如前面引征的谕令所言,既然现在作为"团勇"的义和拳分布在北京和天津一带,那就有必要有人统带(换句话说就是要绝对、完全地接受中国政府的雇佣)。于是,任命庄亲王、协办大学士刚毅为统帅义和团大臣,派左翼总兵英年、右翼总兵载澜会同办理。谓该团众正努力奋战,同仇敌忾,各王大臣更不能落于人后,总期众志成城,始终毋懈,是为至要。

27日,上谕命令裕禄夺回大沽要塞,防止外国军队北上;并下令向京畿地区各部队发放十万两白银,协助官军抗敌之义和团民亦发放白银十万两,以资鼓舞。

几个星期以来,各种奏折和上谕纷纷提及:由于纵容一些不负责任的个人和士兵采取报复行动,出现了普遍的无法无天的情况。即使没有其他证据,仅凭这些奏折和上谕就能证明京城及其周边地区已陷入恐怖状态,一些监察御史甚至皇太后本人也对这一局势抱有怨言。

但是,责任总是被推到那些据说是为了掠夺和仇杀的人头上(据称他们并非是义和团勇),这些人受到了严厉的惩罚。7月2日,又颁布了另一道重要的上谕,向全国官员宣示国家当前对外人和本地基督徒所应采取的政策,命各地高级官员紧急行动起来,实际上是鼓励屠杀外国人、传教士和不愿改变信仰的中国基督徒。谕令说:

　　自各国传教以来,各直省屡有民教相仇之事,总由地方官办理不善,激成衅端。其实教民亦国家赤子,非无良善之徒,只因惑于邪说,又恃教士为护符,以致种种非为,执迷不悟,而民教遂结成不可解之仇。

　　现在朝廷招抚义和团民,各以忠义相勉,同仇敌忾,万众一心。因念教民亦食毛践土之伦,岂真皆甘心异类,自取诛夷?果能革面洗心,不妨网开一面。著各直省督抚,通饬各地方官,遍行晓谕,教民中有能悔悟前非,到官自首者,均准予以自新,不必追其既往。并谕知民间,凡有教民之处,准其报明该地方官,听候妥定章程,分别办理。

　　现在中外既已开衅,各国教士应即一律驱遣回国,免致勾留生事。仍于沿途设法保护为要。该督抚等当体察各地方情形,速为筹办,毋稍疏忽。将此通谕知之。

颁布这样一道明发上谕,拟旨者们认为是一场由来已久、充斥猜忌的竞争中值得庆幸的事。在这场竞争中,中国人仅用几根骆驼毛笔就抹去了四十年的历史,进入了一个新时代。

7月9日,上谕命李鸿章为直隶总督,兼北洋通商大臣。当时主管北洋贸易的官员已经断绝了中外贸易。谕令在李鸿章到任之前,前总督裕禄仍要与庆亲王商讨,妥筹办理,告诫裕禄不得因简放有人,稍涉诿卸。①

7月12日,在天津附近作战的聂提督,因为作战不利和失误而受到严厉斥责,并被革职留任(这是中国最常见的惩罚)。同一道上谕,仍命聂提督严督所部各营,收复失地,以赎前愆。

---

① 查上谕原文是命裕禄与宋庆"妥筹办理"有关事宜,并非是与庆亲王商讨、"妥筹办理"直督所应办事项。

7月15日，署陕西巡抚援引6月20日发给几位总督巡抚的谕旨，其中一句要语是要求"该督抚等务速筹商御敌守土之策，确保派援兵驰赴京师，以保社稷无虞"。

三天后，发布了一道上谕，表现出这一国际问题的另外一面。上谕再次提到日本书记官杉山彬被谋杀，并首次提到在将近一个月前被谋杀的德国公使一事，但十分谨慎，没有透露任何最起码的细节。

此时，天津已经陷落，北京开始感受到了沉重压力，皇太后的追随者之间的纷争达到了顶峰。于是，发布了下面一道上谕：

> 此次中外开衅，起于民教之相阋。嗣因大沽炮台被占，以致激成兵端。朝廷谊重邦交，仍不肯轻于决绝，迭经明降谕旨，保护使馆，并谕各直省保护教士。现在兵事未弭，各国商民在中国者甚多，均应一律保护。着各将军、督抚查明各国洋商教士在通商各埠及各府州县者，仍按照条约，均应一律认真保护，不得稍有疏虞。上月日本书记杉山彬被戕，正深骇异，乃未几复有德国公使被害之事。该公使驻京办理交涉，遽遭伤害，悯惜尤深。应仍严饬勒拿凶手，务获究办。所有此次天津开战后，除战毙不论外，其因乱无故被害之洋人教士等，及损失物产，着顺天府、直隶总督饬属分别查明，听候汇案核办。
>
> 至近日各处土匪、乱民焚杀劫掠，扰害良民，尤属不成事体，着该督抚及各路统兵大臣，查明实在情形，相机剿办，以靖乱源。将此通谕知之。

第二十一章　焦心等待的日子

7月22日,星期天。

今天一大清早,一些中国人从水门出去,到外城去买水果。但过了一会儿,当其他人想到那里买水果时,有人向他们开枪,所以市场被破坏了。街垒上的工人在凌晨两点停工了,这是很长时间以来第一次可以实在地过个星期天了,因为此前大多数星期天比其他日子的事情更多、更忙碌。

信差大约中午时分出发去天津,他嫌带的包裹太大了,要求弄得小一点,以便于隐藏(对许多被围困的朋友来说,这个信差带出去的消息是几乎绝望之后的一线希望)。燕礼士(John Inglis)医生夫妇的孩子白天死亡,晚上安葬了,这是围困期间死亡的六个婴儿之一。

有传闻说,一向最喜欢收集外界消息的日本人听说我们的部队已经沿着北运河行至北京中途了。据说董福祥已经没什么战斗力了,他的人马都四散奔逃了。但据其他人说,他率队出城抵御我们的救援部队了。中国人在翰林院建立了新的工事。一名中国士兵告诉某人,说现在围困我们的大约只有九百人了。

7月23日,星期一。

昨天傍晚开始下大雨,下了整整一夜。许多工事坍塌了,翰林院有座房屋的一面墙壁突然倒塌,盖住了志愿者刚铺放好的床

公使馆街附近壕沟上的设防桥

垫。北京的建筑和中国其他地方的建筑一样不坚固，通常是由比
拳头大不了多少的碎砖块垒砌，用稀泥松散地粘合在一起，再抹
上一层石灰。这样垒起来的墙，每当遭遇连续不断的大雨时，到
处都能听到墙体倒塌的声音，这对居住在这些脆弱房子里的人来
说往往是一种威胁。雨水对沙袋的破坏是非常大的，尤其是对那
些用昂贵布料制作的沙袋，昂贵的布料并不能经受雨水浸泡沙土
膨胀所产生的张力。许多这样的沙包都成了一堆烂泥。

今天，天刚蒙蒙亮，英国人和中国人都还在睡梦之中，那位头
脑有问题的挪威人趁大雨天四处朦胧视线不好的时候，翻墙逃走
了，希望逃到中国人那边去。但事实上，逃到中国人那里的待遇
恐怕没他期望的那么好。据说，中国军队尽管数量明显减少，但
正在修建新的工事。昨天，中国人那边派了一只狗到了我们的防
御工事，嘴里叼着一封信，这是此刻清帝国邮政在北京邮区仅存
的业务了。

7 月 24 日,星期二。

夜里很热,许多人睡不着觉。日本使馆参赞原田梨纱(Harahara)死于破伤风,其他外国人和日本人都深感遗憾。他以通晓中国而闻名,人们都很喜爱他。从北塘防线不断传来的枪声判断,昨晚那里似乎有一场猛烈的攻击。苦力们在城墙上一直干到 9 点钟。之后,中国人开始向他们开火,不得不停工了。

尽管"休战"仍在继续,但仍然有枪击。今天肃王府内仍有四名中国人和一名意大利人在战斗中受伤。英国使馆正门的工事上搭起了一个防雨棚,以防止工事被大雨毁坏,但搭防雨棚时中国人只开了一枪。

天黑后,贴出了一则告示,说柴大佐见到一个中国人。这个中国人告诉他,外国军队于 17 日占领了杨村,并在 19 日打了一仗。据说董福祥的军队中有一百五十名士兵受伤,被带到北京,而外国军队从杨村又向这边推进了四十里。康格和其他许多人都不相信这条消息,认为援军在向北京进发的途中,不可能这么快。

7 月 25 日,星期三。

大约凌晨一点十分,有接连不断的枪声传来,我们都吓了一跳。枪声主要是从蒙古内馆那边传来的,这说明新的攻击又开始了,但奇怪的是攻击仅持续了五分钟就停止了。据报,昨天一名日本人开枪打死了一名正在翻越工事的中国人,一名中国人为了报复开枪打死了一名中国基督徒,这时日本人还击了。随后,中国人打伤了一名意大利人,一名英国海军陆战队员击毙了这名射手。

两天前,有传闻说保定府派来了一支庞大的中国军队,不久就会进攻公使馆。现在据说这些部队来自西苑(Western Park),

兵分两路,分别驻守两个大门。有传言说,最近有人企图炸毁北堂,但没有成功,或者至少大教堂没有受损。一直在向日本人提供情报的那个中国士兵,现在告诉他们说,24日打了一仗,地点在蔡村与河西务之间,从中午一直打到半夜。之后,中国军队就撤到了河西务。

白天,德国公使馆收到了一面休战旗和几封信。其中一封是"庆亲王等"致窦纳乐爵士的,说中国政府收到了大量询问公使们安全问题的函电。中国政府愿意转发公使们对这些询问函电的答复,但是这些答复中不得含有任何军事性质的内容,而且必须是明文而不是密码。另一份文件再次提出了请公使们转移到天津的建议,指出叛乱人数日益增多,可能会发生一些无法预料的事情(然而,这种情况已经发生了)。到天津去是暂时的,留居京城是永久的。如果转移到天津,中国可以派人护送,保证旅程完全安全。中国不想要战争。有什么办法可以阻止它?最好在天津解决问题,因此建议公使们收拾行李,并确定一个日期,以便为他们的转移准备给养物资等。

我们又派出一名信差,伪装成算命先生,送出去最后一批信函的副本。派去买《京报》的人回来了,他遇到了一些麻烦和危险。我们给了他五十两银子的报酬。

7月26日,星期四。

晚上只有几声零星枪响,天气很热,白天依旧闷热。那个伪装成算命先生的信差根本没有出发,因为他对自己服装的某些细节不满意。起初,他所带的信函副本放在一把旧伞的把手里,但人们批评说这太显眼了,他现在正在考虑改换服装,稍后再出发。

今天,号称是"日本士兵信息处"的中国士兵(现在这个人已经成了"董福祥的一名卫士")提供了最新的情报。昨天在河西务又打了一场,一直打到下午三点。在这场战斗中,中国伤亡 1200 人。中国军队包括 5000 名士兵和 3000 名义和团成员。据说李秉衡已经抵达北京,传言驱逐各国公使的主意就是他出的。下午,那个董福祥的卫兵又改口说河西务战役是下午六点开始的,中国军队后撤了十里。这一次我们还了解到,从西面来了 4800 名义和团成员,但他们仅有九支枪,被清军收编了。

康格先生对董福祥卫兵提供的这些信息毫不在意,但其他许多人觉得还是有一定可信度的——"如果是真的,我们事先心里有数,有备无患,如果是假的,那就当没这回事。"

夜里,不时有零星的枪声,表明有人在监视我们,但我们没有回应。

7 月 27 日,星期五。

昨晚凉快多了。早餐后有传言称,通州来的一个人带来了消息,这个人以前经常过来传递消息。他说中国人打算在通州做最后抵抗,如果战败,清廷将撤退到遥远的陕西省省城西安府,已经准备了大量长途旅行的大车。

那位假扮算命先生的信差第二次试图出去,结果又失败了。起初,他被从城墙上放了下去,但碰到了中国士兵。他假装是被派来查看他们营地的,但中国士兵们告诉他,没有通行证,他不能去那里。然后他拉动绳子,又被拉到了城墙上。随后他从肃王府东门出去,见到周围都是工事,感到害怕,又返回来了。

今天中午,那位出了两次没能出去的信差第三次尝试出城。他弄到了一身义和团民的装束,但没用上。有两个中国士兵愿意帮助他,其中一位做另一位的担保。作担保的这位士兵留下由我们监视,另一位士兵带领信差到几里以外的地方。待他带信差到了该到的地方后,信差给他一小块外国女士发夹的碎片作为信物,而留下来那位作担保的士兵并不知道这一情况。我们见到这个发夹碎片,就证明他们正当地履行了护送信差的任务,于是他们得到了十两银子。信差带着十三封信到天津后,将得到二百两银子(需要注意的是,所有这些精心准备的工作都是白费力气。尽管有人觉得这个人不太可信,但也没有严重怀疑他。当他出了城,他的哥哥建议他要么直接自杀,要么到庄亲王指挥部去交代清楚,这样就可不受惩罚。他照做了,全部十三份封信函都送到了总理衙门译员那里,衙门很快就把译稿传到了宫廷,那些像以前一样没使用密码拟就的电信,无疑极受欢迎)。

昨天,各国公使又专门开会讨论回复庆亲王等来函的措辞,以便达到尽可能拖延时间的目的,至少要显示出每个训练有素的外交官应该做到的那样。关于明码电报的问题,他们指出今天世界上没有一个国家的政府会接受明码发报,也没有任何一个国家的公使会明码发报,因为这不合国际惯例。因此,他们无法接受来函关于明码发报的建议。关于公使家属的身体状况,因为遭受了五个星期的围困,缺乏习惯的饮食,健康与否,现在无从得知。至于不得发送涉及军事内容电报的问题,这不难做到,因为公使们对军事形势一无所知,因此根本不会有发送这种电报的风险。

日本人的间谍告诉他们说,荣禄在北堂驻有五标(regiment)人马,在皇城后门也就是北门有两标人马,在公使馆周边有三标人马,另外有三标人马被派去迎战北上的外国军队了。已经有两百辆大车集中到了紫禁城,供清廷撤离备用,另外七十辆大车被派到了董福祥将军那里。

今天,一名殴打妻子的中国男人被戴上了枷锁,在钟楼附近游街示众。枷锁上铭刻着"殴打妻室,现予严惩"字样。人们觉得很好奇,都来围观,其中也有外国人。的确,用这种方式惩罚打妻子的男人，尽管不会在社会上产生任何影响，但在中华帝国历史上，应该说还是石破天惊的第一个案例。

下午有一件事引起了轰动，公使们收到了几份拜帖和一些水果，还特别送给赫德爵士一份。经过大致统计，送来的礼物计有：西瓜150个，黄瓜100根，南瓜100个，面粉1000斤，鸡蛋500个，冰24块。在是否接受清廷送来的这些礼物问题上，这一次和其他时候一样，存在很大的意见分歧。有些人无论如何都拒绝享用，希望把这些东西退回或拒收。双方各持己见，争论十分激烈，有个妇女团体甚至请一位公使代为表态，坚决反对接受这种包藏祸心的馈赠。

不过，尽管人们在接受这批礼物与否的问题上意见不一，争论很激烈，但在小心谨慎对待送来的东西方面却是一致的。大家至少都认为应该先让狗来尝一下，这个意见是中国基督徒们提出来的，并得到了所有人的认可。送来的面粉被搁置起来，直到救援部队来到，一直没有食用。但后来食用这些面粉并没有什么不良影响。这次送来的这些礼品，仿照过去的办法，签了收条。

窦纳乐爵士收到了庆亲王等人给公使们的一封信，信中说据报使馆区有很多基督徒，但空间狭小，住不开。现在公使馆以外舆情平复了，可以让基督徒们出来，按自己的意愿做事情了，不用再担惊受怕。要求公使们估计一下基督徒数量，并确定放他们出来的日期。

对于中国基督徒是否愿意离开这唯一的避难场所到外面去任人宰割这一问题，窦纳乐认为征询他们的意见是不可思议的，这件事用不着与基督徒们商量。因此，他对庆亲王等人的这封信未予理睬，只字未复。晚上，钟楼周围有人聚会、唱歌。

遭围困期间，有几首歌曲极受欢迎。俄国人高唱着他们优美的民族歌曲,德国人高唱《保卫莱茵河》(*Die Wacht am Rhein*),英国人高歌《天佑女王》(*God Save the Queen*)①,美国人高唱《星条旗》(*Star Spangled Banner*)②。

信差报告说,中国人抓获了一名外国人,这个人蓬头垢面,处境十分悲惨。我们意识到这个外国人就是前面提到的那个脑子有病逃出公使馆的挪威人,我们在 25 日写信问讯过他的情况。据报他被带到了荣禄的大本营,荣禄审问了他,然后把他送到了他现在待的地方——顺天府衙。

7 月 28 日,星期六。

今天上午杀了两匹小马,结果发现马肉有一种寄生虫(丝状虫),食用这样的马肉既不卫生也有风险。由于中国人从来不在乎这种小事,所以就把马肉送到了肃王府,又宰杀了另一匹小马给外国人。

7 月 4 日晚派出去的一个伪装成乞丐的少年回来了,这引起了轰动。他带回来一封给窦纳乐爵士的信。窦纳乐爵士在这个小男孩出发时写了一封信,介绍使馆区遭围困以来至 7 月 4 日各方面情况细节,包括伤亡的具体人数。在那封信的末尾,窦纳乐爵士指出,中国军队自 6 月 20 日起,不断地枪炮轰击公使馆,公使馆处境十分艰难。

这个少年带给窦纳乐爵士的信,是英国驻天津领事对窦纳乐爵士让少年带去的信的回信。这封信张贴到了布告栏上,内容如下：

---

① 《天佑女王》,英国国歌。男性为英国国王时则为《天佑国王》(*God Save the King*)
② 《星光灿烂的旗帜》,又作《星条旗》,美国国歌,又作《星条旗之歌》。网络上流传的《星条旗永不落》(*The Stars and Stripes Forever*),常被误作美国国歌,其实那是一首美国进行曲,并非美国国歌。

天津,7月22日。

7月4日来函敬悉。兹有24000名士兵登陆,其中19000人留在此处。英军司令盖斯利(Gaselee)将军预计明日可率军攻克大沽。俄国军队在北塘。天津已为外国政府控制,这里的义和团已瓦解。如果您能保证您有足够的食物,大批军队正在北上。几乎所有的女士都离开了天津。

贾礼士(D. R. Carles)

上述贾礼士领事的这封奇怪的来信,越想越觉得不同寻常。对于遭受围困、不断受到攻击的人们来说,一个至关重要的问题是,援军何时能够到来,而在这一点上,他那封信不但没有提供任何信息,而且措词含糊,难以理解。甚至可用的军队数量也成了一个争论的话题,最后还来了一句:"如果您能保证您有足够的食物,大批军队正在北上。"这就很自然引出了这样一个问题:如果窦纳乐爵士发现自己吃不上饭,那北上的部队会怎么样呢?

不久之后,人们才隐约感觉到了贾礼士先生写那样一封信的仁慈目的,即他知道公使馆的困境,但眼下北上救援的前景渺茫,只好请公使馆的人们善自珍重,保护好自己。

从天津回来的那位少年报告说,他7月23日离开天津北面的红桥,一直待在杨村的一个机车锅炉里。那里的铁路桥没有被毁。那天,他只看见一小股中国步兵,主力在天津以西八英里的北仓。

他没有看到义和团。24日晚上,他在河西务附近过夜。那天,他在村子里看到一群群的义和团,但路上一个也没有。白河码头河水泛滥,有很多船只泊锚,很少有船只在行驶。27日,他到了北京沙窝门①。河边的电线杆和电线都不见了,铁路被扒得

---

① 沙窝门,即广渠门,是北京外城城墙东侧的唯一一座城门,又称大通桥门。

乱七八糟，铁轨要么被埋起来，要么用来制作义和团的刀枪了。通往天津的官道维护得很好。各地的庄稼长势喜人，村民们都在忙着干农活。每个村子都有义和团。

那位少年信差离开天津时，外国军队还没有越过防御墙。天津所有的衙门都被外国军队占领了，主要是日本人。所有义和团都离开了天津前线，因为他们在战斗中死伤惨重。中国士兵鄙视他们，因为他们以前过分自命不凡，说什么刀枪不入，而现在却四处逃窜。

日本人收买的那名董福祥的卫兵告诉他们，说26日在安平发生了一场"战斗"，当时有700名中国人阵亡，他们的军队向马头①撤退。我们绘制了一张军情对照表，目的是要看看日本人收买的这名董福祥的卫兵提供的日期与那个少年信差明显真实的日期是否一致，结果如下。

董福祥将军的卫兵提供的概要军情：7月24日，蔡村战役；7月25日，河西务战役；7月26日，安平战役；7月27日，中国军队在马头。少年信差报告说，他7月23日夜宿杨村，7月24日在河西务过夜，7月25日在马头；7月26日在于家圩，27日在北京。因此，两种信息之间没有实质性的矛盾。

慈禧太后打算逃跑的消息得到了另外四个人以及一名间谍的证实。昨天，一名基督教徒试着修鞋，手艺粗糙，而一名罗马天主教难民则在修理手表。

7月29日，星期天。

昨晚，北堂周围有猛烈的枪炮声。今天一大清早，一名中国卫兵押送那个精神不正常的挪威人到了我们防区。他双手戴着

---

① 今北京市通州区漷县镇马头村。

镣铐,境况凄惨,像个残疾人。他说,即使有再多的金子,也不能诱使他再犯同样的错误。他逐渐透露了他在清军那边的情况,说荣禄等人问了他很多重要的问题。这表明荣禄那些人对公使馆内发生的事情有着非常准确的认识。一个问题是关于正在挖掘的坑是不是用来防弹的,另一个重要的问题是关于枪炮轰击造成的损失。挪威人都坦率地交待了,说中国军队的大炮打得太高了。不久,对着我们这边的炮口明显调低了(与之相应,被围困的人情绪也低落了)。有人提议应该把这个挪威人作为逃兵和叛徒毙掉。然而,更多的人意见比较温和,建议把他监禁起来了,直到围困解除。

一名奥地利水兵说,命令放弃公使馆的时候,他正在厨房里做饭,毫不知情。起初他以为是义和团发动攻击,没什么要紧的。当听到外面枪声大作后,就出去看看,结果工事那儿一个奥地利人都没有。他尚未缓过神来,就被击中了双腿,好在没伤到骨头。他爬回警卫室,用自己的血在墙上写下了自己的名字,说明当时的情况,以免别人不知道他是怎么死的。在发现中国人没有跟进去后,他撕破衣服,粗粗地包扎了一下,爬到海关总署的工事前,后面子弹一直追着他打。现在公正的旁观者都认为,奥地利人当时放弃他们的使馆是不可原谅的。

日中情报机构负责人杉(Sugi)在日本人防区外租了一间小房子。房子正对着通向海关总署的海关小巷,他在那里接收信息,然后予以分发。今天,他的卫兵告诉他,码头有 25000 名中国军人等待阻击外国军队,这支军队原本有 30000 多名,昨天从安平退到这里。

派往北京西北的昌平州的信差,遇见了从独石沟过来的难民。据说有俄国军队经由张家口到这里来,但那里的情况疑窦丛生，只有天知道怎么回事。现在可以肯定的是，除了两处城门外，北京所有的城门都用沙袋堵住了。

下午，中国人开始在皇城的城墙下御河桥南侧修筑新的工事。这是在北马厩观察到的，这一情况立即报告上来，有关方面派人将意大利机枪拖到了北马厩，攻击修筑工事的中国人，打了几阵枪后，意大利枪手的手受伤了。

中国人的方法非常务实和有效。周围一个人也看不见，只是不时地有一两块砖头从拐角处扔过来，然后又有人往上面扔，眼看着墙就高起来了。有时，一个装满泥土或砖块的箱子突然被推来推去，工事建得很快，但还是看不到人在哪儿。朝他们建工事那个地方打枪，伤害不到他们，丝毫不会妨碍他们的工作。天黑以前，一堵新墙沿着整座桥的正面伸展开来，看起来很高，很坚固。他们在其他地方的大部分工作也都是这样做的，而且他们的材料和劳动力几乎是无限的，所以他们能够在短时间内完成大量的工作。第二天早晨，一位俄国绅士说："那座新工事使我很不安。"大家深有同感。

另一位不知从什么地方过来的信差告诉我们，杨村"两三天前"被外国军队完全摧毁了，他们正在稳步前进。这就有必要对北上援军的进军日程做出修正，这些分析牵涉大量精力，有太多不确定因素。

搞到了几份《京报》，但没有什么是确实值得关注的信息。7月23日发行的《京报》上登载了直隶总督裕禄和宋庆将军联衔上奏的奏折，详细描述了7月8日至7月11攻击天津外国租界的情况，但读后感觉含混不清。7月11日的《京报》又登载了一则直隶总督的奏折，还是关于攻打外国租界的，承认中国人损失严重，但又说敌人的损失也"不小"。慈禧太后得到的消息是，海光寺(Treaty Temple)兵工厂①没有损坏到无法修复的程度。直隶总督裕禄独自上奏的这份奏折,是在外国联军发起最后也是最成功的一次攻击前两天发出的,语气不那么乐观了,他在奏折中详细描述了目前和未来的众多外国军队情况,说他现有兵力不足以对付其中任何一支外国军队,需要"大规模的增援"。

上述裕禄的奏折中有一段话很有意思,这几句话叙说在面对不利局势的情况下中国所要采取的策略,他是这样说的:"奴才与该提督②面商进战机宜,必定先将紫竹林洋兵击退,然后会合各营,节节进剿,直抵大沽,方可得手。当由奴才与马玉昆、聂士成、罗荣光随时相机商办,总期迅将大沽炮台恢复,以固门户。"一份诏书批准了这一行动方案。

在同一奏折所附的折片中,裕禄向皇帝禀报:"各属义和团民,先后来津,随同打仗,兹有静海县独流镇团总张德成,带同所部团民五千人,于本月初二日到津来谒。奴才查看其人,年力正强,志趣向上。现饬择地驻扎,听候调遣,并酌给军火、粮食。除俟立功有绩,另行奏奖外,理合附片具奏。"另一道上谕,谓荣禄"加恩着在紫禁城内并西苑门内,乘坐二人肩舆"。(这份殊荣他保留不了太久了。)

7 月 30 日,星期一。

御河桥尽头新建的工事控制着御河两侧通向城墙的道路。虽然这两条路禁止通行,但很多执拗的中国人不顾枪击,甘愿冒险,而不愿走非常安全的隧道。今天早上,一名罗马天主教徒在肃王府附近御河边上的一座房子外面被杀。一名哥萨克人上午

---

① 海光寺兵工厂,即天津(北洋)机器制造局西局。
② 指新来增援的浙江提督马玉昆。

因患疟疾，误把十二粒士的宁当作奎宁给吃了。不过，经过费心治疗，他最终摆脱了药物的毒副作用。

人们要弄清楚各种信息的真实性，尤其是连续不断来自各个方面相互矛盾的信息哪些是可靠的，非常困难。今天有消息说，柴大佐的信差说他在 29 号晚上 8 点离开了张家湾（距通州三英里）。下午 3 点到 8 点，那里断断续续地打过仗，许多中国人被杀。外国军队在 29 日上午就到了马头，中国军队战败，撤到了张家湾，大约有一万人。下午，派出去打探消息的买卖糖果的小贩从通州回来了，他说杨村有外国军队，但这边没有。由于这个消息与我们掌握的显然不一样，就把他绑起来了，直到他改了口才放开！他还告诉我们，李鸿章也在京城，要求他在三天内与外国人讲和。今天清晨派出去的情报员带回来十一封信件。据说杉先生派出去的两个人今天回来了。其中一人带来消息说，29 日（或 28 日）在马头以南发生了一场战斗。这两个人还说他们在离通州八英里的地方见到了一名张家湾的罗马天主教徒，据他说外国军队已经来到这里，解救一直被困在那里的天主教徒。

从美国人在内城南城墙的位置，看到外城有大车、马匹、苦力川流不息，乱糟糟的，很不正常。据说赫德爵士收到了一封密码电报，将近一百字，但他没有密码本，因此无法破译。

总理衙门关于现在国家安宁、中国基督徒可以"各安其业"的来信，今天做了回复。公使们坦言，鉴于总理衙门的这种说法，他们对北堂那边猛烈的枪击声感到奇怪，很明显那里是遭遇了攻击。他们指出，北御河桥新修筑了工事，不断向外射击，对着法国和俄国公使馆开火。回复明确表示，总理衙门来函所言与这些行为之间矛盾重重，让人难以理解。回复进一步说明北堂里有欧洲军官和士兵，如果此类袭击都无法避免，那么就很难保证前往天

津旅途中不会发生这样的袭击。因此,在讨论转移天津之前,请
总理衙门就这些问题做出合理解释。

庆亲王等在回复各国公使的信中,告知公使们说,在准备前
往天津的途中,中国政府当然会提供马车和轿子。目前已经简派
总兵孙万林挑选队伍,并调派提督宋庆所部,沿途护送,还请提前
数日告知日期①。在回复中,总理衙门解释说,攻击北堂是由于
天主教徒出来四处掠夺食物,导致民众加入义和团队伍,不断地
进行攻击。现已颁发上谕,规定如果天主教徒不出来抢劫,他们
将受到保护,而不是受到攻击。至于说北御河桥修筑新工事一
事,那是董将军修的一条横跨御河的路,公使馆误认为是新修筑
了工事,双方都有误解。关于即将出京转移天津一事,并非很容
易就安排好,只有做好各方面准备,才有可能保证不出意外。此
事至关紧要,我们不能言不由衷,请各国公使不要过于焦虑,静心
定夺为要。

7 月 31 日,星期二。

夜里,御河下游发生了一名英国海军陆战队员称之为"相当
激烈的交火"。中国人抱怨我们首先向他们开火,因为他们正在
修"路"(工事),的确如此。尽管中国承诺停止敌对行动,但他们
在任何地方都没有停止过射击。鸡蛋供应量一直都很少,现在中
国人已经把一个卖鸡蛋的人砍头了,法国卫兵又开枪打死了一个
卖鸡蛋的人,可能不会再有鸡蛋供应了。

那位中国士兵间谍又给日本人送来了他惯常送的假军事情
报。说外国军队从马头出发,于 30 日下午晚些时候到达张家湾。

---

① 这里叙述庆亲王等的总理衙门复函内容,并非原函全部内容,仅是其中一小部分。
另,作者这里也没有记述这份复函是对各国公使哪一封信的复函。

中国军队在通州以南约八英里处。由十五支部队组成的"长安胜军"于6月27日从西安府出发,预计今天将抵达南苑,然后开赴通州。据估计,这十三支部队有四五千人,但这些部队并非西式训练的,因此对增加中国军队实力没什么帮助。

据说荣禄控制的五路人马现在交给了李秉衡,他前几天奉特诏从南方北上进京面圣。他力主与外国人拼死一战,增强了朝廷的决心,主战势力日盛。董福祥请了十天假。李鸿章(已经在北京)将在两天后到达天津。据济南府信报,山东巡抚袁世凯"造反,投靠德国人!"

正在修筑工事的贾腓力先生那伙人,今天奉命去翰林院西北角建造一座防护砖墙。那里几乎每分钟都有砖头和瓶子扔过来,"搞得人心惶惶"。海牙和平会议(the Hague Peace Conference)应该将这些武器连同"达姆弹"(dum-dum bullet)一起列入制裁名单。夜间,使馆街御河桥①北侧又建了一道工事。目前,这座桥很不安全,因为中国军队在北御河桥的工事总是往这边打冷枪。

---

① 使馆街御河桥,即中御河桥。

第二十二章　再度围攻公使馆

8月1日,星期三。

夜里,那个精神不正常的挪威人从监禁他的日本公使馆里跑了出来,去了北京饭店。店主在凌晨2点把他带到了英国公使馆,又把他监禁起来。昨晚,在英国公使馆南门建起了保护人们通过御河的工事,我们现在可以舒一口气了,但通向使馆街的这条路线仍有一定(或者说是很难预料到)的危险。

食品供应委员会一直非常积极地收集一切可以食用的东西,在保证不停碾磨和适时供应方面,尤其卖力。围困不知何时才能解除,所有被困者能否活下去,全赖于面粉能否供应得上,这的确是个至关重要的问题。他们一直仔细算计可用的食物,似乎仅有600磅的白米、11500磅的"黄色"或者说是陈米、34000磅小麦。如果搞不到其他食品,据估计,这些储备可以在五个星期内每天向一千个人供应一磅小麦和三分之一磅大米。现在大约还有30匹小马,按照每两天3匹的供应量测算,还可以供应20天。

到内城南城墙上可以看到,与最初尝试在坡道顶部用砖块砌一道弯弯曲曲的防御墙相比,这里的防御已经有了很大改进,现在已可以防御任何方向的火力攻击了。城墙上的每一处工事都筑得很高,很坚固,即使中国人想占领我们占据的这段城墙,也无法冲过这道工事。事实上他们从7月3日晚上起,就根本没有再

燃料供应委员会在英国公使馆门前合影

作这种尝试。在两条坡道顶部的工事之间，有一条小路相连，从这一工事到另一工事很安全。西边的工事由美国人和俄国人共同防守。

我们又收到了"庆亲王等"的来信，还是以前信里的一些陈词滥调。说什么昨晚一些中国基督徒再次向官兵的哨所开枪，造成两人受伤。声称如果约束不住中国基督徒，恐怕会酿成一场大灾难，毁掉整个大局。要求各国公使严行约束，以避免进一步的敌对行动。信里说他们了解到使馆区聚集了大量中国基督徒，这些人不希望各国使臣离开北京，他们希望得到公使们的永久性庇护，希望公使们不要上这些人的当，请在两三天内对是否离京的问题做出答复。

在各国公使看来，因为不能确定复函会落到谁的手里，所以最好的回复应该就像他们在讨论一件有道理的事情一样。因此，第二天就有人对这种无稽之谈作了答复。复函称公使馆不是由

"中国基督徒"来保卫的,而是由使馆卫队来保卫的。北御河桥上新建的工事,不分昼夜一直在不断地向公使馆打枪,我们没有还击一枪。为什么会一直这个样子?让人很难理解。各国公使对于确定哪一天离京赴津的问题,深感为难。待在公使馆里都没有安全保障,一天到晚遭到枪击,怎么能奢望赴津途中有什么安全保障呢?

从今天总理衙门转来的电报中得知,康格先生在7月17日的电报中说公使馆已经遭枪炮轰击了一个月,引起了很大的轰动,各国即将派出救援部队。令人奇怪的是,我们的不幸消息和这一消息所产生的影响的情报,总理衙门竟然都如实地转发和传达了。7月18日派往天津的一位张姓基督徒,今天回来了,带了一封福岛安正(Fukushima)将军给日本公使西德二郎(Nishi)男爵的回信,信中说第五师团登陆时遇到了意想不到的困难,但是大部分的军队已经到达天津,后续部队正在陆续抵达。大家已经了解到北京公使馆的处境,已经多次开会研究派援军北上救援。预计从写这封信之日即7月26日起两三天之内,将有一支救援部队出发北上。

其他几封信函的内容与给康格公使的复信内容大致相同,这就清楚地表明了重金收买的那位董福祥将军卫兵频繁的定期情报,纯粹是假消息,与同时期的军事进展情势完全不符。他做间谍的目的是要引起公使馆对他的情报的重视,让被围困的人整天不停地去对照地图,看看援军有可能到了什么地方,牵扯他们的精力,扰乱他们的思路和视线。那些一直怀疑这个间谍卫兵的人,这时候神气起来了,不断地说:"怎么样?我早就说过。"

一封给窦纳乐爵士的电报介绍了7月15日天津战斗的结果,并说正在加快安排北上救援事宜,还询问中国政府是否在保护公使馆及提供食物等情况。

给窦纳乐爵士的电报的最后一句话披露了赠送西瓜、茄子、黄瓜的"真实用意"，清政府送这些东西来并不是要为被围困的人提供食物，而是为中国驻各国使臣向西方各国炫耀中国政府恩惠用的，现在西方各国政要都相信中国政府正在竭尽全力使北京被围困的外国人过上理想的幸福生活，觉得这些人目前处境总体上说是令人羡慕的。

据日本人方面的消息，他们已经损失十人（包括使馆书记官），其中五人是士兵，三人是使馆工作人员，一人是军官，一人是平民。另有七人重伤，三十人轻伤。死者被埋在肃王府一个特殊地点，待围城结束后，将挖出尸体火化，并将骨灰送回日本。

在围困期间，一窝小猫已经长大了，其中两只已经被守卫主大门的海军陆战队员收养，脖子上系着彩带，安静地在瞭望口睡觉。

8月2日，星期四。

有一位欧洲大陆的驻华公使，长期以来胆小怕事、情绪悲观，今天他在英国公使馆大门门口说："好啦，我们就要离开这里了。"他似乎认为紧张局势在升级。

那两个收买的卫兵间谍今天回来了，其中一个说，他们在杨村见到了不明国籍的外国军队！他发现自己编造的谎话有些露馅，似乎有点惊慌，但他的日本雇主没有像笨拙的西方人那样一下子激动起来，而是冲他笑了笑说，他一直知道他们送来的情报不真实，所以就没有向柴大佐本人说过！考虑到他每天都要编造一套天津军队撤退和行军的假情报并配上地图贴在布告牌上，很辛苦，日本人没有解雇这名间谍，而是告诉他说，如果他以后提供的情报更准确一点，还是会付给他报酬的。不过从这一天起，他不能再为其他人提供情报。

一名派出去搜寻《京报》的人今天回来了。他带回不少新刊印的《京报》，里面有一些零星的新闻。

7月28日，《京报》登载了山西巡抚毓贤的奏折，奏称山西省会太原府知府禀报有义和团麇集衙门，要求派兵平乱。经查探，知府衙门并没聚集多少人，只有一个人到衙门里去要吃的，也并不是义和团民。他奏请罢免知府（这件小事背后可能隐藏着更重要的问题，即毓贤很可能要通过这一事件让他的下属们明白，任何人都不可做出对义和团不利的事情，凡是做出对义和团不利事情的官员将立予革职查办）。

毓贤还奏称，他即将遵旨向北京派遣四"营"步兵和二百名骑兵，但又有谕旨令这些步骑兵改赴张家口。另外，他奏称即将招募新勇（后来了解到，他率部驰援京师，已经到了获鹿县①，过了山西与直隶交界的关隘固关。得知北京已经沦陷后，他随即返回省城，在那里恭迎向遥远西方逃窜的慈禧太后）。

一道日期不详但显然是7月28日的上谕指出，两位总理衙门大臣许景澄、袁昶，声名恶劣，平日办理洋务，各存私心。每遇召见时，任意妄奏，莠言乱政，且语多离间（即挑拨慈禧太后与光绪皇帝关系），有不忍言者，实属大不敬。为整肃朝纲，使诸臣时怀敬畏之心，即行处死（慈禧显然是受了刚到北京的李秉衡的蛊惑，盛怒之下处死了两位大臣。许景澄是新成立的京师大学堂中学总教习，曾任中国驻俄公使，是一位开明的人。在一次非常重要的御前会议上，皇帝从御座上站起身，伸手抓住了许景澄的衣袖，高声说："如果中国要与世界作战，这不是要断送江山社稷

———————————
① 今河北省石家庄市鹿泉区。查固关位于今平定县境内，而毓贤奏折称他"行至定州清风寨地方，闻圣驾出京"。不知作者这里何以说行至获鹿县。

吗?"听了这话,满洲贵族们都表现出极大的愤慨,有人大声说许景澄抓住了皇上的手,并当众斥责许。许景澄吓坏了,挣脱了衣袖,赶紧后退。就在同一天,据报道李秉衡到了京城,第二天,许、袁二人被处决。他们真正的罪过在于敢于反对在端王等鼓噪下的慈禧太后的疯狂举动,尽力寻求某种缓解困局的方式,在于所谓私下访问外国驻华公使馆讨好外国人,在于安葬暴尸使馆街上的德国公使)。人们立刻意识到,这是一个不祥的预兆,杀死两位总理衙门大臣显示了中国实际统治者的脾气,他们丝毫没有缓和局势的念头。

昨天,我们准备利用蒙古内馆废墟的材料建造新的防御工事,把我们的防线延伸到英国公使馆的西南方,拉长同中国军队的间隔距离。今天贾腓力先生和他的手下在帝国海关斯泰老(von Strauch)①中尉(以前为德国军人)的带领下完成了这项工作。斯泰老中尉是一名勇敢而又灵巧的军官,他全身心投入了建造新防御工程。这项工作是在中国士兵通常浑浑噩噩的时候开始的(他们早晨起床疲乏后开始吸食鸦片),故而很长一段时间没有被发现。这项工程把我们控制的地区向西扩大了大约五十码宽,从北面的銮驾库一直延伸到南面的俄国公使馆。这一新建防御工程穿过了许多院落,在很多座房屋上穿墙打洞,最后在最西边修筑了一道由石板砌成的工事。当中国人终于知道发生了什么事情时,他们进行了一次报复性的攻击,打穿了一扇木门,打伤了一个中国人,但是,尽管他们尽了最大的努力,却再也无法占据这些地方了。

傍晚时分,另一名信差回来了,他是7月23日带着关于公使

① 斯泰老,德国人,1894年以教官身份来华,1899年进入中国海关工作。

馆仍然安全和当时被围困情形的一些信件出去的。无论是在这个信差带来的信息发布之前(几乎是瞬间发生的,因为这些信大多是写给美国公使的)还是之后,人们都显得极为兴奋。信差带回来的密函和信件中列出了援救天津的军事行动的日期,以及营救部队各路人马可能行进的先后次序,但这些资料与后来的实际行动不符。其中一封信建议"无论如何要坚持下去",另一封信说"振作起来,救援部队尽量早日到达,部队正在向北京进发"。

若士得(Ragsdale)领事给康格先生的信,虽然写得十分简短,但引起了美国人的特别兴趣,让他们得以一窥他们远方同胞的所作所为和感受:"7 月 28 日,曾失去了再见到你们的一切希望。现在前景光明起来。我们在这里遭受了三十天的炮击,九天围困,原本以为我们这里已经够糟糕的了。几乎每一所房子都毁坏了。国内的情绪当然很紧张。我们为您的安康祈祷,希望救援部队尽快抵达北京。部队很可能明天出兵。麦金莱和罗斯福(Roosevelt)提名为总统、副总统候选人①。布莱恩(Bryan)为总统候选人,副总统候选人尚未确定。②"

美国第四十一步兵团少尉马洛里(Mallory)的一封信说:"一支一万人的救援队伍即将出发前往北京,后续将更多。上帝保佑他们会及时赶到。"8 月 30 日③,查菲(Chaffee)少将宣布他刚刚抵达天津。

其他一些信中提到,义和团曾在遵化、山海关及许多其他地

---

① 指 1900 年美国大选共和党推举的总统和副总统候选人。
② 指 1900 年美国大选民主党推选的总统候选人,写这封信的时候民主党副总统候选人尚未确定。
③ 原文如此。这前后记述的是 7 月底 8 月初的事,不知此处为什么会是"8 月 30 日",疑为"7 月 30 日"之误。

区攻击中国基督徒。俄国人在金州附近作战，牛庄局势十分混乱，因为东北似乎都在奋起反抗外国人，俄国人在那里很可能忙得不可开交。据说长江流域也很不安宁，尽管南京的刘坤一总督和武昌的张之洞总督都尽力维持秩序。李鸿章还在上海，他北上天津的可能性不大。天津由一个外国联合委员会①管理。德国和美国各派遣了一万五千名士兵，意大利派遣了五千名。天津到处都是士兵，还有更多的人不断地来到这里。火车在天津和塘沽（Tongku）之间运行。许多妇女和儿童已乘坐"洛根"（Logan）号前往美国。北戴河海滨度假胜地的所有财产均已被毁。

一段时间以来，人们都知道有一批中国烧酒存货，但直到最近才发现这些存货藏在使馆街一家商店里，那里卖调味品、酱油等。都春圃先生代表总务委员会和几个人一起去了那家商店，发现一个疲惫的人在一个大酒瓮上面睡着了。把这个人移走后，将瓮里的酒都倾倒在了大街上，酒香四溢，倒掉的这些酒价值很多两银子。那个酒瓮以前封过一次，但是让馋酒的海军陆战队员给拆了封。

带来有望解围这一好消息的信差说，当他到达通州时，没有走通常向东走的那条路线，而是整晚上都跟着中国士兵走。从天津返回时，他把信缝到帽子里了。他从西门离开天津，绕了一大圈，免得引起别人的怀疑，总算很顺利地回来了。

8 月 3 日，星期五。

今天上午，查收物品委员会（the Committee on Confiscated Goods）正忙着检查昨天占领区域内的房屋，发现了大量有用的物品。皇城发生了火灾，但无法确定火灾发生的具体地点。下面的消息是刚刚发布的：

---

① 即"暂行管理津郡城厢内外地方事务都统衙门"，简称都统衙门。

8 月 1 日英国公使馆普查数据

英国及各国士兵	73
医院内伤员人数	40
公使馆内居住外国人数	
外国男子	191
外国妇女	147
外国儿童	76
	——414
公使馆内居住中国人数	
中国男子	180
中国妇女	107
中国儿童	69
	——356
总计	883①

今天下午，总理衙门转来一份索尔兹伯里勋爵致窦纳乐爵士的密码电报，没有标明日期，索尔兹伯里勋爵在电报里抱怨说他 7 月 4 日以来从未收到只言片语。各国公使试图通过总理衙门发送密码电报。总理衙门通知说任命荣禄护送各国公使去天津。考虑到荣禄整个夏天都在试图杀死使馆里的每一个人，派这样一个人护送各国公使去天津，真是厚颜无耻到了极点。

在回复窦纳乐爵士抗议中国士兵不断向公使馆开火时，总理衙门毫不在意地说，这完全是误会，开火不是对公使馆，而是像寺庙晨钟暮鼓一样，都是例行仪式。"这确实没什么好笑的。"为了证实他们关于军队打枪就像寺庙晨钟暮鼓仪式一样的理论，他们还说听说有

---

① 原文如此。这个"总计"数字与上列各数字之和不符，究其原因，是上一栏各国士兵、伤员和外国人总数计算错了，外人总数应为 527，不是 414。414 没有计入士兵和伤员数。

一位公使夫人曾说过，现在枪炮声这么少，她几乎都睡不着觉了。

肃王府一些中国苦力把步枪和弹药带到一个哨所出售。（这种情况可能导致了这样一种广为流传的说法，即在围城期间，外国人从进攻的中国军队手中购买弹药。然而，事实上是有个日本人付给一名中国卫兵两个银元，买了 140 发子弹，但不到一刻钟，这两个人就开始互相攻击起来。）

8 月 4 日，星期六。

昨晚的交火比以前少了很多。诺登菲尔德机枪（Nordenfelt gun）①架设在汉文参赞房屋后面新扩充区域一个高高的平台上，看上去很吓人。"哦，它块头不大，但是极其好用，相对于它的大小来说，威慑力还是很恐怖的。"

公使们开了个会，同意要求总理衙门给妇女和病人送羊肉和其他补给品，但这一决定没有得到一致通过。一些被围困者提出了强烈抗议，认为这是一种没有必要的软弱表现。总理衙门来信，说有关各国的外交机构希望能护送公使们出京，希望公使们就此迅速做出答复。两名在华俄道胜银行工作的俄国人不小心过于暴露了，今天下午遭枪击受伤。其中一人在夜里毙命。

下午，公使们又开了一次会议，起草了一份给总理衙门的复函，拟明日发送。这份复函的主要内容是要求总理衙门允许各国公使与其各自的政府直接沟通，他们的通信不能通过总理衙门转发，外国驻华公使必须享有与中国驻各国公使在外国享有的同等权利。

随这封复函还附有公使们给各自政府的密电，请求各国政府对中国总理衙门要求公使离京问题做出指示，目的是赢得时间。

---

① 诺登菲尔德机枪，美国人诺登菲尔德 1878 年发明的多管机枪，实际上是一种机枪或机关炮，射速每分钟 350 发，射程 2000 米。1883 年左右，金陵机器局即引进生产，据称在中法战争时为中国军队立下过汗马功劳。

这份密电的回电最快也需十天或两周时间。因为总理衙门今天的来信说，由他们代发的电报，需要快递至山东省府济南发送。据了解，至少有一位外国公使在信函中暗示其政府，关于是否遵循中国总理衙门的要求离开北京的问题，没有必要匆忙回复。各国公使通知总理衙门，说他们在等待各自政府的指示期间，将为是否离开北京的问题做好准备（这只是一个并没打算真正落实的说法）。

昨天，各国公使第一次尝试由总理衙门代发给各自政府的密码电报。据了解，这些电报没有退回来，有理由相信它们已经被转发出去了。

对所有向外发送的电报，都要由一个委员会审查。有些等待发送电报的人不愿接受，他们对审查制度极为恼火。

在肃王府，一些不携带武器的士兵非常友好地围住了我们的哨兵，因为安排公使们离开的诏书是众所周知的，他们以为我们应该很快就要离开了。一位曾为我们搞到《京报》副本的军人还借机说："你们还活着；我们的人都死了。外国军队正在赶到这里的路上，已经把宋庆将军的部队逼得退到了离这里一百四十里的地方。"中国国内有传言说，在外国军队中有许多"黑人"，他们应该来自印度。

8月5日，星期日。

有消息说，如果各国公使不同意遵从建议立即离京赴津，中国人打算真正攻打公使馆。在近三个星期相对平静的时间里，贾脲力先生坚持不懈，一直在为坚守公使馆做准备。听到了这一传言，不少人心里都有和一位大声喊叫的德国士兵一样的想法："那就让他们来吧。"

昨晚下了两个多小时的大雨，今天一切都很清新。蒙古内馆那边，靠着我们防区的墙，并没有像我们所担心的那样倒塌。这是第一个没有工作的星期天。昨天和今天有几个中国孩子死了。

罗马天主教徒食物短缺得厉害，原因尚不清楚，因为总库存似乎还很充裕。下午又收到了总理衙门的来信，其中一封是就亨伯特（Humbert）国王①之死向意大利使馆表示慰问（他们以前从未听说过）。这个消息是由时任驻英国和意大利公使罗丰禄传达给总理衙门的。其他几封信函是询问公使们是否安康的。

下面是今天晚上寄给外国联军的信，正是利用这一情报，英、美军队才这么早就进入了北京：

致联军指挥官函副本

1900 年 8 月 5 日。

随函附上内城南城墙及城墙后面包括我们所在的各公使馆的防区地图。我们在城墙上的位置防守稳固，大约有三百码长，等于两座城门的距离，两端分别插着俄国和美国国旗。美国人阵地的左边是水门，这是城墙底部的一个开口，大约四十英尺宽，二十英尺高，任何人都可以毫无困难地通过；进入我们的防区后，沿着城墙下面的街道走，可以攻取一座或两座城门。每个门用五百人的兵力攻打就足够了，特别是在有外部炮火支援的情况下。外城城墙状况很差，比内城城墙的任何部分都要容易攻破，因为内城城墙更厚更高。外城南门与住户区之间有一片开阔地。炮击之后，沿着主街向中门前进，然后向右拐，朝着水门的方向推进，应该不会有什么大的困难。我认为这是进入北京最安全、最可行的入口。参见斯莱特代码，使用拉格斯代尔的代码号。

窦纳乐（签名）

---

① 亨伯特国王，意大利国王亨伯特一世，1900 年 6 月 29 日深夜，被一名叫安杰洛·布雷西的无政府主义者开枪打死。

佛寺和现代有轨电车

北京城的水门，联军由此入城

8 月 6 日，星期一。

今天凌晨 2 点到 3 点之间发生了一场猛烈的枪击，这是我们很长一段时间以来没有经历过的。这次枪击来自蒙古内馆和其周围地区，大概持续了半个小时，可能是由我们在新扩展的防区不断修筑工事而引起的。这段时间我们一直在加固这些工事。法国公使馆的一个中国工事倒塌了，中国人不慌不忙地大吼大叫、擂鼓，以此分散人们的注意力。人们担心英国公使馆区的一些住房面临危险，其中一幢房屋的二层就因为不安全而在夜间放弃了。

那条可以让卖鸡蛋的和传递消息的人走到日本人防区的胡同，已经被堵住了。所以除了从总理衙门来函中过滤出来的几条主要是讣告性质的新闻外，我们又一次与外面世界隔绝了。下午，这个庄严的机构又送来了一封信函，答复昨天公使们要求要向各自政府请示关于转赴天津的问题。总理衙门来函称已经将公使们的电报转发各国政府，承认公使们有权就这一问题请示各自的政府。他们还解释了昨晚的枪击事件，说一些外国人制造了很大的噪音，以至于中国士兵认为他们受到了攻击，所以才开枪还击的。

8 月 7 日，星期二。

夜间，虽然有一些枪声，但比前一夜安静多了。今天是日本的"盂兰盆节"（Decoration Day，中国农历七月十三日）①，相当于我们的"万圣节"（All Souls festival），他们在八位死者的墓前放上了鲜花——那种心灵的感动让世界成为一家。

医院窗户上的沙袋都搬走了，土用来填充网球场上挖土留下

---

① 中国盂兰盆节是农历七月十五日，不知作者这里为什么说是十三日，疑误。

的一些难看的坑。尽管总体上说很平静，但蒙古内馆附近仍有枪声。一名日本人从肃王府过来时腿部受了伤。今天收到总理衙门发来的电报，哀悼去世的爱丁堡公爵，我们之前并没有听到过相关消息。

今天，经过精心准备和多次修订，《北京被围困人员名册》印出来了，并贴在了布告牌上。第一位是"总司令窦纳乐爵士"，据悉这一职务是各国公使鉴于窦纳乐爵士曾在军队服务二十四年，而当时没有人愿意担任这一职务，于是投票表决决定的。大家一致认为，生死关头，英国公使馆将是最后的堡垒。而现在既然围困似乎快结束了，窦纳乐爵士为全体被围困人员的安宁所作的不懈努力的职责也即将结束，像欧洲大陆的一些国家所打算的那样，不再用他担任他们的"总司令"了，未免有些失礼。除了先前公使们在面临致命危险时所达成的协议外，有些事情也必须以适宜于军事行动的方式做出裁决，而总司令一职，没有比窦纳乐爵士更能胜任和更合适的人选了。

晚上司快尔先生准备了很长的信息发送到救援部队，推荐把南城作为最佳攻击点。因为那个方位防御薄弱，更容易攻入，进城之后行进距离短，只需要通过一片开阔地即可，那里没有隐藏射击孔的建筑物，可直接向水门进军。其他这类信件也已发送给了英国救援部队。

第二十三章　围困之最终解除

8 月 8 日,星期三。

夜间,蒙古内馆一带激烈交火,几个中国人爬过废墟,向哨兵扔砖头。哨兵站在高高的平台上,诺登菲尔德机枪就架在那里。关于这个地方遭到攻击一事的起因,众说纷纭。有些人认为,我们扩大防守区域,并没有使我们更安全(实际上的确如此),反而是带来了更多的危险。

昨天拍卖了许多没收的财物,像衣服、家具等,为中国基督徒募集了几百美元救济金。今天早上,一名法国海军陆战队员不慎射穿了另一名士兵的肺部,这名受伤男子不久后去世了。只有最粗鄙、最不可原谅的粗心大意才会造成这样的灾难。我们在英国公使馆主门外挖了一条通向御河的战壕,在御河边上修筑一个高台架设奥地利机枪,以便控制御河河道,因为大胆而坚决的敌人在夜间随时都可能顺着河道采取行动。在翰林院大院的西侧,正在进行反坑道战准备,但一直未发现中国方面的地道。

今天各国公使举行会议,决定要在食品供应和消费方面厉行节约。会议同意致函总理衙门,说深切感到总理衙门通报亨伯特国王和爱丁堡公爵不幸离世消息的善意,如果能对被围困的妇女和儿童也表示一点善意,安排供应一些鸡蛋和蔬菜,将不胜感激。同时,要求总理衙门接走还滞留在我们防区内的一百多名中立者。

下午,总理衙门送来一份通告,宣布已于昨天任命李鸿章为全权议和大臣,负责商谈中国与列强之间议和条款,说他将与各国政府进行电报沟通。

柴大佐的一名线人说,目前在北京只有大约两千五百名中国士兵,其余的都去对抗外国军队了。他还报告说,又有五万名外国士兵在大沽登陆。人们认为任命李鸿章为全权议和大臣,可能意味着联军在杨村取得了决定性的胜利。但有一位公使说,即便联军还没有开始北上,也没什么好奇怪的,因为交通问题现在难以解决。

窦纳乐爵士在回复总理衙门通报爱丁堡公爵离世的信函时,表达了对爱丁堡公爵离世的哀悼之情,同时指出,尽管局势已经缓和,与总理衙门有了令人愉快的方便通信联系,但事实上他还是不敢离开英国公使馆半步,一旦脑袋伸出了公使馆,就有遭遇枪击的危险。围困公使馆已经整整五十天了。

8月9日,星期四。

夜里,北御河桥方向传来了激烈的枪声,这次不仅向御河下游射击,而且对着英国公使馆。据传,攻击我们的部队有了很大变化,汉人士兵派出去迎战外国军队了,这里换上了满人士兵。子弹不停地呼啸着穿过使馆大院,夜里听到了呻吟声,但没听到有人喊叫。早上发现一名中国天主教“兄弟”的头朝北,在外面亭阁睡着了,子弹打穿了他胸部的衣服,伤到了胸口肌肉和软骨。那人也许是昏过去了,因为叫不醒他,等他醒来后会发现自己浑身是血。

肃王府那边带过来一托盘食物样品,一种由谷壳、高粱种子、小麦、菜叶和树叶子混在一起制成的薄饼。已经要求能出动的人出去打狗打猫，弥补中国人食物不足。我们重新清点了肃王府里的天主教徒人数，统计有妇女 755 人，儿童 546 人，共 1301 人。成年男子 412 人不在现场，合计共 1713 人。

8 月 10 日，星期五。

凌晨 3 点钟左右，蒙古内馆那边突然发起了猛烈攻击，攻击范围很广。这次攻击只持续了大约 15 分钟。但在这段时间里，它和我们所经历过的任何一次攻击一样猛烈。一支火箭信号响过之后，射击突然停止了。在这次攻击之前，蒙古内馆西部有一名义和团民被打死，另一名受伤。御河下游也发生了很多枪击事件。

早晨，一位上了年纪的天主教神父，不顾众人的劝阻，慢慢地从使馆街上的御河桥①走向肃王府，当时有二十六支枪对着他，竟然没有开枪。但在昨天，有人数过，一位小女孩被打了三十枪，一位老妇人在挖青菜时也立即招致了枪击。一些中国人在受到枪击时似乎一点也不担心，另一些人则非常惊慌。其中有一名中国人，人们警告他不要进入危险区域，但他并不在意，后来一颗子弹穿透了他的衣服，在他肚皮上擦了过去。从那时起，他变得更加谨慎，但他的谨慎表现不是不到危险地方去了，而是在他被子弹击中的地方衣服上加了一层厚厚的布，他以为下一次子弹还会打中这个地方。

一名老练的军方权威人士说，昨晚英国公使馆遭遇枪击，如果指挥得当，所有人都已遇难。他们是想要把公使馆里的人全都打死，但枪打得不好。这次攻击源于有人在蒙古内馆的一个角落里发现了一袋火药。

---

① 指中御河桥。

　　为了纪念被围困的经历，我们请人设计制作一枚围困纪念章。其中一句警句是"Mene，Mene，tekel，upharsin"（弥尼，弥尼，提客勒，乌法珥新）①，但其中一个被围攻的人反对用这句话，理由似乎是"并非所有人都懂拉丁语"。到目前为止，几次拍卖的总成交额已达 681 美元。

　　下午 3 点左右，有传言说，向北京进发的部队的一名信差到了，带来了日本派遣军司令官福岛安正将军 8 日在蔡村②附近写的一封信。日美联军于 5 日在北仓附近击溃敌人，6 日占领了杨村。信中说："由美国、英国和俄国组成的联军今天上午离开了杨村，在向北行进时，本将军收到了柴大佐的信。很高兴从你的信中得知，外国人正在坚守，这正是本将军和所有尽快赶往北京救你们出苦海的人所期望的。除非有什么意外事件发生，否则联军将于 9 日抵达河西务，10 日到马头，11 日至张家湾，12 日赶到通州，13 日或 14 日进入北京。"信差还带来了盖斯利将军一封内容类似的信。

　　这名信使曾到过中国兵营，中国士兵拘留了他，但没有对他进行搜查。在跟随中国士兵一起返回时，他不得不帮着为一艘小船拉纤。尽管如此，他还是进行了一次相对较快的旅行，周日晚上离开天津，周三上午赶上了外国军队，周五下午抵达北京。他伪装成一个在废墟中捡拾东西的苦力，穿过了两座半防守状态的工事进了城。

---

① "Mene，Mene，tekel，upharsin"（弥尼，弥尼，提客勒，乌法珥新），参见《圣经·但以理书》第 5 章，第 26—28 节。弥尼，意谓"神已经数算你国的年日到此完毕"；提客勒，意谓"你被称在天平里，显出你的亏欠"；乌法珥新，意谓"你的国分裂，归与玛代人和波斯人"。

② 又名南蔡村，即今天津市武清县北二十五里南蔡村镇。

我们收到许多问询电报，还有一些电报带来了消息。康格先生收到华盛顿发来的一封电报，询问有关他 7 月 18 日电报的情况，并给了他一个别称在回电中使用，以便确认电报的真实性。这似乎表明，人们怀疑总理衙门发送虚假信息。

关于食物的问题，只有一封据称是荣禄发给总务委员会主席的用语奇怪的信，总理衙门仍然没有答复。荣禄的来信要求总务委员会主席开列一份所需物品的清单，他将根据清单提供。都春圃先生可以在以后支付这笔费用。来送这封信的人说，传言李秉衡在杨村肩部受伤。有位公使觉得很遗憾，说伤口再往下一点就好了（但最终证明这个伤口是致命的）①。

昨天晚上，德国公使馆遭到袭击，英国公使馆也遭到袭击。今天早上，衙门送来了一封道歉信，说他们已经将袭击公使馆的人斩首了。

前几天杀了一头牛，吃到牛肉的人都很高兴。公使馆的一位夫人派人去取牛肝，却发现它已经被海军陆战队悄悄拿走了。英国公使馆的一名随员捎信说他想奢侈一把，要一块牛腰子，但牛腰子也已经分完了。不过，富有同情心的食物分配负责人不想让他失望，就给了他一块马腰子，"没做任何说明"；待见到他后，问他喜欢不喜欢送他的那块腰子。他吃得津津有味，还说吃的时候都忘了自己是在中国了。

下午，施特劳斯中尉对蒙古内馆一个新增设的中国工事发动了一次突袭，引起了大量报复性回击。砖块像阵雨一样落下；一名英国海军陆战队员的头被砸破了，两名中国人被砸晕。砖头比子弹危险得多。幸运的是，最严重的砖头袭击发生在中国苦力吃

---

① 不实，李秉衡并非因受伤不治身亡，而是兵败自尽的。

下午饭的时候,所以大多数苦力可以静静地待在掩体下,看着砖头在空中划着曲线,飞向一些无人的地方。

傍晚下起了大雨,随之而来的是一场猛烈的袭击,每一声雷鸣后枪声都格外猛烈。这似乎真的是天神在鼓励中国人。

8 月 11 日,星期六。

今天上午杀了两匹小马,因为它们感染了肺结核。马肉被不挑剔的中国人弄走了。我们又杀了一匹马和一头骡子。人们射杀狗、猫、喜鹊、乌鸦和麻雀,给中国天主教徒做食物,要处理掉的一些病牲畜也都让他们弄去了。人们建议把粮食直接分给每个家庭,而不是放在一个公用的大锅里煮熟后集体分食。

有迹象表明城墙上有特殊活动,中国军队的战旗已经不见了,但士兵的数量似乎有所增加。他们又开始向美国使馆开火,一枚炮弹穿过了斯快尔先生办公室(所谓的)铁"保险柜"外门。子弹击中了其他一些建筑物,其中一颗射入了美国公使的卧室。有几周没有发生过这样的大白天攻击事件了,敌人突然恢复攻击,令人十分恼火。

8 月 12 日,星期日。

夜里有断断续续的猛烈射击,间隔时间不长,使人难以入睡。有传言说,四面八方都有猛烈的攻击。一名奥地利人和一名德国人受伤,一名法国人死亡。一名在城墙上执勤的俄国人受轻伤。另一名俄国人和一名法国海军陆战队员昨天在医院去世。夜里,肃王府那边有很多人在大喊大叫。柴大佐让人敲打煤油桶,意大利士兵们互相大喊口号、吹口哨、高呼"好极了",让中国人误以为我们有很多防守人员。

昨天有消息说,今天要来一位中国军队的副官开设一个市场,但并没有人出现。一名卖鸡蛋给法国公使馆士兵的人告诉他们,昨天在张家湾发生了一场战斗,三千名中国人丧生。这个城市出现了一些恐慌的迹象。据说荣禄已经服毒自杀。一整天都很热,人们都说,这种天气对行军的部队来说,简直是遭罪。

下午,蒙古内馆防御工事突然遭到了猛烈的攻击,我们用诺登菲尔德机枪进行了反击。子弹很密集,角度很低。今天为两个法国人举行了丧礼,想到他们在我们有望解除围困的时候离世,气氛更加悲凉。

今天,美国公使馆的女士们忙着为德国公使馆防御工事制作沙袋。奥地利机枪搬到了马厩的院子里。总理衙门的一封来信说,总理衙门王大臣明天将到英国公使馆来商讨停止敌对行动的问题。法国上尉布鲁斯(La Bruce)傍晚在法国公使馆内被杀,当时他正往工事那里走。真应该回复他们说:使馆区域目前对"王大臣们"来说是一个非常不安全的地方。窦纳乐爵士打算在自己的房间里接待他们。西班牙公使馆似乎是一个更合适的地方,但最后还是在英国公使馆前门外搭了一个席棚。中国人根本不相信公使们会接待他们。

据报,哈德门附近一门中国大炮一直在发射空弹,因此德国人认为不值得真枪实弹还击。两天前的一个晚上,一颗子弹打掉了蒙古内馆射击孔上方的小木板,扔过来的砖头失去了准星,没办法扔到工事里了。中国人现在最喜欢的做法是持续不断地射击一个射击孔和射击孔周边,直到防御墙倒塌为止。有时,他们对准目标,把枪固定住,不停地朝一个地方射击。我们的诺登菲尔德机枪昨天就这样把中国工事的一段防御墙打出了一个洞,但缺口立刻被沙袋堵死了。

8月13日,星期一。

预料中的袭击发生了,几乎持续了一整夜,而且非常猛烈。

中国士兵似乎不是原来那些士兵了,使用的枪支也与以前的不同,曼利夏(Mannlicher)子弹有更强的穿透力。许多工事损毁严重,必须进行修复。让人费解的是,英国公使馆没有一个人在夜间的袭击中受伤。很蹊跷,这次枪击不但不符合总理衙门的和平建议,而且比围困以来任何时候都要频繁,显露了我们所处局势的另一荒谬之处。这些反复而猛烈的攻击给人的印象是:时间紧迫,他们必须立即消灭我们。射击角度比以前低得多。

今天上午,各国公使集合开会,讨论接待总理衙门王大臣的地点。公使们很难拒绝与总理衙门的会见,因为可以利用它,就像他们拒绝到天津去的谈判一样。

然而,10 点半的时候,总理衙门送来了一封信,指责公使们重启战端,在工部(位于英国公使馆西边)一带杀死了一名中国军官和二十六名士兵,而且"总理衙门大臣们都很忙",所以他们不能如约前来会面!关于食物问题没有任何答复,外面也没有传来一点其他消息。

昨夜,德国和美国公使馆都遭到了攻击,对德国公使馆进行的是近距离攻击。贴出通知说要对被围困区域进行拍照。有个日本人有照相机,幸运的是,有足够的冲洗照片的化学药水。

昨天,一些中国骑兵从前门出城,遭到城墙上数次枪击。但这并不是所谓公使们重启战端,事实上他们是被我们西边城墙上的人打死的。据称,中枪的中国军官是一名总兵,他曾保证在五天内占领公使馆,而昨天的时间已经到了。不过,这一说法并未得到证实。今天,城墙上升起了美国国旗和俄国国旗,一名工作人员正在准备英国国旗。

不出所料,晚上 8 点钟左右,蒙古内馆一带发起了一场猛烈的攻击。中间稍微停顿一下又重新开始。大约过了一个钟头,又发起了第二轮攻击，与先前一样，显示出一种愤怒情绪和报复心理。

8 月 14 日，星期二。

人们已经分辨不出昨天和今天了，因为谁也睡不着，几乎没有人作出要去睡觉的样子。夜间，皇城城墙炮台的大炮开始发射克虏伯炮弹，总共发射了大约十发。其中一发炮弹落在窦纳乐爵士卧室外的一间化妆室里，炸得里面一团糟。另外三枚炮弹落到了使馆前门的工事里，其中一颗从大门进来，爆炸气浪掀翻了周边的人。

11 点到 12 点之间，"总攻"的警报响了。所有的人都出来了——这是近六个星期以来第一次遇到这种情况。窦纳乐爵士也在场，他等着看有多少人来了。过了一会儿，他把大家打发走，仿佛这只是一次演习。

三个小时后，又响起了第二次警报。这次是担心中国军队即将大举进入蒙古内馆的防御工事。志愿者们被分配到各自的位置，分别坚守各自的岗位。这次攻击和之前的一样凶猛，但同样没有成功。据一些志愿者称，他们听到中国军官催促这些人冲过去，呼喊着"不要害怕，我们能过去"。可没多久，就有人回应说："过不去。"

为应对这次攻击，我们事先做了一些准备。所有大型武器都已备妥就绪，美国戈尔特式机枪一如往常，安放在主大门外，诺登菲尔德机枪依旧在汉文参赞房屋后面的高平台上，奥地利机枪在蒙古内馆，又在那里安放上了"国际炮"。由于这门"国际炮"发射时的后坐力大，不好瞄准，必须有大的观测口。美国炮手米切尔在扩大观测口时被来复枪子弹打伤了胳膊。当霰弹枪向我们开火时，戈尔特式机枪开始还击，散弹枪哑火了，或者至少暂时不用了。

整晚都可以听到诺登菲尔德机枪时断时续的低沉吼声。在它的射程之内,无可抵御,令对手既沮丧又恼火。对肃王府的攻击和其他地方一样猛烈,但并没有把日本人赶出他们的阵地,因为中国人没有发起冲锋。凌晨一两点钟,翰林院和法国公使馆也遭到了猛烈攻击。

夜里,英国公使馆内一名法国神父和一名比利时医生受了轻伤。在整个围困期间,他们是这里非战斗人员中为数不多的伤亡人员。肃王府的日本医生腿部受伤,子弹射穿了腿骨,一名英国海军陆战队员肩膀受伤,一名此前受伤痊愈了的德国人以及一名在城墙上的俄国人中枪身亡。据了解,昨天总理衙门已经通知各国公使,说如果有中国军官再挑战端,无论是谁,一律军法从事。这个可怕的夜晚所发生的一切,就是这个虚构的停战说法的最好注脚。

凌晨2—3点钟之间,可以清楚地听到东边很远处机关枪发出的尖锐的"哒哒哒"声,人们立刻断定外国军队已经到了附近。虽然是凌晨,但院子里挤满了人,他们热切地谈论着可能是援军要到了。有人说,我们所听到的机关枪声会不会有可能来自中国人。人们记得,李鸿章多年前订购了大量机关枪。(当时并没有想到这些机枪是从中国人手中缴获的,后来才知道确实是从中国人手中缴获的,而且就是李鸿章订购的那批机关枪的一部分。)

许多优秀的围困纪念章设计作品送来了,今天要把这些样图印刷出来张贴在布告牌上,征求关于纪念章的材质、图案、正面和反面题字的意见。同时规定了提意见的时间限制。不幸的是,所有人都对即将到来的救援产生了极大兴趣,根本无心去想纪念章要做成什么样子了。为了制作一个最优美的纪念章,暂时就不投票了，不久后就完全放弃了。

尽管中国军队枪炮猛烈轰击，但我们的工事一个也没有被摧毁，蒙古内馆一带那些最有威胁的兵力在二十四小时内几乎增加了一倍。中午时分，有人获悉昨天晚上皇城上射击频繁的霰弹枪撤走了，这表明要有某种行动。我们奥地利马克西姆机枪搬到了北马厩院子里，目的是在皇城上霰弹枪再次攻击之前做好准备。

整个上午东边都有沉重的炮声。从城墙上看，外城似乎很安静，但中国军队正急急忙忙地从前门涌入城里，而不是像昨天那样往外撤离。布告牌上有一条通告："负责英国公使馆南门的哨兵接到命令，禁止任何没有负责防御官员特别许可的平民离开公使馆，因为当撤回城里的中国军队发起总攻时，需要每一个志愿者提供服务。"

另一项命令宣布，"流弹太多，妇女、儿童和不当班的人尽量待在室内。"

从城墙上能很清楚地看到炮击齐化门情形，到目前为止中国军队似乎还没什么反应。东便门也遭到猛烈的攻击，"我们的军队"的重炮一直在低沉怒吼。"知道向你欢呼的，那民是有福的。"①城墙上的守军认为，外面的救援部队"如果运气好，明天晚上就能进来"。

2点钟刚过，城墙上的穆尔（Moore）先生向霍尔（Hall）上尉报告说，他看见远处有外国军队；虽然有人表示怀疑，但事实很快证明了这是真的，于是他奉命赶忙把这个消息告诉窦纳乐爵士。起初，人们误以为是德国援军，但很快就发现他们是英军。

此刻，人们激动不已。有几个不当班的人难以遏制喜悦的心

---

① 《圣经·诗篇》第89章第15节。

情，匆忙穿过俄国公使馆来到使馆街上，听说救援部队已经从水门进入内城了。水门当时的水很少，但是通过泥泞狭窄的通道入口有点不便，不过这条通道只有几根木棒，对于行进中的军队来说，根本算不上什么事。

首批进入内城的援军是印度锡克一团（1st Sikhs），随后是孟加拉拉其普特第七步兵团（7th Bengal Rajput Infantry），盖斯利将军现身于首批进城的军官队伍中。御河两岸站满了中国人，在场的欧洲人很少，窦纳乐爵士是少数几个外国人之一。他试图大声欢呼，但在一片欢呼声中，他的声音显得太微弱了，根本没人注意到他。

部队到达英国公使馆时，这里洋溢着亚洲罕见的欢乐气氛。这在中华帝国的首都，更是前所未见。每个人都蜂拥而出，一睹那壮观的场面。拉其普特人一边走一边欢呼，直到他们都挤到了网球场，再也没办法往前走才停了下来。随后过来的是旁遮普第二十四步兵团（边境部队），他们欢呼着经过医院。医院里挤满了勇敢、遭遇了挫折但充满欢乐的人，他们毕竟挺了过来，看到了援军到来的日子。

人们记得，最先进城的锡克一团在四十年前帮助英法联军攻占了北京。随后进来的孟加拉枪骑兵，则是在攻破前门之后进城的。再后面依次进城的是威尔士皇家燧发枪团的一支分遣队、第二十三野战炮连、香港团和皇家海军陆战队。

这时，网球场、使馆区的各条街道等有限的可用空间已是人满为患。锡克教徒、拉其普特人、枪骑兵和火枪手混在一起。中国人和遭围困的西方人即刻从各处涌了出来。

在一片狂乱欢庆声中，美国第十四步兵团到了。人们更加欢乐和吵闹，每个人都在打听一些其他人在什么地方，打听北京公

"他们来了",右侧是盖斯利将军

网球场上兄弟般情谊场景

使馆外的情况。

部队一进入公使馆院落，盖斯利将军立即用自己的士兵替换原有哨兵。其中一名锡克教徒被派往英国公使馆前门工事，戈尔特式机枪正在尽情地发射，以示对援军到来的欢迎。一阵刺耳的哒哒声，射击孔飞出一粒子弹，恰好击中了他，他随即被送往医院。被围困者和救援部队士兵们杂乱的欢呼声把中国人从午睡中惊醒，他们又精神抖擞地开始枪击，但显然不知道形势的变化意味着什么。有一段时间，子弹密集地击打在使馆各个角落，一名比利时工程师的妻子腿部受伤，她是在整个围困过程中唯一一位因枪击而受伤的女士。

只用了很短的时间，我们就在銮驾库打开了缺口，穿过帮了我们很大忙的那堵厚墙，枪骑兵骑着疲惫的坐骑涌入了銮驾库大院。中国士兵的火力越来越弱，枪声越来越稀，距离越来越远，最后什么动静也没有了。那些长期驻守在我们对面工事里的人"像阿拉伯人一样收起了帐篷，悄悄地溜走了"。除了个别帐篷还扔在那里外，再也看不见、听不见他们的声音了。

第二十四章　大沽至北京战事

关于联军从沿海向北京进发的军事行动,尽管十分重要也很有意义,但已有不止一位观察家作了详细记述,因此这里仅作扼要评说。

就在北京黑云压城城欲摧之际,一支威风凛凛的舰队已经骄傲地停泊在白河口长达几个星期了。舰队的指挥官有充分的理由不立即采取行动。

到6月中旬,每个人心里都很清楚,纷繁复杂的政治局势进入了死胡同,和平解决已无可能。中国政府发布的上谕冷酷虚伪,油腔滑调,毫无可信度。各地正规军和义和团已经合为一体,难分彼此。越来越多的证据表明,清廷正在密谋策划一场阴谋,局势的发展殊难预料,要凭借此前的经历判断未来的趋向,已不可能了。北京已经与世界隔绝了。在首都和天津之间有一支不为人知的中国军队,西摩(McCalla-Seymour)远征军很快将经历生死考验。现在某地的聂提督的部队,大部驻扎在芦台,芦台是外国联合舰队与天津租界之间的交通枢纽。有迹象表明,聂提督在芦台的部队即将开拔,白河安放了水雷,即将极大加强大沽要塞的防御。因此,要夺取大沽要塞和开通白河河道,必将付出惨重代价。

6 月 16 日,星期六。

面对紧急情况,联合舰队的将军们召开了会议,决定发出最后通牒,要求大沽要塞解除武装,并宣布如果在凌晨 2 点之前不交出要塞,联合舰队将予摧毁。美国海军上将开姆夫(Kempff)不赞成这一做法,但事实上这并没有影响他参与联合舰队的一致行动。

如此一来,所谓"国际法"问题便摆在了世人面前。这引起了许多争论,各种报刊此后发表了许多激烈的文字。但在当时那种情况下,很难想象联合舰队的将军们除了维护自己的尊严,或者说是维护他们所代表的各自国家的利益,还能做出什么选择。的确,正是这个最后通牒直接导致清廷下达了各国公使二十四小时内离京的命令;同样,攻取大沽要塞之举也前所未有地激发了中国人的民族感情,从某些方面看,它的影响堪比美国内战之初南方军队攻击萨姆特堡(Fort Sumter)①对北方人民的影响。

然而,如果那时不在几个小时之内拿下大沽要塞,那不仅仅在北京的公使馆可能要面临比攻占大沽要塞更大的危险,而且也不可能把在天津的大量西方男女、儿童从濒临死亡的处境中拯救出来。

大沽要塞主炮台的指挥官远比我们预料中更决断和勇敢,他们在最后通牒限定时间届满前一小时向联合舰队发起了攻击。战争开始了。这是大沽要塞第三次遭遇外国大炮的攻击了。1858 年,英法联军曾在二十分钟之内就把炮台攻陷了。第二年,大沽要塞击退了由十三艘英法炮艇组成的联合舰队。现在的这

---

① 萨姆特堡,位于美国南卡罗来纳州查尔斯顿港,这里 1827 年修筑了以美国独立战争英雄托马斯·萨姆特将军的姓来命名的防御工事。1861 年 4 月 12 日,南方盟军炮轰萨姆特堡,南北战争由此拉开序幕。

次战斗持续了大约六个小时。当北炮台最后一门炮停止发射之后，英国人和日本人同时对北炮台发起了猛攻。过了一会儿，其他各国军队也跟进了。中国军队经过明智的考虑后，匆忙放弃了要塞。

英国阿尔及利亚（Algerine）号战舰发射的一枚炮弹击中了南炮台弹药库。爆炸产生了五百英尺高的巨大黑色烟柱，残骸散落周边几英里地方。到 7 点 30 分，我们攻占了要塞所有的炮台，攻击者损失二十一人，五十七人受伤。若非中国人的各种判断失误和缺乏决断力，结果可能会大不相同。

现在天津的形势很严峻，但是大沽这边没有关于它的任何消息，因为通信已经被完全切断了。必须把天津租界极端危险的情况通知联合舰队。在这种紧急情况下，瓦茨（James Watts），一名 22 岁的英国年轻人，自告奋勇骑马穿越四十英里到处是义和拳的乡村送出紧急信件。在黑夜的掩护下，他骑着一匹小马，带着三个骑马的哥萨克骑兵，开始了十二个小时的旅程。他只会说三个俄语单词。他必须快速穿过一些村庄，各个村庄都有端着上了刺刀的步枪的士兵在守卫。他放在后裤袋里的子弹筒被打掉了，他们四个人随时都有丧命的危险。这些马趟过一个敌人占据的村庄附近的小溪，到达了大沽，把紧急信件交给了俄国海军上将。这一勇敢的行为拯救了被围困在天津的人们的生命，后来人们也因此给他们颁发了奖章。

从塘沽到天津的铁路大部分被义和团拆毁了，救援部队费力修复了距天津最近的一段铁路。攻占大沽要塞一个星期后，救援部队来到了天津，受到了被围困人们的热烈欢迎。

如果救援部队不能到达天津怎么办？天津租界军事当局曾就是否必须完全放弃天津撤退到大沽的问题，进行了认真的讨论。

救援部队刚到天津,就立即派了一队人马去营救西摩海军上将的部队返回。西摩海军上将的部队离天津只有几英里远,但由于伤兵众多,敌人兵力强大,陷入了困境不能自拔。著名的西摩远征军的不幸经历和命运,值得我们稍加注意。

6月初,西摩海军上将提议,海军高级军官应该就各国相互保护问题进行磋商。第一次这样的会议是在6月4日举行的,与会的有八个国家的军官。两天后,在另一次磋商中,大家一致同意,如果与北京的联系被切断,应采取任何必要的行动予以恢复。

6月9日,收到了北京各国公使发来的紧急电报,电报中称如再得不到救援,他们就没希望了。麦卡拉(McCalla)上校决定去救援美国公使,西摩海军上将也决定前往北京救援,并打算立即动身,希望其他各国海军将领能予以配合。

6月10日上午,一支由300名英国人、112名美国人、40名意大利人和25名奥地利人组成的远征军出发了。火车开到杨村停了下来,开始修复前行的铁道,并在那里过夜。随后又有两列火车到了杨村,救援部队人数大增,共计有112名美国人、25名奥地利人、915名英国人、100名法国人、450名德国人、40名意大利人、54名日本人和112名俄国人。第二天,又增加了200名俄国人和58名法国人,总数达到2066人。

6月12日,一支人数不多的卫队留在落垡。人们发现前面的铁路破坏得很严重。于是派了一队人马去安定(An Ting)①驻守,以防铁路遭到进一步破坏。义和拳组织发起了三次攻击,均被击退,15人被击毙。

① 今北京大兴区安定镇,北距北京30公里,东距河北廊坊20公里。

大约在中午时分,又有 450 名义和拳开始进攻,他们以极大的勇气和热情冲上前来,但被击退,大约 150 人丧命。在安定的部队由于弹药不足,奉令撤退。

13 日,约翰斯顿(Johnstone)少校被派往安定,但在铁路附近的一个村庄遭到袭击。义和拳被打死 25 人,外国人没有伤亡。约翰斯顿率领的这支队伍于 14 日晚撤了回来。那天,在廊坊火车站的列车上,一群义和拳发起了猛烈而坚决的攻击,他们冒着猛烈的炮火,非常勇敢地排成松散的队形前进,有些人甚至冲到了列车边。他们损失约 100 人。在一个废弃的村庄里,5 名巡哨的意大利人死亡。

下午 5 时 30 分,后方落垡的一名信差报告说,警卫部队受到大批敌人的攻击。乘一列火车前去增援的人发现,战斗已经结束,正在撤退的义和拳留下了 100 多具尸体。从中国人手中缴获了两门小型炮。两名水兵受了重伤,其中一人稍后身亡。

15 日,在强大的护卫下,修复了前行的铁路。但据报道,从落垡通往后方的道路被破坏了。义和拳正在杨村集中,目的是要切断远征军的退路。

16 日,凌晨 4 点发出一列火车回天津,下午 3 点又撤回来了。因为路轨损坏非常严重,无法继续行进。粮食和弹药都严重缺乏;远征军与基地完全切断了联系,天津方面已经三天没有任何消息了,也不知道其他地方发生了什么情况。现在看来,保护后方极为重要。但是,17 日,当一列火车到达杨村时,却发现车站被破坏了,交通比以往任何时候都糟,物资供应断绝了。已经派信差给天津送出将帆船和给养送到杨村的命令,但是没有一个信差能通过封锁线,即使他们能越过封锁线,帆船也派不过来。从 6 月 13 日到 26 日,西摩上将与天津的通信完全断绝。此时由于认识到火车无法再继续前行,所以决定召回前方的火车。

6月18日,在廊坊遭到了新的军事力量的强大攻击,不是此前的义和拳,而是董福祥的正规部队。这支部队原来驻扎在北京南苑皇家猎场,现在毅然决然地要来"施以援手"了。董福祥的军队包括骑兵在内估计不少于5000人,装备着最新的弹匣步枪。这使人们第一次明确地知道帝国军队已准备就绪,要一起对付西摩的远征军了。这支进攻部队被打散之后,立即又重新集结起来发起攻击,最终丢了400人性命之后撤退了。联军6人死亡,48人受伤。

第二天(19日)的一次会议上,决定放弃火车,撤退到天津,沿着河的左岸撤退,用小船运送伤员和必需品,德国人在杨村下游河道征用了四艘船。下午3点,大队人马出发。帆船经不起发射六磅①炮弹的大炮,只好卸下来。西方人不擅长划船,也没有找到中国人。清军开枪阻击撤退,但被击退了。经过几个村庄时,不得不动用枪支和刺刀才得以通过,好在总算成功打通了道路。清军用炮轰击骚扰撤退队伍,但无法确定它的位置。这一天只走了八英里。中国骑兵整天在附近徘徊,不时地进行阻击,同时也有大炮轰击,联军无奈,一边还击一边撤退。经过战斗,夺占了几个村庄。清军在北塘驻有重兵。联军稍事休息后,决定连夜行军。

21日,清军的阻击战越来越顽强。他们增强了火力,这一天只走了六英里路。满载枪支的驳船沉了下去,只能丢弃,只抢出了一挺马克西姆机枪。

———

① 1磅约0.454千克。

下午 4 点，西摩联军到达西沽河岸边，对岸就是中华帝国的军械库。约翰斯顿少校率 100 人渡河向军械库发起攻击。与此同时，一支德国小分队从下游渡河，缴获了几门克虏伯大炮。两处兵力很快就解除了军械库武装，主力部队渡过了河，占领了这个宽敞的栖身之地，缴获了大批可用于防守的武器。部队给养减半也仅能维持三天供应了，但第二天无战事，四下搜寻发现了 15 吨大米。人们不用再为填饱肚子的问题发愁了。

人们再次尝试与天津联系，但所有努力均归徒劳。中国方面在 23 日下了最大决心，要夺回军械库，但毫无希望。军械库有大量最新式的枪支、弹药和战争物资；因此，极度缺乏的食品和弹药问题解决了，他们可以在这里坚持几天。大约有 230 多名伤员，因此，尽管天津距这里仅有几英里的路程，他们也不可能强行进军。所有通信员要么被杀，要么被拦下。联军在西沽河下游架设了大炮，对义和拳的一个据点发动了猛烈的攻击，效果非常好。从此以后，对手就比较安静了。

23 日，一名信使成功地到达了天津。尽管他曾被捕并一度被绑在一棵树上，但他事先毁掉了信件，最后被释放了。第二天，一名被俘的中国士兵说，聂提督的军队对他们的失败感到非常沮丧，他们共出动了 25 个营，每个营 300 或 400 人。25 日，俄军谢林斯基（Shirinsky）上校率领的增援部队到来，所有人都感到高兴。伤员运送到了河对岸，整个部队随后也过了河，在河岸上扎营过夜。26 日，在开始撤到西沽河这边之前，克罗夫顿（Lowther-Crofton）中尉和炮手戴维奇（Davidge）先生留了下来，尽可能地销毁军械库的物资，这些物资估计价值 300 万英镑。销毁任务完成后，他们渡河骑上留在那里的小马，赶上了大部队。

在整整十六天里，很难准确估计遇到的对手的人数。起初他们只是拿着长矛的义和拳,后来是中国的正规军,也许还有帝国最好的战士混杂其中。西摩联军没有预料到中国正规军会加入战斗,仅仅出于这一原因,一支两千多人的北上救援计划就无法实现。

这支联军所表现出来的勇敢和坚韧不拔的精神,是值得赞扬的。西摩上将在他的正式报告中特别赞扬了德国帝国海军乌泽多姆(von Usedom)上尉和麦卡拉上尉的表现。乌泽多姆上尉在执行任务中冲在前面,不顾个人安危,意外受伤后,指定麦卡拉上尉代其指挥作战,麦卡拉上尉在这次行动中也受了伤。

西摩率领救援北京的这次富有戏剧性的远征救援行动,引起了人们的普遍关注。无论这次远征救援行动在其他方面将产生什么影响,它都会一劳永逸地告诉人们:那些经常津津乐道派出一支组织严密、装备精良的小规模外国部队,即可没有多大阻力地横行中国内地,武力解决中国问题的想法,是万万行不通的。

这次武装远征救援北京的失败,迫使许多军事领导人确信:如果没有一支庞大的军队,做好一切应对突发事件的准备,并与基地保持不中断的通信联络,那么现在是无法抵达京师救援的。对外国应对中国抵抗能力抱有极大信心的思维模式,不得不让位于对当中国人被彻底唤醒并以几乎无法计数的数量倾泻而出时,更准确评估一切可能困难的考虑了。

外国人被围困天津的情况,并不亚于北京,原本值得大书一笔的,但这里只能做一概要记述。

首先应当清楚天津外国租界的地理位置,法国人、英国人、德国人等外国移民都是沿着白河定居的,他们的租界在天津郡城下游一英里左右,再向外延伸两英里或更多一点,平均宽度大约半英里。一道长达十英里的土墙把各国租界、郡城和城郊地带围了起来。老城和所有各国租界周边都是大大小小的村庄，每一个村庄都是义和拳和帝国士兵发动进攻的天然方便据点。

控制那道土墙，即可进行很好的防御，但可怜的少数外国军人加上志愿者，防守力量总计只有 2400 人。他们驻守在土墙内外，完全不足以保护这么长一条防线，而向租界发动攻击的则有大约 5000 名中国军人和难以计数的义和拳。

中国人没有同时在两个地方发动猛烈的攻击，而只是从河对岸各个角度进行连续不断的恼人的枪击。

6 月 17 日，星期天，也就是大沽要塞战斗的第一天，敌人开始进行炮击。这显然是事先策划好的，一直持续到一个月后联军攻占天津之前。

各色外国人都撤到了租界工部局(the Municipal Hall)①，这是一座诺曼风格的高大建筑，很适合用作堡垒和医院。

大部分非战斗人员都聚集在工部局大院里，处在被围困状态。但相当多的传教士应怡和洋行好客的代理人高逊思(Edmund Cousins)先生的邀请，去了怡和洋行大院。洋行宽敞的仓库还安顿了 500 多名当地的基督徒。和北京的情况一样，围攻之初，人们都认为当地基督徒是累赘和麻烦，但不久之后，天津也和北京的情形一样，人们认识到了没有他们，一些必要的体力活根本就没有人做，因为所有其他中国人都辞职逃走了。

整个租界区各处的街垒，都是用大洋行货物仓库里一些大包货物建造的。搬运这些货物，路程很远，要穿过很多大街小巷，耗

① 天津多国租界都设有工部局，尽管中文名称不尽相同(如法租界称"公议局")，但从设立时间与后述建筑风格看，这里当是英租界工部局。但从英文原文看，无法断定是哪个国家租界的工部局。

费大量人力。男基督徒运水，搬运弹药和给养，并挖了很多墓穴。女基督徒在医院里清洗保洁，挑选骆驼毛制作枕头，以及做其他各种服务工作。他们最终都赢得了人们的高度赞扬。

救援部队到达天津后，并没有像人们所期望的那样，立即把租界里的人从无休止的围攻中解救出来。围攻租界的人太多，而且变得越来越咄咄逼人。6 月 27 日，经过一场激烈而血腥的战斗，攻下了天津机器局东厂。《京报》上刊载的直隶总督裕禄关于这次战役的奏报，稍微有些失实，但却使北京被围困在公使馆区的人们看到了希望。各国派遣军之间的关系确实非常融洽，但这并不表明一两个国家的派遣军可能单独采取强有力的行动。

白河和大运河交汇处是个炮台，地理位置非常关键，控制着天津城、郊区、租界区，以及通过铁路或河流进入北京的路线。由于缺乏合适的大炮，联军攻取该炮台的难度大大增加，联军的大炮远不如中国的大炮。许多中国火炮很难确定其安放在何处，而且即使确定了位置，联军的炮火也几乎打不到那里，但中国的大炮射程非常好，使联军心烦意乱。有一天，六枚炮弹射进了禁酒厅，那里是杜瓦德(Dorward)将军及其幕僚的总部。当军官们午餐时，一枚炮弹击穿了餐桌，另一枚同样瞄得很准，紧随其后也击穿了餐桌。

到处都在随意开枪，法国租界和其他地方的中国房屋有人不断地从射击孔对着每一个暴露的外国人射击，所以走在大街上非常危险。租界区内到处都是间谍，他们中的很多人就住在外国人遗弃的房子里，在那里不停地枪炮齐发。他们中的一些人甚至为远处的中国炮手发信号，指示炮击方位。事实证明，要发现并把他们全部驱逐出去几乎是不可能的，但被抓获的人都被立即处决了。

天津黑炮台外景①

天津黑炮台内景

---

① 这里的"黑炮台"(black port),作者没有明确交待。其实,指的就是正文中记述的"白
河与大运河交汇处"的炮台。初建于明代,共七座,炮台外的墙壁涂了黑色,故称。

天津战事的中心和白河东侧的关键阵地是火车站,中国和联军都认识到了控制火车站的重要性。俄国人在这一点上的勇气和坚持不止一次挽救了局面。他们守卫着浮桥,在白河和缴获的兵工厂之间的暴露阵地上,首当其冲地承受着一次次猛烈的攻击。有一次,铁路上急需火车。火车站里有火车,但问题是如何在猛烈的炮火下把它们开出来。俄国步兵作了一次大范围的佯攻,以吸引左侧敌人的注意,同时发动了两辆蒸汽机和三节货车,要冲上一英里长的裸露的河堤。

机车烟囱刚刚冒出一缕白烟,中国人就明白要发生什么事情了,立刻调转炮口对准了火车。四枚炮弹呼啸而过,然后又有两枚落了下来。火车开始加速,中国炮手们不再向火车周围发炮,而是向一英里左后的距离内交叉轰击,火车一直在不断提速。这是一件大胆而令人振奋的事,也是那一天最激动人心的大事。

7月5日,仍然留在天津的妇女和儿童被转移到塘沽,那里要比每天都有炮弹轰炸的租界更安全一些。先前出发的一些人,恰好目睹了攻取火车站的战斗,且处在双方火力攻击范围内,十分危险,庆幸的是他们都躲过了一劫。

关于前面所提到的一些事件,下面概括总结一下,这要感谢《伦敦时报》(*London Times*)①记者的照片和值得信赖的报道,这位记者注意到了令人惊奇和独特的事实:10000 名欧洲军队受到15000 名中国士兵的阻击,欧洲军队由于缺乏远程重炮,一直难

---

① 《伦敦时报》,本名"*Times*"(《泰晤士报》),英语为母语人士很多时候写作"London Times"。另在天津有一份英文报纸《京津泰晤士报》(*Peking and Tientsin Times*),即《天津时报》。据推测,这里的《伦敦时报》,可能是在天津出版的英文报纸《天津时报》。

以突围，他们就这样重复了英国在南非付出巨大代价的教训，才认识到了远程重炮的重要性。

联军被困动弹不得，鼓励了中国人重新采取更积极的行动。他们不再满足于猛烈炮击租界，而是忙着向西南方向推进战线，直到最后他们的侧翼驻扎在赛马场的废墟上，他们的左翼还像以前一样留在芦台运河流经的土墙一带。因此，他们的战线就从东北向西南延伸了约六英里，对租界区大致形成了新月形或半圆形的半包围圈。在北方防线最西端的土墙上，英军的一个海军炮连处于危险的位置，除了来自纵向的攻击，还受到来自前方和后方的攻击。这些租界区现在就是一个巨大的军营，除了遭到城市附近的炮台和芦台运河北岸炮台大炮的轰击外，还要经受猛烈的交叉火力打击。中国炮手的射击水平有了很大的提高，造成的破坏越来越大，军营内的伤亡事件也越来越频繁。再也不能不采取行动了，他们必须要做点什么。

当务之急是清除土墙上英国海军炮连后方和侧面的威胁。7月9日，联军集中力量攻击西南侧翼，进展顺利，最终一直打到东北方向，拿下了天津机器局西局（the West Arsenal）。西局是由日本海军和美国海军陆战队攻下的，他们一起攻入了西局，不久就树起了日本国旗。整个战役由英国人、日本人和美国人联合策划，他们配合默契，顺利清除了英国海军炮兵连侧翼和后方的敌人。租界此后再也没有经受交叉火力攻击之忧。

第二天悄然而过，中国人甚至克制自己不去攻击火车站的前哨阵地，这是自围困开始以来从未有过的事。7月11日，他们又开始发动攻击，经过三个小时的激战才被击退。在这场激战中，法国人和日本人损失惨重，英国人和俄国人也略有损失。义和团民都有刺刀，当他们进入一列停在外国阵线外的火车车厢时，士兵们不得不与他们展开肉搏战。由于缺乏材料、工具和机械，联军的火炮进入阵地的难度很大。联军最终设法解决了大炮的安放位置问题，13 日，俄国人在德国人的协助下，出动 3500 人从芦台运河攻击中国人的炮兵阵地。另一支由日本人、英国人、美国人、法国人和奥地利人组成的大约 4500 人的部队，在英国海军炮兵连的掩护下向前推进，试图占领天津城。

日本和英国军队在福岛将军和铎沃德（Dorward）将军的指挥下，于（13 日）凌晨 3 点开始行动，做一个类似 9 日进行的大范围的清除侧翼运动。

黎明时分，英国炮兵开始炮击中国阵地。联军向天津城南门大约一英里外的机器局西局集结。

早晨，有一场可怕的爆炸，芦台运河附近的天津机器局东局的一个弹药库储存的大量棕色棱柱形火药爆炸。湛蓝的天空中缓缓地矗立起一股巨大的烟云，呈现出"奇妙而美丽的景象"。租界区内，几乎每个人都觉得自己的房子被炮弹击中了，许多人跑出来想看看是炸坏了什么地方造成天空中出现这一奇观。

按照计划，要进攻天津城南门，日本人准备炸毁城门，打开一个缺口。他们的右边是法国人，后来，由于一个错误，利斯库姆（Liscum）上校率领美国人也过来了；左边是英国人。

那天很热，英国炮兵连、中国大炮和城墙上数不清的来复枪交相轰击。城下开阔地有一些四处散落的中国人的坟墓，但在离城如此之近的地方，这些坟墓几乎无法为这么多士兵提供掩护。利斯库姆上校被一颗子弹射穿，美军和其他各国分遣队伤亡惨重，约占交战部队的 10%，其中包括许多军官。如果上午看到的停在西边平原上的中国步骑兵积极主动参战的话，情况就会更加严重。事实上，由于弹药不足和难以取得有效进展，局势原本已经很糟糕了。

时间一小时一小时地过去了，但日本人并没能炸开南城门。最后，福岛将军派人送信给铎沃德将军，说他应该亲自指挥今夜的行动，铎沃德将军表示同意。这时俄国人那边还没有消息，他们在北边的战斗是这次整个行动的重头戏。后来才知道，他们的行动非常成功。经过激烈的战斗，他们攻取了芦台运河北岸的炮兵阵地，并继续推进，摧毁了两个中国军营。黎明时分，他们留下一支部队继续进攻，主力部队返回营地，这次行动损失了约150人。

14 日凌晨 3 时许，日军越过护城河，炸毁了南大门的堡垒，并翻越城墙，从里面打开城门，为其他各国军队开辟了进城通道。日本人、法国人、英国人和美国人纷纷涌入天津城，而中国军队立刻望风而逃，不见踪影了。中国军队的阵地，如果防守得当，可以说是坚不可摧的，但中国军队觉得无法抵抗西方或日本士兵的坚决进攻。事实上，他们在没有证明敌人无法抵挡之前，就已经放弃了防御。

联军攻占天津后，立即在已经逃走的直隶总督衙门设立了由军事指挥官组成的"暂行管理津郡城厢内外地方事务都统衙门"（Tientsin Provisional Government）。直隶总督似乎已经在杨村杀死家人后自杀身亡。

在占领这座城市后的三个星期里，全世界尤其是被囚禁在北京公使馆的那些人，都在焦急地等待着，想知道下一步联军要采取什么措施来解救他们。关于这一问题，能写几本书，解救问题本身用不了多少笔墨，但这一问题之外的相关问题就太多了。

考虑到日本距中国最近和其军事准备工作也已完备，许多人似乎认为，在这一极其紧急的情况下，拯救所有国家被围困人员的任务一定会托付给日本,以免因过分拖延而使所有国家的被围困人员一起遭到屠杀。只要其他大国要求她这样做,日本已准备好了。然而,"其他大国"有自己的想法,有些表达了自己的意见,有些则没有机会表达。万一日本独自救出了北京被困外国人,有什么办法能阻止她占领这片她再一次征服了的领土呢? 每一个人都对中日甲午战争后发生的事情记忆犹新,当时日本帝国被"外交"(换句话说就是更强大的武力)剥夺了胜利果实。

结果,正如各国甚至北京被围困的人们所预料的一样,各大国除了交换照会、拖沓的会议讨论、反反复复提出建议和做出解释、确定各自都还没准备好要怎么做,在外交上没取得任何成果。与此同时,军队正从地球最遥远的地方涌向中国北方,并有越来越多的军队紧随其后。

已有证据表明,延迟救援行动对被围困的公使馆来说将是致命的,但在异国土地的各种不利条件下调动大量军队,特别是协调各国部队行动等问题,必然会伴随着很多困难,在这样的情况下,9月之前不可能采取任何行动。如前所述,西摩海军上将北上救援失败的教训,除了告诉人们北上救援要彻底做好各种准备,还激起了人们的极大疑虑,因为大家认为中国可能会集结大约五万兵力抵挡联军北上。美国人和英国人都急于向前推进,但似乎没做出任何决定。

后来人们才知道,荣禄在北京想方设法把对使馆难以避免的攻击降到最低,虽然他不能阻止攻击使馆,但在一定程度上可以抵消董福祥的邪恶能量;在这方面,他取得了相当大的成功。荣禄与大沽和北塘炮台中他所信任的中国人有信函联系,他们完全了解北京的情况。从天津被占之后来到北京的信差那里得知,实际上荣禄无法阻止端王和董福祥的队伍攻击使馆,因此救援部队

遭炮击后的天津城墙

联军进入天津的城门

不能等到9月才开始行动。这一情报已传达给帝国海关长官之一德璀琳（Detring）先生，并由他转达给联军指挥官们。

8月3日，联军指挥官们召开了一次长达五个小时的会议，会议决定第二天开始北上救援，尽管此时正值雨季，交通困难几乎无法克服。事实上，困难确实很大，而且由于联军是多国部队，装备五花八门，大大增加了运输方面的困难。然而，尽管各国装备繁多，但因匆忙来华，装备又是不足的，甚至连准备充分的日本人也是一样。所以，不得不把本来是一个旅的装备分配给一个师。路上挤满了各种马车，有日本人的轻型四轮马车，也有美国人的重型军用四轮大车。美国的大车由四匹高大强壮的骡子拖拉，一般情况下可搬运大量物资。军队总数在两万左右，其中日本约一万人，俄国约四千人，英国约三千人，美国约二千人，其他各国各有几百人。只要是规模较大的派遣军，都配备有大炮，日本人配备的大炮，几乎是其他各国派遣军的总和。

4日下午，英美军队向西沽进发，西摩海军上将的远征军已经占领了那里的军械库。军队沿河而行，河两岸是难以计数的村庄。他们出发时就要下雨了，行军途中雨下了起来，路面泥泞，湿滑难行。如果大雨持续不断地下，真不知将怎么行军。

在到达某个村庄之前，雨停了。盖斯利将军率英军驻扎在白河左岸，美军驻扎在右岸。下达了第二天一早出发的命令后，部队在潮湿的地面上休息，以抓紧时间在即将到来的战斗前睡一觉。英军由下列部队和兵种组成：威尔士燧枪兵的四个连；孟加拉第一骑枪兵团；第十二野战炮连和香港炮兵，配备两门海军十二磅火炮和四挺马克西姆机枪；第一锡克兵团；旁遮普第二十四步兵团的250人；拉其普特兵400人。海军将与俄国人和法国人合作，准备从左翼进攻。

沙飞(Chaffee)将军率领的美国军队由下列部队和军种组成：450名海军陆战队员；第十四步兵团，1000多人；第九步兵团，800人；赖利(Reilly)上尉指挥的第五野战炮连，配有两门哈奇开斯手动机关炮（Hotchkiss gun）。日本方面，由山口素臣(Yamaguchi)将军统帅，福岛安正将军任参谋长，拥有三个野战炮连和六个山炮连。俄国人有两个步兵团，名义上有2000人，两个野战炮连（每连配八门炮）和几个哥萨克中队。法国人只有几百人，他们是从东京调来的步兵，还有两个山地爆破连。

清军被围困在一个大致东北和西南向的阵地上，这一阵地穿越河流和铁路，右边是河堤，左面五英里以外是河的左堤，靠近第五铁路桥，铁路大桥过去，就是一片洪泛区了。他们阵地的主要力量以河道为中心，横跨河道两岸。这里有一系列隐蔽的火药库和战壕，要把一支勇敢的队伍从这些战壕里赶出去是极其困难的。在河的左岸，清军阵地有运河做屏障。

日本、英国和美国三国联军攻击河右岸的清军阵地，日军主攻，英军助攻，美军为预备队。俄法联军在英军海军旅炮火支援下，攻击左岸阵地。

大约凌晨3点，日本人向前推进，攻占了一座炮台，这里的大炮可以纵向打击清军阵地中心。有一段时间，双方展开炮战，日本人冒着密集的炮火发起冲锋，尽管遭受严重伤亡，但攻占了清军阵地。全部联军发起了攻击，美国人在左翼，英国人居中，日本人在右翼。中国军队在各处进行了一些轻微的远距离抵抗。原本以为他们会在北仓附近扎营，占据有利位置坚守。但是，他们尽管占据了有利的位置，却并没有做好坚守的部署。当第一道战壕被突破时，战斗实际上已经结束了。上午不到9点，日军占领南仓，此后所有战斗宣告结束。

这场战斗日本人冲在前面,他们的损失比其他部队要大得多。据估计,日军约 60 人死亡,240 人受伤。英军 4 人阵亡,21 人受伤,而美军一个也没有阵亡。左岸的俄国人有六人受伤。由于有土墙保护,中国人的伤亡并不大,但他们丢了"面子",丧失了信心,这比实际死伤多少人的问题严重得多。

联军在北仓过夜。6 日上午在杨村废弃火车站与清军发生一场遭遇战,战斗持续了大约四个小时,中国军队撤到了杨村镇子里。俄国军队对其进行炮击,孟加拉枪骑兵清洗了村镇。前一天战斗的影响很明显,清军没有心思抵抗。这次行动损失最大的是美军,第十四团有 65 人伤亡,第九团有 9 人。英军损失不到 50 人,俄军 7 死 20 伤。

经过两天的行军和激烈战斗,部队已经疲惫不堪,决定第二天在杨村休整一天,恢复体力,等待补给。

8 日又展开行动,全体联军沿右岸向前推进;前面是日本人,后面依次是俄国人、美国人,英国人殿后,法国人则留在杨村。日军行进迅速,俄军行动迟缓懒散,不时停下来休息,每小时行进不足 英里。这使在他们后面的美军十分尴尬,常常被迫停在沙土平原上烤太阳,而俄军则常常在阴凉地休息。这一事实带来的后果很严重,美国人和英国人不得不在一天中最炎热的时候进行急行军,高温下有大量人员损失。

日本军队在各方面都显示出他们组织严密、装备精良,他们作为先头部队冲在最前面,致使清军根本没有机会集结。所以,面对"日出之国"的敏捷的战士们,清军实际上只顾得上撒腿跑路,根本没有喘息的机会。当有人问福岛将军这样他的部队是否很疲累时,作为日军追击行动的策划者,福岛将军回答说:"是的,但敌人也很累。"

福岛将军的计划是不惜一切代价赶着清军一直奔跑逃亡,这一计划得到了圆满的贯彻落实。他的骑兵和马步兵通常在步兵主力前方三英里左右。每当他们与清军接触时,就立即退回到步兵主力队伍中,然后步兵队伍迅速成散兵队形向前推进,完全沿着经过村庄的两侧进军。当步兵们在这些地方休息的时候,骑兵再度快速向前追击,这种方式不断重复,令只顾逃跑的清军摸不着头脑,惊慌失措。

9日上午,日军炮击了河西务的中国人,中国军队稍作抵抗即逃走了,河西务为日军占领。同一天,孟加拉枪骑兵和日本步兵马队追上了200名中国骑兵,将他们驱散,杀死了大约50人,并夺取了宋提督和马提督的四面军旗。

10日,主力部队在马头,虽然行军时间不长,但路上却有很多掉队的人。中国士兵吃早饭的地方到处是西瓜皮。他们粮食供应不上,只能靠一些能随手摘到的东西充饥,比如西瓜和玉米。

第二天,天气稍微凉爽一些,下起了雨,极大解除了酷热天气的折磨。部队在张家湾集结。日本人炮击了通州南部的清军阵地,把他们赶到通州城里去了。

12日(星期日)凌晨,日军进攻通州东南门,发现中国军队已经撤走了,虽然城墙坚固高大,很容易防御,但没有任何抵抗。为了欢迎他们的将军,日本人从城廓外门进了城,这座城市就这样静悄悄地落入了日本人之手。山口将军发布公告,声明保证非战斗人员的安全,承诺尊重人民在自己家园的权利。日本人占领了通州南半部,法国人又入城占据了北半部。

联军于12日晚在通州过夜,第二天就开始向北京做最后的进军,这里离北京只有12英里了。日军沿着通往齐化门的石路前进,俄军在他们南面,由于北边是运河,俄军便转向通往外城东便门的小路。在运河南面,美军随俄军之后,沿着同一条小路向东便门进发,再往南一些是英军。

按照事先的安排,上述四支部队要在离北京三英里的地方停下来,再开会商量决定进攻计划。但是,俄国人没有停下来,而是继续向城墙方向进发。没有人提出反对他们进城的意见,他们就认为有可能进入城内。但他们还没走到城门,北方城墙拐角处就猛烈枪击,他们损失惨重,伤亡者包括参谋长瓦西列夫斯基(Vasilewski)将军。他们强行攻进了东便门,但与敌人纠缠了好几个小时,毫无进展。

14日凌晨,日军向齐化门附近推进。他们在周围民居掩护下逐渐靠近城门,试图将其炸毁。但是城墙上的来复枪火力太猛,日本人遭受了严重的损失,于是决定轰炸城墙。轰炸大约在上午10点开始。但连续炮击了几个小时,没有什么明显效果。只有最重型的火炮才能攻破城墙,而数量众多的神枪手使炸毁城门的任何办法都是不切实际的。整整一天,浪费了一千多枚炮弹,却一无所获。他们决定等到晚上再炸毁城门。夜里,他们成功了,高大的城楼起火了,在城墙上的中国守军死伤惨重,放弃了城墙。外城终于攻破了,所有荣誉属于每个国家勇敢的军人,最值得称道的是坚强的日本人。

美军早在中午时分就来到了外城靠近东便门的墙脚下,有几个人爬上了城墙。和俄国人在他们之前所做的那样,主力部队从东便门进了城,暴露在了内城城墙的猛烈炮火之下。他们进入外城的同时,英军也进入了外城,但他们迷了路,数小时后才抵达内城水门,进入英国公使馆后,这些部队派出一部分攻取了前门,或者说是内外城之间的主要城门。

英国人很幸运地找到了沙窝门,它位于外城的东侧,几乎完

天坛庭院,英军司令部   天坛,英军司令部

全没有防御工事。尽管沙窝门前面村庄里有一群中国骑兵,但几炮就把他们轰走了。旁遮普第二十四步兵团留下一小队士兵守卫城门,主力向天坛进发。其余部队沿着外城东西大街向城市中心进发。行程过半之后,依照前述窦纳乐爵士给联军指挥官们信函中的建议,转而向北,往内城水门方向前进。当英军从运河以南、离水门有一段距离的房屋中冲出向前突进时,仍有东面驻守哈德门的中国步兵向他们开枪,但他们只是胡乱射击,根本构不成什么威胁。第一个进入水门的是第一锡克步兵团的斯科特(Scott)少校,他带着四名士兵。佩尔(Pell)上尉和盖斯利将军的副官凯斯(Keyes)少尉紧随其后。

从水门经俄国公使馆(唯一安全的路线)到英国公使馆只不过是几分钟的路程,这些救援人员受到了动人心弦的热烈欢迎,这令他们终身难忘。

388

北京的围困解除了！西方人与东方人又进行了一场面对面的生死较量。凭借无畏的精神和智慧、面对困难锲而不舍的毅力、面对致命危险的超然勇气，以及上帝的眷顾，西方终于取得了胜利。这是二十世纪初新世纪战胜中世纪的胜利，是潜在的辉煌未来战胜了毫无生气的过去。这里孕育着新中国的种子，也孕育着远东的希望。

第二十五章　众志成城固守御

尽管救援部队还有许多实际性的工作要做,但从理论上说,北京的围困已经结束了。在叙说其他事情之前,最好先介绍一下围困期间公使馆的内务,不充分公正地了解这一点,我们便不清楚公使馆是何以守御的。

在遭遇围困的非正常条件下,居家生活(如果能够说有居家生活的话)的杂乱事务应该由女性的细腻笔触来描述。英国公使馆的每一栋建筑都很拥挤,有时几乎到了令人窒息的程度。窦纳乐夫人的餐厅一般住着三十五人左右,为了安顿被围困人员,里面的东西挤了又挤,挪了又挪。窦纳乐爵士的办公室和图书室成了一所医院,吸烟室晚上供男士们在里面休息,舞厅供女士们夜间休息。而疲倦的军官们白天则涌进女士们的卧室打盹。很难为了病人舒适一点,为了被围困人们安宁生活,再提出任何要求了。这个好客的家庭已经竭尽所能,再也无能为力了。

通常情况下,英国公使馆的医生寓所夏季只住一个人,最多也就是两个人。但是在遭遇围困期间,突然分成四个不同区域,塞进了二十八个男、女和孩子。仆人的房间里挤满了中国人。狭小的后院里,总有一群人在急切地等待下一锅米饭,这里要随时准备分发饭食。

大清帝国海关总署(在守御区内)那边人员多寡不定,一般在三十到四十人之间。由于餐厅很小，当所有人都在的时候，必须要分成五组，再由他们自己分食。但其中很大一部分人，也许有一半是海关志愿者，常被派到各处去执行防御任务，一般在肃王府那边，每班二十四小时。因此，每天要给他们送三次饭。这大大增加了海关总署这边的工作量。不过，有两位能干的英国太太，把这里的一切安排得很妥当。

美以美会大院过来的传教士大约是七十人。他们被分配到了教堂，这是一座矩形建筑，位于英国公使馆大院中间位置，长43英尺、宽25英尺。入口两侧各有一个房间，其中一个小房间有螺旋式的楼梯通向教堂阁楼。接待室的后面有一个平台，平台上有一个祭坛栏杆环绕的讲台。两边的过道通向后面的小更衣室。教堂主厅的大部分可用空间都被十几个大的木制连椅占满了，每个连椅前面都有一个放书用的小书架。

在入口处和外面突出的屋檐下，堆放着各种大大小小的箱子。所有空地都是晚上铺下床垫睡觉的地方，睡觉的排列像极了摆放在盒子里的沙丁鱼。有几位先生在一个亭子边上临时找个地方过夜。后来，正如前面提到的，他们去了公使先生的吸烟室过夜。教堂入口两边的两个小房间很快就被清理干净，改造成了盥洗室，所有多余的东西都被放到了阁楼上。

在围困后期，这个阁楼从原本的杂物间摇身一变成了宿舍。中间有一个高台（标志着那里是教堂天花板上的拱顶），高台周围塞满了英国公使馆几十年来的废旧物品。这些废旧物品包括：前面提到的保龄球和球瓶、大包装箱、铁床架子、冬季安装在住宅上挡风用的窗户、蒲葵扇、书架、大箱子、小盒子、纪念女王加冕的幻灯片、数百个灯笼、戏剧舞台道具、苇席、芦苇屏风、叠放整齐的英中之间的条约副本，还有成堆的公使馆档案和账目——其中有些可以追溯到东印度公司时期。这些东西上面布满了蜘蛛网，说明这些资料是多少任公使存留下来的。

在几位先生和女士的有力管理下，这些废旧物品大部分都搬到了别的地方，腾出了并不宽裕的空间，作为近二十个人的卧室。尽管很拥挤，但要比这些人以前住的地方好多了。阁楼是依据英国公使馆的中国建筑风格建造的，只有东侧留有窗户，空气不流通——在七月的炎热天气里，这种环境很不舒适，也不利于健康。然而，即便这里还有很多苍蝇、跳蚤和蚊子，人们还是认为有这样的地方睡觉已经很奢侈了。病人和极度疲惫的人可以通过交换住处的方式，得到相对安静舒适的休息场所。

前面提到过的教堂后面的那间小房间，专门用来存放已经收集到的或以后任何时候搞到的食品。起初，这里部分用作女浴室，后来前门的小灯室作了女浴室，那间小屋子就专门用作食品储藏室了。赫林（Herring）中士好心地把他自己的厨房——他宿舍后面的一个中式小炉子，提供给大家，放在门口台阶上或者随便一个地方做饭。

为了在这个小炉子上一次性准备好所有饭菜，厨师们不得不每天每时每刻都竭尽全力。他们找到一个小煤油炉和一个小酒精灯作为辅助炊具，但由于没有烤箱，只能用煤油罐烤饼干。要在这样的条件下一次性做好大量的食物，没有烤焦了的情况发生，似乎是不可能的，但他们做得很成功。

厨房最难办的一件事是要不停地供应开水，这足以让一个西方厨师心烦意乱。厨房本身需要烧热水做饭，海军陆战队的人、生病婴儿的母亲，还有中国人，随时都来要热水。幸运的是，他们找来了两个大铜盆，这大大减轻了厨房的压力，可以在教堂附近供应茶、咖啡和一定量的热水，不用一些人再跑一段路到厨房去要开水了。应该清楚的是,虽然许多人能喝直接从井里打上来的水,连过滤都不需要。但不幸的是,大约有一半人只能喝完全煮沸的开水。

大量必不可少的炊具都是外国商店的老板愉快地从他们的仓库里搬来的。然而,这还远不够用。大盘子非常少,有时必须把豆子泡在脸盆里,或者在脸盆里做饼干。当没有别的餐具时,盘子必须经常用冷水洗。因为必须记住,第一批大概三十二人是在6时30分来吃早饭,必须他们先吃完再腾地方给第二批人,第二批抓紧吃完后才轮到第三批人(后来三批合并分为两批)。

这里没有餐具柜,而且除了祭坛外,所有的座位、阅书架、窗台都是倾斜的,不能用来放瓷质餐具。餐具必须不断地从窗户里递出去清洗,这在三天两头下雨的天气里是一项相当困难的任务。下雨天,擦碗碟的干布也有同样尴尬的问题。不过,擦碗碟布从来没有短缺过,不知从哪里零零碎碎收集来的布料,都用作擦碗碟布了(实际上,桌布和餐巾纸这些东西也都被不知道其用途的人很高兴地拿来用了)。

所有这些不间断的循环工作都是由三组不同的厨师和仆人来做的,每一组人都必须加快工作速度,以腾出时间和地方让给下一组人。然而,他们之间从来没有一场争吵,相互之间也没有什么实际的摩擦。

在雨季天气,最糟糕的时候,唯一可以放食物的地方是一个小小的铁丝网保险箱,大约有一英尺半见方,没有冰盒,也没有冰。几杆远的地方是屠宰小马的地方,那里有成百万的苍蝇出没。防止它们趴在马肉上的唯一办法就是用一块布把马肉盖上,在七月炎热而潮湿的日子里,这是一种最简单的临时防御措施。

有一个由三位女士组成的常务委员会,负责计划安排每日三餐吃什么,另有两位女士负责安排分派餐桌——她俩每天轮换,确保每顿饭都按时做好供应。这个委员会在积极努力策划安排下,充分利用极其有限的食物,为人们提供了可口饭菜。经常供应的肉食,没有人怀疑那原本是僵硬难吃的骡子肉,而她们能在没有牛奶、黄油或鸡蛋的情况下做出美味的布丁。

负责医院伙食的女士也身手不凡,为伤病员们准备了美味可口的菜肴。如果什么时候碰巧剩了一点,第二天早上有可能坏掉,她总是能够采取适当措施,预防剩下的食物变坏。外国基督徒勉励委员会的孩子们,忙着把身边的东西分发给需要的人们和生病的中国人。这些中国人长期喝粥度日,总是半饥半饱,外国人餐桌上的这些东西对他们而言,都是美味佳肴,十分受欢迎。

大部分时间里,食堂里都有病人,他们不能吃粗劣的黑面包和陈年的黄米。因此,无论厨师们的工作压力有多大,总是要为这些病人准备开胃的饭菜。有的婴儿也生病了,面色苍白,他们的母亲往往在狭窄的通道里为孩子准备吃的,这种地方一个人弯下腰去,其他人就无法通过了。这些生病孩子的母亲,由于婴儿的呻吟或其他孩子的哭声,可能很多晚上都没有睡好了,她们没有其他地方可去,也没人能帮到她们。这种情况经常发生,但这些母亲从未失去耐心和勇气,从未影响每天半小时的祈祷和唱赞美诗。圣经中的预言、诗篇、先知书,像黑夜中璀璨的钻石,带来了新的光明。

虽然本书绝非是一部北京使馆保卫战军事史,但英国公使馆防御工事问题,却不能完全忽略。人们可能记得围困初期负责防御的贾腓力牧师,作为一名工程师,他的教育背景为他做好这一工作提供了独特的资格。应窦纳乐爵士的请求,有时候他还承担了公使馆以外其他辖区防御工事的建造工程,那都是他的额外任务。

通往英国公使馆门户,壕沟和工事

使馆街御河桥西侧的防御工事有 8 英尺厚,有 5 英尺的土以防御炮弹,应该已经足够了。有一位军方工程师认为,没有必要把每一堵墙都精心建成那么厚的双层墙,但是在德军遭到惨重损失之后,他希望继续建造这种双层墙了。在蒙古内馆,关于建造完全防御工事问题,军方的看法也发生了类似的变化。在那里,子弹能穿透十五至十八英寸厚的碎石,或者能穿透普通的中国土墙。

俄国公使馆虽然有些地方修筑了工事,但不知道什么原因,实际上完全没有防御。

在蒙古内馆胡同的南头,有一处厚达五英尺的防御工事,非常坚固。北墙和南墙都加固了,都改造成了十八英寸厚。任何时候都不能仅仅依靠一道砖墙,因为这些墙上有许多缝隙,很容易被子弹击穿。这种加固至十八英寸厚的防御墙,一直延伸到了头等参赞的住宅对面。蒙古内馆防线外到头等参赞住宅的那段墙，加固到了两英尺厚。事实证明，这样做非常有必要。蒙古内馆防御工事于某日上午 11 点建成，当天下午 4 点，中国军队就在对面的房屋打上了射击孔，有一栋房子有十二个射击孔。

毛瑟枪子弹打到中国砖墙上，一般能打出半英寸到四分之三英寸深的洞孔；但是，在围困的最后几天里使用的曼利夏枪（Mānnlichers），破坏力要大得多，子弹能在墙上击打出深坑，很快就可以摧毁任何一堵墙。在围困的最后一个星期一的上午，人们找来贾腓力先生另建防护墙，以遏止这种枪的火力对防护墙的破坏。

除了蒙古内馆，其他所有院落的防护墙，在不断遭受攻击的情况下，也都按统一规格加固了。除了星期日外，平均每天大约有五十个人在忙着加固防御工事，但是只有一个人被打死。这是由于他完全不顾一再警告，不必要地暴露自己。紧靠南马厩院子西边的那处工事，极易遭受攻击。该工事有四英尺厚，外边还有院墙，是整个防御区内最坚固的工事之一。马厩院子里的那幢两层楼房居然没有倒塌，真是个奇迹。在马厩院子的大门后面，有一处三英尺厚的工事，斜着伸向西北方向，再往下是一座为意大利机枪搭建的平台，墙很结实，有八英尺厚。第二道墙有二十英寸厚，独立于原来的外墙，非常坚固。除此之外，还有一座堡垒，有五个射击孔，很安全，然后是一堵由另一堵墙加固的四英尺厚的碎石墙。

再往北是"冯·斯特劳什堡"（Fort von Strauch），这是围攻末期安放"国际炮"的地方。炮手米切尔受伤时就站在炮后面，而不是站在炮的一边。在它的西边，离它不到五十英尺远的地方，就是中国人的工事。更远一点的庭院，紧挨着銮驾库院墙。

围攻早期阶段，一名海军陆战队员在马厩大院被射杀，令军人们注意到了对于沙袋的需要。在此之前，他们说他们的防御工事已经足够用了，但后来发现，防御工事指挥官的要求是正确的，即在救援部队到达公使馆之前，一直要准备沙袋。过了一段时间，每个军官都开始重视沙袋的价值，常常要求供应大量沙袋。

为了对付中国方面的地道战，我们在学生图书馆后面挖了一条壕沟，深十到十二英尺，离一座两层楼房的墙基只有十英寸距离，这座楼的地基离地面只有三或四英尺深。挖这条壕沟有很大风险，极可能毁掉这座楼，但被敌人爆破的危险也很大，这是两害相权了。壕沟并不是一直连着挖的，而是隔一段挖一段，但是主体部分都有孔洞互相连接，或者挖成一棵大树的树根状。几乎可以肯定的是，这样挖出来的壕沟，能发现任何中国人挖掘的地道，因为它有十二英尺深，而在当时，人们认为这里地下水位置在十三英尺处。在翰林院的第一个院子里，挖了一条反坑道战壕沟，一直延伸到銮驾库，但由于根本没必要那么长而不再挖了，在很长一段时间里，人们觉得这是件很可笑的事。

翰林院大院防御工事最初很薄弱。然而，第二道防线建了一堵两英尺厚的砖墙，非常坚固，加强了防御炮火的能力。由于没多少砖块，工人们用了大量书籍的木版，这些木版大多是翰林院图书馆里的诗集。从这个地方向东到北马厩院子，整堵墙都加固了，以抵御炮火的袭击。整堵墙后面有一条十二英尺深的壕沟。

万一这里被中国人突破，后面有一个有射击孔的亭子，亭子的墙厚达三英尺半，可以阻挡他们继续进攻。顺便说一下，这座亭子上的射击孔，本来就是被皇城城墙上的炮台发射的实心炮弹打出来的，在十英尺的范围内打了七炮。其中一枚穿过一根直径十六英寸的粗柱子，打碎了一块大理石碑，有一块碎片钻到了墙里。翰林院的一些书箱子堆到了院子里，简单地用油纸遮挡了一下，这样中国人就无法发觉这道防御工事里面的动静了。前面的一个小亭子设有射击孔，故意突出出来，以免看不到对方从这里冲进来。不过，这后面还有第二道很坚固的防线。两个亭子中较大的一个名为"敬一亭"，我们命名为"斯特劳斯堡"（Fort Strouts）。北面的另一个较小的亭子也同样修筑了射击孔。

在翰林院东端，防御炮火的工事占了道路的三分之二，但从未完全建好。最东端的要塞被称为"奥利芬特堡"（Fort Oliphant）。奥利芬特堡前面有一道很厚的墙，底部厚达八英尺，还有一条十三英尺深的壕沟。通往高高观察哨所的台阶是用翰林院原本装《永乐大典》的那些箱子做的，现在这些箱子里装的全是泥土。翰林院的防御工事最终建造得非常坚固、强大，如果中国军队鼓起勇气，不顾一切从这里进攻，尽管可以攻下，但恐怕也会很困难，需要付出大量的生命代价。值得高兴的是，他们从来没打算这么做。

英国公使馆东侧的防御工事（翰林院在英国公使馆北面），也许是防御区内所有工事建造中最花心思的一个。6月29日，围攻开始后仅仅九天，柴大佐就通知窦纳乐爵士，他在肃王府只能坚守两三天。窦纳乐爵士把这个消息告诉了贾腓力，并说："你应该了解这一点。"结果是制定出了一套极其周密的防御计划，这令中国人和外国人都感到意外，一些外国人不停地问："这么做有什么用？"这个计划是用来保护英国公使馆中最薄弱环节的，假如放弃肃王府的话，中国军队在肃王府花园高地上架设大炮，这个花园与英国公使馆之间仅有一条御河路那么宽的距离。中国军队可在五十码（或更短）的距离内炮轰英国公使寓所。到那时，很难想象公使馆大院任何一个地方能坚守一小时。

　　针对上述危险而设计的防御工事,起点位于北马厩院子的尽头,一直延伸到使馆大门防御工事稍北一点。牛舍屋顶上的哨所,地势非常好,但也很容易遭受攻击。因为这里离皇城城墙上的炮位最近,中国军队攻击肃王府,最先遭到攻击的就是这里的哨所。御河前面的马厩,墙壁大约有十五英寸厚,我们费了很大的力气,把它加固成了五英尺厚,这堵墙从头到尾都筑得很牢固。在马厩大院的上方,挖了一道反坑道战的壕沟,以防中国人试图炸掉这个牛舍上面的工事。这条壕沟向西延伸了大约五英尺,从那里向北延伸了二十五英尺,然后向东延伸了同样的距离,但是没有发现对方在挖地道。从马厩到使馆门前的护卫区,整个区域都建造了同样的防御设施,用夯实的土筑起又厚又高的墙,这些墙的背面,都有可以找到的最结实的木材支撑。

　　中国军队的加农实心炮弹和开花炸弹对这边的防御工事造成了很大的破坏。英国公使寓所二楼阳台上的三根砖柱子,有一根被击倒掉落在院子里,但加装了几根柱子支撑屋顶的横梁,这样屋顶才不会落下来。在围困的最后一晚,英国公使寓所里一间卧室旁边的小屋顶被炮弹击穿了。但正如前面已经谈到的,在整个遭围攻期间,炮击对这里造成的破坏很小,还真是出人意料。

　　有眼力的读者会发现,在这么多军人处于这样一种特殊状态的紧张时期,一个文职人员负责防御设计这一最重要任务,肯定很困难,与军人之间的关系也不好处理。责任感有时能战胜一切,除了有时一天工作二十个小时外,必须把最令人泄气的军事秘密闷在心里,这有时能憋坏一个健康人。

　　也许在整个围困过程中,窦纳乐爵士展现出的显著聪明才智就是授予贾腓力先生不受任何形式的军事干预而只对防御总司

六位"战斗牧师"和墨菲中尉在戈颁堡前

令负责的权力。当这一做法被证明完全正确之后，所有矛盾都消失了，民事和军事防御以一种令人钦佩和最有效的方式彼此交织在一起。围城结束时，贾腓力先生收到了窦纳乐爵士一封热情洋溢的信，承认他的服务与自己共同承担了艰难的防御义务。康格先生在一封类似的信中补充说："在上帝的庇佑下，您对我们的保护，比其他任何人都多。"几天后，救援部队抵达，一名经历了整个围困过程的英国人，找机会问盖斯利将军对"我们小儿过家家般的防御工事"怎么看，盖斯利将军回答说，他对这里建造的防御工事的规模和效用感到非常惊讶，特别是考虑到在被围攻的间歇修筑了如此规模的防御工事和防御设施——"怎么赞美都不过分！"

窦纳乐爵士在关于围攻公使馆事件的正式报告中说，在公使馆解围之后才发现了使馆区有重要的变节行为。"在德国部队缴获的一些文件中发现了一封给哈德门一名中国指挥官关于坑道战的信。写信的人是女王陛下政府雇佣的一名为公使馆工作了四年的教师，学生口译员都熟悉这个人。6月中旬，他和其他教师一起失踪了。这封信标明的日期是7月初，信中指出，中国指挥官进攻公使馆的方法是错误的，如果还像过去那样做，将来一定会像过去一样造成相当大的损失。作者说，正确的攻击方法是挖坑道，坑道有助于对公使馆的围困，他附上了一份他熟悉的英国公使馆的准确平面图，并在图上标出了挖坑道的最合适地点。自围困解除之后，就有人急切地寻找那封信的作者，可是到现在还没有找到。"这位中国人如此详细地提供了攻打英国公使馆的计划，但令人奇怪的是，在英国公使馆那么长的战线上，中国人却没有挖掘一处坑道，这在英国公使馆防御史上，又增添了一个难解之谜。

鉴于这一问题的极端重要性，或许值得费点笔墨概要叙述一下上述公使馆的防御问题。军事方面的权威人士——英国皇家工程师蒙克里夫（Scott-Moncrieff）陆军少尉在1901年4月的《皇家工程师杂志》上发表了一篇讨论这个问题的文章。这里只能摘录几个要点来说明问题。笔者感激他为这本书提供了出色的防御图。

他在文章中说：

那张英国公使馆的平面图，首先让人印象深刻的是地面上密布的大量建筑物。即使在这方面，这张平面图也不符合事实，因为如果所有的房子都被实际绘制出来，那就会使这些建筑布局混乱不堪，从而模糊了重要点位。

英国公使馆大院和一些小院子里有很多树。树木对被围困者来说，既是一种帮助，又是一种障碍。它们不但遮蔽了瞭望台的视线，而一旦发生火灾，还往往会引起大火，掉落的树枝则是再次引发火灾的根源；但这些树同时又提供了某种保护，使敌方看不清使馆内部的情况。中国建筑巨大而沉重的屋顶给攻击者造成了很大困扰。公使馆的两层楼房虽然受到猛烈的轰炸，但由于横梁的有力支撑，人们仍可以在其中自由穿梭。当救援部队抵达公使馆时，他们显然很清楚地发现了这一点。当步枪和机关枪不断地射击，各种枪弹在头顶上乱飞的情况下，英国使馆区的妇女们可以在草坪网球场上自由自在地走来走去，就像一场花园聚会。毫无疑问，英国公使馆的防御工事是这个阵地上最强大、最好的工事。设计并监督它们的工程师是一位美国传教士贾腓力牧师。他是诸多美国传教士之一，围困期间他们在英国公使馆的礼拜堂避难。他的组织技巧和旺盛的精力，在很大程度上保证了英国公使馆的安宁。

在英国公使馆的防区内，无论是军人还是文职人员，都没有工程师。贾腓力先生把不断改进防御工事作为自己的工作。一再加固易受炮火袭击的一些墙壁，建起坚固的墙壁来支撑屋顶，或千方百计在可能有人通过的位置上方加装横梁支撑屋顶，防区内各个地方都有类似设施，人们可以自由往来，互通消息。工事和工事侧翼凡是有可能进行坑道战的地方，都挖了防御壕沟。每栋房子的上层都加固了，建了防御工事，设置了射击孔。最重要的是，前述所有地方，都配备了足够的火力封锁线，所以对方不管来多少人，都将暴露在我方设置的射击孔火力之下。

在英国公使馆西边銮驾库的一个大棚子里，中国军队在挖坑道，他们这次行动最终失败，但很有些启发意义。他们开始向我们在翰林院内工事的坚固街垒和防御墙方向挖。有人听见他们在工作，于是也开始挖壕沟对抗，但是没挖多远。对方显然是听到了这边在实施反制措施，便转向右边挖去，向靠近翰林院边墙一幢两层楼的学生宿舍方向挖。但他们似乎迷失了方向，不断地向右移动，所以他们几乎是在半圆中打转，最终偏离了目标。这是后来才发现的，当救援部队到来之后，挖开了这个坑道。人们发现，坑道里的空气非常污浊，不可能一直点着灯，而且中国人可能是在黑暗中工作，所以他们迷路也就不足为奇了。大家都知道，即使有灯笼和罗盘，在这种情况下要想弄清楚一个小地道的真正方向也很困难。人们在地道中发现了一些空火药箱和导火索，但没见到雷管。

最后也是最猛烈的一次进攻发生在8月13日和14日，当时中国军队知道这是他们最后的机会。但是外国人防守很好，因为救援部队已经离这里很近了，人们感到胜利在望，信心倍增。这次攻击的距离之近，从最先进入英国公使馆的斯科特少校和他的锡克兵接替蒙古内馆的公使馆海军陆战队卫队后的情形可见一斑，公使馆卫队的海军陆战队员们热烈欢迎他们的到来，但斯科特他们刚刚各就各位，就遭遇了从几码远外扔过来的砖头袭击。

对所有关心围困期间事务及其结果的人来说，如果了解那么多积极参与围困期间事务的人很快获得了人们对他们服务的认可和赞扬，当会感到欣慰。

《英国白皮书》（中国，1900 年第 4 号）的最后六页全是窦纳乐爵士写给索尔兹伯里侯爵的信件，呼吁人们注意包括军事和文职人员在内的几乎涉及每一个国家国民的大量个人的非凡服务。特别应予表彰的人包括前面已经提到的哈尔迪（Halliday）上尉，他在近距离战斗中表现出令人钦佩的勇气；普尔（Poole）上尉，在遭受围困的五十五天时间里，白天黑夜一直在执勤，没有一天休息；斯特劳茨（Strouts）上尉，为保卫使馆献出了自己的生命。高度赞扬了英国志愿者们，其中大卫·奥利芬特（David Oliphant）和亨利·沃（Henry Warren）在保卫使馆的战斗中捐躯。

德林（Dering）先生是英国公使馆的二等参赞，负责重要的防御工作。他时刻保持警惕，同时还承担了一份很艰难的工作，那就是决定杀掉哪匹小马或哪头骡子作食物。每匹马的主人自然都希望尽可能长时间地保留自己的马。汉文参赞戈颁（Cockburn）先生既是一名志愿者，也负责英国公使与敌人之间重要通信。他的住宅极易受枪炮攻击。二等汉文参赞科尔（Ker）先生精明能干，为戈颁先生出主意、想办法，出色完成所承担的任务。退休军官珀西·史密斯（Percy Smith）上尉在非常困难和危险的情况下，对守卫内城南城墙上的阵地发挥了重要作用。从前在外交部门工作的克拉克-桑希尔（Clarke-Thornhill）先生，积极主动参与保卫使馆事务。

英国公使馆专任牧师鄂方智在他的特殊职责之外,还提供了其他方面的宝贵服务,他在战壕里和街垒上用镐和铲子工作,并负责和鼓励中国人转变他们的防御工作方式。他总是时刻准备着,心甘情愿,高高兴兴地付出,虽然在肃王府炮弹爆炸中受了重伤,但他仍然坚持工作。在他周围的人看来,他一直是他们的杰出榜样。

领事工作人员图尔(Tours)先生和汇丰银行的特威德(Tweed)先生,作为消防队正副队长,不知疲倦地工作,几次挽救了使馆。图尔的任务是如此艰巨,以至于在围城结束时,他的身体完全垮了,很长一段时间他在生死之间徘徊。

《泰晤士报》记者莫里循博士担任斯特劳茨上尉的副官,为他提供了最有价值的服务。他积极主动、精力充沛、沉着冷静,愿意承担任何有风险的任务,当事情进展不顺时,他总是最坚强的支撑。由于他在 7 月 16 日受了重伤,再也不能在此后的防御中作出他宝贵的贡献了。

所有见习译员都受到了热烈的赞扬。他们表现得勇猛无畏,在枪林弹雨中毫不退缩,足以与退伍军人媲美。大清帝国海关总署的志愿者们,也表现得很出色,在围困开始之后不久,他们就赢得了人们的广泛赞誉。

奈杰尔·奥里芬特(Nigel Oliphant)先生曾多次担任重要任务,直到 7 月 18 日受了重伤。

在另一份作为附件的电报中,窦纳乐爵士要求英国政府向俄国帝国海军中尉冯·拉登(von Rahden)男爵、美国海军陆战队(受伤)上尉迈尔斯(Myers)、法国海军(受伤)中尉达西(Darcy)、德意志帝国海军陆战队陆军中尉冯·索登(von Soden)男爵、意大利海军中尉(受伤)保里尼(Paolini)、日本海军中尉原村(Hara)

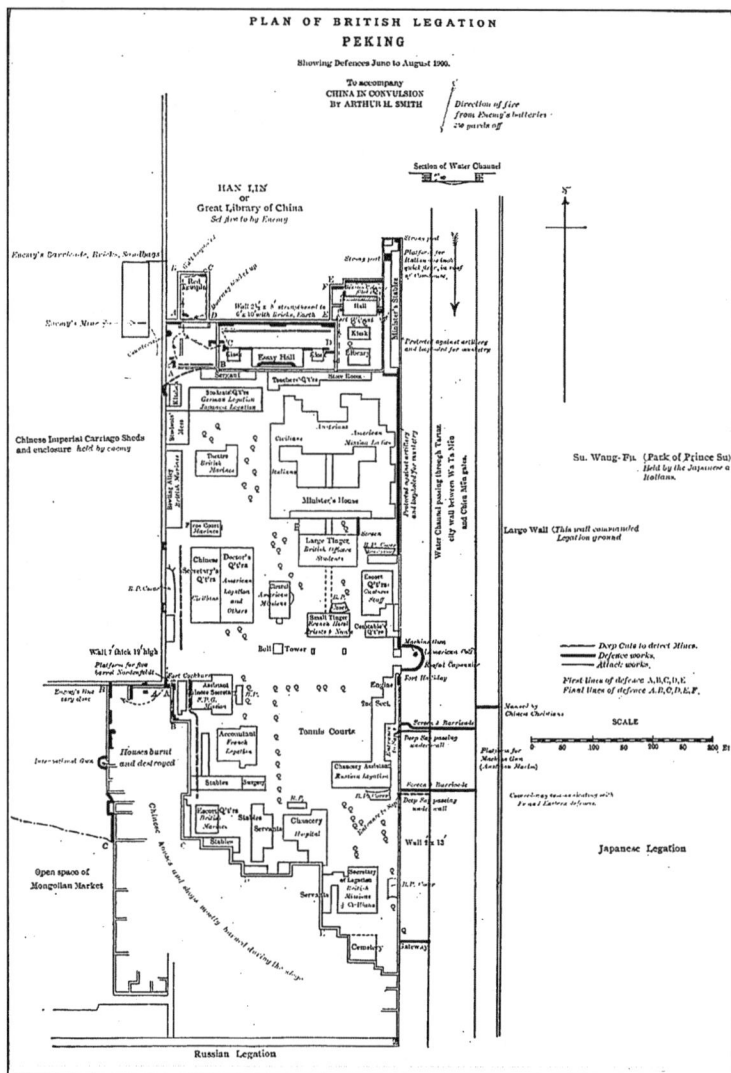

北京英国公使馆平面图

等人表示谢意。除此之外,电报还赞扬了日本特遣队柴大佐的专业、坚韧和勇气。他在防御中的专业部署堪称完美,对每一寸土地进行拼死争夺,从而为英国公使馆部署防御争取了宝贵时间,其结果是很多守军的生命因此得以保全。

意大利公使馆二等参赞利维奥·卡蒂尼(Don Livio Caetini)先生从来没有离开过他的岗位,他所在的位置是一个暴露在炮弹和步枪火力下的工事,他的决心和能力受到意大利政府的表彰。冯·斯特劳什(von Strauch)先生是大清帝国海关总署一名工作人员,从前是普鲁士军队的一名军官,负责指挥海关志愿人员,他对窦纳乐爵士帮助极大,他的热情和无畏精神给窦纳乐爵士留下了极为深刻的印象。他和医院的维尔德(Velde)医生受到德国政府的特别表彰。弗莱歇(Fliche)先生从前是法国骑兵退役军官,长期驻守前哨阵地,勇敢无畏,大家建议法国政府予以表彰。

围困期间美国人的作为值得高度赞扬,本应授予勋章予以表彰,但美国政府除了国会对这些人表示特别谢意之外,几乎没采取什么其他措施。因此,当1901年1月4号发来给被围困人员和他们的朋友的电报后,他们才感到欣慰。这份电报说:

> 最近收到英国大使转给国务卿的一份急件,该急件是兰斯顿(Lansdowne)侯爵寄给他的,兰斯顿侯爵的这封急件称赞了某些美国人在去年夏天北京外国使馆遭遇围攻期间的杰出表现和英勇行为。兰斯顿侯爵给美国驻英大使的急件全文如下:
>
> 大使先生阁下:
>
> 关于今天先前发出的急件,我必须通知您,窦纳乐爵士要我关注在北京外国公使馆遭遇围攻期间某些绅士特别杰出的

表现,关注那些给予他本人和公使馆防御无价帮助的人。

窦纳乐爵士提到了美以美会宣教士贾腓力牧师和美国公使馆参赞司快尔。他指出,贾腓力牧师设计建造了英国公使馆的全部防御工事,各国公使馆卫队的军官们检视这些防御工事后,均钦佩不已。因为有了这些杰出的防御工事,他说尽管枪炮不断攻击五个星期之久,但公使馆内没有一名妇女或儿童受到伤害。他补充说,所有被围困的人都对他怀有深切的感激之情。

司快尔在英国皇家海军陆战队斯特劳茨上尉死后担任窦纳乐爵士的参谋长。窦纳乐爵士说,他早些时候在美国陆军服役,在公使馆防御中发挥了极大作用,他的工作热情和能力,怎么评价都不过分。内城南城墙上防御工事是由他设计和守御的,根据窦纳乐的指示,他画出了救援部队进入的平面图,并由一个从墙上放下来的信使传达给了盖斯利将军。

我请求您将这两位先生的姓名通知美国政府,并表示陛下政府对他们杰出的服务表示赞赏。

兰斯顿(签名)

下面这份发给窦纳乐爵士的急件,恰如其分地概要表达了对人们保卫公使馆功绩的热情赞扬之情。这份急件发表在有关围攻北京公使馆的白皮书中:

1901 年 2 月 10 日,外交部。

拜读了您对北京围攻公使馆和公使馆解围相关情况的报告,借此机会,我想指出的是,国王陛下的政府①非常珍视

---

① 国王陛下的政府(His Majesty's government),写这封信的时候,爱德华七世 (Edward Ⅶ)已继位为英国国王。维多利亚(Alexandrina Victoria)女王于 1901 年 1 月 22 日去世。

这些令人钦佩和详尽的记录,这些记录反映了一个具有最深刻历史意义的事件。北京围攻公使馆期间,所有外国军人勇敢无畏,挺身护馆。特别是在第一次北上远征救援失败后,被围困人员情绪低落之时,他们以双倍的努力和勇气,在公使馆工作人员和其他平民的共同努力配合下,保护公使馆安全,得到了整个文明世界的赞赏。

国王陛下政府赞赏您在整个危机中所起到的重要作用,希望人们永远铭记。6月22日,您应同事的要求,承担起了负责统领使馆防御的职责,这是您的军队历练获得的特殊资格;从那一天起,您一直负责指挥使馆区的防御事务,直到8月14日解除围困。

国王陛下政府从多方渠道获悉,之所以能够成功地守住公使馆,在很大程度上归功于您个人的不懈努力,尤其是您能够团结和凝聚不同民族的人们为守卫使馆区而舍生忘死地战斗。亲历这场危机的目击者纷纷表示,如果可以说欧洲社区在保护被围困人员的生命不受伤害上做出了更大贡献的话,那么最应该感谢的那个欧洲人就是您。

最后,请您向窦纳乐夫人转达国王陛下政府的谢意,感谢她坚持不懈全心全意地关照伤病员的安宁。她以及帮助她的其他女士们的工作,不仅使那些从她的服务中受益的人,而且使他们在欧洲曾遭受数周忧心焦虑、忐忑不安煎熬的亲友们永远感激不尽。

兰斯顿

第二十六章　解围后之面面观

　　救援部队进入北京使馆区后,受到了被围困者的热烈欢迎,这些人曾怀着恐惧和希望交织的心情期待着援军的到来。但是,从援军官兵的举止和他们的谈话中很快就可以觉察到,他们对我们非常失望。他们发现有许多先生和女士,除了有些人在站岗外,还像平时一样到处走动。尤其是当他们觉得遭遇围困的人们似乎并没有遭受饥饿的折磨时,那种失望的表情特别明显。这里被长期围困的人们,尤其是一些女士,穿着过于考究,顿时令见到他们的救援部队官军脸上失去了笑容,也不再那么高兴热情了。在救援官兵们心目中,这些被长期围困的人见到他们时应该放声嚎啕大哭,而不是面带微笑热烈欢呼。正如一位聪明的年轻女性所说:"他们似乎以为应该看到我们奄奄一息地躺在地上才对劲。"

　　在被围困的人群中,有几个人只是北京的游客,他们是在火车最后停运的那一天试图离开的时候被迫到使馆区来的。这些人中的女士们至少没有丢失任何东西,故而穿着得体靓丽一些并没什么好奇怪的。然而,其他女士的服装,只是展现了女性在穿着方面的一些独特才华而已,就像她们在准备饭菜饮食方面所展现的才华一样。她们在被围困期间阴雨连绵的天气里,甚至在最令人沮丧的情况下也没有换洗的衣服,不要说浆洗熨烫,连普通的洗衣设备都没有。所以她们经常穿着一些改装的不是女士穿的或不分年龄的服装。

围困期间，所有外籍女士都挺身而出，从容自如承担各种工作，展现出西方文明令人自豪的一面，即这一文明为女性的活力和多样化的才能开拓出了如此广阔的空间。美国公使夫人和俄国公使夫人孜孜不倦地努力照顾医院伤病员，为了伤员们舒适生活，尽力做好各种服务，毫无公使夫人架子。当医院清洁工有些细微的位置没清洁到位时，格尔斯（de Giers）①太太总是亲自拿起拖把，把这些地方打扫得干干净净。

在整个遭遇围困过程中，许多妇女和男子一样冷静，一样勇敢、乐观。在最严重的攻击中，她们不停地勤奋制作沙袋，没有丝毫惊慌失措的样子。当时（以及在随后冷静的谈论中），她们冷静地把遭受围困和攻击视为很自然的事情，所有女士都迅速而巧妙地调整有必要调整的各种设施。令人惊讶的是一些女士还十分出色地承担了分派给她们的特殊职责。

在遭遇围困的整个过程中，许多孩子在操场上玩耍，几乎没什么能影响他们的活动。他们有的假扮"义和拳"游行，有的则扮作士兵去逮捕义和拳。那些最小的孩子都打着自己的小旗子，身上挂着子弹袋，加入大孩子们的各种活动。在形势不利的情况下，他们会挖洞，据说是防炸弹用的。没有人制止或干扰他们的这些活动。他们吃力地拖着沉重的砖块和木头，放置在一些很不合适的地方，据说这些是他们建造的防御工事。有时为了特殊需要，他们还挖土，装进专门为他们制作的袋子里，用来加固他们建造的防御工事。

① 格尔斯，俄国驻华公使。

　　有一次，一些"四岁大"的孩子建的防守阵地让"十来岁大的"孩子们给毁掉了，那些主持正义的妈妈们十分生气，告诫大男孩不要这样对付那些小孩子。但是，拆毁小孩子防御工事的那帮大孩子的带头人站出来理直气壮地说："战争时期，他们应该派人看守他们的工事，不然他们就可能做俘虏！"从军事观点看，这话听起来很有道理，也就不再理会他们之间的事了。还有一次，有人看到一些传教士的孩子向另一群男孩扔石头，这些男孩也不示弱，尽力进行反击，问他们为什么要扔石头打架，双方都急忙解释说："他们试图攻破我们的路障，我们不会让他们得逞的。"

　　我们前面曾叙及在围困时期有一名外国婴儿出生，为了纪念这一时刻，在围困过程中，人们建议取名"围攻摩尔"。可能有几个中国婴儿是在同一个不吉利的时期出生的，但没有记录。在围困初期，不止一名中国女学生结婚，那是因为她们的父母不能照顾她们，否则她们也不能在这个时候出嫁。

　　至于有多少中国人因伤病死亡，由于无法收集到令人满意的资料，并无确切数字。前面已经提到，中国儿童的死亡率非常高。有六个外国婴儿在当时艰苦的条件下死亡。下面这份保卫公使馆人员伤亡的半官方统计表很有意义。不过，应当理解，它并不代表最后的统计数字，也许根本没办法作出准确的统计。当海军陆战队离开北京时，一些虚弱得无法转移的士兵仍在医院里。第一个受伤的英国海军陆战队员（索耶）在他的战友们回到船上很久以后才离世。类似的情况也可能发生在其他部队的一些伤员身上。痛苦的围攻一经解除，大多数可以离开的人就离开了北京，其中许多人也离开了中国。他们中有几个人身体似乎很不错，只是"有点累"。

北京围攻公使馆期间志愿者伤亡统计

各国公使馆	死亡人数	受伤人数	死亡总人数	受伤总人数
美国		1	7	11
奥地利			4	11
法国	2	6	13	42
德国	1①	1②	13	16
日本	5③	8	10	29
英国	3④	6	6	26
意大利			7	12
俄国	1	1	7	20
总计	12	23	67	167

北京围困公使馆期间伤亡人数统计

各国公使馆	军官	士兵	死亡或因伤死亡		受伤		伤亡百分比			生病
			军官	士兵	军官	士兵	死亡	受伤	总计	
美国	3	53		7	2	8	12.5	17.3	30.3	
奥地利	5	30		3	3	8	11.4	31.4	42.8	
英国	3	79	1	2	2	18	3.7	24.4	28.1	
法国	3	45	1	9		37	22.9	77.1	100	
德国	1	50	2	12		15	23.5	31.4	54.9	
日本	1	24		5		21	20	84	104	
意大利	1	28		7	1	11	24.1	41.4	65.5	
俄国	2	79⑤		4	1	18	4.9	23.9	28.3	2
总计	19	388	4	49	9	136				2
平均							13.1	35.6	48.7	
北堂										
法国	1	30	1	4		8	16.1	25.8	41.9	
意大利	1	11		6	1	3	50	33.3	83.3	
总计	2	41	1	10	1	11				

---

① 德国公使克林德男爵。

② 德国公使馆汉文参赞柯达士（von Cordes）先生。

③ 包括外科医疗队长安藤（Ando）。

④ 包括大清帝国海关职员法国人瓦格纳（Wagner）先生。

⑤ 包括俄国公使馆 7 名哥萨克卫兵。

事实上，上述死亡人数统计还远不是真实的数据，因为围困解除之后，大部分人回到了自己的家乡或工作地，相互远隔千山万水，互不通消息，一些在遭遇围困期间受伤或患病的人，可能在数周或数月后因此而丧生。所以，上述统计只是从围困期开始到结束之日的统计，并非是因遭遇围困而死亡的人的全部数据。

附带说一下"国际医院"，这是我们再生活力的重要机构，理应作一补充说明。这里介绍的大部分内容，源自一位英国女医生的文章，她有资格就这一问题专门撰写文章。

在被围困的人员中，医务人员所占的比例之大确实令人吃惊。男女总共二十名，来自不同的国家，拥有医学和外科学位，包括美国美以美会的华裔医生曹医生和一名退休海军外科医生。

医院在围困公使馆的第二天开设，由普尔（Poole）医生和维尔德（Velde）医生主持工作。女医生们担任护理工作，她们很乐意接受这一任务，有两名训练有素的护士和其他女士提供帮助。医生们接到通知一小时后必须离家到医院就职，当然没有多少药物和医用敷料。由于普尔医士刚刚到医院来，英国使馆的医疗储备不足，药物短缺。幸运的是，维尔德医生那里有大量储备，都是德国军用碘仿纱布压缩包，可以放开切成条状，放上白色薄纱折叠的正方形（每块大约五英寸见方）布包，做成一个个小绷带。他还有一个消毒器，后来用细布窗帘代替白纱布、泥炭袋或木屑袋时，可以用来消毒。手术时的各种器械，也都用它进行消毒。

大多数医疗助手，没有经历过类似枪击炮轰的战场经历。医院最初占用了档案室的两间平房,但随着伤病员人数的增加,不得不占用更多的房间。到最后,医院拥有一间放着两张桌子的手术室、五间病房和供五名病人使用的安有五张床位的一个大厅。在窦纳乐夫人的房间里准备了为军官和平民用的疗养病房,还设法在其他地方准备了海军陆战队士兵用的疗养病房。三位美国女士管理这个医院的厨房食物和备用品。人们对整个医院的工作赞赏有加。

军需供应部门的食品当然要先供应医院。别的地方没有这里这么美味的小马汤和炖骡肉。在这里医疗的军官和士兵们似乎认为,能在这里吃几天这么好吃的东西,受点轻伤也是值得的。由于"多种语言"带来的沟通困难,这些伤员无论安排在哪个病房,都尽可能地有能够沟通的人来照顾,无论如何,没有一个人住在一间无法和别人沟通的房间里。意大利人和法国人被安排在一起,由一位法国护士负责;俄国人的房间,由格尔思夫人亲自悉心照料。德国人通常住在一起,小个子日本人总是被安排在一处。英国人和美国人自然而然地走到了一起。供军官和平民志愿者疗养的病房,则有英国人、美国人、德国人、法国人、意大利人、奥地利人、荷兰人、澳大利亚人和俄国人护理。

医院病床、床上用品、衬衫,以及一切必需的东西,应有尽有,供应充裕,看上去很完美。事实上,这都是很多人自我克制和采取应急措施的结果。比如说枕头,有的是用包装白酒瓶的稻草做枕芯,有的是把羽绒被剪开作了枕头。又比如,一些衬衫是用在蒙古内馆找到的茧绸(Chefoo silk)做的,还有的则是用最好的织花亚麻布和亮黄色的棉布做的。人们把这些衬衫称作"黄马褂"。

所谓床，很少有床架，床板大多就放在地板上，但是每个人都有一个床垫、床单和枕头。

英国公使馆里有些家庭在整个围困期间没有带走蚊帐，这样医院里的人就可以享受这些奢侈品，也几乎可以说是必需品。有些海军陆战队员背包里有急救袋，但平民志愿者没有，所以他们的伤口直到他们到了医院里才能得到治疗。

伤员们受的伤，与公开的战场上受的伤不同，因为战斗都是在工事后面进行的。因此，颅脑损伤的比例较大。根据伤情症候进行的二次手术，常常会看到衬衫或裤子的布片这样一些塞进伤口里的东西，或是以前没有发现的子弹或炮弹碎片。炮弹伤的比例很小，只有一个伤员受了致命的炮弹伤害。有三例喉部有穿孔伤。两例胫骨复合骨折并发破伤风，均有生命危险。

前面我们曾提及一个马钱子碱中毒病例。医生们先给病人雾化吸入氯仿，持续两个半小时，随后给病人洗胃，去除了病症，第二天该男子即穿好衣服，返回了工作岗位。

围困接近尾声时，出现了腹泻和痢疾病情，有几例治疗无效。有两名俄国人死于痢疾，但大家都知道他们对饮用水非常不小心。另外，有三例伤寒病例，其中一例在迁往天津后死亡。除了两例破伤风外，在围困期间其他伤员都在经过二十四小时抢救治疗后幸存下来。

在围困期间没有保存医院的记录，这令人遗憾，但那时的确没有人有时间做这样的事情。在北堂，地雷爆炸是大部分伤亡的原因。

窦纳乐爵士在发给索尔兹伯里的急件中谈到使馆防御时，特别提到了医院和负责的两名医生。北京围困公使馆期间医院救治了 166 人,其中有 20 名病人,其余为伤员。由于两名医务人员的奉献精神和高超医术,110 名伤员最终痊愈出院。普尔医生极富同情心,不知疲倦地工作,每每为自己挽救一名病人的生命而感到舒畅。各个国家的伤员都热烈赞扬他的奉献精神和医疗技艺。最终由于疲劳过度,高烧不退,身体虚弱实在无法坚持,他才不得不住院治疗。病室管理员富勒(Fuller)先生自愿和愉快地履行自己的职责,态度温和地对待每一位伤员,受到高度赞扬。迈尔斯(Myers)小姐和布赖泽(Brazier)小姐每天都要为医院过滤水(这是一项需要用手摇泵过滤器进行的艰巨任务),并亲自把水送到医院,常常冒着头顶有炮弹在树上爆炸和子弹呼啸而过的风险。几位女士由于在护理伤病员方面的不懈努力而受到了红十字会的嘉奖。英国国王爱德华亲自为杰西·兰瑟姆(Jessie Ransome)小姐授勋,英国圣公会兰伯特(Lambert)小姐、美国公理会(American Board)阿比·查宾(Abbie Chapin)小姐和伦敦会萨维尔(Saville)医生在中国接受授勋。

围困一解除,美国人就立即举行会议并通过决议,感谢这么长时间保卫他们的海军陆战队员,感谢女王陛下的驻华公使窦纳乐勋爵,感谢康格公使。大约与此同时,康格公使写了一封信,内容如下:

1900 年 8 月 18 日,北京。

经历围困的美国宣教士们:

在我们获救的这一刻,请允许我向各位表达驻华使团对各位深切、诚挚的谢意,感谢你们和中国本土基督教徒所给予的不可估量的帮助,感谢他们跟随你们把我们从遭受屠杀的威胁中解救出来。没有你们的聪明才智和成功的计划,没有那些中国基督徒毫无怨言地落实执行这些计划,我相信我们是不可能得救的。

在我多次陷入困境的时候,你们给予了悉心的照料,始终如一耐心细致的守护,深深地打动了我,谨在此表示我衷心的谢意。我希望并相信,在上帝无偏差的计划中,你们的牺牲和所冒的风险、你们崇高献身于中国基督徒的生活和工作,必将在他们当中结出丰硕的物质和精神果实,为他们带来福祉。

再次向你们表示我个人的敬意和诚挚的谢意。

康格　谨致

遭遇围困的美国传教士集体合影

1. 维里提牧师(G. W. Verity)
2. 包教士(Amy Brown)
3. 明恩溥夫人(A. H. Smith)
4. 厚巴德牧师(W. T. Hobart)
5. 神学博士惠志德(J. Wherry)①
6. 神学博士沃克牧师(W. F. Walker)
7. 盈亨利医学博士(J. H. Ingram)
8. 经熙仪牧师(H. E. King)
9. 达吉瑞牧师(G. R. Davis)
10. 神学博士明恩溥牧师(A. H. Smith)
11. 柯里克牧师(C. A. Killic)
12. 雷思德牧师(W. B. Stelle)
13. 神学博士李佳白牧师(Gilbert Reid)
14. 纽顿小姐(Grace Newton)
15. 麦美德小姐(Luella Miner)
16. 罗小姐(Nellie Russell)
17. 医学博士慕惠德小姐(Maud Mackey)
18. 马丁小姐(Elizabeth Martin)
19. 贾腓力夫人(F. D. Gamewell)
20. 纪小姐(Gertrude Gillman)
21. 医学博士格洛斯小姐(Anna Gloss)
22. 朱厄尔夫人(C. M. Jewell)
23. 魏曙光小姐(Gertrude Wyckoff)
24. 文爱德小姐(Ada Haven)
25. 高厚德夫人(Howard Galt)
26. 盈亨利夫人(G. H. Ingram)
27. 金法兰牧师(F. M. Chapin)
28. 马小姐(Janet McKillican)
29. 李佳白夫人及孩子(Gilbert Reid)
30. 医学博士栾小姐(Ellza Leonard)
31. 柯里克夫人(C. A. Killic)
32. 特勒尔小姐(Allice Terrell)
33. 伊珍妮小姐(Jane Evans)
34. 富善夫人(C. Goodrich)
35. 沃克夫人(W. F. Walker)
36. 医学博士马小姐(Emma E. Martin)
37. 玉嘉利夫人及孩子(C. E. Ewing)
38. 金法兰夫人(F. M. Chapin)
39. 安美瑞小姐(Mary Andrews)
40. 马约翰夫人(J. L. Mateer)
41. 神学博士富善(C. Goodrich)
42. 道姑娘(D. M. Douw)
43. 盈露丝小姐及妹妹(Ruth Ingram)
44. 富小姐(Grace Goodrich)
45. 沃小姐(Esther Walker)
46. 尤小姐(Marion Ewing)
47. 顾小姐(Dorothea Goodrich)
48. 顾教师(Carrington Goodrich)
49. 柴教师(Ernest Chapin)
50. 查教师(Ralph Chapin)

下列美国传教士拍照时不在：

　　贾腓力(F. D. Gamewell)牧师、医生劳里(G. D. Lowry)牧师、玉嘉利(C. E. Ewing)牧师、神学博士梅威良(W. S. Ament)、芳泰瑞(C. H. Fenn)牧师夫妇及家人、怀定(G. L. Whiting)牧师、英医生(J. Inglis)夫妇、高厚德(Howard Galt)牧师、高博思(Bessie Mckoy)小姐、江爱备(Abbie Chapin)小姐、高恩思(A. H. Gowans)小姐、卢瑟福(H. E. Rutherford)小姐、卫(Grace Wyckoff)小姐。

　　在此之前三天，窦纳乐爵士给总务委员会主席写了一封信，内容如下：

北京，英国公使馆，1900 年 8 月 15 日。

亲爱的都春圃先生：

　　近日来杂务缠身，深感疲惫，本应早日写好这封信的。

　　我想高度赞赏总务委员会之全体美国成员在围困期间

---

① 又作惠志道，美国长老会牧师，1864 年来华。

的优秀表现,他们随时准备忠诚地做好我所希望做好的每一项工作,在此谨表诚挚谢意。

与你们这样的人一起工作,工作就成为一种乐趣,并一定会获得成功。这句话适用于所有和我一起被围困的美国传教士。他们在工作中竭尽全力贡献了他们的智慧和忠诚,可以毫不犹豫地说,他们挽救了英国公使馆的危局。

窦纳乐　谨致

几天后,康格公使收到了下述来自美国总统的电报:

全体美国人民都为你的获救感到高兴,为你的美国同伴们和其他国家的人民的安全感到高兴,他们与你同甘共苦,艰辛付出;你们所有人都保持着坚韧不拔的精神和勇气,在遭遇围困期间以寡敌众,展现出了应有的英雄主义。我们都为那些逝去的人哀悼,感谢上帝的仁慈,他保护了你们,指引着勇敢的军队拯救了你们,让你们重获了自由。

麦金莱(Wm. McKinley)

两天后,窦纳乐爵士收到了女王陛下来函:

在我们大家经历了如此可怕的焦虑之后,对你的安全获救表示最热烈的祝贺。相信你、窦纳乐夫人及孩子们和其他人一样安好。

维多利亚女王(V. R. I.)

女王陛下还另外发来一封电报:

英国海军陆战队使馆卫队指挥官:

感谢上帝,你和你指挥的卫队脱离了险境,得救了。我们——我的臣民和我——怀着最深切的焦虑心情等来了你

们平安以及你们英勇而持久的防御圆满结束的好消息。我
为被围困者所遭受的损失和痛苦感到悲痛。

维多利亚女王（V. R. I.）

在北京围困尚未完全解除之前，许多北京城里的住户就匆匆
赶到他们的住处去查看情况。结果发现大多数住宅都像美以美
会的建筑一样，美国人曾在半围困状态下在那里待了十二天。这
些宽敞的院子分为三个不同的区域，几条街道将它们分割开来，
分别是七所住宅、三座礼拜堂、两所男校、一所女校、两所训练学
校、两所医院、两处药房和八栋本地人住宅。汇文书院是一幢高
大的两层楼房，四周有高墙环绕，占地广阔。

当我们有可能再去这个熟悉的地方时，除了房屋地窖凸凹不
平有些危险外，可以骑马到任意想去的地方。任何地方都很难找
到一块完整的块砖了，除了镀锌屋顶偶有几块木板或木板断片
外，也很难找到任何能说明这些房屋之前情况的材料了，院落中
所有能收集到的碎木头还不够生一堆火了。院墙和房屋的外墙
都拆了，甚至连地基都挖了，拆走了每一块砖。不仅每一棵树都
被砍倒了，而且连根都刨出来了，从地上那些不规则的深洞可以
判断出每一棵树的位置。唯一的例外是美以美会大院正门里的
一棵古树，在半围困期间，每天都有通知和布告贴在上面。这棵
古树为什么能逃过一劫，仍是个谜，除非有人认为那棵树有树神
存在。不过，现在这棵树成了这一区域的地标了，没有它，就很难
确定曾经的那些建筑矗立在什么位置。

在汇文书院的校园里，一群羊静静地吃着草。这些羊原本是
打算做军队食品的。任何地方都见不到中国人。美以美会的房
屋和邻近的房屋都被摧毁了，或者是由于意外，或者是出于报复，

抑或是为了满足普遍毁灭的野性本能。附近大部分的庭院都堆满了砖块和其他被掠夺的物品，但是丢失的物品却很少能找到。只有一个小教堂的大钟被埋起来了，后来找到了埋藏的地点，挖了出来。义和团运动期间，中国人大量利用他们埋葬有害物品的方法来掩藏想要毁掉的一些东西，掩藏拆卸的铁轨和道钉时尤其如此。但在许多情况下，不友好的告密者使那些冒险使用这种方法的人，受到了比拆毁铁轨和道钉的人更为严重的处罚。

美以美会遭破坏的情形，可以说是北京所有遭破坏的外国建筑的缩影。在个别情况下，墙壁被保留下来，好像是用来标记建筑物曾经的位置，但这种情形很罕见。几乎所有的外国建筑，都一律遭到了完全彻底的毁坏，毫无恢复的可能。

北京各基督教差会的财产遭到破坏的总量，还没有完全确定。但大体估计，有三十四所住宅、十八座教堂、十一所男校、一所大学、十一所女校、四所培训学校、十一家药房和八家医院。此外，在西山的三十多处避暑别墅和其他几处海边避暑地，也都毁掉了。

救援部队到达后没几天，就到北京西南角的基督教公墓去了一次，人们发现有关那里情况的传说是千真万确的。所有的围墙都被推倒了，连地基也被挖了出来。一条有将近四十年历史的林荫大道彻底被毁掉了，墓碑被推倒砸成了碎片，十三处坟墓被掘，尸体被移走；有些尸体显然被火烧了，只有几块残存的骨头散落在周边，还有四处散落的一些金属纽扣，似乎在叙说这个令人悲伤的故事。

这种野蛮行为与中国人通常对死者的尊重大相径庭，它将义和团运动与之前的任何排外运动区分开来，并可以从中看出故意释放出来的火山喷发般的暴力程度。俄国公墓也受到了同样的

北京,美以美会废墟

北京,被毁的长老会

对待。这表明,尽管俄国和中国之间存在着惊人的特殊关系,但在关键时刻,中国人对这种夷人和那种夷人并没有加以区别对待。

8月19日,德国公使馆举行了克林德男爵的军葬追悼仪式。他的遗体装殓在一副中国棺木里,这是当时总理衙门一位大臣在整体疯狂的形势下冒险好心收殓的。9月6日,哈德门大街上举行了一场更令人印象深刻的追悼会,灵柩安放在德国公使七十八天前被卑鄙地枪杀的地方。一些德国士兵、一支乐队和其他公使馆的许多成员也参加了仪式。一位名叫凯斯勒(Kessler)的神父致悼词,内容不多,但令人激动不已,他回顾了已故公使的职业生涯,并强调应从中吸取教训。

追悼会在中华帝国古老首都的一条主要大街上举行,场面奇特而令人印象深刻,这个帝国首都此前从未有过这样的事情。男爵夫人坐在灵柩旁的椅子里，深沉地哀悼丈夫。街道两旁站满了动情的欧洲观众，还有冷漠的中国人，他们或许在模糊地思考这到底是怎么回事。两个半月的时间，情况发生了令人称奇的变化，一只看不见的手导演的一系列事件带来了惊人的变化。开枪射杀克林德男爵的人已经被德国人关押起来，他对射杀克林德男爵一事供认不讳，但解释说他是奉顶头上司之命名开枪的。

在整个围困过程中，有七十多辆中式大车停在英国公使馆区，让人回想起那时人们也许要启程奔赴天津。当被困者再次走上街头，情况发生了一种令人惊讶的变化，尽管这种变化不断发生，却很难适应。这座城市到处是外国军队，那些曾经在这里生活过的中国人很快就开始意识到，不管什么东西，这个时候在中国人手里都是不安全的。因此，他们中有许多人，只要发现了被困者中的外国朋友，甚至仅仅是熟人，便急忙把马车和骡子托付给他们，因为在这种突然而普遍的交通需求下，这些东西要想不被征用是不可能的。这就应了一句中国谚语："早上没饭吃，晚上有马骑。"

一些欧洲士兵进入北京后，不守规矩，令人讨厌和危险的举动非常普遍。因此有必要把中国基督徒，特别是女学生，从他们遭遇围困时住的地方转移到更安全、更隐蔽的地方。为这些无助者寻找合适的住所，监护人花费了相当精力和时间。在许多情况下，中国的富人非常愿意把他们的财产交给任何他们认识的外国人，以防止他们的财产被掠夺。

经军事当局和使馆同意，监护人将中国基督徒和女学生安排到了清室贵族的王府里。这些王府的主人因为害怕而纷纷逃亡，遗弃了他们的府邸。随着北京的满人与义和团广泛勾结的事实得到确认，北京满洲贵族财产迅速被没收的可能性似乎越来越大。根据英国和美国公使的建议，决定出售清室贵族遗弃的财产，利用出售这些财产的收入来支持一无所有的基督徒，他们的数量随着遥远地方的难民有勇气进入京城，越来越多。

上述措施引起了许多误解。当那些不了解这种特殊情况的人无意识地夸大这一做法时，引起了许多毫无根据的流言蜚语。流言蜚语的广泛传播，很可能导致那些被救助者拒绝到这些地方居住，而一旦住进去之后，要保护这些地方财产不再遭受各种抢劫的唯一方法，就是宣布这些财产归当时的最高权力机构所有。使用这些财产，需得到最高权力当局的批准。

随着慈禧太后和朝廷的逃亡，中国军队也全都不见了。他们纷纷向不同方向的不同地方溃退，所经之处，不断地骚扰百姓。然后他们又在保定府和其他地区中心地集结，最后又再次分散。他们很可能仅仅把外国军队占领北京看作是一个不幸的偶然事件，对于解决各方面临的众多错综复杂的问题，几乎没有或根本没有帮助。北京围困外国人期间，大量的武器似乎被运到了北京，分散隐藏于各处，其中很多在出人意料的地方被发现。年轻的法戈·斯奎斯(Fargo Squiers)和一个同伴发现了大量曼利彻卡宾枪，他们带走两箱交给了美国公使馆，但当他们回去取剩下的那些时，发现法国人已经把它们拿走了。都春圃通过一名和尚了解到，在外城彰义门①外不远的一座寺庙里存放着几箱 3.5 英寸的炮弹，是那些已经缴获的克虏伯大炮用的炮弹。美国军官们得到报告后，派了一名少校带卫兵取回了这几箱炮弹。其他地区也有类似的发现。

---

① 彰义门，旧称，又作"彰仪门"，即清道光朝以后的"广安门"。

英国公使馆墙壁

用来轰击英国公使馆的中国炮台

最有趣的一个发现是中国人在皇城东南角建造炮台的精巧方式,在这里建造炮台是用来攻击公使馆和肃王府的。他们把一些大松木非常谨慎结实地绑在一起,支撑着一块约25英尺高、约40英尺长、25英尺宽的平台。一条长长的坡道通向平台各处,以便将炮拖到适当位置。一项仔细的统计显示,每座炮台需要不少于七百根树干。炮台有两英寸厚的厚木板建造的坚固屋顶,从城墙顶部挖出的炮口用3—16英寸厚的铁板作防护门,以防来福枪的攻击,这些铁板显然是从发电厂弄来的。毫无疑问,建造的这些炮台任何一座正常施放大炮的话,英国公使馆和肃王府都难以支撑两个小时。然而,除了围困的最后一个晚上外,他们实际上并没有在这里实施炮击。

这些炮台正下方的水门用砖块和石头筑起了最牢固的屏障,仿佛是为了防止被围困的人冲进皇城和紫禁城占领朝廷!与此同时,外城水门却完全无人看守——正如前面提到的,第一批外国军队实际上是从与内城相对应的外城的水门进来的。那里没有设置铁栅栏,一些小障碍物很容易就被拆除了。

迄今为止,北京解除围困后最有趣的景象是北堂。那里的人们从6月16日(围攻公使馆前四天)至8月16日(公使馆解围后两天),一直以极大的勇气保卫着这座大教堂。8月16日,日本军队独自来到这里,进入了大教堂。大教堂广阔的院子毗邻皇城的西城墙,遭受了类似于上述皇城里建造的炮台大炮的轰击,以及近距离来福枪阵地的枪击。育婴堂北墙外有一个大型火药库,存储着硫磺和其他制造火药的材料。围困期间,清军就在那里一直不断地制造火药。

在六十天连续不断的围攻期间,中国人挖地道埋设地雷,共发生了四次爆炸。其中有两次情况非常严重,造成了重大生命损失，特别是中国儿童。在其中一次爆炸中，一幢建筑物的屋顶坍塌，将一名意大利军官埋在了五英尺深的废墟中。人们都认为他必定活不成了，但是几个小时后，当有空闲的时候，人们挖掘废墟，发现他不但活着，还竟然没有受伤。

大教堂遭到了大炮的猛烈恐怖轰击，但大多数炮弹弹道太高，并没有造成多大的破坏。在大教堂被围困的整整两个月里，敌人的进攻从来没有停止过，公使馆的情况也是如此。在这段令人疲倦不堪的日子里，信差一个也派不出去，也没有收到任何外界的消息。在公使馆半休战期间，那些被围困在大教堂里的人，没有听到更多的炮声，自然地得出结论，认为中国人已经取得了胜利，公使馆被他们攻占了。

被围在北堂的外国人大概一共有 90 名，其中 43 人是海军陆战队员。中国教徒有几千人，食物供应严重不足，由于樊国梁主教预料他们在围困开始后不久就会获救，并没有准备下足够的食品。在围困快结束时，他们完全没有吃的了，被围困的人已经减少到每天两盎司①的食物；在送过去救援物资时，他们已经连这一点食物都没有了，平民们已经同意不要食物，把他们的份额配给作战士兵。修道院院长嬷嬷是一位年事已高、受人尊敬的女士，她坚信上帝一定会拯救他的小羊群。经历了两个月的围困，看到自己的预言应验后，她平静地离开了人世。

能够与樊国梁大主教准确预见到了即将到来的风暴相媲美的，是经历可怕折磨的人们的英雄主义。在某种意义上说，北堂里的人们经历的折磨比使馆更严重。他们遭受攻击的时间更长，资源却更匮乏。面对强大的攻击，防御人员少得可怜。关于外面

---

① 1 盎司约 28.35 克。

一些人经历的悲惨命运的疑虑一直笼罩着他们。无论北京或中国基督教有怎样的命运，北堂将永远是个见证，它见证了中国人和欧洲人一样，男女基督徒为了信仰，愿意经受一切折磨，献出包括生命在内的一切。

下面，根据李佳白牧师的记述，顺便简要说明一下北堂被围困时期的情况。

聚集在那里的有 30 名法国海军陆战队士兵，10 名意大利人，13 名法国神父，20 名修女，3200 名中国教徒。

一个仅供五百人生活的地方，突然要供养 3000 人在这里生活，的确是一个难题。

起初，中国教徒每天有八盎司的食物，但到最后这一数字降到了两盎司。只要他们还有力气，这些人就干得很好。但后来除了爬来爬去，勉强维持生活外，再也干不了什么了。能吃的东西，如谷壳、草和树叶，也只能维持几天了，随后就会发生饥荒和瘟疫。外国人吃的稍好一点，因为他们是防守北堂不被攻陷的主要力量。

先是义和团于 6 月 15 日发起攻击，有 48 名义和团毙命。到 6 月 20 日，中国士兵出现了，这些人此后一直是攻击的主力。他们攻击的第一天，动用了一门加农炮，对着北堂正门猛烈轰击。海军陆战队发动突袭，缴获了那门大炮，这使他们在整个围困期间有了唯一一件重武器。围攻北堂的炮击，开始得比公使馆还早，而且更为猛烈。其后，这座大教堂至少受到十四门大炮的轰击，一般情况下也有不少于四门大炮，其中一门安放在皇宫，另一门安放在礼亲王府①。

———————

① 礼亲王，清朝世袭罔替铁帽子王之首。义和团时期的礼亲王是爱新觉罗·世铎（1843—1914）。

保卫北堂和众多难民的防御力量总共只有外国卫队的 40 名海军陆战队员，他们分别驻扎在六处坚固的防御工事里。法国人有两千发弹药，意大利人的弹药则很少。一旦这些人中有人被打死，马上会有一个中国人补上空缺。这为数不多的日夜守望，随时准备抵抗敌人的任何攻击。

炮击不仅轰炸北堂的主建筑，也轰炸院内所有其他建筑，留下了累累弹痕。不过，轰炸最严重的后果，并不是大炮造成的，而是挖掘坑道埋设的火药爆炸引起的。有一次火药爆炸造成多达 80 人死亡，这种方式总共炸死 400 人，其中 120 名是儿童。中国信徒的损失主要是由于这些坑道火药的爆破。弃婴医院成了一片废墟，这恰好说明了他们就是要消灭这些弃婴。

起初，多达六百名中国教徒手持大刀和长矛，但当中国士兵开始射击和发射炮弹时，这些装备就派不上用场了。只有四十支来复枪和一门缴获的大炮，抵挡大约两千支来复枪和十二门大炮的攻击。

无论敌人的力量多么强大，数量多么占优势，但他们一直没有试图攻入北堂。法国人枪瞄准得太准，足以遏制任何这样的企图。仁慈的上帝保佑着北堂，每天早晨的联合祈祷都带来了无尽的祝福。

前赴后继的攻击者、慈禧太后以及这场阴谋的策划者们都有一个明确的意图，那就是要消灭那些除了自卫从不开枪的基督徒。感谢信奉天主教的法国人和意大利人，粉碎了这些人的阴谋。

保卫北堂展现出了崇高的英雄主义精神。修会总指挥樊国梁主教是一位勇敢的领袖，他虽然没有接受过军事训练，但始终乐观、充满希望，依靠冷静的精神和对上帝的信赖，消除皈依者的恐慌和海军陆战队的沮丧情绪。一半的意大利守军和两名法国军官、三名海军陆战队员战死，占全部军事力量总数的四分之一。无论处境多么险恶，樊国梁主教都从来没有灰心过。

　　无论从什么角度看，北京围困外国人都将是人类历史上永远值得纪念的事件。它是一场史无前例的排外运动的高潮，今后任何情况下都不太可能重演。这场运动的许多问题都模糊不清，或许将来也无法搞清楚。那么一小帮外来人坚定不移、勇敢顽强地对抗东道主，明智地利用极其有限的资源，男人展现的勇敢和女人显示出的刚毅，他们对上帝的坚定信赖，以及对上帝拯救所有人类权能的信心，无论怎么尽力去叙说，都不可能是充分完整的。这样一个典型的历史事件，世界将会永远铭记。

第二十七章　上帝之手控围困^①

据说腓特烈大帝（FREDERICK the Great）曾询问他的牧师关于《圣经》真实性证据的问题^②。牧师回答说："陛下，犹太人。"如果有人问，有什么证据表明上帝在监视管控人类事务，其简洁的答案很可能是："北京围困外国人。"与其进行无谓的争论，不如历数一下简单的事实。

1. 在使馆卫队到达之前保护外国人性命。不很确定的证据表明，在清廷召集讨论消灭在北京的所有外国人的御前会议上，庆亲王态度犹疑，从而导致这次会议未能作出决定，推迟了围攻外国人的行动计划。

2. 提供了使馆卫队进入公使馆的最后机会。假如使馆卫队晚动身两天，铁路拆毁殆尽，无可修复，义和拳烽火燃遍京津农村地区，他们会像晚几天启程的西摩联军一样，无法进入北京。如此一来，北京城里所有外国人都性命难保。

3. 让外国人在尚未认识到他们的严重危险时，免受攻击。许多外国人分散在北京的偏远地区，有些人甚至在西山，好像什

---

① 原作者注：救援部队抵达北京解围之后，8月19日在英国公使馆大院举行联合感恩仪式，本章内容是笔者在这次感恩仪式上演讲的主要内容。

② 腓特烈大帝，即腓特烈二世（1712年1月24日—1786年8月17日），普鲁士国王。

北京,走出教堂

么都没有发生一样。他们在 6 月 8 日前聚集在一起。其中，人数最多的有二十四人，没有人护送，从通州出发，走了十三英里，经过了一个对外国人怀有强烈仇恨的地区，不仅没有受到攻击，而且没有出现任何有威胁的迹象。

4. 安排上述刚刚提到的那些美国人与其他人等总计 70 人躲在半围困状态下的美以美会大院十二天，进行极其重要的应对未来考验的演习。精心的演习立即产生了效果，选举产生了许多委员会，开始修筑防御工事布防，派出了哨兵执勤，训练并武装了中国基督徒，所以当所有外国人聚集到英国公使馆和英国公使希望美国人积极合作时，这些人就像一台准备就绪的大机械装置，只要把皮条联到齿轮上，就可以开动了。

5. 保护中国基督徒的安全。当德国公使突然遇害，下令所有外国人都必须回到他们的使馆时，使馆当局只字未提中国基督徒该怎么办的问题。各国公使把他们当成了局外人，根本不考虑如何安排这些人。对许多人来说，这些人无足轻重，不值得去费脑筋。上帝指引已故的秀耀春教授在中国基督徒陷入绝境时，仁慈而神奇地把他们安排到肃王府避难，保证了他们的安全，秀耀春教授就在这一刻遇难。当时我们大多数人都没有意识到，肃王府和它的几个院落，是拯救我们必不可少的条件，没有肃王府，英国、西班牙、日本、法国和德国等国的使馆就保不住；而没有这些中国基督徒的服务，就无法有效地防御。也可以说，"这些人若不等在船上，你们不能得救"①。

6. 围困期间，除了数以百计的海军陆战队队员外，大概还有三千人要吃饭。许多进入公使馆的外国人、几乎所有进入公使馆

① 见《圣经·使徒行传》第 27 章,31 节。

的中国人,都没有任何食物来源。在我们的防区内,在一场未知持续多久的围攻中,本来根本不可能有足够的粮食供应。然而,在使馆街的一家粮店里发现了最近从河南运来的今年刚收获的一二百吨小麦。除此之外,还有堆积如山的稻谷、黄色和白色的印度玉米、豆子和其他许多粮食。而所有在北京经营外国商品的商店,又恰巧都在我们的防御范围内,这些商店随时都可以买东西,非常方便。在整个围困期间,如果没有这些商店,我们的生活是难以想象的。

当时有大量供赛马用的小马和骡子,小马和大部分骡子都用作食品了,剩下的骡子几乎都用来拖运、磨谷物等。所有这些动物都像男人和女人一样需要食物。除了在两座已经烧毁的住宅旁的一大堆谷秸,在谷秸的旁边,还发现了相当多的蜀黍秸和豆秸,一点儿也没动过。北京的许多老居民惊奇地发现,英国公使馆区的八口井里的水水质非常好,大量的证据表明,不用过滤或煮沸就可以安全地饮用。虽然在发生火灾时耗费了大量的水,但我们总是有足够的饮用水,从来没缺过水。

如果没有燃料的话,那就没有什么可以替代了。但我们的燃料不受任何限制,周围有成百上千磅煤炭,离我们很近。毁坏的建筑物提供了生火用的碎木料和大量用于防御工事的木材。

7. 杂项用品都能从外国商店采购;附近的裁缝店里有许多外国人的衣服,他们原本甚至连换洗的衣服都没有,围困期间这些外国商店作用极大。最重要、最迫切和最持久的需要之一是做沙袋的材料,用这些材料可能已经制造了大约五万个沙袋。起初,公使馆的窗帘、锦缎台布以及所有能找到的织物都用上了。后来,外国商店和中国人住宅里似乎有取之不尽的布料,一直到围困解除都没有短缺,真不知道还有多少。从我们防区内外的中国居民那里,得到了大量的衣服,这些衣服正是贫困的中国基督徒所急需的。满足他们需要后剩下的衣物,都拍卖了,拍卖所得用来资助他们生活了。

在许多地方都发现了可用于防御的材料,特别是在一个铁匠的作坊里,那里有铁砧、风箱、熔炉,最重要的是,那里还有一门证明是无价的中国老式大炮。这门中国老式大炮安装在一辆意大利马车上,填装由英国军械师重新填充的俄国炮弹,由一位美国炮手使用中国火药发射,真是一门名副其实的"国际炮"。在许多商店和房屋里都发现了好几车的英国器皿,除了制作许多子弹外,其中大部分可用来做加农炮炮弹以及为一门意大利炮制作一磅重的炮弹。周围所有杂七杂八的东西,最终发现都是有用处的。

8. 上帝之手控制了中国人。外国人在赶往公使馆的路上时,一切都乱糟糟的,如果中国人这时候动手,很可能轻易就把所有外国人消灭掉了。中国人控制着内城南城墙的时候,如果采取适当策略,很容易就可以让所有使馆都不能再居住了。仅凭来福枪封锁,就足以让各公使馆内寸步难行。

但接下来他们采取了精心选择的计划,在外面放火,火烧英国公使馆。在这些攻击中,有三次异常猛烈、持续不断,而且极其危险。然而,到最后,他们不仅全都失败了,而且每一次攻击之后我们都比以前处于更有利的地位。风不止一次突然转向,把我们从似乎即将来临的灭顶之灾中拯救了出来。中国人实施火烧英国公使馆的计划失败之后,我们有了更好的防护。因为那些被烧毁的建筑物,原本可能作为敌人的庇护所,还可能用来引发我们使馆区内的火灾。他们毁掉了翰林院,反而把我们的防线延伸了相当一段距离。后来我们在这里建立的阵地,几乎是坚不可摧的。

　　围困期间更可怕的是坑道爆破的威胁。我们知道中国人实际上是从两个地方开始挖地道的，也许还有别的地方，我们知道其中一条在銮驾库的一座建筑物里，另一条在我们最西边哨所附近的墙外边。为什么这些坑道爆破工程一直都没有完成呢？

　　中国人原本可以从许多不同方向向我们防御的薄弱之处突然发动猛烈的进攻，这样一来我们就很难防御。因为战线很长，守军太少。如果中国人像欧洲或日本军队那样袭击我们，应该在黑夜掩护下沿着御河边匍匐前行，这样的话，我们的步枪无法阻止，他们就会冲进英国公使馆前门。虽然在围城开始的前两天，中国人建造了一个安放火炮的平台，但由于其他地方的危险更大，所以并没有利用起来。在围困的第一个月里，如果为了拿下公使馆，几百名中国军人愿意牺牲自己的生命的话，他们随时都可能攻下公使馆。为什么从来没有做过，甚至没有想要这样做？这是因为中国人在某些方面的优势被遏止了。

　　在围困初期，几乎所有的公使馆都在惊慌失措中被放弃了，但中国人没有进入。结果，我们重新占领了守卫阵地。在另一个时期，我们一度遗弃了内城南城墙阵地，但是中国人竟然一直都没有发现，等他们发现的时候，我们立即重新占领了这里的阵地。当新设炮位向南马厩院里一座房屋轰击时，几炮就差点把那座房屋轰塌了。我们立即用步枪袭击炮台，大炮撤走了，再也没有重新安放。

　　后来有人炮击汉文参赞的住宅，以威胁整个英国公使馆和那所房子。来复枪又一次袭击了炮手，五枪之后，那门炮就永久性地撤离了。一次又一次，当炮手们似乎掌握了确切的射程后，炮击就停止了。围困的最后一晚，炮弹的破坏力最大，但只开了十炮,第二天炮就不见了。因此,威慑力最大的大炮,相对说来造成的破坏和伤害并不怎么严重。

据估计,中国军队向我们发射了150万至200万颗子弹。在早期的一些攻击中,似乎有数千人参与了围攻,每分钟射出124发子弹,或者说是每秒两发以上。然而,除了在防御工事射击孔处的伤亡者外,在拥挤的英国公使馆中,只有三四人为枪击所伤,而公使馆里平均至少有八百人,有时超过一千人。在这类射击中,有一名海军陆战队员死亡,另有两三人受伤,在围困的最后一天,有两名平民被子弹擦伤。截至救援部队进入使馆前,所有女士中仅有一人受伤。公使馆大院里到处都有蹦蹦跳跳的孩子,但中国人的子弹没有击中一个孩子。

仔细的统计显示,在围困期间,中国军队向各使馆发射各种炮弹约为2900枚。在英国公使馆,人们相信,除了在阵地或瞭望口值勤的人员外,没有一个人真的被这些炮弹伤害过,尽管一些中国人被炮弹炸飞的砖头伤着了。数百颗实心炮弹落在翰林院大院、英国公使馆内各个房屋和其他人员拥挤的地方。为什么这些数不清的飞弹如此善良?很长一段时间里,似乎有十二到十五门大炮一起开火。我们费了很大劲儿,在英国使馆内挖了十三个防炮弹袭击的掩体,但据我们所知,没有一个人为躲避炮弹而进入过这些掩体。

9. 上帝之手防御疾病。围困期间,各使馆内拥挤不堪,环境极其恶劣,东方人也大多很不注意卫生。无论是外国人还是中国人,在围困期间都有人患过百日咳、麻疹、伤寒、猩红热以及天花,但这些疾病并没有传染开来,没有发生流行病。围困期间的生活和卫生条件是亚洲霍乱病流行的绝佳时机。不良饮食和食物不足,造成了中国儿童和老年人相当高的死亡率。但总的来说,相关统计数字令人惊讶。在地球的这个纬度上，北京地区的整个气候状况本来十分糟糕，但围困期间竟然没有人中暑。

能为病人治病的医生很多，而且技术娴熟。一位见多识广的病人宣称，在文明世界，也没有一家医院能提供比这里更好和更细致的护理了。女医生们抛开了所有的职业规矩，心甘情愿地做护士。在这种情况下，医院治疗的失败率不能算大，尤其是在有这么多重伤病员的情况下。

10. 上帝之手扰乱了敌人的心智。围困期间，攻击我们的人其实十分惧怕我们，但我们并不怎么惧怕他们。他们最野蛮的袭击似乎是为了阻止我们冲出去，总是千方百计地防止我们采取行动。

在我们这方面，有一种罕见的团结精神。希腊东正教、罗马天主教教徒和基督教教徒之间前所未有地亲密无间。我们这些人中，欧洲除了土耳其和希腊外，其他各国人都有，此外还有三个亚洲国家的人和美国人。多么大的诺亚方舟啊！柏拉图的思想和西塞罗关于把整个人类联系起来的"共同纽带"学说，没有比我们这些人在围困期间所感受到的更真切了。因为我们实践了保罗的"我们互为肢体"的思想。在人们仍处在政治和军事猜疑中的今天，这一事实仍将是一份珍贵记忆。防御者们的亲密无间，足以和他们的勇敢精神相媲美。

在上述一切事实中，我们看到了上帝之手在北京围困外国人期间的权能。《圣经·诗篇》第 124 篇，特别是第 7 节，早就充分而全面地预言了我们所经历的许多险境和结果。在救援部队到来后的第二天，我们就把第 7 节电告各国政府[①]。我们向那些为

①《圣经·诗篇》第 124 篇第 7 节："我们好像雀鸟，从捕鸟人的网罗里逃脱；网罗破裂，我们逃脱了。"

保卫我们而英勇无畏的生者致敬。我们缅怀英勇的死者。但我们最该感谢的是上帝，他带领我们走出了水深火热的苦境，来到有益于健康的土地上。

第二十八章　饱经摧残之北京

　　自公元 1860 年欧洲军队首次占领中国首都以来,已经过去了四十年。当时,所有的考虑都体现了对中国人情感的关照:没有伤害这座城市,在进城一个月内,军队就撤到了城外。那次短暂的占领,极大地打击了这个民族素有的傲慢,人们本来对很多事情寄予厚望。大家满怀信心地认为,这次占领京城对长期以来傲慢地对待外国人、顽固地坚持要把他们赶出去的中国人是个致命打击,将使北京由封闭走向对外开放。

　　然而,在经历了整整一代人与欧洲人交往之后,北京始终还是一座排外的城市。

　　尽管总理衙门的大臣们偶尔也会出席使馆举办的宴会,但显而易见的是,他们从来没有在总理衙门举办邀请各国公使参加的宴会,而几年前引进这样革新的努力也以失败告终。除了传教士外,这座城市家家户户对外国人依然大门紧闭。

　　外国人开办的医院,特别是在伦敦会先期开办的老医院,接受治疗的人数已达数十万,甚至可能达到一百万或更多,从而敞开了许多宽广而有效的与中国人交流的大门;但是,从整体上看,北京对外国人的轻蔑和仇恨仍然是不可调和的。

北京警察局　　　　　　　　　　　北京火车站

人们都很清楚，长期以来，教授外国人汉语的中国学者，如果在街上遇到自己的学生，他们根本不会承认这些外国人是自己的学生。因为，不管他们的个人观念如何，如果在大街上公开承认自己教外国人学习语言，会让这些学者很丢脸，或者说是失去自尊。商人事实上在相当程度上与学者没什么不同，中国商人非常喜欢赚外国人钱，但他们鄙视这些钱的所有者。在很大程度上，工人阶层也是如此，即使是苦力，也觉得自己比那些他们服务的外国人优越得多。这些人的看法也许与巴比伦的犹太人对他们的征服者所持的看法没什么不同。

北京外城一向以其比内城更加排外而自豪。外城的人一直坚决抵制传教士购买他们哪怕一英尺的神圣土地。如果有传教士偶尔成功购买到土地，那也是极为个别的情况。

外国军队第一次占领帝国京城时给那里人们留下的印象是：

外国人在这里小心翼翼，显得仁慈而宽宏大量。外国人第二次占领帝国京城的背景与第一次大不一样，其后果是中国人永远难以忘记的。如果说是异常的暴行导致第二次占领的话，那么他们因这些暴行而受到的惩罚也是异常全面的。

起初，义和拳毫无限制地进入京城，特别是像士兵一样遍布整个城市，并像士兵一样（但并非总是）以牺牲人民为代价来养活他们，给北京民众带来了沉重的负担。继之而来更为糟糕的是，北洋三军统帅荣禄和董提督的部队以"保护使馆"的名义进入京城，这些士兵与义和拳难分轩轾。

在义和拳和以保护使馆为名的大批士兵进京以后，这座城市即陷入了自外国人到来后从未见过的极度痛苦之中。许多家庭被灭门了，其他一些八至十口人的家庭，很多也仅剩一两个人了。数百座房子的门都被用砖头堵死，这通常意味着这些人家已经一个人也没有了。跟随董福祥提督的甘肃人说着一种北京人几乎听不懂的奇怪方言，但他们用鲜血写下了自己的名字。他们之于北京的中国人，就像远方的迦勒底人之于古代的犹太人一样，是一群"残忍暴躁之民"①。

抢掠和毁坏基督徒的财产，仅仅是义和拳和这些士兵抢掠和毁坏北京财产的开始。在北京义和拳风暴的第一个星期，数量不多的外国人房屋根本满足不了他们那难以遏止的抢掠和毁坏财物的贪欲。有几天，人们一天之内就见到不同地方燃起六至八场大火，最大的一场就是前门外面的外城里那场毁灭性火灾，那里有北京最富有的商店和最繁华的贸易。

当外国人能够再一次穿过这座城市的街道时，眼前的荒凉景

---

① 见《圣经·哈巴古书》第1章第6节。

象令人震惊。士兵们的尸体遍地都是,单个或成堆堆放,有的还盖着一张破席子,成了一些现在都膘肥体壮的流浪狗的美食。城里各处的空气都被死狗和死马污染了。巨大的死水池里满是腐烂的人和动物的尸体;一些瘦骨嶙峋但精气神十足的猫,从商店门口的破烂洞孔中死盯着过往的路人,店门口挂着的都是诸如"恒丰""富源""万盛"等夸张的招牌,也有的是摘录《大学》中的那句箴言——"生财有道"。人们可能会在一处被洗劫了三次、满目疮痍的房屋的门上,看到书写着"宁静祥和"等字样。在一条贯通内外城的长达数英里的繁华街道上,没有一家商店开门营业,街上几乎没有结伴而行的行人。

但是,就在联军刚刚占领中华帝国首都,划分了各国军队驻防区域之时,中国人便立即适应了这种新的与外国人的关系,好像水根据盘子的形状而改变自己一样容易。日本人掌握中国书面语言,第一个进入了北京主人的角色。结果,仅用三天,整个北京城就淹没在一片太阳旗的海洋里了。成千上万的门上贴上了"大日本帝国顺民"的条幅。有一段时间,人们通常都会遇到手执上书"顺民"字样的旗子,至于是哪个国家的"顺民",留待弄清楚之后再填上。这一举动,为中国人的"爱国主义"作了令人吃惊的注解。通常情况下,大街上十个人中就有八个可能会举着不同国家的国旗(只是些廉价的仿制品,下大雨时就不像样子了)。中国人经常互相劝告不要"从夷",竟然导致了这一结果,这在人类历史上可能是独一无二的。

不仅各色旗子成了效忠某个未知的其他国家的象征,英语也成为用来表示向外国效忠的工具。哈德门街的一间旧棚屋上贴有"归属日本"的字样,另一个招贴上则写着"尊贵仁慈的先生们:请不要开枪,吾等是顺民"。毫无疑问,"素来折磨你的,他的子孙都必屈身来就你"的预言①,从未在如此奇怪的场景下出乎意料地应验了:在以前一座用作义和拳总部的寺庙的几扇门上,现在写有令人惊讶的传奇文字——"上帝基督教民",而其余的胡同都贴有一再重复的祈求——"官老爷开恩,此处都是顺民"。

在联军占领的最初几个月里,北京不仅没有生意做,而且商业繁荣的源泉也枯竭了。在这座北方城市,有四家联合银号,每家都有"恒"字,意为永世长存。这些联合银号(据说是归一名宫廷太监所有)被认为与英国央行一样安全②。6月的第三个星期,中国士兵进行了抢劫,四家带"恒"字的银号,像所有其他钱庄银号一样,随即不复存在了。街上到处都是银票,一阵大风吹来,随尘土一起到处飘荡,落到地上,被一些幸存下来的狗嗅来嗅去拱到了水沟里。

然而,没过几个月,精明的中国人就建立了一套有效的钱店运营体系。由于大量的外国货币涌入,这个金融体系发生了很大的变化,现在外国货币已成为这个城市的标准货币。在冬季政治局势极不明朗的时候,有时会发生这样的情况:以京钱计价的白银价格突然上涨,在大约三周的时间内一度上涨了 25%。这应该是因为白银可以很方便地埋藏,而黄铜铸造的京钱体积太大了。人们认为,把自己的金银托付给大地母亲才是最慎重的做法,因为大地母亲在不换住处的情况下,实际上是帝国中唯一安

---

① 见《圣经·以赛亚书》第 60 章第 14 节。
② 这里所谓"据说是由一名宫廷太监所有"一说,不实,谣传而已。查清代北京带"恒"字的四大银号,早在乾嘉年间即已开业,分别为"恒兴""恒和""恒利""恒源",资本雄厚,信誉良好。这四家银号的主人均为宁波人,直到义和拳乱时仍然是宁波人,并非北京当地人,更不是某个太监。当然,达官显贵包括宫廷太监在四家银号存有巨款则是可能的。过去有人认为是八国联军掏空了四大银号,导致四大银号破产,从作者这里的记述看,并非事实。

全的银行家。

在所有东方人的心目中,北京的城门与百姓安危紧密相关,前文已经提及,北京城门在围困外国人期间及其后,遭遇到了极大摧残。6月13日,义和团在代价高昂的焚毁外国人商店的前门大火中,间接点燃烧毁了前门箭楼,英军进驻前门瓮城后,由于一伙信号兵失误,前门城楼意外起火焚毁。

烧毁后的前门

北京前门

哈德门箭楼也在那些狂风暴雨的日子里消失在火焰和烟雾中,而齐化门(正阳门)箭楼则为日军工程师摧毁。外国士兵占领北京以后,城门就再也没有关过,城市的安全保障不再靠城墙,而是靠前哨的警卫和哨兵。

西方人占领中国城市后要采取的第一个措施是创建方便的出入通道。中国人除了在每面城墙的中间开城门外,其他位置很少有城门。这给交通带来了极大的不便,浪费了大量本来不用浪费的时间,这让西方人很难忍受。占领北京的第三天,就在通往皇城的城墙上炸开一个洞,从位于英国公使馆区西北方向的御河尽头穿过城墙进入皇城。从那以后,这条路就成为了一条重要的通道。同一堵墙的东侧偏中间位置,也开了一口子,宽度能够让一辆马车通过,这节省了许多时间。但最伟大的创新是在内城的西南角,英国人在那里挖了一条隧道,穿过整个外墙,做了一个拱门,牢固地装上了木板,并用中文写上"英国门"字样。拱门内外都设有工事。这条通道对于外国人来说,已是不可或缺的了,尽管中国人一旦有了能力,无疑会急于将其封闭。据说挖开这条隧道做拱门时,坚硬的混凝土用炸药轰炸也起不到什么作用。尽管这座 14.25 英里长的巨大城墙根本没起到什么防御作用,但通过开凿这条隧道,人们了解了其内部构造。

拳乱翌年春季,人们看到英国皇家工程人员在拆除内城西南角上的城楼,这座城楼的木材可用于修复通往天津的铁路。曾经到过中国首都的人们都记得,这些城楼每一面都有四十八个小窗口,每个窗口都有一扇木制百叶窗,上面绘有炮口,这正是北京总体防御情形的象征——徒有其表。

天坛正前方是新修建的天津至北京铁路的终点站,旧火车站在外城城南一两英里远的马家铺。外城的城墙开了一个大豁口,火车从这里进站。这种情形让游客想起了英格兰的老约克郡的创新工程,如果没有义和拳乱,可能还要等很久才能进行这一改造。车站前面有一长排电灯,这些设备是英国人从颐和园里抢救出来的,现在第一次派上了用场。

火车一到站,周围到处挤满了大车和货车,不过这些大车和货车都被一排石柱挡在外面,这排石柱人们看上去都很熟悉,有的上面刻着"王家西南界",有的刻着"张家东北界",都是办事实际的士兵从一些墓地的角落里弄过来的，他们发现这样做简单而实用。

卢汉铁路是中国政府最早建设的铁路之一。为了与首都保持安全的距离，铁路的始发站最初设在永定河上的卢沟桥。在军事占领期间，人们无疑会利用这一适当机遇，将铁路线直接延伸到北京。于是就在外城西墙上凿了一个洞，与内外城之间的城墙并行铺设了铁路，将始发站设在了内城前门外。

英国军事当局决定修筑北京到通州白河的另一条铁路线，随即以同样的办法开始建设，这并不困难。车站设在内城水门外，英国救援部队就是从这里的水门进入内城的，路基经哈德门瓮城抵达车站；这条铁路线从哈德门往东沿城墙直行，在外城城墙开了一个豁口，通向北京城外。

有了这条铁路之后，当初因为拒绝修造铁路而断送了自己未来的通州，也许会因此而再现光明前景。

联军在交通运输以及其他方面的许多改革计划，在现有局势下要得以实施，似乎需要几年的时间强制推行。之后，希望中国人能真正欣赏珍视这些改革，不再企求恢复旧貌。

不要以为越来越多地采用西方的交通方式，亚洲就会突然干脆地抛弃过去和传统。中国的过去和传统最好的象征性事物，或许就是极有耐心和耐力、慢吞吞不急不躁但脚步坚定的骆驼。北京大街上有许多这样的骆驼，"冬天的王子，夏天的乞丐"，几乎光秃秃的皮上有几处凌乱的驼毛。曾经为俄国运送茶叶的长长的驼队，现在已经见不到了。但仍有一些像从前一样从西山往城里运煤。中国觉得骆驼运送货物，不管快慢，稳当。仔细观察骆驼那显然毫无表情的面孔，可以从半睁半闭的眼睛里觉察到它们的底气，仿佛沉思的骆驼队中的头驼正在心平气和地思考着这样的问题:"啊! 我知道你们认为你们用不着我,你们自己能行。哈!不过你们错了,你们终究会明白,我很坚强,我可以持久地等待,等到你们那些东西都不在了,我还会在这里。"

北京围困外国人期间绝迹的人力车,现在又到处可见了,构成了北京城里的一道风景。在交通设施不太完善的条件下,人力车成了有用的交通工具。马车又开始出租了,租金比以前稍微高了一些。一些街道,包括少量的碎石路街道,因为军队和其他繁重的运输而遭到破坏,军事当局做了一些修整。

北京在围困外国人之前,一般都是把废水泼洒在路面上,从而将尘土与路面粘结到了一起。自围困外国人后的几个月时间里,局势不允许人们这样做了,结果造成了路面泥土松软,有深深的浮土,走在上面令人苦恼不已。整个冬天,尽管气候本身并不令人讨厌,但断断续续的沙尘暴,时常让人们灰头土脸,生活质量极差。

在军事管制时期,北京夜晚的照明情况比以往任何时候都好。在许多地方,规定家家户户都要在门口挂一盏灯。甚至在皇城的城墙上,以及在以前通常是极其黑暗的地方,都有小油灯照明,使行人能清楚地看见脚下的路面。即使是胡同里,也有小油灯照明,而大的街巷,则都像前门外面一样,有类似于西方的一排路灯照明。军队还努力教中国人如何保持街道和胡同的清洁,以及怎样清洁街道、保持街道卫生,这些在这座中国都城是前所未有的事情。如果这座城市的军事占领时间长了,它的整体面貌就会有显著的改善;不过,不能指望中国人自己制定和执行清洁街道的规则。俗话说:"辘轳停了,畦子就干了。"

在围困外国人期间,曾准备了大量石灰,准备修补北京的官道。结果,这些石灰都被军队和私人挪用了,人们肯定再也不会有随便弄到这么多石灰的机会了。西山地区所有的石灰窑、砖窑，都在想方设法筹集巨额资金，期望在重新开工后能赚到大钱。

城里在围困外国人期间设置的各处路障、街垒等工事都被拆除了，英国公使馆很快就恢复了正常的整洁状态。但北马厩最北面那面墙保留了救援部队到来时的原貌，整座墙壁被枪炮轰击得弹痕累累，墙壁顶部有个沙袋堆砌的拱形瞭望哨，沙袋袋子大都腐坏了，墙外面底部刻有大黑体字"永志不忘"。

骑兵马厩里的垃圾处理似乎一直是件麻烦事。把马粪堆在皇城前面宽阔道路的南侧，造就了旷日持久的地狱，不是个好的解决办法。在寒冷的冬天，瘦骨嶙峋、满身疥癣的狗在温暖而臭气熏天的粪堆上安安稳稳地休息着。军方也有个怪癖，就是为街道重新命名，像什么"盖斯利路""斯图尔特路"等。如此一来，当一个美国士兵告诉你说他的军营在"A大道和第五街交叉口"的时候，你就得找一张新北京地图查看一番。

帝国首都有这么多的外国人，对语言学研究者来说是个难得的机遇，也引起了这些人极大的兴趣。最近来的一位游客想知道为什么中国人总是说"是是是"，以及这样说是什么意思。结果证明，这只是在应付一个专横、不耐烦的一口一个"快走"的外国人。还有一位深思熟虑的观察家注意到一个奇怪的事实：中国人似乎很熟悉一位最有争议的法国小说家，而且经常提到他的名字——"左拉（Zola）"。其实，中国人口中的"Zola"，就是"走了"的意思。

"不够本"这句话是纯正的北京话中最常听到的一个短语，意思是所说的这笔钱不如其所值多。据说"不够"（poko）是菲律宾语，意思是"少"，它很快就作为一个新的俚语短语被引入北京话，并被赋予了广泛的含义。一张有缺陷的邮票是"不够本"，一个和他的同伴参加比赛输了的男孩也是不够本，或者一个有毛病的灯罩也可说是不够本。

北京街景

北京青年会总部

　　在这座所有外国人不久前还遭遇枪炮攻击的城市里,现在却出现了告诉当地人在哪里可以学习英语、法语、俄语或日语的中文告示。紫禁城入口处有大幅海报告知"基督教青年会读写咖啡屋"的地址,而在西使馆街则可见到"品类齐全铁器工厂"的整洁汉字广告。外城的主要街道上充斥着各种欧洲主要语言和日语告示,从彩色旗杆式的理发店告示,到天坛前火车站的"非公毋入"通告等,种类繁多,多姿多彩。

　　数千名军人和平民参观了军方称之为"圣城"的最深处的皇宫(the Winter Palace)①,稍后又不断有游客来这里参观。虽然没能到所有建筑里去走一遭,但大部分我们都很熟悉了,就像我

---

① 西方人笔下当时北京的"the Winter Palace"(冬宫),义和团运动以前与"Old Summer Palace""the Summer Palace"(夏宫,即圆明园、颐和园)相对,义和团运动时期及以后,往往指今天我们所说的中南海一带。这里应指我们今天说的"故宫"。

们熟悉凡尔赛宫一样，拍摄了难以计数的照片。众所周知，这里从一开始开放参观到限定一定范围参观，期间就丢失了很多古董、古玩。数星期以后，凡是可随身携带的小东西，都被人带走了。剩下的实在没什么好拿走的了。据推测，在那些亲王和皇族居住地的仓库和宝库中，仍有大量的可携带的宝物。但是，对于长期统治中国的排外而傲慢的满人来说，肯定觉得夷人践踏他们寓所好几个月，很难再有什么值钱的东西留下了。

没带走的就是一些严重走调了的外国乐器了，一架风琴、一个少儿管风琴和钢琴，以及皇帝图书馆里的几堆书，一些丝质装潢垫子（里面都塞满了棉花）和中国豪宅里通常摆设的一些小装饰品，真正有价值的东西都被人拿走了。前一段时间有头黄铜（或青铜）象，很可笑地与火车模型放在一起，但就像真正有价值的物件一样，很快就到别的地方去了。也许有时候你见到一个参观者的衣袋鼓起得特别厉害，那就是这个有脚的怪物跑到里面去了。

进皇宫参观的限制越来越严了，越来越多的建筑门上张贴着拟定的参观规则和规章制度通告。直到有许多地方，一旦发现人们很容易就能进去的话，就立即封闭，禁止任何人进入。要求来参观的人理解中国管理人员，不要因为他们拒绝打开禁止进入建筑的门而恼火。张贴这样一些彬彬有礼的告示并非没有必要，因为经常来参观的军方人士的行为常常不检点。他们现在无疑习惯于被人关照，而一个"异教徒中国佬"拒绝做他们吩咐其做的事情，就觉得是难以容忍的。

总的来说，在对"皇宫反复细致考察之后，结果令人失望。我们一直觉得皇宫里的建筑必定和其他中国简洁的住宅类似，不过我们私下也希望不会是那个样子。但反复考察之后给人的印象是原来皇宫的庭院面积小得惊人,人们对皇后和皇帝也不无怜悯之情,因为他们的住所的呼吸空间要比一些地位较低的臣民都小得多。为什么皇宫里的建筑布局竟然和农村的一些民宅一样局促呢?令人费解,要知道那些小村庄原本一文不值的土地对那里的人们来说,可是寸土寸金啊。考虑到瓦德西伯爵和德国军官们用作司令部的建筑远比皇宫宽敞得多,就很容易理解他们为什么不在"紫禁城"里占用更多的地方而搬迁到其他地方去了。

位于紫禁城西边的"西苑"①,长期以来一直是慈禧太后和皇帝驻跸的地方,是紫禁城一个很特别的附属区域。西苑中的瀛台是北京最漂亮的建筑,有大量黑檀木雕,精美异常(也阻挡沙尘)。其相邻的院落有戏台、莲花池塘和难以计数的亭台楼阁。西南角有一处可能是中国最多最精细的假山,虽然这一片假山占地不大,但设计精妙,透迤幽雅,总体效果并不显得狭小低矮。

假山往东,就是光绪皇帝的宫殿(南海子)②。很长时间以来,他被幽禁在这风景秀丽的小岛上,过着悲惨的生活,每天坐在南边的台阶上俯瞰湖水,盼望着时来运转的那一天,但他没能等来这个机会。

1901年4月17日夜,慈禧太后在瀛台的宫殿燃起了大火③,火势迅猛,联军总司令跳窗出走,逃过一劫,但他的参谋长施瓦茨科夫(Schwartzhoff)回房间抢救一些重要文件,当即被烧死在里面,这场大火几乎把这座宫殿全毁了。造成这一结果的原因,很

---

① 即今天中南海一带地方。
② 南海子,疑为"南海"之误。"南海子"指"南苑",是皇家苑囿,慈禧和光绪生活、行政之地从未设在南苑。
③ 原文如此,误。作者作为外国人,虽然多次参观过皇宫,但对西苑中南海的情况似乎并不熟悉。慈禧名义上撤帘归政后颐养天年之地是仪銮殿,仪銮殿在中海,不在南海瀛台。

煤山，中国人为德国军官服务

颐和园湖景

可能与类似的灾难一样,主要是西方人的取暖方式不适合中国的建筑,中国的这些建筑只能用火盆取暖,或者至多依靠砖地下面的煤火取暖。西方人把他们的取暖办法搬到了中国,先是建造砖墙隔墙,然后安装火炉,用各种不同尺寸的管道与火炉连接,这些管道的材质散热很好,但把它们从不同高度和角度的窗棂木格子中伸到屋子外面后,缺陷显而易见。中国仆人为了讨好他们的主人,想让炉子一直散发足够的热量,总是把炉子填得满满的,又怕燃烧得太快,就一直开着炉门。这样一来,当那些管道过热,或者炉子中的燃料外露,引发火灾一点都不奇怪。

从南海子到瀛台①,沿着荷花池边向北,有一条专为取悦皇上而修建的玩具铁路②。在那里,他习惯于坐苦力拖拉的车厢,以确保不发生铁路事故。那些车箱制作精良,装饰华丽,但由于常年在露天地里受雨雪腐蚀、风吹日晒,不仅外表斑驳陆离,而且车厢里的长丝绒和天鹅绒饰品也都凌乱不堪了。每天都用一列敞口货车车厢,运走西苑德国骑兵马厩里的粪便。

此前不能进入的煤山,目前已经成为一个深受中国人喜爱的娱乐公园,人们常去那里游玩。在煤山东部的山脚,有一棵歪歪扭扭的松树。1644年,明朝末代皇帝看到满人进入他的首都并夺取了他的帝国,就在这棵松树上吊死了。

在北京西北几英里处的著名圆明园内,有美丽的"颐和园",或称万寿山。慈禧太后很多时候都在这个地方接见她的心腹官员,了解外面世界所发生的一切。这片被称为万寿山的广阔而幽深的美丽园林,公元1860年曾毁于大火,那场大火是对清廷背信

① 原文如此,误。从下文和当时西苑铁路的实际位置看,作者描述的方位显然不确。
② 误。这里所说的"玩具铁路",其实即人们所熟知的"西苑铁路",又称"紫光阁铁路",起点位于中海紫光阁近旁,终点在北海静心斋(原名"镜清斋"),全长约三华里。这条铁路为法国产窄轨铁路,火车也是窄轨小火车,是李鸿章等人为在中国推行铁路交通策划进献朝廷修建的皇家专用铁路,并非光绪皇帝的玩具铁路。

弃义逮捕并折磨前来谈判休战的巴夏礼（Harry Parkes）爵士等人的惩罚和报复。近年来，这里复建了一些毁掉的美丽建筑，重新按照东方的奢侈模式装饰一新。

命运就是这样的奇怪，在上一次遭遇大火毁灭之灾刚满四十周年之际，万寿山再次遭劫，又落入了夷人的手里。这次虽然没有被彻底焚毁，但还是被无情地掠夺和蹂躏。一些人甚至为了要弄清楚那些巨大的佛像内部到底是什么东西，粗暴地把它们掀翻在地。劫掠者常常搜刮到一些十四世纪中叶的中国钞票。

西山山顶碧云寺辉煌的五百罗汉堂，几乎是 1860 年那场大火的唯一幸存物。但这次就没有那么幸运了，莫名其妙地遭遇了火灾，尽管其结构庞大没有被烧毁，但内部墙壁被烧得漆黑一片，很多地方出现了裂痕。

从这座庙宇所在的山脚下的湖到山顶，有一套富丽堂皇的公寓。一些百姓进去之后发现，屋内早已是一片废墟。房间里散落着雕花隔板的碎片，巨大的平板玻璃窗的碎片、枝形吊灯的棱镜和破碎的电灯泡散落在地板上。英国人占用的那些殿宇，一直被小心守护着，保存得很好，而所有尚存古物都转移到了一个安全的地方，严密保护起来了。

皇宫大内和其他王公贵族的宅邸一样，都有人占住，所有这些地方都在"军事需要"的招牌下，成了各国军队的指挥部。内城西南角的原醇亲王府是现在的光绪皇帝的出生地（因此不能再作为王府，已改为家庙）①，现在斯图尔特将军占用了。王府中有一

---

① 不确。醇亲王府有两座，这里说的是光绪的出生地，俗称南府。因为是皇帝出生地，所以光绪即位后这座醇亲王府就成了"潜龙邸"，按规矩醇亲王不能再住在这里，因此又建了一座王府，俗称北府。老醇亲王府即南府，在光绪生父醇亲王奕譞1891 年去世后，前半部分改作醇亲王祠，后半部分仍是"潜龙邸"。

艘中式舫船的模型,细节非常逼真,但奇怪的是这只舢板船放置在一个人造池塘的砖石基础上。人们登上这艘船,就好像自己在海上航行一样。英国人把这座府邸改建成了天花医院。

然而,更令人惊奇的是,在另一个池塘里,有一艘小火轮船的模型,同样是安放在石堆上。小火轮的上下甲板、舵轮、全套铺位的船舱等一应俱全,每个船舱房间都有一把外国门锁,一切完好无缺。汽船上的这些设施对改造王府以适应外国人居住的木匠们来说,简直就是个宝库,所有的舱室地板、门锁、舷梯等等,都被毫不客气地转移到将军和他的参谋人员的房间里去了。

在附近的另一座府邸里,人们猜测埋有大量财宝,联军军官们想找到藏在什么地方,但费了九牛二虎之力,什么也没找到。最终。这座府邸的主人通过李鸿章的关系,带着一些人和大车进来了,他们礼貌地请一位英国军官暂时移动一下他的床铺,挖出一坛坛的金银锭后扬长而去!

第二十九章　面目全非之国都

　　除了贵族府邸以外,无数名扬天下之人的住宅都对游人开放,任人参观。事实上,随着这些住宅开放供人参观,住宅内的物品就开始大挪移了。在哈德门街的一条胡同里,有一处特别荒凉的地方,据说是从前皇帝的师傅翁同龢的宅院。奥地利人占领了崇礼(北京九门提督)的府邸①,这是一个很有吸引力的地方,一点也不像典型的府第,十分干净整洁。冬天快到了,先前的主人派人来要一件毛皮大衣,奥地利人亲切地回答说:一件多余的也没有了。

　　经与意大利人协商,通州的基督徒和他们的牧师住进了著名的赵公府。这座府邸在东华门以北,靠近皇城城墙。府邸的主人好观赏风景,建造了一座非常漂亮的东西向的两层楼,名曰"迎春楼"。朝廷里的一个政敌立刻说他修建这样一座楼是为了俯瞰皇城风光,简直胆大妄为。皇太后觉得这是个捞一笔的机会,说要罚这个不守规矩的房主十万两银子。由于他仅凑齐了不足四万两散银,皇太后开恩,剩下的就算了,但没收了他剩余的土地,转手赐给了她自己的弟弟。北京义和拳乱爆发时,她弟弟的儿子就

---

① 崇礼,1898 年至义和团时期,先后任刑部尚书、户部尚书、协办大学士,兼任步军统领即九门提督。

458

住在那里。业主们现在非常愿意让外国人住在他们的房子里，因为这样他们的财物会安全一些。意大利人住进来的时候，房子已经被抢劫过一次，现在他们又花了一些钱把房子收拾得井井有条。这里周围许多房子都住进了基督徒，形成了一个很大范围的基督教社区。每天都有人日夜敲钟报时。这口钟重五百磅，原来是通州潞河书院的，义和拳烧毁潞河书院后，将这口大钟弄到了一个村庄埋了起来，后来被人们挖出来带到了北京。潞河书院经义和拳摧残，原址断垣残壁，坑坑洼洼，除了能见到的这口钟和几串钥匙外，什么财产都没有了。

美国公理会通州布道站进驻了这些地方后，不知疲倦的总管家都春圃先生把上面提到的两层楼用作印刷所了。在这里和其他地方印制了大量首调唱名法赞美诗集，弥补了上年被焚毁的旧赞美诗集的空缺。这座建筑有一间屋子里有五个宽敞的分区，似乎是为礼拜堂事先做好的准备，这时候终于实实在在地成了礼拜堂。现在每个星期天，教堂里都挤满了几百名基督徒，以前住在这里的公爵和公爵夫人定期参加晨祷。冬季，通州布道站占用的这些房产，通过肃亲王作为中间人，以公平的价格租用下来，租期为两年，于(1901年)1月签署议定书时开始付款。在这个用作礼拜堂的房间后面，悬挂了一块大板，上面覆盖着白色丝绸，这是中国人服丧、哀悼的标志。在它的正面，以蓝布为背景，挂着一些丝绸标签，每个标签上写有一位为信仰献身的通州教会成员的名字。这份名单虽然远不是全部，但已有44名男性、46名女性和40名儿童。

美国长老会和美以美会经当地士绅允许，住进了他们的宅院。士绅们欢迎基督教差会的人住进他们的宅院，这样住宅里剩下的财产就可以保全了，不然，就会被人抢劫一空。美以美会为汇文书院的学生和一百多名女中学生安排住宿，这些女中学生成功渡过了围困期，安全住所对她们来说很重要。

伦敦会难民的经历很不一般，要费点笔墨特别介绍一下他们当时的窘迫和紧张的生活。

伦敦会的男成员都不在，史密丝（Georgina Smith）小姐发现自己不得不负责大约两百名赤贫难民的食宿问题，这些难民没有食物，也没有办法获得食物。伦敦会东南边的院落是空的，原本属于义和拳乱中一个活跃的满人家庭所有，这个满人家庭唆使义和拳毁掉了伦敦会建筑，把伦敦会的土地圈起来归自己所有了。现在他们害怕受到惩罚，都逃走了。公使馆和军方就把这个地方连同里面的一切都交给了史密丝小姐管理。

她没有钱，也没办法筹到钱，于是就开出了一定数量的粮食票据，可以在附近刚刚恢复营业的商店里按需兑换。店主们更喜欢这些票据，而不愿意接受现钱，因为现钱随时都可能被俄国士兵抢劫。有位俄军将领签署了一份保护令，这份保护令对史密丝小姐很重要，经常用到。

她们进驻的宅邸里的家具都没人动过，现在只好出售各房间里的毛皮和其他衣物筹款建立一笔基金。所有的皈依者都开始工作，收益归公共基金，这个计划的效果出奇的好。她们签订了为英国军队生产床垫、棉被和马鞍子垫的合同，后来又为德国人生产。接着又签订了一份为印第安人的马匹提供干草的合同，最后则开始为德国人驻防的城区清扫卫生，从而为所有人提供了充分就业机会。牧师、教师、医院的配药员和其他所有的人，每天发给六便士津贴。

当这一地区俄国驻军换成了德国驻军的时候，史密丝小姐迅速采取措施，否则就被德国人公开合法地占领和大肆抢劫了。她提出为德国军营提供家具，给德国军官安排房间，条件是这里的一切均应通过她来安排，士兵不准进入私人住户的家里。在这样的条件下，住在附近的非基督徒中国人很高兴地凑齐了所有需要的东西，结果是无数家庭免遭被抢劫一空之苦。

有关当局在基督徒帮助下找到了一些义和拳首领并对他们进行了处罚。而另一些义和拳则通过中间人，协商给他们伤害的基督教家庭补偿或赔偿，这样就有了一笔经费供养一些孤儿寡母了。为了感谢史密丝小姐为大家做出卓越的服务工作，这一带居民送来了六副"万民伞"。在中国，这是民间自发授予他们尊重的人的最高荣誉，并不轻易随便授给某个人。

仔细考虑一下上述这个事例，就会非常明显地看出，一个果敢而足智多谋的西方女性能有多大的成就。同时，也会使我们认识到，不完整、准确地了解所有事实的真相，就不可能对史密丝小姐在那种条件下所做的一切作出恰当的评价。

中国政府一直是通过吏、户、礼、兵、刑、工六部管理天下，义和团运动之前，外国人大多只能远远地凝望着这六部的大门，猜想大门里面的秘密。联军进入京城后，立即占领了六部和邻近的其他政府机构，其中一些在占领期间被摧毁，而其他一些如户部，则在稍后被焚毁了。

工部和兵部落到了英国人的手里，成了印度军团的指挥部。印度边境山区部落高大、黝黑的战士们在宽敞的公寓里十分逍遥自在。精于算计的日本人设法把这条街的西部划入了他们的驻防区，用大骡车连续多日日夜不停地从户部银库中运走白银，估计运走的白银至少有三百万两。这个与中国人同种的东方种族，似乎比北京人更了解北京的底细，及时把他们的魔爪伸进了所有主要帝国粮仓，据说获得了价值数百万美元的大米。他们就这样在没有任何外交压力、不用征得任何列强同意的情况下，自动获取了战争赔偿。

刑部或许是内部结构最具特色的中国建筑。其他几个部都在英国公使馆西边的一条街道上，唯有刑部位于西边一条独立的街道上。当你从车上下来走进刑部时，仿佛走进地下室一样。刑部大院比外面地平面要低几英尺。如果你是在夏天到刑部，你会见到大院里有大池塘，其他各个院落也都有个大池塘。如果你询问那里的人——在慈禧太逃走后释放了所有囚犯仍留守在那里的那些人——院子里最高水位有多高时，他会把手举到自己的脖子处，说"这么高"。当你四下看看，说"可是，那么高的话，不是旁边所有房子里就都是水，和院子里的水一样高了吗?""是的"，他会很简单地表示肯定。

相比之下，目前北京是中国最无法无天的地方，而刑部大堂到处是飘落的大清律例及各种案件卷宗，给人的感觉是仿佛来到了卡莱尔(Carlyle)提到的"泥神"(the mud-gods)之所。

刑部的监狱可能有二十或二十四个监舍(也可能是 48 个，这无关紧要)。这些监舍都是一个样子，砖砌的老式建筑，厚厚的木格子窗户，一个欧洲的囚犯用一把小刀子不用十五分就能破坏掉。床铺是两英寸厚的木板，架在一堆松散的砖头上。监舍里的《京报》最初(围困刚解除时)堆得像瓦隆布罗萨(Vallombrosa)①(或附近)的树叶一样厚，所以在所有人都没顾得上收集"这份中国最古老的日报"的时候，这里就成了目前这些东西保存最完整的地方。后来，这个地方成了国际监狱，关押着一些仔细筛选来

---

① 瓦隆布罗萨，意大利中北部的一个村镇，位于普拉托马尼奥山北坡，是著名的卡马多莱斯修道院所在地和避暑胜地。

的罪犯或嫌犯。联军没有给这些人定罪，而是把他们交给了中国人，由中国官员审判。

和英国公使馆西边毗邻的銮驾库，非常宽敞，这里有几个大房间，是存放御用交通用具的地方。这里曾是中国人围攻公使馆期间的主要阵地之一。

英国救援部队刚进公使馆，就用炸药在銮驾库的墙上炸开了一个洞。黝黑的帕坦人（Pathans）和俾路支人（Beluchis）冲进了他们可以随意使用的大院里。没过多久，他们就打开了那里的一些大门，拖出了漆成红色和黄色的御用装备，有轿子、婚礼用品（包括现任皇帝结婚时使用的）和一件稀奇古怪的大号车厢一样的物件。此后，这些物件就一直露天存放，饱经 8 月骄阳暴晒和盛夏大雨洗礼。

每座建筑里都有堆积如山的用具，有丝绸靠垫、缎子枕头、华丽的马具和各种各样的装饰品，但没有一件值得介绍的东西。这些高雅的无用之物一车又一车运到英国公使馆拍卖，或者运往"蛮横的夷人"（中国的公文中过去常常这样称呼英国人）居住的遥远的海岛。在銮驾库广阔的大院和在占地更广的天坛，摆放着许多大炮，等待着新的主人。在地上有几百顶虫子蛀过的毡质官帽，和曾经优雅而昂贵的丝绸椅套、轿子帘罩，因为骡马的践踏而陷入泥潭。那些地方原本无人打扰的高大杂草，也不知道被人或动物的蹄子踩了多久，很快就消失了，整个场面，让人欲哭无泪。

关于翰林院的毁坏情况，我们在记述围攻英国公使馆的有关篇章中有过介绍，但还有一些细节值得在这里补叙一下。这个世界上最古老民族的不朽文学圣殿，在一个下午就被毁灭殆尽。最有价值的木制雕版，或毁于大火，或用来建了街垒、路障，甚至被英国海军陆战队用来生火了。那些无价的文学珍宝，灭火时让水打湿了，或被扔到荷花池里了，在炎热的天气里开始腐烂时，即被掩埋了，以防散发出难闻的气味。存放珍贵而罕见的《永乐大典》用的那些樟木箱子，都装满沙土修建防御工事了。而卷帙浩繁的巨大知识宝库《永乐大典》，则四散流失或毁掉了，其中有些可能流落到了欧洲的一些图书馆，或为个人私家所收藏。大量卷册则被扔到了普通书籍堆中，发霉后掩埋了。

翰林院成千上万的文章，每当起风时，很多就成了军队的烧火之物。在将近两个月的时间里，火灾中剩下的精选文集被放到使馆当废纸用了；厨房里用这些文集生火或擦拭脏物，苦力们扛砖头之类的东西时把这些书册当垫肩。在道路交通恢复后，很多书册就被扔在外面街道上，慢慢地被大小车辆的车轮碾压成泥。

在这次与中国排外暴乱有关的各种报复中，悠久而著名的翰林院的命运可能是最为典型的了。二十到二十五间大厅，仅剩了两间，几个月后，翰林院的所有痕迹都被清除得一干二净了，这里现在是英国公使馆的一部分。北面筑起了一堵高墙，上半部分有科学隐藏的射击孔，底部拱形的坑道中安置了大炮。在这些大炮前方留下了一片开阔地，人们一眼看上去，感觉一切都很正常，没什么可惊奇之处。

从英国公使馆步行不到三分钟的地方，有一座叫作"理藩院"的管理蒙古事务的衙门①。北京围困外国人期间，理藩院建筑修筑了工事，设置有射击孔，成了攻击公使馆的众多据点之一。从肃王府北面穿过主干道至理藩院，也就几杆子远的距离。围攻外

---

① 理藩院设于清初，管理范围和权限曾多次调整。至洋务运动以前，不仅蒙古、西藏、新疆以及国内各少数民族事务均被纳入了其管辖范围，国外的俄国事务，也归理藩院管理。

国人结束后，人们发现这些建筑都成了废墟，意大利人曾在那里出售一些抢劫来的物品，除此之外，这个地方已经完全废弃了。

到了冬季，这个古老的政府机关被装修成了一个国际俱乐部。在俱乐部的后面，会员可以为聚会或个人订餐。前面大楼里的一个宽大房间，改作了酒吧，里面摆放着英国和欧洲大陆的最新期刊。最近的电报张贴在每日报栏上，有一张大布告牌，上面登记着俱乐部大约五百名成员的名字，其中大多数是驻北京的八个不同国家军队的军官。

总理衙门在中外关系中所扮演的角色，众所周知。它一直是一个东方式的推诿机构，并不是为了与西方国家正常交往而是阻碍中外正常交往的衙门。这个机构本身就是中国与"兄弟国家"在交往过程中采取两面手法、推诿搪塞、关键时刻背信弃义的缩影。终结它的命运的时刻到了，在一群日本士兵守卫下，各公使馆翻译在同一天来到这里，封存了与各自国家有关的文件和电信等档案资料，由所有列强保管，任何一个国家都无权独自处理，尤其是中国人。毫无疑问，一个伟大帝国所遭受的耻辱，莫此为甚。

1901 年 5 月 1 日，这些封存的档案转交给了中国政府任命的接管官员。但是双方关于解决中国和列强之间问题的条约中有一条规定，那就是废除这个令人讨厌和徒增烦恼的东方机构。

关于中国其他衙署的档案问题，自然是中国人自己非常关心的问题之一。经过反复和多方面的调查，人们似乎有理由得出结论：一般来说，六部或任何其他衙署的档案文件，都毁了，总理衙门是个例外。

在众多的为未来历史编撰积累素材的机构中，有两个历史编纂部门，一个是关于国家历史的，叫作"国史馆"，位于皇城东华门内。另一个是关于皇帝言行和日常生活的，称"起居注馆"，记录皇帝的言行等,位于翰林院内。在翰林院遭受攻击时,为安全起见,那些记录被谨慎地转移到了国史馆。一位汉语教师为了查实情况,去国史馆看过。他报告说国史馆已经关闭,但是里面的东西早已七零八落了。在八国联军占领北京的无政府混乱状态下,凡带着这样想法造访这里的人,他拿到的任何一张废纸,都有可能是皇帝起居注的只言片语,但没有一份是完整的了。

1901年6月4日晚,位于故宫西南角的武英殿被大火烧毁①,起火原因众说纷纭。这是御用大殿,里面有国家档案、法令、书籍和政府修书处,附设档案存放处和一位大学士的办公之所。这是义和拳乱时期北京一系列火灾和破坏的最后一幕,影响深远。

位于内城东城角楼上的观象台,收藏有中国早期耶稣会士南怀仁(Verbiest)和汤若望(Schall)古老而神奇的天才式的天文仪器。法国人和德国人很快就把这些天文仪器拆掉,搬到了法国或德国公使馆。这一过程造成了巨大破坏,整个观象台成了一片废墟。中国劫掠者不久就开始尾随外国人到了这里,肆意拆卸并偷走了环绕观象台的铁栏杆。既然这个地方已经被毁了,为什么不把能拿走的东西都拿走呢?这明白无误地表明欧洲军队在恣意毁坏他人财产,他们在最高军事当局授意下的这种破坏行为,远比董福祥将军麾下的野蛮人毁掉翰林院更为恶劣。董福祥的军队毁坏翰林院是一时头脑发热,而欧洲军人则是不顾文明世界大多数人的抗议蓄意而为。

贡院也遭遇了同样不计后果的破坏。考棚(差不多8500间)的前面是敞开的,屋顶向后倾斜,仅有两三根小柱子支撑着。考

① 武英殿曾在1869年焚毁,同年重建,未见其他资料中有该殿1901年烧毁的记载。

内城城墙(东城角楼)上的观象台

棚里没有其他木制品。然而,为了搜寻点火的材料,数百个小隔间和入口处的建筑统统都被拆掉了。

应该指出的是,外国军队在寒冷的冬天急需木柴点火,他们不分青红皂白地拆毁了所有最方便拆除的建筑,包括衙门、旧粮仓和寺庙。据报道,到冬天结束的时候,通州几乎没有任何寺庙保留下来。

美国军队在占领北京期间的总部位于先农坛。先农坛地处外城,很宽敞,建有围墙。一个大殿被用作医院;另一个被用作军需物资供应站,陈列着一排排的火腿、成箱的烟草、成箱的军用黄豆和一桶桶的牛肉。

先农坛内一个偏殿被改造成了阅览室,其他一些房间用作了病房。另一个偏殿被用来存放镀金和漆过的农具标本,如犁、耧、耙、耢、铁锹、扫帚、干草叉,以及一些较小的器具,如篮子和宽边帽等。所有这些东西都随意地堆放在露天地，一些较小的物品为美国步兵的第九和第十四团提供了方便的燃料。

军官们进驻那些用作指挥部的大殿之后，立即开始在庄严的墙壁上开洞，安装平板玻璃窗，对一直享受中国人崇拜的神灵来说，这显然是一种亵渎和侮辱行为。

皇帝祭拜古老传说中的神农氏的大理石祭坛，成了附近苦力看管骑兵马匹的好地方。皇帝每年春天为天下百姓示范亲耕的土地，长满了浓密的杂草。

与先农坛隔着一条大街，有一片方圆至少一英里的广阔区域，四周围墙环绕，著名的天坛就在围墙之内。多少年来，外国人绝不可接近这个地方，甚至现在的皇帝未成年时也不能涉足。但现在这里已经见不到一个中国人了，外国军队一占领北京，英国人就把所有守护天坛的中国人赶走了。外国人可以驱车直抵一座高台之下，那里有三个天蓝色的圆顶建筑，象征着三重天。天坛各个门旁都有一名黝黑的锡克哨兵站岗，象征着他们现在控制着一个比鼎盛时期的罗马帝国还庞大的帝国。当你从他身边走过时，他会瞥你一眼，用你听不懂的印度斯坦语问你几个问题，不管你用哪种欧洲语言或汉语说明情况后，他都会礼貌地打一个额手礼，以示他注意到你了。

供奉满人祖先的巨大圆形建筑的大门敞开着①。北面有一个巨大的神板②，上书"皇天上帝"。两侧有八个神龛，每边四个，供奉清王朝过去二百五十六年间统治中国的八位先皇。八个神龛的雕花门面已经被打破了，清王朝的八位先皇神板被英国军官

---

① 这里所说的"巨大圆形建筑"，指天坛的"皇乾殿"。
② 神板，民间多称之为"神主牌位"，简称"牌位"。

北京先农坛，美军总部

先农坛入口，美军总部

们转运到了大英博物馆，这几乎就是对中国人毁坏外国公墓的相应报复行为。

皇帝举行祭天大典前进行斋戒的"斋宫"（Hall of Fasting），已经成了英国军队在这一地区的总部。每天不时有一些大车来到这里，满载丝绸、毛皮、银器、玉器、刺绣服装等。这些战利品每日转运到英国公使馆，由军队在那里成批地拍卖。皇帝在后面的私人房间成了军官们的卧室，当有人在军官们吃饭时说到这一情况时，他们显得有些吃惊，但也只是露出了一种反问的眼神，仿佛在说："嗯，怎么啦，你不知道吗？"

列强强加给中国和谈条件的第七款规定公使馆周围可自行修筑防御工事，拆除周围所有中国建筑。"公使馆区"界限至少应该包括南至内城南城墙、北至皇城城墙、东至哈德门大街，西至通向前门的内城中心线这样一个矩形区域，但位于使馆街以北、兵部街以西的部分可以不计在内。在这片长一英里多、宽约半英里的宽阔土地上，立即开始了最具革命性的改造，像拆除所有中国住宅、衙门和庙宇，随意大修各公使馆、扩增附属设施等①。

在奥地利使馆区对面，矗立着一座青色瓷砖建筑，里面供奉清王朝创建者祖先的灵位。这座建筑位于列强要求的各国公使馆区域范围内，汉人和满人为挽救这一建筑做了种种努力，但最终徒劳无功。拆除这座建筑，就是满人试图消灭各国驻京外交代表、断绝同文明世界一切关系的一个自然结果。

日本强烈要求占有了肃王府，意大利、法国、奥地利以相似的方式要求占有大部分围攻使馆期间的交战区域，包括大清帝国海

---

① 作者这部两卷本的著作完成于 1901 年 6 月，此时《辛丑条约》(亦称《辛丑各国和约》《北京议定书》)尚未签字。可见在谈判条约过程中，列强已了解全部内容并确信有些条款不会再有变化，遂在条约尚未签订时已经开始强行实施了。

关总署、大清铸币局和尚未竣工的中国通商银行。

拆除六部的几座古老建筑,遭到了中国人抵制,但同样是徒劳的,他们在控制皇宫的新建堡垒面前束手无策。这是一种苦涩的耻辱,但却是北京朝廷应得的惩罚。

清廷本身就是所有对外国所犯罪行的筹划者和执行者,排外暴乱中一些代理人受到了应有的惩罚。(1900 年)10 月,一个联军军事委员会在保定府宣判直隶布政使廷雍①和其他一些不那么重要的人死刑,他们曾杀死十五位英国人和美国人。冬季,联军把另外两名高级官员,即启秀和徐桐的儿子徐承煜,交给中国当局在北京斩首。

没有一个中国人比前山东巡抚李秉衡(后来成为慈禧太后极为活跃的代理人)更热衷于推动对外国人的攻击。他不是死了就是自杀了,后来他在河南彰德府老家的人为他举行了追悼会。

清廷谕令并在随后证实处死了庄亲王②、臭名昭著的毓贤。毓贤曾在太原府的衙门里监督砍掉了四十五个外国人的脑袋,赵舒翘、英年和其他一些胁从犯,也都处了死刑。据报义和拳暴乱另一名要犯刚毅,在山西南部死亡。由于没有外国证人见证这些死亡或处决事件,许多人认为这些事实的证据是不足的,但似乎没有理由认为这些官员中有谁会再主政中国事务。清廷谕令惩处排外暴乱的罪犯可能很多,但如果所有人都指名道姓一一开列出来,那就会很难办,一开始无从下手,最后也不好收场。

这是四十年里慈禧太后第二次出逃宫廷。对于一个追寻这个奇怪故事来龙去脉的人来说,有着极大诱惑。下面是米纳尔

---

① 廷雍在直隶总督裕禄死后曾代理直隶总督。
② 庄亲王,为清代八大"铁帽子王"之一。义和团运动后被处死的为第十代庄亲王爱新觉罗·载勋。

(Luella Miner)小姐在《世纪杂志》(*Century Magazine*)上发表的一篇有趣文章，这篇文章的校勘者是一个进步的中国人。他和他的亲戚们由于对外国人友好和对西学的重视而遭受了许多痛苦。几乎可以肯定，慈禧太后被骗了，她以为外国军队或者根本不在北京附近，或者是进不了北京城，否则，迟迟不肯出走是完全无法解释的。

8月14日，整天都听到来复枪和大炮的声音。有传言说，外国人和当地的基督徒正从通州偷偷溜过来，对京城某座东门发起了攻击。快到傍晚的时候，外面吵吵嚷嚷，说有一大群穿着奇特服装的伊斯兰教徒进城了，在天坛安营扎寨。直到第二天，这座城市才普遍知道北京被"洋鬼子"占领了，所谓的伊斯兰教徒是英国军官指挥的印度军队。那个星期二中午过后，也就是拉其普特人和锡克教徒进入英国公使馆不久，马将军被召进了皇宫，受命在紫禁城北门等候皇家车队。傍晚时分，美军占领了前门，并发炮轰击皇城南门。慈禧太后哭了，和皇帝、皇后以及大阿哥一起在宫中烧香，并向上天祈祷。刚毅到了宫里，极其诚恳地劝他们躲避敌人的炮击。上谕所有亲王、大臣随皇室一起出宫。

8月15日凌晨，联军进攻皇城的南大门和东门，大臣们赶忙到宁寿宫觐见皇太后。但在他们进宫之前，一个太监跑来告诉他们，说太后和皇帝已经逃跑了，因为他们听到了一个关于造反的谣言。

其实，6月14日慈禧太后返回皇宫之后，就只是简单地把头发盘成一个髻，身穿平民的衣服了。出逃的那天凌晨，她就这样装束着匆忙地走了。慈禧太后、皇上、大阿哥各坐一辆马车,慈禧太后有一辆澜公①的私人马车,她把车上的红色遮阳篷卸了下来。他们从城北的德胜门离开,马提督随驾护送。据中国媒体报道,光绪皇帝最宠爱的"珍妃"被勒死并扔进了一口井里。随扈王公贵胄约三十人,其中有端王、庄亲王、澜公、刚毅等。

逃亡路上的第一晚,皇室逃亡者们在北京以北三十英里处的贯市②过夜。贯市是一个小村庄,里面有一家伊斯兰教客栈。就在这时,他们找到了驮轿③,即把轿子用两根木杆架在一前一后的两头骡子背上的交通工具。皇太后整天躺在轿子里,没吃多少东西。第二天晚上,他们就住在北京西北大约五十英里处的岔道④,一个位于长城内侧的地方。地方官不知道圣驾到来,也没有准备设宴侍候,所以御用的桌子上除了少许玉米,什么也没有,而随从们都饿得不行了。这个岔道所在的县里只有一顶轿子,皇太后从这里开始就乘坐这顶轿子,而皇帝、皇后依旧乘坐驮轿。

8月17日,逃亡者一行到了怀来。他们匆忙而混乱地离开首都时,只穿着夏装。过了关隘,天气突然变冷了,于是他们在怀来清真寺里待了两天,制备冬装。

8月20日,他们到达宣化,这里距张家口二十英里。在这里发出了三道朱笔上谕,一道昭告天下皇室出逃的原因,

---

① 澜公,疑为辅国公爱新觉罗·载澜。
② 贯市,今北京昌平区阳坊镇东、西贯市村。作者这里只是指出了大概位置,并未说明是东贯市村还是西贯市村。
③ 驮轿,又称軕子,为旧时北方尤其是河北山东山区丘陵地带的一种交通工具。由于是牲畜驮着走,再加上山路崎岖不平,颠簸得厉害,乘坐軕子旅行极为疲乏。
④ 岔道,今延庆县八达岭镇岔道村,清代以前及清初为军事要地,有一座小城,称岔道城。

自责朝廷识人不明,指责大臣未能尽职尽责。一道命令大臣们跟随朝廷前往太原,另一道则诏令免除他们所经过地区的赋税。他们在宣化待了五天。

他们从宣化启程后到了大同(靠近山西东北边界),在那里住了两天。从那里到太原府,要经过天镇①。这个地方已经被乱民洗劫一空,商店和市场空荡无物。就在知县惊慌失措、束手无策之时,突然有人宣称圣驾到了。知县闻讯,极度恐慌,服毒自尽。于是,朝廷一班人马到了天镇后,发现这里已是一座空城,当晚只喝了几口稀粥。随后,他们不得不派御用管家太监回京购买给养和其他必需品。

在圣驾、扈从、八旗兵队抵达太原府后,派德(Tê)将军率三百多名士兵回北京,每人仅发给四两银子路费,后来又派肃亲王率三百士兵回北京,每人发给五两银子路费。这样一来,皇室随扈虽然还有一些低级官员,但高级大员仅剩刚毅、王文韶和赵舒翘了。

9月底,皇帝恳请回京的要求似乎有希望了。身在保定府的直隶布政使发来电报,称联军要进攻保定府,随后即进军山西,这又随了皇太后的意,继续向西撤退。从太原府到西安府的距离,就像从北京到太原府的距离一样远,所以现在看来,慈禧太后似乎回不去了。她打算退居西安这座古老的帝都。

慈禧太后这个女人的命运似乎很是奇特,她在制造了国际关系史上也许是人类有史以来最大的罪恶之后,又掌握了她已被剥夺的权力——无可争议的王权。没人批评她过去的罪行,也没人

---

① 今山西省大同市天镇县。

能保证她未来会做些什么。

　　不管她的命运如何，也不管她为这个帝国带来过多少灾难，现代历史上最引人注目的场景之一——对北京的惩罚，还将继续。这座城市就像手套一样，连五个手指都被翻过来了，但将来谁能再带上这只手套，只有天知道。

第三十章　惨遭毁坏之通州

北京以东十二英里处的通州,是北运河航运的终点。北京所处的平原虽然人口稠密,却没有足够的粮食供应大城市,每年有大量来自中部省份的贡米通过北运河终点港运往首都。

这座城市的名字本身就表明它是通往北京的交通要道。从通州到北京,在很久以前就修建了一条宽阔的碎石路,但这条路已年久失修,成了清帝国统治者们无能和无所作为的标杆。无数的外国旅行者都曾在这条大道上经历过痛苦而疲惫的旅程。与这条碎石大道平行的是一条通向北京的东便门运河,位于北面的满城即内城与南面的汉城即外城的交汇处。五道水闸阻断了船只的航道,船上的货物需要多次装卸。但对有耐心的中国人来说,这完全是一件小事。

西方国家流行的大多数印象一般会认为,中国人重视风水,城墙都是不规则的,事实上并非如此。不过,通州的城墙却是罕见的蜿蜒曲折,这在中国城市中几乎是见不到的。这是因为通州是由两座城组成的,即老城和新城,西边的新城是数百年前增建的,为了把早经废弃的宽大而又迂回的皇家粮仓圈在城内,新建城墙就很不规整了。

通州城由于是由先后建的两座城组成,因而不同寻常地(也许是独一无二地)拥有两座南大门。虽然城北也有雅致的城郊地带和引人注目的古老宝塔，但主要城郊地带却在城东门和西门外。

通州究竟有多少人口，没有人能说出确切数字。但我们有充分的理由认为，自从外国人到来以后，估计通州城厢内外约有五万到七万人。每年从天津过来的运粮船以及那些从山东直接过来的贡船，对通州人来说是牵涉千家万户生计的大事，因为这里大部分人都靠这些稻米生活。这些大米以前是用帆船经海上运送，前些年南方改用轮船运送，各地运送的粮食在天津转至专门运送到京师的船上。天津运过来的粮食，先卸在铺满席子的运河岸边，这里距运河口很近。经计量装袋后，运至粮仓囤积。装袋后运至粮仓的途径，是一些早先设计好的复杂而曲折的通道。人们通常可以看到大批强壮的苦力扛着沉重的麻袋，每袋重达二百多磅。转运粮食，为通州成千上万的劳工提供了工作机会。

令通州人兴奋不已的大事，除了每年往这里运送贡米外，就是各种科举考试了，尤其是在北京举行的第二级别即"举人"考试。每次考试，一连数周时间，运河里挤满了小船，沿岸到处是船夫、客栈老板、大车夫、手推车夫、商人、苦力和其他许多通州人。在这种时候，雇佣船只和马车的价格飙涨，高得吓人，远来的客人任凭当地人宰割，各行业的通州人都不失时机地大捞油水。除了这些特殊原因带来的繁荣外，川流不息进京的官方和民间游客、商人、买卖人，特别是运送外国货物进京的人流，都是通州人借机大捞一笔的对象，各种服务收费奇高。

大约三分之一个世纪以来，或者说是自1866年以来，通州一直设有美国公理会的一个布道站。最初，该布道站只在市中心有几处小建筑，后来逐渐扩展到了较远处的西部。在过去十年中，城西南角外面一大片地方也成了公理会的地产。城内建有一座

通州，潞河书院

医院，一家药店，一座神学院以及男、女学校，四栋住宅和其他一些建筑。城外则建有潞河书院、四栋教员住宅，临近地方还建了一些其他建筑，正在开始兴建一座工厂。

值得注意的是，通州人与生活在他们中间的外国人之间，自始就是一种理想的友好关系。这里不仅从来没有发生过骚乱，而且也没有任何干扰这种统一和谐局面的情事发生。长期的医院和药房工作，已经产生了广泛的影响，当地人以本地有潞河书院这样的学校为荣。与官员们的交往一向是友好的，有时甚至是亲切的。下面的事例说明这里的一些外国人很有名气，当地人都非常信任他们。

当英法联军 1860 年 10 月进攻北京时，通州主动提出有条件放弃抵抗，为外国军队提供一切军需物资，条件是英法联军不得伤害这座城市，结果是双方都很满意。

在中日甲午战争期间，人们担心北京会成为侵略者的牺牲品。通州人联系到潞河书院校长谢卫楼（Sheffield）博士，想知道如果日本人来了，他是否会答应出去见见日本人，从中斡旋商定保证这座城市不受侵害的条件。当得知他愿意在有朝一日承担这一任务时，官方派出一支由五百名士兵组成的卫队到了他的住所，护送谢卫楼博士和富善（Goodrich）博士前往清军前线指挥部。指挥部以迎接总督级别官员的礼遇——鸣礼炮欢迎他们，并为他们引见了几位高级官员，这些官员对外国人都非常尊敬。他们对谢卫楼和富善博士愿意在危难时刻出面干预，深感宽慰。虽然后来日本军队没有进攻北京，因而谢卫楼他们也没有出面进行斡旋，但关键时刻通州人想到他们，他们爽快接受出面斡旋，特别是官方那么大阵仗的护送队伍和欢迎仪式，在人们心中留下了难以磨灭的印记。

在天津至北京的铁路修建前十几年，这一工程就设计好了，而且得到了皇帝的批准。在这条铁路一度要开始动工时，通州城里有一位士绅拜访谢卫楼博士，一见面就跪下磕头，然后才站起身向谢卫楼说明来意。他说他正在祈求上苍，保佑他祖先的墓地不受铁路侵扰，因为这条铁路会惊扰祖先安息，很快就会给整个家族带来无法挽救的灾祸。谢卫楼博士告诉他，这条铁路的设计和施工始终都由中国政府掌管，与作为一个住在通州城里的普通美国人没有一点关系，他没办法不让铁路从这里经过。毫无疑问，这位士绅很难理解也不会相信谢卫楼的话。

经过无数次的失败和挫折，天津至北京的铁路在甲午战后终于动工了。在此前的一段时间，当人们认定这条铁路必定要修建时，中国的投机者煞费苦心地在通州附近囤积了大片土地，他们认为火车站很可能就建在那里。通州人陷入了极度的恐惧之中，他们担心铁路会摧毁城市的风水运势，新的运输方式将毁掉原有的兴旺贸易，这不仅仅是一种威胁，而是马上就要降临的灾难。为了避免这场灾难，他们想尽了一切办法，但所有努力都于事无补。

就在走投无路的时候，他们忽然又心生一计，这是他们最后的希望。以往无数的抗议修路活动，总是会招来一些较有影响力的持反对意见的奏折，这些奏折总是拿通州船运说事，称这里的船运必将衰落，承担不起日益繁重的运输任务。于是，他们通过贿赂北京的御史，上了一份颇具影响力的反对修铁路的奏折，该奏折指出在通州修筑铁路风险太大，通州人反对筑路，将群起抵制。人们普遍认为，有一位亲王介入了此事，而由于他的影响，这条铁路避开通州转而向西，通向被称为"南海子"的皇家猎场附近，那里是没有任何重要市镇的赤贫地区，虽然没什么东西需要铁路运输，但至少不会有人反对。就这样，不管怎么说，通州人尽管没能阻止他们心目中邪恶的铁路修筑，但至少把这个邪恶的东西逼到了很远的地方，不会再扰乱这里的安宁生活了。

有一段时间——尽管很短暂，通州人的目的似乎都达到了，不再有恐惧感，一切照旧，又过上了按部就班的日子。但到了1897年春天，人们开始注意到，以前去北京的旅客途中并没有来通州，而且船上的旅客也前所未有地稀少起来。这一年恰逢北京三年一度的科举考试，正如前面所提到的，通州人期待大捞一把。但是，只有一小部分考生像往常一样来到河边，因为火轮车刚开始正常的运行，旅客都很好奇，纷纷去体验"快速交通"的感觉。一时间，造成铁路运输拥挤不堪，几难以承受。客车满载，货车也装满了人，甚至连运碎石的平车也都当客车用了。

这条铁路从一开始就取得了巨大的成功，但可怜的通州却因为客流量聚减而暗自伤心或公开抱怨。生意不再像以前了。客栈基本上空无一人，商店门可罗雀，一些建造和装修房屋的工程顿时都停工了，以往在城市生活中占有重要地位的大车夫和赶驴人，已经无事可做了。街上卖食物的小贩发现买卖很少，而且越来越少。理发师与顾客闲聊时说，本地从最大的商号到四处游荡的小商贩，都让火轮车给毁了，所有的生意都因有了火轮车而没落。简而言之，这个地方开始死亡，这里的人很可能也会随之都没了。

上述通州的情形已经很糟糕了，但更糟的还在后头。通州城里大量经办贡米的大户有理由担心他们转运、储存、管理贡米的难以计数的收入将完全断绝。人们发现火车镀锌的铁皮车厢，能够完好无损地保护以前从天津经通州运往俄国的茶叶。过去河运途中常常整包整包地失窃。前述主张兴办铁路运输的一份奏折，早经建议铁路运输茶叶，认为铁路运输"将杜绝船员偷窃情事"。同样，正如人们预料的一样，铁路将毁掉一大批通州人的生计。

不过，无论怎么说，通州人过去的祷告得到了上天的应允，他们祖先的墓地没有受到铁路侵扰，改道的铁路显然是为皇帝修建的。这件事与通州人没有任何关系了，剩下的只有追悔莫及。通州人似乎意识到了这一点。那里从门可罗雀的大商号老板到乞丐，所有人都会以同样的口吻向你诉说这里的生意不行了，没有活路了。据说，有二十多家大商号已经迁到了北京东郊，在那里重整旗鼓。一些以前繁华忙碌的大街上，已经长满了野草。

中国北方经常有沙尘暴。阳光明媚的日子里，一旦沙尘暴来了，太阳光就不像平时那么亮了，有时很快就被遮住，看不到了。天上没有云，但枯燥的暗棕色阴霾逐渐弥漫开来，悄无声息地从天际落下，直到尘埃落定。或者，如果有风的话，沙尘就旋转着迅速席卷了一切。所以在最糟糕情况下，大白天也可能需要点灯照明才行。没有人知道尘土从何而来，为什么有的时候它来而有的时候不来，也没人知道它究竟为什么会来。这只是一个司空见惯的不得不接受的现实。

义和拳在通州兴起，与静悄悄降临的沙尘暴并没有什么不同。"最初它就像一个暴风雨中的幽灵。"

笔者于（1900年）5月17日从山东乘船抵达这座城市，有三名士兵随行护卫。所有的外国人和大多数中国人都对我有三名护卫感到惊讶，认为这是一种不同寻常的、多余的奢侈。沿河航道很安静，陆路也很安全，没什么异样。通州那时亦不例外，到处都很平静，尽管有传言说东郊正在酝酿骚乱。后来人们才知道，义和拳病毒是由来自天津或独流①地方的人乘船带过来的。独流位于大运河水路向南十八英里，是一个著名的义和拳据点，后来几乎被外国军队摧毁。在独流，有人建议演练义和拳术，认为可以保身家护闾里。练习义和拳，原本与外国人无关，并不是要与外国人为敌，而且演练这些东西方法非常简单，甚至孩子看看示范就能学会。

偶尔有些像往常一样乘坐轿子或其他交通工具四处走动的妇女，注意到有人在演练义和拳，会驻足观看一会儿。有一次，一个男人在轿子前蹦蹦跳跳，做着要砍掉他自己脑袋的动作，旁观者都笑了。后来大约在十天的时间里，开始有令人震惊的一些谣传，但却模糊不清，也无法证实。

---

① 独流，因南运河、子牙河、大清河在此汇成一条河流而得名，自明代渐有移民至此，形成村镇。今为天津市静海区独流镇。

　　不久，就有了排外运动的迹象。开始是义和拳抓了一名到外国人医院医治疥疮的乞丐，医院医生给了他一种硫磺软膏。人们认为这种软膏是用来在井水里投毒的毒药。为了看看这种软膏到底是不是毒药，知州精心设计了一次查验，结果证明指控软膏是毒药的说法毫无根据。但这种关于外国人要下毒的说法却已经产生了激怒民众的效果，影响难以挽回了。独流以及其他一些地方受外国人往水里下毒谣传的蛊惑，纷纷声言要赶走洋鬼子。

　　排外运动进入高潮的情形，我们在记述通州的美国人6月8日逃到北京时已做过介绍。那些美国人通知地方官，将房舍移交给他们照管。第二天，潞河书院就被官军自己焚毁和洗劫了，美国人的住宅和与潞河书院有关的每一幢建筑物也被烧毁和洗劫。第二天，城里的美国人的建筑也都被夷为平地，连一座快要竣工的临街礼拜堂也未能幸免。对外国人建筑的破坏非常彻底，原本一些有着两层楼高建筑的地方，破坏以后可以随意骑马驰骋，甚至很难辨认出原来的建筑在什么位置了。

　　电报局和邮政局遭到了与外国建筑一样的命运，统统被拆毁了。邮政局长（一位基督徒）冒着极大风险逃亡北京，进京后他把账目全部上交，然后只身勉强逃到了南方，最终安全抵达上海。义和拳游戏般地将沈道台软禁在衙门里，不准外出。后来他终于脱身逃走，道台衙门被洗劫一空，他随身携带的财产，逃跑途中被抢夺净尽。义和拳排外运动掀起的恐怖声势令人吃惊，整个通州城的人都心甘情愿或是随波逐流，由衷地怀着一种奇妙、长见识的心情投身到了这场运动之中。如果有人表示出对这种做法的异议，当即会被疯狂的唾骂声所淹没。他们唯一明显的不满是铁路破坏了他们的贸易。为了改变这一现状，通州走上了自我毁灭的道路。

通州知州尤其可恨，并且很虚伪，他竭力要把那个逮捕的乞丐手里的彩色止痒软膏作为外国人的罪证，结果徒劳一场。于是他就杖责逮捕乞丐的衙役八百下出气，因为衙役没能搞到外国人的罪证。他在医院盈亨利（Ingram）博士的实验室里发现了一副人体骨架，就拉到衙门，招摇地挂在大堂前面的墙上，向人们展示指控外国人罪行的真实有形证据。在潞河书院遭抢劫时，道台曾命令知州把值钱的东西收归国库，但这位知州故意什么也不做，放任这里的一切财物要么被抢走，要么被毁掉。

长萃仓的仓场总督（Intendant of the Grain Yamen）①实际上是通州义和团的首领，美国士兵占领了他的府邸后，在他的房间里发现了证明他确实有罪的文件。几个月后，英国人截获了一大包这样的文件，里面有完整的义和拳首领的名单、营地地址、给养和参与者记录，以及许多类似的信息。这些文件都交给了都春圃先生，请他对这些文件进行全面检查和注释。

一名中国"难民"在逃亡南方途中绘声绘色地讲述的一些事实，或许可以让人们了解外国人逃离后这座城市的情况。他在6月21日到了通州，看到一伙人吵吵嚷嚷地进了城，而另一些人打了三阵排枪，这说明一些基督徒被枪杀了。这些基督徒的尸体随后被拖到了运河岸边，以防瘟疫传播。

类似排枪每天都能听到许多次，这说明他们正在进行可怕的屠杀。在这一恐怖笼罩的地区，美国公理会布道站大约有一百五十名城里和乡下的基督徒丧生。

义和拳站稳脚跟后，要求与道台见面，并打算杀死他。然而，

---

① 仓场总督，全称"总督仓场户部右侍郎"。清代仓场总督，或称"总督仓场"，满汉各一人，满员一般由户部尚书或侍郎兼署，故又称"仓场尚书""仓场侍郎"。

道台坚决拒绝见他们。义和拳暴民开始威胁要砸烂衙门大门，下属官员出于同情，出面协调，救了他一命，义和拳要求交出十锭银子(五百两)，免道台一死。双方还约定，道台不管什么情况都不能在衙门外现身，不然，杀无赦。义和拳还要道台写了一份委托书，授权他们维持通州城厢内外的秩序，惩罚他们发现的所有汉奸，必要时可到衙门领取金钱和给养，并且有权处死所有威胁这座城市的人。

6月22日，清廷颁发上谕，准义和团摧毁外国使馆。义和团早经打出的"扶清灭洋"旗帜，又加了"奉旨"两个字。从此，义和团亡命之徒成了任谁都不敢惹的霸王。从6月26日起，他们完全控制了通州。

值得注意的是，李鸿章到来后，纵容义和团在通州横行无忌的知州又恢复了职权(没有大臣反对)。美国宣教士们不得不同他协商本地基督徒的赔偿问题，通州基督徒惨遭杀戮和抢劫，就是他一手造成的。但现在这个人又摇身一变，成了基督教的好朋友，在外国人和基督徒面前笑容可掬，彬彬有礼。

一位知府奉命与宣教士们商议关于对基督徒的赔偿以及对那些残忍而无缘故的杀戮罪行的惩罚问题，他恰当地表达了矫正以往关系所面临的尴尬。他说："如果你们真的要追究那些犯有罪行的人的责任，那就必须从太后开始，一级一级直追到底，我们所有人都脱不了干系。"他的说法简洁而准确。

日本军队占领通州没几天，北城墙上一所小房子储存的几吨炸药爆炸了，有人推测这是印度士兵干的。这次爆炸十分恐怖，不仅把引爆炸药库的那些士兵炸成了粉末，而且炸毁了四分之一英里多通州城。这一地区的毁坏和荒凉程度比中国北方任何其他地区都要严重。整个爆炸区域一片废墟，爆炸冲击力冲垮了一座供奉战神的庙宇。这一通州的地标性建筑，仅剩几根支柱还立在那里，庙宇和院落四壁转眼成了一堆堆瓦砾，屋顶不见了，屋顶木架横七竖八。但人们以前供奉的三尊神灵还矗立在废墟中，似乎在竭力表现出他们根本不在乎栖身之所的遭遇。这座城市分成了几个不同区域，分别驻扎不同国家的军队。如果全部由日本人驻扎的话，有可能他们会履行他们的诺言，保全这座城市。但在现在这种情况下，城市没多久就被洗劫并烧毁殆尽。城中心通往城东门这条曾经的大道，几乎没剩下一家完好无损的商店，通向北门的主要大街上所有店铺和住宅都毁掉了。几乎所有的大型商业场所都被摧毁了，人口众多、历史悠久的东郊地区也在劫难逃，只是不像其他城区那样被劫掠焚烧殆尽而已。西郊未被焚毁，北郊虽然基本上没有遭遇火灾，但被法国人和俄国人占领，那里的民众遭受了笔墨难以尽述的苦难。

有一名记者到了通州，试图找一所没有被抢劫的房子过夜，他希望能在那里弄到一床棉被。他确实找到了一所房子，并且在里面发现了三床被子，但每床被子里都有一个死去的中国女人，显然她们先是被强奸，而后又被开膛破肚，用被子覆盖了一下！在接下来的一个月里，由于外国士兵的残暴行径，联军给通州人带来多大的灾难，将永远是个谜。

这座城市被占领一个月后，除了为外国军队服务的苦役外，外面能看到的只有几百人。即使是在城市的西部，走上好几英里远，除了日本人占领的院子和外面饥饿的野狗群，看不到任何生命迹象——尽管这里的房子没有被完全烧毁。翻倒在池塘里的大车和人力车，糊满了黄绿色的泥浆。一些大商号都遭遇了抢劫，但没有被烧毁，里面仍闲置大量家具。商号内外见不到一个人影，只有大街上散落的会计账簿告诉人们，这些商号已惨遭洗劫,而对面的影壁上还留有饱含暖意的字样——"喜迎八方客"。

在外国人曾经住过的北后街,他们的一些邻居曾经兴高采烈地抢掠他们的财物,而现在可以看到用日语、法语和英语写的"日本第五团专属区""禁止入内"等告示。有一些地区,每扇门上都有"日本"字样,上面还有(去年新年留下来的)"皇恩浩荡,阖家幸福"联语。

在破坏外国人的住宅时,所有邻近的房屋也都毁坏了。现在没有一家商店开业,也见不到一个小贩,一杯热水、一个鸡蛋都买不到,但是在十九世纪和二十世纪之交通州至为荒凉的这段时间里,日本国旗飘扬在剩余的贡米粮仓上空,这些粮仓原本是通州和北京的命脉。运河岸边,每年秋季都是贸易活跃繁忙的季节。1900年秋季也是一派忙碌景象,但却不是从天津来的运送稻米的船队,也不是途径这里运送茶叶去俄国的船只,而是日本、英国、法国、俄国、美国货运船只挤满了北运河水道。所有进进出出的船只都是军用船,每一个船夫都必须严格遵守无可改移而又略显专断的戒严管制。

在一道不能跨越的淤泥沟(很可能自元代以来就这样)里,一群锡克兵正在用从中国房屋上拆卸的房梁架桥,桥墩是从附近田地里弄来的大捆的高粱秆,高粱秆上都带着已经成熟的穗子,桥面上则铺着门板、窗棂和其他木材。这座小桥是军用道路的一小段,这条军用道路直接穿过被毁掉的潞河书院墙基。早在义和拳毁掉潞河书院后,附近的农民很快就在这里种上了玉米,当部队在秋天到达的时候,玉米刚好成熟,成了随军到这里查看潞河书院毁坏情况的公理会宣教士们的马匹饲料。

从通州到北京,整整十二英里路程。即便你在这里走上几个来回,很可能也见不到一个行人。沿途无数的茶馆和客栈,没有一家开业,你根本喝不上一口水,也买不着一点吃的,甚至没地方给牲口喂水。异常繁茂的庄稼无人过问,后来有人联合作业,一些人在路边瞭望放风,看是否有军队路过,一些人偷偷摸摸急急忙忙地摘玉米棒或割高粱穗。许多外国士兵随意向看起来像是"异教徒"的中国人开枪,结果很多地方因为害怕操着不同外国话的军人可能突然现身,从而成了无人区,只有一些外国士兵在毁坏较轻的房子里恣意劫掠。这些士兵每一个人都代表着充满仇恨的民族匆忙来到这片土地上征战,占据着本不属于他们的领地,在广袤的大地上狼奔豕突,出没无常。

所见所闻令人心情沉重,难以承受,很多难以名状的惨剧不忍触碰叙及,这样的日子还要持续几个月。上述一切,甚至更多,仅仅是通州遭受惩罚的一部分。

第三十一章　联军占领的天津

　　天津是直隶、山西和山东、河南以及东北、蒙古部分地区的天然门户。这座城市与外国人的关系中,有许多具有启发性的东西。过去一年的历史所昭示的人们之间的行为互动和影响,理应引起人们的注意。

　　天津人以暴烈好斗而闻名,尤其是在言语上。中国各地的人都害怕与之争执和吵闹。在中部省份的一些地方,客栈有一个约定俗成的告白:"天津人请勿入内。"公元1860年,英法联军攻陷大沽要塞后,天津出于自己的利益投降了,并以有利可图的价格向外国军队提供一切所需给养和其他补给品,很快就学会了如何在外国军事占领条件下获取财富。但天津人从认识外国人的第一天起,直到现在,都没有喜欢过他们。天津人在刚开始认识外国人的时候,就给这些蛮夷起了个新绰号——"毛子",暗示外国人浑身长满毛发。任何一个外国人在这座不适合居住的城市的大街上或荒凉的郊区行走,随时都可能听到各年龄段的孩子们,无分男女,甚至是还不大会走路的小孩,都在不停地齐声高喊"毛!毛!毛!",直到他们走远听不到了。

　　我们已经介绍过1870年的天津大屠杀。在那次惨案中,文人鼓励暴民盲干,官员不予劝阻,其结果是外国人丢了二十条性命。法国人是这次暴乱的主要受害者,但不幸的是,他们在那年的普法战争中惨败，以致迟迟未能与中国就解决这一惨案达成各方面都令人满意的协议。如果对天津骚乱予以适当的惩罚，可以肯定在随后的中西关系中，就不会发生那么多不愉快的重大事件。

尽管法国未能在天津杀戮外国人的案件中获得足够的赔偿，但根据中国人自己的信念，这座城市和这个地区无法逃脱上天的报复。天津周围农村地势低洼，连续多年被洪水淹没，给无数百姓带来了可怕的灾难。成千上万的难民们成群结队地涌向这座大都市。他们挤在大席棚里，或者挤在一些糊着泥的棚屋里。这些屋里，除了一把破铁壶和一两只盛饭用的碗，没有任何其他家具。在冬季可怕的凛冽寒风中，大家破衣烂衫，像小狗一样蜷缩在一起，地面铺有少量稻草，仅有几片破粗麻布保暖。

据估计，天津城厢内外人口约为一百万左右，但实际上很可能没有这么多。城市本身很小，城厢狭窄、拥挤、杂乱无章。但在过去的二十年里，这里人口显著增长。天津是个巨大的水上交通枢纽，冬季水上停泊的船只长达数英里，没什么生意可做，但其他季节各种船只往来活跃，贸易旺盛。

天津的商业繁荣，完全是国际贸易兴起的结果。开展国际贸易以来，这一贸易已取得了长足进步。贝思福（Charles Beresford）勋爵发现1897年的海关税收约为13.9万英镑，九年的时间里增加了近65％，而同年的全部进出口总值约为9 232 030英镑，十年间增长了99％。

在这个星球上，或许在其他任何星球上，都找不到比中国人更聪明的人。他们轻而易举地感知到了非凡的繁荣源于"开放口岸"的外国贸易，像香港、新加坡、槟榔屿一样，他们已做好了充分准备，以后要遵循外来的"野蛮人"的规矩办事了。但这并不表明他们爱"野蛮人",或者说喜欢"野蛮人",他们根本不喜欢外来的"野蛮人"。关于中国人与外国人之间的先天就有的反感情绪,天津是个很好的例子,极能说明问题。西方人居住的天津租界,每年花费的钱相当于一个王国的收入,不都落到中国人手里了吗,他们对天津人造成了什么伤害?的确,在一些中外贸易的细节上有许多令人遗憾的地方,也可以说,中国人显得有些委屈,但总的来说,我们认为他们的待遇还是相当公平和公正的。

义和拳策源地并不在天津,而是在天津南面的一些地方,最初在这个动荡的大都市似乎没有引起多少反响,这一事实使天津一些老"中国通"感到惊讶。即使在 1900 年的头几个月里,也几乎看不到任何异常躁动,而且绝对没有任何迹象表明民众会闹义和拳。一些满怀期待的义和拳爱好者走上街头,哄骗群众,随即被捕,受到了严厉的惩罚,被戴上了木枷监禁起来,动乱的苗头很快就被压制下去了。

直隶总督裕禄,像那时候中国其他地方的高官一样,是满人。人们总是很难依据一名汉人(或满人)官员说的话或他们发布的告示来判断他们的真实意图。但有充分的间接证据表明这位总督大人那时候对义和拳并无好感。当时,直隶的军事长官梅提督正在积极作战①,镇压了多股义和拳。如果裕禄像山东巡抚(毓贤)那样,阻止梅提督镇压义和拳,他是不可能做到的。不管怎么说,裕禄和梅提督那时是极力要扑灭义和拳的,而且有些告示听起来很严肃,态度坚定。然而不久以后,无疑是由于朝廷开始赞成义和拳,局势随即为之大变。北京下达了明确的保护和利用义

---

① 不确,梅东益 1900 年以前职衔为"山海路游击",记名提督,统淮军乐字营驻河北沧州一带。光绪二十六年(1900 年)初,补授贵州提督,仍统领淮军驻扎沧州,并不在直隶军队系统任职。

和拳的指令。

值得注意的是，人们原本以为天津这座城市会是排外病毒的中心和集散地，但实际上并非如此，这的确令人感到奇怪，总的来说也无法解释。义和拳在保定府、曹州、通州如火如荼很久以后，天津也没闹义和拳。5月中旬，一百英里以内的农村地区已经发生暴力事件，基督教难民不断涌入外国租界宣教大院，他们深知一场史无前例的大风暴要来了。

后来在总督衙门中发现的信件，充分证明了这位总督与他的保定府下属（奉北京之命）在供养和资助义和团方面同流合污。发生在卢汉铁路沿线的事件，特别是5月28日的丰台机车厂和火车被毁的事件，以及后来在京津线的车站发生的事件，在天津产生了广泛影响，此时这里已经躁动不安，蠢蠢欲动了。

我们前面曾提及一大群比利时工程师从保定府逃走一事，这里再补充一点他们紧绷神经的经历。逃走时，他们在护卫和翻译的陪同下，乘十二艘船前往天津。然而，没多久护卫和翻译就叛逃了，把他们丢在河里不管了。于是他们迷了路，走散了，有几个人失踪。剩下男女共计二十六个人直奔天津而去。这些人破衣烂衫，走丢了鞋子，没有吃的，只能在池塘和小溪里喝点水。这一行人中有五个人被这种遭遇折磨得几乎疯了，他们离开了大队，其中两个人自己到了天津。天津方面立即组织了二十五个骑马的志愿者和十名徒步的志愿者两个救援队出发搜救。结果骑马的那队人围着天津城转了几圈，没能找到他们，而徒步出去的那些人遇到了从保定过来的逃难者，把他们带进了租界。这时他们不但精疲力竭，且精神高度紧张，连话都说不出来了。经查验，男士中有一人腿部中枪，肩部和头部还有七处伤口。女士中有一人肩部被子弹穿透了，另外几位女士也都身带各种创伤。

天津美国公理会

天津解围后的美国公理会

除了少数例外，天津城里和租界的中国人都相信，义和拳能够做到他们所宣称的一切，甚至更多。他们能抵御刀剑，不受子弹的伤害，能随心所欲放火，还会飞。另一方面，外国人则过于自信，太轻敌了。6月3日，报道比利时工程师痛苦遭遇和经历的同一位记者发表评论说："天津没有任何理由感到忧虑。"可就在这时，天津本地人情绪激动，狂躁不安。人们发现很多基督徒的房门上血迹斑斑，局势顿时混乱不堪，纵火、抢劫之风迅速蔓延开来。

6月14日晚（比北京公开暴乱晚一天），义和团开始行动，从二层楼的高处可以看到他们的队伍。他们在城内的三座小教堂纵火，许多邻近的建筑物也卷入火灾中。

那些在毗邻法国租界的房屋上枪击外国人、试图消灭掉他们的人，可能不会想到，数周之后，他们的财产将会被没收，或在某些情况下出售给他们原本要杀死的人；目光短浅的中国人也没有谁会预料到，要不了多久，他们偷偷地攻击其雇主的行为，将导致未来他们走在自己城市的大街上很不安全。晚上9点钟后，除了人力车夫，中国人将不能进出外国租界。

毫无疑问，聂提督指挥下的中国军队的殊死战斗精神，远非甲午战争中的任何一场战役可比。6月25日及以后《京报》刊登的裕禄的官方报告是一份有趣的文件。他说，聂士成的部队正在与义和团合作，义和团愿意无条件战斗，充分表现了爱国主义精神。他们在天津的实际人数不下三万人，他说，这些人"日以焚烧教堂、杀灭洋人为事"。这位总督大人也是这样做的，在缴获的他衙门里的文件中，有悬赏一百两白银要两个外国人脑袋的记录。

所有义和团和中国士兵在很多战斗中牺牲的最终结果，是中国军队的彻底溃败（即使是在一个他们已经于城墙内外建立了强大阵地的地方）。天津成了敌人的猎物。

联军攻陷天津后，立即开始施行军事统治，肆意破坏和劫掠也随之开始。在对整个天津市区进行调查时，发现在这场战争中，天津人的生命和财产损失巨大。关于死难人数，我们不可能说得很清楚，但是对于财产的破坏，到处都有明显的证据。日军炸毁了他们攻入的南大门，城楼完全毁掉了，东南角一座用作军火库的庙宇被炸毁。在南大门和城中央鼓楼之间，许多房屋和商店都被烧毁了。在这座鼓楼和北门之间，街道两旁什么也没有留下。从鼓楼到西门，尚未完全变成废墟，而鼓楼以东地区，仅有一个基督教差会布道站周围的房屋未遭多大破坏。

北门外面，有一条狭窄的街道一直延伸到通向总督衙门的铁桥。原本这条街两侧各种商品琳琅满目，贸易十分兴旺，也许是全中国最好的街道之一。经惯于先抢后烧的义和团、中国军人和本地流氓的轮番光顾，这条繁荣的商业街几乎全部夷为平地，损失无疑达数千万两白银。许多天来，很多士兵和文职人员的主要任务，就是从数不清的地方搜刮劫掠大量银器，然后用手推车和大车运走。下面这个典型的故事很能说明问题，说的是有人看到一个士兵从车上掉下来一两个银锭（每个价值约七十墨西哥洋）时，告诉他银锭掉了，他应声道："没关系，你把它们捡起来吧，我想要的都有了！"而在各个衙门里搜寻劫掠走的金银财宝，更是难以计数。

作为对天津的整体报复的一部分，这些衙门的命运很有趣。李鸿章曾经占据了二十二年的总督衙门（大部分在冬季不小心被火焚毁），成了联军实行军事统治的"暂行管理津郡城厢内外地方事务都统衙门"。俄国曾要求独自管理天津，但遭到了列强强烈反对，只好放弃了。这个"都统衙门"由英国、俄国、日本、稍后的德国各任命一名上校为"都统"，随后增加到六名都统。他们在一些必要的职能部门协助下，共同监管和控制天津这样一个重要大都市。

联军一占领天津，所有中国军政官员立即消失了，他们大多数人都苦不堪言地向南逃去，在长途跋涉途中被各地中国人不断地打劫，最终统统身无分文。日本人占据了海关道衙门（天津城中最重要的衙门之一）；法国人占据了天津知府衙门；天津知县、长芦盐运使和天津镇总兵衙门全部被毁。中国官员们想要军队和义和团联合行动，把外国人赶到海里去，结果开始动手后六十天之内，就带来这样一个意想不到的结果。义和团和中国士兵已经不见踪影了，他们将天津留给了可恶的外国人任意处置。

总督衙门附近的炮台曾对租界发起恶意攻击，但很快就被日本人占领了。日本人派了一支小分队守卫，其他部队占领了附近的许多炮台。联军在天津附近地区缴获了大量新的和未使用的克虏伯大炮，这表明中国士兵在抵达天津时士气相当低落。

这座城市刚被占领不久，英国和其他国家的军官就赶到北门外的河边，扣押了帆船、货船和篷船作为军用。于是，除非得到军方的同意，否则任何船只都不得启航，船夫也都不得自由行动。各种船只都贴有诸如"英国87号""美国运输63号"等"国外"标签，或者悬挂着一面带有"T. P. G."字符的旗帜，表明它是在天津都统衙门登记和领取了执照的船只。此外，大车、手推车、人力车、牲畜等，也都有各色标记，未经军方许可，不得随便动用。

各地贡米停运了，军队很快就控制了天津现有的所有粮食给养，他们既无所不在，又无所不能。白河左岸的食盐堆山成岭，一端插着俄国国旗，另一端插着法国国旗。在接下来的一年左右时间里，没有一艘运盐船只驶往内地，那些地方的人只能自己想办法了。

中国春节时,人们总是无休止地燃放大量鞭炮。天津(以及其他外国人控制的城市)发布公告,严禁燃放鞭炮,违者立予逮捕,酌情给予各种惩罚。以前春节期间各家门道和门上张贴的各种华丽的年画、对联,现在几乎见不到了。由于人们对外国士兵的恐惧,连在大街上打躬作揖问候的场面也都见不到了(据说是日本警方禁止)。甚至在自己的院子里举行一些必不可少的仪式也并非没有一点危险,据说有的妇女因为赌博而被捕——这是一项全国性的休闲活动。在这种奇怪而又痛苦的境遇中,许多中国人哀怨地感叹:"这个年还不如不过的好。"

一年前,"洋"这个词在天津各地是如此令人厌恶,以至于无辜的卖"羊肉"的穆斯林因说了"羊"这个同音字而受到攻击。所有外国的东西都是禁忌,如果不得不用,就起上一个新名字。外国布必须称为"细布"或"宽布",外国步枪必须称为"疙瘩枪",外国火柴必须称为"快火",等等。但现在到处都能见到中国人戴外国产的帽子,穿外国制造的外套、裤子和靴子(冬天甚至戴着以前没有的连指手套),这些都是外国士兵和文职人员丢弃的东西。所有阶层都或多或少地学会了军礼,虽然不那么标准,连小孩子都在每个过路人面前卖弄地行军礼,女性老乞丐在讨要"洋钱"时,也小心翼翼地遮住一只眼睛,表示她们一丝不苟地遵守外国礼节。

那些用来灭绝可恨的外国人的物资的命运,很好地说明了那些要灭绝外国人的计划彻底失败了。他们原以为自己的计划天衣无缝。在天津城东南角的军火库中发现了各种各样的武器,所有这些武器都由都统衙门接管,发放给了任何一个提出要求的外国人,用于他们保护自己的生命和财产。都统衙门在这个军火库和其他地方收集的铅，被熔化浇筑成许多重二百英镑的铅锭，大量运往上海。这一做法收益可观，都成了能干的都统衙门的收入。迄今为止，都统衙门成功地承担了天津城过去二十个或更多衙门的任务，很多事情还都是以前的衙门没有做过的。

都统衙门清理并运走了被西摩上将的部队毁掉的西沽军火库。这一过程中进行了拍卖，买家挖出了大量铅锭和其他金属合金溶块，中国政府的财富又流入了外国人的腰包。

在围攻外国人的两个月时间里，很多天津城里的人逃到了遥远的乡下，他们心有余悸，不愿回来。不过，整个天津城区慢慢地不那么荒凉了，穿过租界区的大沽路开始逐步恢复活力。从表面数字来看，天津城城内的建筑与郊区相比，毁坏得少一些。直穿法租界的那条拥挤不堪的大街上，原本大多是中国人开办的经营外国商品的商店，战争期间被完全摧毁了，其中有一些建筑是外国人为了防止中国军队和义和拳利用这些建筑发起攻击而摧毁的。商店被摧毁后，那些捷足先登的人将这里洗劫一空。同样的原因，外国人也焚毁了法租界大片土地上的建筑。既然这么多建筑都被毁掉了，到处一片狼藉，无疑不如重新规划建设的好。

在战斗最激烈的河东岸火车站附近以及周边很大的一片区域，所有中国人住宅都被夷为平地。从天津城到大沽沿河两岸的住宅，已成了一片废墟，城里各处住宅也遭到程度不同的破坏。房屋数量的大量减少，给天津及周边地区的人们带来了极大的不便和不适，当寒冷的天气来临时，很多人苦不堪言。最简陋的小屋租金也十分昂贵：比没有住所更严重的问题是难以购买粮食和缺乏燃料，因为这一年雨水不足，战争环境下，人们顾不上如常照料庄稼。

动乱之后，物价高得离谱，军方的规定导致了工资大幅上涨，劳动一天工钱四角,是动乱前的两倍,表面看似乎预示着一夜间富裕起来了。但是,工资大涨之后,人们就不再以制钱计价,而是用"毛"(一角硬币)、"元"(银元)计价了。但这种虚假繁荣的结果是,过去一个制钱(一文)能买到的东西,现在一角钱也买不到了,人们的衣食并未得到什么改善。

除了这些因违反政治经济学规律所带来的麻烦,其他一些因素也给天津带来了灾难,这主要是因为中国向世界挑战,世界各国联合起来对她进行报复。要使一支语言各异的联军规规矩矩几乎是不可能的,而事实上也没有人去维持军纪。一些俄国、法国、印度和德国士兵,光天化日之下在公共场所公然抢劫中国人的钱物和衣服。

军队在天津周边地区四出抢劫。虽然没有确切的事实证据,但可以肯定的是,他们至少大规模违犯了十诫中的三诫,而且对"异教徒中国人"没有任何补偿。每一个苦力的衣服上都必须缝上一个标签,否则,他可能会被一个有急事的军官征召去做特定工作,这种情况也许会得到优厚的报酬,也许最后会被一脚踢开。为了防止别人偷去他们的徽章做护符,他们把一块铜片绑在胳膊上,许多可怜的家伙们努力工作一天,在疲惫不堪地回他们居住窝棚的路上,常常遭遇来自阿尔及尔(Algiers)①的法国骑兵或胶州的德国骑兵的抢劫。

一些本地的土匪恶棍,前不久还作为"爱国义和拳"一直从直隶总督那里领取给养,现在他们扔掉了红腰带,趁混乱局势到处劫掠。然而,如果没搞到多少东西,生活依旧朝不保夕,他就会混

---

① 阿尔及尔,今阿尔及利亚首都。19世纪上期至20世纪中期,阿尔及利亚为法国殖民地。

在人群中，到都统衙门当临时警察，不分好歹地敲诈勒索，因为没有人知道他们的底细。个别情况下，有人会因为过于鲁莽而丢了脑袋，但这只是这些冒险活动中偶尔发生的事情，对其他隐藏的恶棍没什么威慑作用。

天津的职业流氓和骗子，在决定一生命运的关键时期，混水摸鱼、谨慎操作，天津解围之后成了富人，生意兴旺发达。而以前的富人或流亡在外，或已沦落成了穷人。天津的许多重要的慈善机构，从源头上枯竭了，这是穷人突然变富、富人一下子变穷的社会秩序颠倒的恶果之一。以往灾荒或社会动荡时期繁盛的粥棚，现在见不到了。尽管仍有一些仁慈的士绅愿意为处于困境的难民做点什么，但财力有限，套用一句老话来说——"杯水车薪"，对缓解天津广大穷困民众疾苦起不了什么作用。

无论天津都统衙门行政效率多么高，而且在一定范围也有许多可圈可点之处，但是它在管理的首要原则问题上是完全失败的。治理天津应该由中国人自己来做。李鸿章确实任命了一名天津知县、一名天津知府和一位道台，但即使他们能安全进入这个城市，都统衙门的六位都统也不允许他们在天津城内设立衙门。道台在中国官员品级中是个重要和尊贵的职衔，但似乎因不礼貌地进了城，结果被都统衙门撵了出去，甚至不允许他办理天津界内任何事情。在他去拜访都统衙门六位都统时，没敢穿着正式的官服，而是穿了便装，他确信他们永远也不会知道这其中有什么不同之处。

整个中国行政体系是一个等级制的、相互关联的责任体系。在天津的中国人，以荒唐的暴力行为结束了他们自己的统治，取而代之的统治，充其量是有限、不充分和不负责任的。军队的搜捕行动赶走了天津周边广大农村地区的官员，那里没有任何政府组织机构。成群结队的海盗，原来只能躲藏在人迹罕至的小溪和海湾里抢劫船只，现在他们骑着马横行乡里。他们永远不会满足的唯一要求是"银子"，如果没弄到银子，遭他们袭击或绑架的可怜家伙，可能会被这帮劫匪绑在他自己家里的一根横梁上，在柴火上慢慢烤着。这叫"坐莲花"。或者，强行把他拖进一个电报线编织的框架，电报线烧得通红，这称为"坐火轮车"，直到他支付了要求他支付的金额为止。当有人向都统衙门提出控诉时，得到的答复自然是他们目前（尽管后来可能有了变化）的管辖权仅限于天津城，在其他地方没有管辖权。这导致天津城以外的天津地界成了无管辖之地，成了没有规矩、肆意暴虐的地方。

天津机器制造局东局（great eastern arsenal）曾是猛烈而持续不断攻击外国租界的据点。6月27日，俄国人占领了东局，尽管它的军火库大部被摧毁了，但整个东局还是改造成了一家很不

天津罗马天主教大教堂遗址

北洋机器制造局（天津机器制造局）

错的俄国医院。位于"海光寺"（Treaty Temple）①的西局被完全摧毁，成了一堆废墟。都统衙门将其中的机械转移到了英国租界旁边的公共墓地，堆放成一排，公开向私人投机商拍卖。克虏伯公司多年前赠送给中国政府的大钟，后来被都统衙门转交给了天津英国租界工部局。大钟悬挂在天津的公共花园里，为租界提供急需的准确报时。天津还能遭受比这更严重的军事羞辱吗？

在天津城和外国租界之间的那块土地，价值不断上涨，已经翻了几翻，由于这里大部分土地上星星点点到处是墓地，因此不管多大价钱都不可能得到。天津陷落后，没几个月时间，法国总领事即发布了一条公告，通知公众"不承认"6月17日（攻占大沽炮台之日）之前的所有契据。即日起，规划区域内所有土地为法国工部局所有，任何以前的契据须到法国领事馆登记注册。他们把大片中国人房屋废墟整成了平地，据为己有，称心如意地向四面八方拓展林荫大道，中国房主们要求赔偿，法国人只是对他们耸耸肩膀，置之不理。由于这片土地上到处都是住房，无辜的房主们所受的苦难是巨大的，而且无法得到补偿。不久，这些不幸的人发现，他们必须每月缴纳几个银元的税款，才能继续暂时住在自己的房屋里！法国租界扩展的土地，北至运河，从那里向西延展至天津城土墙。这在很大程度上等于是说，未来中国人不能在他们圈占的这片土地上居住。

日本人紧挨着法国人拓展的这块土地，占据了7月13日整个战斗区域，南面至天津南城墙，北面和白河东西两岸地区直至土墙，均属之。拥挤不堪的房屋几乎全部被毁，破败的房屋每一

---

① 第二次鸦片战争期间，英、法、俄、美等国在这里与中国政府签订了《天津条约》，故英文称其为"Treaty Temple"。

502

扇门上都贴着"此房日军占用"字样。

外国人拓展出的这一广大区域正面临街的所有建筑、住宅、商店、庙宇、衙门等,全部被拆除,开辟了一条宽阔的沿河大道。都统衙门又将这条大道拓展至大运河和总督衙门对面的铁桥。无数的中国商店和密集的简陋民居就这样消失了。碎石铺设的林荫大道取代了过去狭窄弯曲的小巷,看起来很卫生整洁,但现在我们无论如何也不能确定,以后到这里定居的中国人就过上幸福生活了。

为了使这条新修的大道能贯通天津城区,都统衙门决定修建环城大路,但这样的话就必须拆除城墙。都统衙门与一个中国人签了合同,由他具体实施。这个中国人在冬季几个月里,雇佣了大批穷人拆毁天津防御城墙,这些忧愁的穷人感到很满意,因为他们最近才不是这座城市里多余的人了,有用处了。众多沿城墙而居的"寮屋居民"因强行拆迁,没地方可去了。冬季的几个月里,大量无家可归的可怜人忍受着无尽的痛苦和折磨,他们只能聚集在寺庙甚至衙门监狱、拘留所里。在这种情况下,对官员来说,这个时候实际上等于没有衙门,衙门什么用也没有了。整个城墙被夷为平地,护城河被填平,邻近的住宅被拆除,从而形成了一条宽约六十英尺或更宽的绕城海滨大道。人们希望能建一条电车路,以适应迄今不断增长且已难以应付的交通流量。

拆除城墙、建造绕城滨海大道这样的革命性改造工程,不可能不引发士绅和百姓的激烈反对。他们急不可待地再三向李鸿章请愿,以颇具东方特色的比喻悲情地向李鸿章恳求,说什么一座没有城墙的城市,就像一个没穿裤子的女人!请他能出面阻止拆毁城墙。李简短一句话就驳回了他们的请愿,他说城墙是过时的东西,根本起不到保护的作用,于是整个改造工程很快就完成了。与此同时,都统衙门的官方测绘员绘制了整个天津城区的地图，规划了一条从北门到南门的宽度一致的大街，为了整齐划一，考虑迄今被忽视了的公众利益，计划无情地切削每一家店铺的门面。城市各个角落的大池塘和坑洼地带要一律填平，土地也要出售。全城各地的通行要比以前顺畅得多，这将给城市交通带来巨大便利，不过，那些被整改的店铺等的主人可能会损失惨重。

城墙上拆下来的砖块堆山成岭，公开出售，现在成了租界建造围墙和住宅的材料。就在不久前的几个月时间里，中国士兵在城墙上很可能就是脚踩着那些砖块枪击租界。天津的所有大街小巷，和其他联军占领的城市一样，房子都用阿拉伯数字编号。许多街道更换了新名称，尤其是日本人占据的地方，他们似乎将租界当成了日本列岛的属地。

在人们经常提到的土墙下面，德国人用现在新兴惯用的简单方法，吞并了一大片土地，这块土地成了德意志帝国不可分割的一部分。在白河对岸的东部地区，比利时、俄国、意大利和奥地利也以同样的方式分割了那里的大片土地，俄国占据的方圆数英里地界把火车站圈了进去，差点引发其与比利时之间的战争。这些国家现在都拥有广阔的领地，说是"让与"，不如说是"侵占"。

所有"大国"（中国除外）现在都进入了宽敞的滨河地区。几乎整个大运河和白河交汇处的大片土地都成了各国的领地。它们将来必定要求自己所需要的更多"腹地"。

外国在天津的租界区已变成一座军营，租界内主要建筑都被各国军队占用了。戈登堂（Gordon Municipal Hall）①驻扎英军，联合会教堂（Union Church）②成了意大利的一家医院。日本人

---

① 戈登堂，即天津英租界工部局大楼。
② 联合会教堂，又称"联合教堂"，是为近代天津第一座基督教堂，曾用作早期西方各国基督教礼拜之地。

威海卫华勇营

俄国军队向北京进军途中

占领了基督教青年会大楼；戒酒楼（Temperance Hall）里挤满了锡克教徒，北洋大学里挤满了德国人，北洋西医学堂（Chinese Military and Medical School）①里住满了法国人。各个国家各个种族的人，招摇过市，各有特色。到处都可以看到强壮的小个子日本人、粗犷健壮的俄国人、穿着大小和形状令人吃惊火红裤子且身材略小的法国人（也许是一群阿尔及尔的轻骑兵）、魁梧的年轻德国人、健壮的威尔士皇家火枪手、轻盈的美国人，还有一大群高大威武的锡克教徒、居住在印度西北部的阿富汗人（Pathans）、俾路支人（Beluchis）和拉其普特人（Rajputs），以及英国威海卫华勇营（British First Regiment of Wei Hai Wei）士兵；四处可见帽子上装饰着一簇一簇羽毛的奥地利人和意大利人，偶尔还能见到裹着白头巾的精明的帕西人（Parsee）。

解决这样一群不同国籍、不同种族人的给养问题，显然是一项艰巨的任务。

夜深人静时，人们可能会听到低沉的驼铃声。这是长长的驼队在往北京运货，这种运输方式在天津已经消失几十年了，只有耗时费事整修铁路时才会出现这一景象。街道上挤满了前不见头后不见尾的英国驼畜队、一排排宽大的斯图德巴克（Studebaker）美国军用马车、俄国人笨拙的草料车、从荷兰购买或在爪哇制造的德国汽车，以及日本人的三角小卡车。各处水龙头前或蒸馏水软水管旁，等待接水的各式各样大车和手推车拥挤不堪，背部隆起的印度大水牛拉着轻便框架车，上置一个大水桶，则是为穆斯林军人运水的。

---

① 北洋西医学堂，又称"天津西医学堂"或"北洋海军医学堂"，是当时中国第一所自主创办的西医医院"天津储药施医总医院"的附设学堂。

天津原来经营外国商品的中国商店，大多是由富有进取心的广东人开办的。天津人视他们为外国人，围困外国人期间，要么把他们赶走了，要么像对待外国人一样杀掉了。法国租界的"天津路"上，从前到处都是广东人开办的这类商店，战争期间已被全部捣毁，现在建起了法国兵营。以紫竹林寺（Temple of the "Purple Bamboo Grove"）命名的"紫竹林"①外国租界，战争期间全部被毁或焚烧，遗址处堆积着被拆下来的建筑木材。以前时尚的维多利亚路两旁，挤满了半蹲在自己摊位旁的有耐心的中国人（所谓"摊位"，仅仅是在地上铺了一块布而已），出售一小堆梨、鸡蛋、萝卜，以及平时积攒的或从被捣毁了的经营外国商品的商店中搜罗来的各种物品，像蜡烛、灯、烟囱、毛巾、袜子、镜子、图画等各种小商品。每个摊位就像一个小百货店。

一些意想不到的地方，迅速形成了一些新的商业场所。一家门房临街一侧突然装上了一扇玻璃窗，上书"兑换货币"字样。因为硬币过于混乱，伪造的银元和辅币比比皆是，所以人们根本不敢收取任何零钱，兑换货币业务应运而生。这座原本憎恨外国人的城市，现在到处充斥着英语、日语、法语和德语的广告，有的向路人展示"内售日本威士忌"，有的招揽"纹身"生意。

令人悲哀的是，联军明显而广泛地向中国人展示了西方文明最糟糕的一个侧面。中国人有充分的理由认为"洋人"除了找地方吃喝胡闹，就没什么别的事可做了。

整个大沽路的下段到处是各式各样的酒吧和声名狼藉的休闲地。来自世界上所有伟大国家的外国士兵，每天晚上都在那些

---

① 紫竹林，原本为寺庙名，后来逐渐形成居民点，这一地带遂被称为"紫竹林"。第二次鸦片战争后，英、法、美等国在这里设立租界，后日渐扩大，人们即称这一地区为"紫竹林租界"。

地方聚会喧闹、喝酒、打架。冬季，各国"中国远征军"士兵和相当多的军官，相互斗殴甚至开枪致死。法国和美国远征军之间，或英国和法国远征军之间，抑或俄国和英国远征军之间，似乎不止一次要公开对打，而起因无非是在酒吧内的一些私人争吵，或者这个国家的军人奚落嘲笑了另一个国家。

然而，上述情形毕竟是一种不正常的特殊事例。天津正在经历一场巨大的变革。未来，它肯定会成为比现在大得多的商业集散地，河道必将疏浚修整，从而改善航路，棘手的大沽口也会得到有效治理和管控。天津将是一个伟大的制造业、铁路和教育中心。在奔向 20 世纪的征途中，天津将享有过去未曾想到过的繁荣，届时回顾义和拳乱之年的情形，将宛如一场噩梦。

繁荣的远景将有赖于外国人的眼界、能量及不懈努力和技术进步。而在 19 世纪的最后一年，清政府和义和拳则要把能为中国带来繁荣的一切外国人和外国事物扫地出门而后快。

第三十二章　内陆洋人之遭遇

　　要详细描述散布在一个比整个欧洲还要大得多的帝国内陆地区的大量外国人在义和团运动中的经历，需要写一本专门的著述。我们这里只能通过便捷的调查资料，展示义和团运动在任何意义上说都不是一场"叛乱"，尤其不是中国驻外代表们所说的那样一场运动，而是很快被清政府所利用，精心策划旨在全面消灭帝国境内外国人的排外运动。

　　可以肯定的是，北京的中央政府向帝国的各个遥远地区发布了命令，下令立即屠杀所有外国人。多种渠道得到的证据都证实了这一点，令人信服。衙门里的朋友、友好的电报员、至少相隔数百英里的三个省的高级官员以及许多地方官员几乎同时向传教士和其他人通报了这一情报。外国人至少两次见到过这一谕令的原件，措辞极其可怕，前所未闻，在被吓蒙了的外国人脑海里留下了难以磨灭的印记，谕令说："逢洋人必杀，溃逃者亦杀。"

　　人们普遍认为，总理衙门的两位大臣许景澄和袁昶在北京围困外国人期间被杀，是因为他们将谕旨中的"杀"字改成了"保"字。他们两人中有一位的儿子承认了这一点，这也是两人被处以极刑的原因。我们认为，这一说法很难站得住脚，原因是多方面的。首先，在许多迫害外国人最严重的地区，这道谕令的内容并没有变化；其次，就皇帝谕令而言，居然有人胆敢采取这样一种既致命又徒劳的做法，这是令人难以置信的。当然，对于各地督抚来说，拒绝执行这一"杀"洋人的谕令并非难事，也容易办到，可以像后来中国政府自己说的一样——这是"伪诏"。一直以来，人们也都认为杀灭洋人诏书是"伪诏"，而且这一"伪诏"说无疑会成为很多中国人和外国人对义和团事件合乎逻辑的解读。于是，"伪诏"说的理论逻辑就成了端王"篡位"，伙同一些人窃取了玉玺，并一度挟持了真正的"政府"。

中国有句话叫做"官凭印"，官印是一个人拥有官职的凭据，失去了印也就丢了官。端王是太后为了一特定目的、经过深思熟虑而授予权力的，似乎没有证据表明他的行为违背了太后的意愿，也没有任何证据表明，在造成不可收拾的后果之前，太后反对他的所作所为。义和团运动结束后，采用"伪诏"说是不可避免的。皇帝颁布谕旨，令封存自围攻公使馆以来所有诏令，正式否定了这些诏令的真实性，以防止人们把这些诏令作为围攻公使馆是"中国政府"行为的证据。但是，应该清楚地认识到，这种"猫盖屎"的举措已于事无补，也绝不能抹去无法挽回的过去。

在这一问题上，中华帝国海关总税务司赫德爵士有一封很有意思的信：

1901 年 6 月，北京。

亲爱的史密斯博士①：

如果能得到一份真正可靠的关于 1900 年宫廷和北京活动的中文报告，那将会很有趣。事实上，我们很多事情都是猜测和推断，把这些事情和那些事情联系起来，但我们还没有掌握事实！所有的问题都没有结论，你可以放下笔，观测

① 史密斯（Smith），即本书作者明恩溥。

510

一下历史万花筒，宛如不断变换的北极光景象，每转动一下都会给你带来一幅新的画面。

赫德　谨致

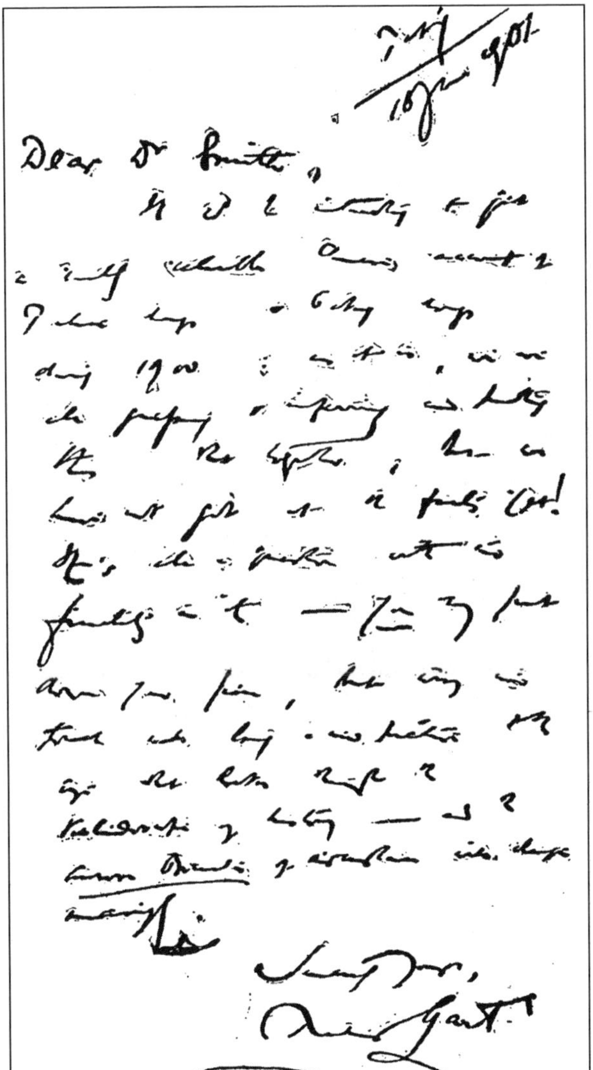
Dear Dr Smith,

赫德信函原件

虽然慈禧太后本人可能并不完全了解以她的名义颁布的每一道谕令，但可以肯定地说，如果没有她的授权，任何谕令都发不出去。她完全可能听信了某些误传的不实信息，要不然根本不可能不顾一切地断然采取无法挽回的措施，令所有汉人和满人无论身分高低贵贱，义无反顾地突然掀起排外暴乱。在这一问题上，汉人有着不可推卸的责任。

在做出举国杀灭洋人的决定之前，慈禧太后收到了一份情报。这份情报对她产生了极大影响，是她要杀灭洋人的决定性因素，这一点后来被不断地证实是可信的。因此，她突然暴怒做出了那样的决定就没什么奇怪的了。虽然我们还没有足够的证据证实这一假设，但不可否认的是，清廷长期以来习惯于翻译在华外国报刊以供参阅，其中许多内容必定引起一些人反感。

事情是这样的：6月19日，上海的一位不知名的官员给北京的朝廷发了一封电报，电报内容是当时已经刊载的某篇文章的主要内容。那是一篇什么文章尚不清楚，但当时一篇社论，可能与这篇文章产生同样的影响，则是无可争辩的。下面是1900年6月19日上午发表在远东著名期刊《字林西报》上的一段话：

> 慈禧太后正在疯狂采取报复行动，她是否会留在北京等待收获季节，尚不得而知……中国目前并非是要同一两个大国开战，而是同时与所有大国开战；慈禧太后一伙走上了同列强开战的道路……不管发生什么，如果他们不主动放弃权力，一定要把他们赶出北京。希望被剥夺权力的光绪皇帝能重新执政。与此同时，人们应该清楚的是，发动这场战争的是慈禧太后，我们不是在与中国作战，而是在与北京的篡权政府作战。

这家报刊的星期副刊有一份《最高法庭和领事公报》增刊,对不明真相的中国人来说,很自然就被看作是代表英国政府及其发言人的意见,即使稍微明白事理的读者,一眼就能看出这份增刊几乎在不断地批评中国政府的所作所为①。

西摩海军上将率领的救援队伍离开天津往北京走已经十天了。如果成功地进入这座城市,即将实施以下计划:不为任何感情因素所左右,毫不犹豫地"废黜太后"——就是废除太后这一建议,曾导致了1898年的政变。"蔑视女人的结果,要比下地狱更难堪",剩下的事情我们都很清楚了。

在上述文章中,作者反复强调这样一个事实,即在中国,对外国人最大的敌意来自满人,而不是汉人。在参加御前会议的大臣中,满人几乎一致赞成蔑视世界,而后者则提出了激烈的反对意见,尽管这些反对意见是徒劳无益的。除了少数突出的例外,基层领导义和团运动的主要官员都是满人。在这个奇怪的时代里,有一种奇特的现象,那就是中国的驻外使臣们对其政府在国内推行的政策,总是直言不讳地表明自己的态度,这与中国官员们通常不想承担责任的谨言慎行形成了鲜明的对照。媒体报道的驻英公使罗丰禄,驻法、美公使伍廷芳的言论表明,他们在义和团问题上都认为满人集团侵犯了国际公法。

在英文《克兰普顿杂志》1900年10月号上发表的一篇罗丰禄访谈文章中,有几句话的主旨就清楚地说明了这一点。他说:

---

① 《字林西报》的前身为《北华捷报》,报刊改组后,《北华捷报》继续以《字林西报》星期副刊出版发行,后因影响力日益萎缩,遂多次易名出版发行。1867年4月8日后增加商情内容并易名为《北华捷报与市场报道》(*North China Herald and Market Report*)继续出版。1870年1月4日,《北华捷报与市场报道》增出期刊《最高法庭与领事公报》(*The Supreme Court and Consular*)。

"包括所有汉人督抚在内的开明人士都谴责义和团运动，没有一个对其表示同情。但满人督抚的情况就很不一样了。他们的职位不是通过严格的考试得来的，因此受教育程度较低。举例来说，没有任何一个受过教育的中国人会相信，外国来复枪在战斗中伤不到自己。我从来没有想到满人竟然会相信这样的说法。我承认，这对我是个启示。如果要实现在实用人才方面的自由竞争，中华帝国高级官员就不能再有一个垄断阶层。满人都是保守的，而汉人则比较开明一些。"

在解释了孔子是如何赞成制约无限的权力之后，他表达了自己的意见：如果执掌国家大权的人疯狂地支持义和团运动，给四亿无辜人民带来灾难，那么要求绝对服从就是不公正的。在访谈结束前他说了下面一些值得注意的话："我希望这次危机过后，能够进行金融、教育和司法改革，作为我的国家和政府的代表，我甚至希望各国强力要求敝国政府进行这些改革。"

中国这艘大船在满人舵手的掌控下，开启了一条通向不知名险滩的危险航道。船体各个部分都明显遭受到了巨大的冲击，从南端的广东省到遥远北方的黑龙江两岸，从东海之滨到西域边界地区，到处动荡不宁。中华帝国从未见过一致的混乱不堪局面。

对中国政府来说，最重要的是整个帝国和北京朝廷协调一致。为了保证这一点，6 月 26 日向全国二十四位督抚、陆海军长官发布了一道谕令，谓：

> 昨已将团民①仇教、剿抚两难，及战衅由彼先开各情形，谕知李鸿章、李秉衡、刘坤一、张之洞等矣。

---

① 此处"团民"，《清实录》作"团匪"。《清实录》"团匪"一说，显系后来编纂者为掩饰朝廷利用义和团之过而故意替换的。

尔各督抚度势量力，不欲轻构外衅，诚老成谋国之道。无如此次义和团民之起，数月之间，京城蔓延已遍，其众不下十数万，自兵民以至王公府邸，处处皆是，同声与洋教为仇，势不两立。剿之，则即刻祸起肘腋，生灵涂炭。只可因而用之，徐图挽救。奏称信其邪术以保国，亦不谅朝廷万不得已之苦衷矣。

尔各督抚若知内变如此之急，必有寝馈难安、奔问不遑者，尚有作此一面语耶！此乃天时人事相激相迫，遂成不能不战之势。尔各督抚勿再迟疑观望，迅速筹兵筹饷，力保疆土。如有疏失，惟各该督抚是问。

经过朝廷这一番警告，尤其是在这道谕令并没有一点关于慈禧太后是"篡位者"的暗示的情况下，任何一位中国官员如果在遵从并转达这一谕令问题上犹豫不决，就意味着他实际上背叛了朝廷。

在这种史无前例的局势之下，湖广总督张之洞、两江总督刘坤一、山东巡抚袁世凯，与外国列强签订了互保协议，这一互保协议的前提条件是有关督抚维护各自辖区内的社会秩序，外国列强的炮舰不得进入各该省区。在拒绝放弃条约权利的同时，大英帝国急于尽其所能加强这些中国官员的势力，这些官员的做法即使是对鲁莽的满洲统治者不"忠"，但从根本上说，至少有利于中国国家利益。

非常幸运的是，先后任英国驻上海代理总领事、英国代理驻华公使的霍必澜（Pelham L. Warren）先生和英国驻武汉代理领事法磊斯（E. H. Fraser）先生，代表英国政府不断斡旋，费心尽力促成与上述中国官员们的合作。经霍必澜先生建议，英国政府采取了一项不同寻常的措施,以 4% 的利率贷款给张之洞 7.5 万英镑,为期十年,以他所管理省份的无抵押厘金收入为担保。霍必澜先生(8 月 9 日)致函索尔兹伯里勋爵指出,这是加强"加入互保省份督抚现在地位的最重要措施,因为如果他们下台,结果就是叛乱风起。镇压这些叛乱要花费大量时间和军力,从而不可避免地导致中国的分裂"。"加入互保省份督抚们的坚定立场,"他补充道,"将在一定时间内阻止北京政府发动反对外国人的大规模暴动的计划,如果没有互保省份督抚们稳定他们的辖区,全国规模的排外暴乱计划无疑会顺利推进。"

作为义和团发源地的山东,袁世凯在那里的政策很不受欢迎,甚至于生命因此受到威胁。他在巡抚衙门大门外部署了一千人的卫队,这是中国装备最好的军队,配有机枪,以防止任何示威活动。几个月以后,当人们认识到只有袁巡抚的远见和坚定,才使山东没有像邻近的直隶省那样被外国军队摧毁的时候,人心才发生了重大的变化;但在 1900 年夏天,袁世凯在山东的日子很不好过。

另一位官员,考虑到他是满人,或许是义和团运动中最值得称赞的,这就是时任署理陕西巡抚的端方。他坚定不移地阻止义和拳在该省发展,面对前面提到的消灭外国人的谕令,他不仅在他的管辖范围内而且在毗邻地区,不遗余力地保护所有外国人,并不像一般中国官员那样只管自己的一亩三分地。他特别为所有离开陕西的外国人派遣了强大的护送队,并发出明确的命令,要求这些士兵在完成将外国人移交给前来迎接的张之洞的部队这一任务之前,无论走到哪里,都不得返回。从西安府到相对安静的湖北的漫长旅途中,如果没有这样的保护,这些外国人随时都会遭到大批武装分子的袭击,被轻而易举地消灭掉。事实上,所有在陕西和甘肃的外国人都翻山越岭安全抵达了汉口。

在毗邻的河南省，虽然没有发生真正的大屠杀，但却经历了可怕的苦难和不可思议的大逃亡。总体上说，该省官员和百姓对外国人怀有比陕西人更多的敌意，但也有一些明显的例外。

在山东，由于袁世凯巡抚的保护，不仅没有外国人在焦虑和逃亡的混乱时期被杀害，而且相对说来，也较其他地方逃难的外国人少遭了很多罪。美国驻烟台领事福勒（John Fowler）先生在韩威廉（George Comwell）①牧师和其他人的帮助下，在最危急的时刻，展示了难得的机智和能力，冒险自费向好心的日本领事以每天数百美元的价钱租用了一艘日本小火轮船。这艘船多次前往羊角沟——起点在济南府附近的人工运河的河口。通过这条

北戴河海滨度假地，福勒领事从这里营救出了外国人

① 韩威廉，美国北长老会传教士。

运河和其他方式，把二百六十多名外国人安全运送出省。

前述三位中国高官的坚定立场，才使北方致命的义和拳灾难没有蔓延至中部和南部的一些省份，但这并没有也不可能阻止一些沿海和内陆省份激烈的排外情绪。1900 年夏初，法国人活跃的云南地区面临着严重的危险，他们不得不从那里撤离。广东发生的排外示威活动，造成了基督教差会的大量财产损失，这种示威活动前后持续了一年多的时间。福建尽管没有发展到危及外国人生命的地步，但也群情激愤，形势十分紧张，以致距离遥远的孤立港口温州的外国人也要撤离。

7 月 22 日，浙江西部的衢州府发生了一场极为恐怖的悲剧，住在衢州府的汤明心（Thompson）先生夫妇和两个儿子、德斯蒙德（Desmond）小姐、舍伍德（Sherwood）小姐、曼彻斯特（Manchester）小姐，以及常山布道站的沃德（Ward）先生和夫人及他们的婴儿、良思善（Thirgood）小姐等，被极其残忍地杀害了。据信，这些中国内地会传教士是在当地一场叛乱中丧生的，与义和团没有直接关系，试图镇压这一暴乱的地方官本人也在这场暴乱中被杀。

中国偏远省份四川虽然没有爆发实际性的排外暴乱，但人们还是建议从那里和其他内陆省份的布道站撤走所有外国人，转移到通商口岸城市。

我们前面已经谈到，义和团运动无疑曾计划在中国农历八月全面展开，原因是这一年闰八月，有点神秘色彩；但是，就像无法控制的时间引信一样，它在五月过早地启动了，至少比预定时间提前了十二周。

有着长期在华经历的一些外国人，遇到了与义和团运动突然爆发有关的一些新情况，例如，在奉天，基督教传教士和官员之间的关系一直是非常友好的。盛京将军向 6 月初在那里举行年会的美国长老会传教士保证,说没有比他们所在的地方更安全的地方了。然而,不到一个星期的时间,整个大气候就发生了变化,官员和民众原本极其友好的态度,突然转成了对传教士们的怀疑和敌意。盛京将军对任何信函,哪怕是重要的紧急信函,也不予回复。基督徒们立刻逃往牛庄,6 月 30 日暴徒毁掉了已经逃走的基督徒们的财产。7 月 2 日,暴徒又焚烧并洗劫了罗马天主教堂,教堂里的人或被大火烧死,或被屠杀。

那些此前从未对西方人抱有公开敌意的地方,突然变成了狂暴对待一切外国事物的温床,民众在这样的大气候下,对付外国人毫不手软,不达目的不罢休。中国人的排外激情爆发了,就像星星之火落在了干燥的草原上,事前没有一点要着火的征兆,但燃烧起来,一发不可收拾。这种情况不仅发生在城市,而且发生在最偏远和人迹罕至的山区,发生在人口密集的平原上,发生在蒙古大草原上。对这一事实给出所有合理的解释之后,还应该承认,在这些可怕的突然爆发的暴乱中还有些难解谜团,类似于触发地雷爆炸,并没有先兆可寻。

散布在奉天以北的外国人,在俄国人的友好帮助下,得以逃到哈尔滨或其他相对安全的地方。

长期以来,"满洲"的中国人包括满人与被派去守卫"东清铁路"①的大批俄军之间,一直存在着严重的摩擦。由于俄国新闻界一直保持沉默,很难判断这种情况发展到何种程度。7 月 14 日,俄国在黑龙江中的轮船遭到了中国瑷珲城驻军的炮击,中国军官声称这是奉命而为,整个俄国帝国大为震惊。这次炮击事

---

① "东清铁路",亦称"东省铁路"。1904—1905 年日俄战争结束后称"中东铁路"。

件，炸死一名俄国军官，炸伤六人。第二天，在没有任何预警的情况下，河对岸的俄国小镇布拉戈维申斯克（Blagovestchensk）①遭到了中国炮兵连的轰炸，三名俄国人死亡，六人受伤。

由于误解了圣彼得堡的命令，俄国人对中国的背信行为进行报复，结果十分恐怖。正如一些独立的证人和毫无偏见的旅行者所言，数千名中国男女老幼惨遭屠杀，尸体堵塞了黑龙江。9月，英国驻圣彼得堡公使致函索尔兹伯里勋爵，提请他注意俄国报纸报道的在中国城镇库页岛废墟上举行的感恩节仪式，库页岛现改名为依林斯基（Ilinsky），出席感恩节仪式的有俄国行政官员、军人、一位英国军官和当地民众。在这一感恩节仪式上，俄国东正教神父说："十字架现在矗立在昨天还是中国的阿穆尔河岸边，穆拉维约夫（Mouravieff）曾预言，这条河岸迟早会是我们的。"俄国报纸还报道说："格里斯布斯基（Grisbsky）将军发表了一篇精彩的讲话，向胜利的军队表示祝贺！"在回答英国驻俄公使斯科特（Charles Scott）爵士向俄国政府提出的抗议时，拉姆斯多夫（Lamsdorf）伯爵解释说，政府刚刚才听说这件事，这是一起未经授权的军事行动，军队离中央政府距离太远，不清楚中央政府的意图。

与此同时，俄国军队大量涌入"满洲"，而俄国政府给了列强最满意的保证，说她会把"满洲"交还给中国。这就像桑丘·潘萨（Sancho Panza）明确地向唐吉诃德保证说，他必将代表托沃索（Dulcinea del Toboso）夫人鞭笞自己一样，"我一有这样的想法就动手"。

1900年夏天，中国政府继下令围攻各国驻华公使馆后最愚

---

① 布拉戈维申斯克，旧称海兰泡，属中国领土，1858年《瑷珲条约》规定割让给俄国。

蠢的行为就是攻击俄国了,导致了中华帝国面临解体的危险,给"门户开放"的前景蒙上了阴影。

直隶省有许多基督教布道站和比基督教布道站多得多的罗马天主教总堂,外国人要从那里全部都逃出来是很困难的。靠近山海关铁路的海边度假胜地北戴河,距天津一百五十英里,很快就成了孤岛。那里居住的外国人都逃到了一艘英国轮船上,而各种房屋设施随即被当地村民劫掠一空,这里的抢劫并没有义和拳和中国士兵参与。

唐山至山海关的铁路,被煤矿雇佣的广东人和其他一些人保护了起来。人们可以见到一种奇异的景象,工人们为了自己的便利和安全起见,将这条帝国铁路和煤矿保护起来,在俄国人到来之前,未遭任何破坏。俄国人来了之后,不加区分地将公私所有财产统统据为己有。

卢汉铁路保定府到定州一线,一直在运送中国军队。

大运河边沧州的伦敦会布道站遭到毁坏,但布道站的宣教士和工作人员,在一名官员的帮助下,经陆路逃到了一个小海港,又从那里逃往大沽。西南方向更远一点的小张庄有伦敦会的另一处布道站,那里的人逃到了山东的庞庄,再从那里逃到了沿海地区。

上面提到的伦敦会布道站,真是太幸运了。在遭受威胁一年多之后,竟然能摆脱被损毁的命运,毫无损失地保留下来。除了受保护的通商口岸和一两个小地方外,从黄河流域到黑龙江沿岸广大地区内,或许只有河北沧州和小张庄伦敦会布道站未受义和团伤害。那里的民众大多数对宣教士态度友好,伦敦会开办的医院和诊所享有很高声誉,影响很广。那些急于抢劫的义和团来了之后,经一位本地牧师和一个义和团首领谈判,本地牧师答应设宴款待他们，再送他们一匹马，从而避免了一场灾难。

居住在张家口的美国人和俄国人，历经千辛万苦、冒着巨大风险穿越广袤的沙漠，逃往库伦和恰克图。

顺德府①的中国内地会传教士一度处于极度危险之中。他们被赶出了城，但在山里游荡了一段路后，被护送到山西，在那里一个及时赶回来的官员救了他们的性命，最后在正定府②找到了一座大教堂避难。由于当地文武官员谨慎而坚定的拒开城门的决心，他们没有受到义和团的攻击。在这里，罗马天主教主教、三名神父、五名修女和一群比利时铁路工程师均得到保护，直到10月中旬被中国和法国军队解救。

格林（Greens）一家和葛雷格（Gregg）小姐在固关入口处的获鹿县（Huai Lu Hsien）③的历险极富具戏剧性，足可以写一本小书予以介绍。他们忍受了一切，忍饥挨饿、赤裸身体、历经各种危险、面对刀剑等等，他们的逃脱绝对是个奇迹。保定府的美国长老会泰勒（Taylor）博士、霍奇（Hodge）博士和夫人、西姆科克斯（Simcox）先生和夫人以及三个孩子，美国公理会的皮特金（Pitkin）先生、莫里尔（Morrill）小姐、古尔德（Gould）小姐、巴格纳尔（Bagnall）夫妇和女儿，中国内地会的顾正道（WilliamCooper）先生等的命运，则更加悲惨。

在当地文武官员的纵容下，他们都遇害了。美国长老会的那几个人，6月最后一天在其住所被暴徒活活烧死。美国公理会和中国内地会的男女老幼，于7月第一天被枪杀、刺死或砍下了脑袋。

为了惩罚这一重大罪行，次年10月，一个联合军事委员会进

① 顺德府，今河北省邢台市。
② 正定府治为今正定县。
③ 获鹿县，今石家庄鹿泉区。

驻保定府,在充分调查后,建议将直隶布政史廷雍、保定城守尉奎恒和骑兵营统领一起斩首。骑兵营驻地就在中国内地会附近,巴格纳尔一家以及顾正道逃走时,骑兵营把他们交给了义和团,遂惨遭杀害。这一判决得到了盖斯利将军和瓦德西伯爵的批准,随后将三人斩首。他们还炸毁了一些义和团用作大本营的主要寺庙,其中最重要的是城隍庙和位于城东南部的七圣庵(Ch'i Sheng An),义和团曾在那里设坛审判逮捕的"犯人"。所有城门的塔楼都被摧毁了,城墙的一角也被炸毁,以给这座见证了直隶官员罪行的省城留下一个标记。

　　然而,义和团运动给外国人带来最大灾难的并不是在保定府,而是在山西和邻近的蒙古地区。这主要是由于我们前面常常提到的毓贤这位大刀会的创始人和赞助人,在义和团开始要灭绝外国人的时候,出任山西巡抚。

保定府城墙一角,在联军报复性屠杀中被毁

前已叙及，排外烽火延烧迅猛，当人们感到危险来临时，要躲避已经来不及了。许多传教士，尤其是山西北部的传教士，都是瑞典人，他们对中国的了解有限，与沿海地区的交流也很少。另一些人，包括英国人和美国人，在这个国家待了很长时间，已经习惯了暴动，认为这一次只不过是类似他们经历过的那种排外暴乱而已。他们中的许多人无法下决心抛弃他们的本土基督徒，宁愿和他们一起死，也不愿只考虑自己的安全。

通商口岸的朋友尽一切努力传达已感知到的明显危险信息，但排外烽火燃烧得如此之快，当时还远离烽火中心的山西的人们，不可能像在烽火近处的人们那样做出最好的选择。

尽管传教士的危险很大，但他们比其他不会说汉语的外国人的危险要小，当那些不会说汉语的外国人碰到中国人，什么也说不出来，那就性命难保。英国皇家工程师、一位勇敢的上尉军官瓦特·琼斯（Watts Jones）在张家口以西惨遭杀害。而中国内地会的桑德斯先生，在从充满敌意的河南逃到汉口之前，经历了极其可怕的折磨，幸亏他设法证明自己不是刚来不久的铁路勘探者，所以免于一死。修造铁路在当地人看来会震动龙脉，坏了风水，导致天旱无雨，庄稼颗粒无收。

从本章所附的表格可以看出，在整个义和团动乱中被杀害的基督教总人数为 136 名成年人和 53 名儿童，其中 84% 以上是在山西或毗邻的蒙古地区被杀害的。其中一些可怕事实，只能点到即止地简单概述一下，不忍细说①。

---

① 原作者注：中国最大的基督教差会成员的某些经历，可见《中国内地会殉道传教士及部分逃生者历险纪实》（*Martyred Missionaries of the China Inland Mission, With a Record of the Perils and Sufferings of Some who Escaped*）一书，该书记录了一些逃亡者经历的危险和苦难。这是一本三百多页的书，里面充满了动人心弦的故事，任何国家、任何时代的基督教的任何一个团体，都应为殉道者们的壮举感到自豪。

6月29日，山西北部的朔平府上演了一幕瑞华盟会（the Swedish Union in association with the Christian Missionary Alliance)遭遇的可怕悲剧，十名成员同时死亡。大约在同一天，中国内地会的六名成员在大同府被杀。7月31日，来浩德（D. H. Clapp)牧师和他的妻子、卫禄义（Geo. L. Williams)牧师①、德富士（F. W. Davis)牧师、贝如意（Rowena Bird)小姐、露美乐（Mary Partridge)小姐等在太谷县的所有美国公理会成员都被杀害，人们认为他们的头颅被送到了太原府。

其他城市也有许多迫害外国基督教人士的暴行，但没有任何地方比7月9日太原府的可怕场面更恐怖了。我们从不情愿的目击者——一位浸礼会教徒那里所听到的情况，已经得到了其他方面信息的证实。他说那天他看到外国牧师及其妻儿、罗马天主教的神父和修女，以及一些中国基督徒被带到巡抚衙门。听到要杀掉他们之后，他想从人群中挣脱出来，但被拥挤的人群裹挟着带了过去，亲眼目睹了大屠杀。

> 第一个被领出来的是法尔定（Farthing)先生（英国浸礼会）。他的妻子紧紧地抱着他，但是他却把她轻轻地拉在一边。他走到士兵们面前，一句话也不说，跪下了，被一刀砍掉了脑袋。接着，何道（Hoddle)先生和贝农（Beynon)先生、罗维特和卫理森（Lovitt and Wilson)医生，被刽子手一刀一个砍了头。后来，巡抚不耐烦了，让他的侍卫帮忙杀死其他人。这些侍卫都拿着长柄大刀。施多克（Stokes)、辛普生（Simpson)和怀德豪（Whitehouse)随即被巡抚侍卫杀死，怀德豪一刀毙命，其他两人砍了好几刀。

---

① 卫禄义（Geo. L. Williams)，又作魏路易。

杀完了男人之后，开始杀女人。法尔定夫人的孩子们紧紧抓着她的手，但士兵们上前把他们分开了，在孩子们面前一刀砍下了他们母亲的脑袋。刽子手接着砍下了所有孩子的头，手法很高明，一刀一个，但士兵们则笨手笨脚，有些妇女挨了好几刀才死去。罗维特夫人戴着眼镜，握着她儿子的手对人们说："我们来到中国，把耶稣基督拯救你们的好消息带给你们；我们对你们没有伤害，只有好处，你们为什么要这样对待我们？"一个士兵上前摘下了她的眼镜，两刀结束了她的生命。

杀完基督徒后，罗马天主教徒被带了进来。主教是一个留着长长的白胡子的老人，他问巡抚为什么要干这种坏事。我没有听见巡抚回答他的话，但他拔出剑来，狠狠地在主教脸上划了一下。鲜血从主教的白胡子上滚落下来，他被斩首了。

主教之后，很快将神父和修女们斩首。然后，从附近的监狱把毕翰道（Pigott）先生几个带了进来。他和鲁宾逊（Robinson）先生都戴着手铐。临行刑前，毕道翰先生还在向百姓传道，直到被斩首，一刀毙命。鲁滨逊先生非常平静地接受了死亡。毕道翰太太在被斩首的时候还紧握着她儿子的手，而她的儿子在她死后不久也被杀了。最后两位女士和两名女孩很快也被杀害。

那一天，共有45名外国人被斩首，包括33名基督教徒和12名罗马天主教徒。一些当地的基督徒也被杀害。当天白天，所有的尸体都留在被杀害的地方没有动，直到第二天早上，因为有些事情需要在晚上去做。夜里，这些人的衣服、戒指和手表都被剥夺精光。第二天，将尸体转移到了大南门里的一个地方,几颗头颅装进了一个大笼子里,挂到了城墙上。所有的人都对这些外国人的坚定和安静感到惊讶,除了有两三个孩子哭,其他人行刑前没发出任何声音。

毓贤出任山西巡抚仅仅几个月,这个迄今为止朝廷认为对外国人友好的省份的人民就像被施了魔法。在他离开这座城市的时候,成千上万的民众排起了几英里的长队,摆上酒和点心,为他送行。他的官靴挂在城门口,以为纪念,南郊还竖立了一块石碑,颂扬他在这里清除可恨的外国人所取得的成就。

外国军队在进入中国北方之初就几乎一致认定,为了国民惨遭屠杀的五个国家(英国、美国、法国、意大利和荷兰)的荣誉和未来在山西居住的外国人的安全,要像在保定府一样,给太原府留下一个不可磨灭的印记,摧毁山西巡抚衙门。但是,由于在整个直隶北部其他军事远征的压力,他们未能进军山西。这令中国人狂喜不已,后来山西人也坚定地认为,外国军队根本无法进入他们的省份。

山西省南部的另外四伙人,历经可怕的磨难后,成功地到达了汉口。但其中一些人不堪长途奔波或非人折磨,或中途精疲力竭而亡,或被折磨致死。据目前所知,在该省的南部,有19人逃脱,35名成人和10名儿童被杀或死亡。

最悲惨的是美国公理会的艾渥德(Atwater)夫妇和两个孩子、贾侍礼(C. W. Price)夫妇和女儿,中国内地会的隆格伦(Lundgren)夫妇和埃尔德雷德(Eldred)小姐等一伙人,他们被汾州府的官员出卖。汾州府谎称派人护送他们到沿海地区,却在两县交界地将他们杀掉了,应当地村民的要求,尸体被扔进了附近的一个大坑里。

尽管这起悲剧在山西这个遥远省份上演时，美国的大炮已在北京轰击紫禁城，但对于挽救这些人和其他被围困者的生命，为时已晚，有些人是在联军攻占北京一个多月后被杀害的。

在任何时代，基督教会最感人的纪念仪式之一，就是那些经历炼狱后最终从折磨他们的人手中逃脱的悲剧故事。男人、妇女和儿童被围困在已经燃起大火的住所里，当他们试图逃跑时，有人用长矛刺，有人用刀砍，有人把他们一再赶回火堆里。人们视他们为不配苟活于世的弃儿，将他们赶出家门，把微薄的财产劫掠一空。6月、7月和8月酷热难当的时候，这些人一无所有，光着头赤着脚，很多时候仅剩下遮体的衣服。不少情况下，女人们只剩下一件衣服，有的男传教士被抢夺得一丝不挂，赤身裸体蜷缩在荒凉的山西乡村的大街上。一位天主教神父像死人一样在棺材里待了很长时间，才得以逃脱。

他们不断被围观，得不到任何同情，布朗宁（Browning）夫人称之为"折磨"。他们在各地都会连续几天或几周内遭到不停地追打，从这个村子追到那个村子，被赶到山里或沼泽地，他们不得不躲进一些无人居住的草棚里，或藏身墓地中，或钻到地洞里。武装的土匪就像追赶野兽一样追着他们到处跑，追上了就尽情地殴打，在地上拖。曾有一位女士，双手双脚都被绑起来，大车来回碾压，把她压死。他们被拖到义和团摆设的神坛之前，让神灵来判定生死，判定用什么方式受死。有时他们能免于一死，是因为村民们害怕他们在自己的村子里杀人，或由于突然下起了大雨，抑或是有些中国人本能地同情那些小孩子和他们母亲，不忍心再看他们的痛苦情状，给了他们一条生路。

暴民们一再设法毒害这些外国人，以致他们常常忍饥挨饿，被迫靠树根和树叶维持生命。有些人因为遭受创伤没有得到及时治疗而精神错乱，所有的人白天黑夜担惊受怕，遭受着不时传来的警报折磨。毒害他们的有政府官员、士兵和所谓向导，这些人常常一开始表面上装好人，而后一有机会就出卖他们。然而，在几乎漫天黑暗中，也有人会带来光明。有些官员对外国人很友好，如果外国人相信和依赖他们，会得到更好的照顾。其中有一位就是这样的人，因为他对外国人过于仁慈，慈禧太后路过山西时，贬了他的职。在某些情况下，即便濒临死亡边缘，也不允许同一个家庭的成员互相照看。难怪那些逃过一劫的人常常会提起"恶人的怜悯也是残忍"①那句经文。

这些遭受如此严酷迫害的都是些什么人呢？他们是虔诚地敬畏上帝的善男信女，他们听从主的号召，不顾一切到中国来传扬天国的福音，具有无可指摘的品格和无可指摘的人生：他们中的一些人毕业于最好的大学，本来在家乡找到了令人羡慕的工作，但却选择了背井离乡，踏上了荆棘丛生之路。他们中的许多人多年来勤恳工作，在药房和医院中为减轻中国人的痛苦而付出。

几个月以后，一些惨遭杀害之人的忠实的基督徒朋友，拿出了他们藏匿的那些殉道之人的临终遗言。在这些遗言里，见不到丝毫绝望、抱怨，见到的只有面对可怕死亡时人的庄严。一位父亲给他的儿子留下的遗言是希望儿子年满 25 岁时，能够回到中国，从事父亲不能再从事的工作。

只要这个星球上还有上帝的教会，这些殉道者们的生命和死亡的记录，都将是人类宝贵的遗产。

这么多的逃难者，在不知逃往何处的情况下，在成千上万的

---

① 《圣经·箴言》第 12 章第 10 节。

充满敌意之人的眼皮子底下穿行数百英里陌生的土地——所经之地很多人要致他们于死地，但最终竟然逃了出来，向人们讲述他们所经历的故事。这样的奇迹，只有承认上帝之手，才能解释得通。

罗马天主教徒被杀的人数与基督教徒被杀的人数极不成比例，这似乎是由于罗马天主教徒人数众多，拥有难以计数的土城堡，利用深沟高垒、来复枪甚至外国机枪进行防御。我们目前还不知道有多少这样的防御工事是成功的，但肯定不是很少，到目前为止，我们只听说过他们在两个地方的防御没有成功。

没有比罗马天主教西南蒙古教区的韩默理（Hamer）主教更典型的殉道案例了。韩默理主教在中国待了将近35年，在做弥撒的时候被抓了起来，捆绑手脚游街示众。他的手在数念珠的时候被砍了下来。三天后，他又被扒光衣服用棉花包裹起来，浇上煤油，活活烧死。他主持的教区内五千名教徒被杀，所有教堂和教会建筑，全部被毁。

在热河地区，西格斯（Segers）神父的手脚被捆起来，用一根棍子抬着，不允许与信徒说话，扔到沟里活埋了。被扔到沟里后，他曾挣扎着要站起来，刚露出头，即被一锄头砸到头上倒了下去。

当然，如果我们能从历史教益中学到什么东西的话，如果德尔图良（Tertullian）关于殉道者的血是教会的种子这一说法是恒定不变的法则且充满活力的话，如果上帝依然保证其允诺的话，那么，一个在中国已经做了这么多事工的宗教，一个先驱者们在中国遭受了这么多苦难的宗教，就必定要在中华帝国重生的征途中承担起重要角色。

第三十三章　传教士拳乱经历

河南北部，加拿大长老会①。

今年春天在河南发生的这场灾难，似乎是由我们所遭受的严重干旱引起的。连续三季，庄稼歉收。早在3月，各地就发生了骚乱，其中有些性质严重。百姓与军队之间发生了冲突，双方都有人丢了性命。到了6月，情况变得非常严重。每天都有新的报道说饥饿的人群冲进了粮仓，抢劫富裕的农户。各县知县在所有的集镇都驻扎了小股民团，但仍无法维持社会秩序。他们承认自己没有好办法，拒绝惩罚任何被指控偷窃粮食的人，说惩罚饥饿的人是没有用的。那些失去粮食的人就权当是帮助了他们的贫困邻居们吧。

6月15日，我们极为震惊地收到一封来自天津的电报，上面写着"逃往南方"。我们还得到了两个比利时人在保定府被杀的消息。由于好几个星期没有得到来自天津的任何可靠的消息，我们不知道那里发生了什么事，也不想在不知道为什么劝我们逃往南方的情况下就离开我们的岗位。我们焦急地等待着，盼望来信，但一封也没有收到。

---

① 原作者注：以下河南北部义和拳乱经历，为斯力默（James A. Slimmon）牧师应笔者之邀所作。

与此同时，我们与詹姆森（Jameson）先生和曾从我们镇子路过到怀庆府的福公司（Peking Syndicate）进行了联系。詹姆森先生回信说，他认为没有理由逃跑，因为他在天津或北京的代理人没有给他任何信息。如果事情很严重，他相信他们会向他传递消息的。但为了让我们放心，他又补充说，如果我们认为有必要离开，他会把他所有的东西——武器、钱等等都交给我们，他本人和里德（Reid）先生、费希尔（Fisher）先生都可以为我们提供帮助。

6月19日，我们得到消息说，我们在楚旺（Ch'u Wang）的朋友被一千多名暴民包围了。这个麻烦是由一个女人引起的，她说她看到麦肯齐（MacKenzie）太太在上层窗户上搞神秘的仪式，驱赶天上的云。麦肯齐太太在她的新房子里擦窗户，从外面看，这就像是在对着云朵做动作。暴徒聚集了两三天，但似乎没有领头的。我们请当地官员帮助，他答应派军队来驱离这些暴民，但首先试图解除我们朋友的武装，要我们的朋友们交出枪支或其他武器。这一天真的要求被礼貌地拒绝了，同样被拒绝的还有这位官员要几千两银子用于"为士兵购买武器"的要求。

从这时起到24日，事情开始变得越来越危险。银行、钱庄不再给我们兑付现金，尽管我们账面上还有余额。我们听说义和拳在不同的城镇如雨后春笋般出现，并逐渐向我们逼近。直到24日，几位义和拳教师来到这里，创设拳坛。这伙义和拳的口号是"杀尽外国人，再与大清闹"。

6月25日，我们得到消息说，我们在彰德府和楚旺的朋友已经决定逃离，他们正在计划一起前往济南府，这似乎是最好的路线。后来，他们不得不放弃了这个计划，因为他们发现不可能租马车旅行,没有人护送他们穿过位于河南和山东之间的直隶省地带,而且也没有办法迅速与山东巡抚取得联系。我们的朋友决定逃离,还有一个原因就是收到了一封电报,说外国联军已经攻占了大沽要塞。那时我们就知道,要逃离这个地方肯定会有麻烦。我们派出信使请人帮忙,一个去请詹姆森先生一行人到黄河来接我们,另一个去见卫辉府知府,还有一个去见许县知县。我们担心只找一个衙门的话,这个衙门再让你去找另一个衙门会耽误时间。

我们没有得到知府的帮助。然而,许县知县给了我们友好的回信,答应派人护送。但他拒绝接管我们的房产,说在目前的情况下,他不可能保证保护我们的财产。

27日,一切都糟透了。我们把要随身携带的不多的几样东西收集到了一起,但看样子似乎需要天黑了才能逃走,不能携带我们自己随身以外的东西。答应送我们走的那些车夫们已经不再讨价还价,不肯来见我们了,尽管我们提出的价钱是平常的四、五倍。我们的仆人惊慌失措,因为我们听说一群亡命徒打算在我们离开驻地之前攻击我们;在城的另一头还有一帮人虎视眈眈地盯着我们,目的是在我们离开驻地后攻击我们。

那天晚上我们没有休息,事实上已经几个晚上都没合眼了;我们想办法给我们的仆人鼓气,激励我们在城里的几个朋友代表我们,主动去和那些亡命徒接触。我们说服了一个人,他是我们的一位教师(一个有科举功名的人),请他去拜访一帮要攻击我们的人的首领,通过说理、劝告和威胁,要他们同意我们平安地离开。另一位同样有科举功名的朋友去见了另一帮要攻击我们的人,大致以同样的方式进行了沟通。结果，他们答应放我们走，但我们还没有找到马车，因此也不能带任何东西。

28 日的黎明来了，尽管我们很高兴，因为又度过了一个担惊受怕的夜晚，但又害怕白天的到来，因为天亮之后就是我们必须出发的日子了，而我们还没有安排好交通工具。我们先前曾派了一个信差到邻近的一个镇上去，要不惜任何代价雇到马车。由于天要亮了他还没回来，我们担心他没能雇到马车。令人宽慰的是，当我们假装吃早饭时，他赶着四辆大车出现了。我们很快就把箱子和被褥搬到了车上。

这里发生的一件事使我们不得不相信上帝的旨意。正当我们几乎准备好乘坐马车动身，面对聚集在我们门前的暴民时，我们镇上出去打击盗匪的民团指挥官押着俘虏回来了。他应邀到了我们的住所，我们说服他派一些人护送我们一程。这使暴徒们不知所措，他们以为那个军官是专门安排来保护我们的。而他身边那些俘虏，则向暴徒们显示这位军官带的这帮人可不是白给的。

全镇的人都聚集一起为我们送行，从我们的住所到城门，道路两侧各挤满了三四层人；不过，一路走来，什么事都没发生，我们静静地走出了几英里远，特别护卫队把我们交给了知县派来的四个人照管。我们在卫辉府第一次停了下来，随即把我们的名片送给文武官员及杰拉德（Gerrard）神父，他在那天晚上到我们这里见了面。我们向神父说明了情况，并邀请他和我们一起离开这里。他说没有主教的许可，他没有权力这么做，如果主教认为神父们继续坚守岗位不安全，可以撤到已经安排好的山里面去，所有信徒都武装起来了，可以抵抗一支军队。

卫辉府的军官及时赶到，驱散了聚集在客栈门口的暴民，我们的护卫已经无法控制他们了。当地的士兵把他们驱散了，我们一整夜都很安全。第二天，我们在新乡吃了午饭。我在这里很有些名气，我们住在一个客栈里，客栈老板多年来一直对我们非常友好。我们在这家客栈待了一个多小时之后，老板告诉我们说义和拳在一两天前到了新乡城，有几个人刚刚还到他这里打听我们的情况，问是否知道我们要到哪里去。了解了这些情况，我们马上把这一消息写在明信片上送给了地方官，请求他予以保护。结果令人失望，回来的人说那位官员不在家，衙门的人立即把我们派去的送信人叫住，让他告诉我们赶紧走。我们上路之初，以为义和拳会追杀上来，但一直到了晚上，也没有再听到他们的任何消息。从那以后，"义和拳"似乎就成了没人知道怎么回事的说法了。

第二天，也就是 30 号，我们到达了原武县①，这里离黄河渡口很近。这里的官员立刻派了一名强壮的警卫把守在我们所住客栈的门口，因此我们在这里没受一点骚扰。

到了晚上，詹姆森先生派来的信差骑马赶到了这里。他告诉我们说，他们过来了一大帮人，带了许多银子和几支枪械。

第二天，7月1日，星期天。我们先到了黄河岸边，等了詹姆森先生两个小时。当他们到达时，我们发现他们穿着中国服装。他们最近一次歇脚是在武陟县，发现那里的人非常粗鲁。那个县的知县声言，除非他们穿上中国服装，否则他

---

① 原武县，今河南省原阳县地界。

无法保护他们，而且还让他们放弃了很多行李。这些中国衣服不仅不能伪装他们，而且似乎更凸显了他们的难民身份。官员们一定是有意羞辱他们，或者是蓄意搞恶作剧，因为他们这样打扮起来，看上去的确十分笨拙。

我们刚到南岸，就看见彰德府、楚旺村的人到了北岸，于是我们就等着他们过河。我们现在是由下列人员组成的一大队人马了，楚旺村方面的麦肯齐（MacKenzie）夫妇和一个孩子、莱斯利（Leslie）医生和夫人、麦金拓实（Mcintosh）小姐和陶（Dow）小姐、彰德府的古约翰（Goforth）夫妇和三个孩子、派克（Pyke）小姐和华莱士（Wallace）女医生、格里菲斯（Griffith）先生和胡德先生（Hood），新镇的米切尔（Mitchell）夫妇①、斯利蒙（Slimmon）夫妇和一个孩子，福公司的詹姆森、里德（Reid）和费希尔（Fisher）先生。传教士们只有一支人数很少的护卫队，但是詹姆森先生的队伍有一支精良的马队护卫，还有一名随队军官，他在与官方接洽安排地方护卫队、客栈等方面很有用处。现在，黄河把我们与义和拳隔离在两岸，大家心情都很好。第二天一大早，我们的精神都很好，只有斯利蒙太太例外，她开始为她的孩子担心起来，长途旅行疲累折磨，她有些撑不住了。

上午，詹姆森先生突发奇想，要派人骑马到开封去给汉口的英国和美国领事馆发封电报，通知他们我们的下落，并请他们帮忙。送信人去开封七十英里路程，回来又七十英里，然后要赶上一天走三十五英里的大队，这的确不是一件容易办到的事，但是詹姆森先生并不是一个能被困难吓倒的

① 新镇，今河南省浚县新镇镇。

536

人，他以牺牲那匹小马驹为代价，顺利完成了这一计划，在到樊城后这匹小马驹就死了。事实证明，发那封电报是一种明智的做法，因为这封电报使我们的朋友知道了我们还活着，也使我们的领事得以及时地请张之洞出面予以帮助。

接下来的两天，当我们在黄土地区行进时，天气很热。太阳直射在低洼的道路上，晒得像火炉一样。我们走的路比这一带乡村的地平面低三四十英尺，一丝风也没有。到达襄县时①，我们发现格雷西(Gracie)夫妇还在过着平静的生活。他们惊讶地得知我们逃出来了，于是邀请斯利蒙太太和我一起住一段时间，想让我们的小家伙有机会恢复健康。斯利蒙太太这时病得很重，我们真想冒一下险，接受格雷西夫妇的邀请。但是到了半夜，格雷西先生来到我们的客栈，告诉我们说那些皈依者和朋友们强烈建议他们随我们一起离开。他们决定接受这一建议，愿意和我们一起离开这里，但又发现没办法弄到马车。他们让我们先走，他们争取搞到马车后当天追上我们。后来，我们了解到他们是通过周家口逃到安徽去的②，一路经历悲惨。

接下来，我们向南阳府进发，这是我们唯一真正预料到会有麻烦的地方，我们的担心是完全有根据的。7月7日，我们到达了南阳府以北三十里处的新店。我们原打算在那里过夜，但一到那里，我们发现无法找到住宿的地方。詹姆森先生对女士和孩子们总是体贴入微，他知道在这里停留十分危险，所以决定继续奔向南阳。

----

① 襄县，即襄城县，今属河南省许昌市。
② 周家口，明清时期河南四大重镇之一，为河南西北与江南交通要道。今为河南省周口市川汇区。

这里我想说一下詹姆森先生和他那一伙人的高尚行为。他们履行了之前的诺言，他们个人和集体的东西随便我们用。住客栈，他们让我们住最好的房间，并把他们带来的物品与我们一起分享，当他们知道我们的朋友们已经用完了他们的牛奶时，就把他们最后的几罐牛奶给了我们。一路上需要花费的银钱，也都是他们提供的，如果没有他们的帮助，我们是没办法生活下去的。不惟如此，詹姆森先生还是一个天生的领导者。无论什么事情，只要交给他去办，就万事大吉。旅途中无论大小事，像接洽地方官员、商谈每天当地官方护送事宜、安排寄宿，以及旅途中许许多多大情小事，他办起来都得心应手，妥妥贴贴。他似乎从不担心或焦虑什么，每天都会对碰到的每一个人加以鼓励。

天刚蒙蒙亮，我们离开禹州时，古约翰的仆人领错了路，随后其他几伙人与我们分开，走了另一条路。这样一来，一大群女士和孩子们安全地躲过了我们在途中一个城镇遇到的一大帮祈雨的人。詹姆森和他的朋友们骑马走在前面，离我们的车队有五百码远，他们突然发现被两百多名身强力壮的武装人员包围了，这些武装人员身后还有一大群乌合之众。那些祈雨的人头上戴着绿色的花环，手持大刀，前往一座著名的寺庙祈雨。他们一看见这些外国人，马上围了上来，喊着说："就是这些洋鬼子把雨给赶走了。"其中一个首领建议立即杀死我们，我们的朋友花了十来分钟时间费力说服那群人，让他们相信动手杀掉这些外国人会很危险。与此同时，我们来到那群人身边，得知这群人正在求雨，于是不敢再问什么，立刻驱车上了最近的一条路，结果却进了一个死胡同。我们的那些大车停在了胡同口，挡住了大街上暴徒们的视线。他们从街上走过，没有见到胡同里有外国女人。我们穿过镇子后，发现詹姆森先生和他的朋友们对我们的安全忧心忡忡。

天黑后，我们到了南阳府，在城里找住处，结果是不得不分别住在几家十分简陋的小客栈里，不过，这反倒对我们很有利。因为我们从城南进去找了几家客栈，把那些以为我们从北方过来应该在城北住店的人给甩掉了。我们试图见见当地官员，未能如愿。有人告诉我们说，这位官员第二天上午八点钟与我们见面。这个说法预示着不太吉利。到了半夜，从新店来了一个信差，说他们被围困在客栈里，请求帮助。我们试着去找那位官员帮忙，但只得到这位官员的口头承诺。他告诉我们说会派些骑兵前去弹压那里的骚乱。詹姆森先生知道指望这里的政府官员帮助徒劳无益，就派了他一半的骑兵卫队返回去了。

我们的一些仆人告诉我们，说四英里外有个罗马天主教徒据点，现在被包围了。这里的地方官员杀了一名士兵，原因是一些士兵执行上面的命令过于机械死板了，他们试图驱散那些围困攻击罗马天主教徒的人，并且打伤了一个。我们还听说，有人计划把我们一行人全部杀掉，就是为了这个计划，他们才安排第二天上午八点与我们会面。

我们意识到所面临的危险后，立即把疲惫不堪的牲口又套上了马车，于凌晨三点启程，向新野县奔去。到了新野以后，与先前派往新店去帮助我们朋友的护卫队骑兵会合了，他们告诉了我们那里的情况。原来我们的朋友们一直在与围困他们的人谈判，那些人要他们交出一大笔钱。我们的朋友们在客栈里一直等到八点钟，希望能得到我们的帮助。后来他们眼见没有希望了,就离开了客栈,到了外面,却惊奇地发现镇上静悄悄的,好像什么事都没有。

到了镇口,他们松了一口气。但一到镇子外面,却发现外面有好几千人在等着他们。有一支二百人的队伍,一直等到最后一辆车出了镇子,突然向我们的朋友发起了猛烈攻击。我们的朋友从车上跳下来,用左轮手枪朝他们的头上方开了几枪,企图把他们吓跑。莱斯利夫人一路奔波累垮了,下不了车,为了保护她,莱斯利先生受了重伤。除了多处皮肉伤,他的右手腕和右腿都伤到了骨头,两处的肌腱都被切断了。古约翰先生的头部也受了严重的刀伤。詹姆森手下的两名护卫,同暴徒们英勇搏斗,都受了重伤,后来证明他们的伤是致命的。最终,当我们的朋友们全都离开了马车时,暴民们立刻开始砸箱子,发疯似地抢东西,忘了他们要杀死的外国人。我们的朋友们趁机逃走,这才避免了更大灾难。

在这一天的行程中,他们都返回到了大路上,设法找到了空着的马车,继续他们的旅程。尽管他们的东西都没了,但庆幸的是人还活着。第二天黎明时分,那个迷了路的仆人回到了我们身边。他是古约翰先生的人,所以我们给了他一锭银子,让他回去找他们那一伙人。

我们继续向樊城前进,大约中午的时候,我们到了湖北省的边界,发现有一群士兵奉张之洞之命,从襄阳府来接我们。我们意识到,这里有真正的和真诚的帮助,我们的危险已经过去,我们的内心激动不已。到了樊城,我们发现一切安排都是为了我们的安全和舒适考虑的。我们在这里等待朋友,他们10号晚上才来到,情景十分悲惨。可怜的莱斯利博士的情况尤其糟糕,他受伤后,只是陶(Jennie Dow)医生用自己的一件衣服为他简单包扎了一下，未再做任何治疗，已经在他那辆大车上躺了三天三夜了。

第二天，我们给他们准备了所需的服装。詹姆森先生和他的朋友们能够为男士们提供内衣等，而女士们则只能穿中国人的服装了。我们可爱的小埃莉诺（Eleanore）11 日去世了，她来到这个世上才九个月，实在让人心痛。不过，我们也非常感恩，她坚持活到了樊城，我们得以将遗体运到了汉口，葬在了英国公墓里。

我们沿着汉江往下到了一个港口。两天后，美国领事派了一艘汽艇把我们接到了汉口。

21 日到达汉口后，我们直接登上了一艘开往上海的轮船，结束了这次为期二十四天的旅程。

山西英国浸礼会

毓贤出任山西巡抚后，义和拳迅速在全省传播开来。

5 月，我们与沿海地区的联系被切断了，因此再也收不到汇款。大约在 6 月 21 日，法尔定（Farthing）先生从太原府写信给忻州的邸松（Dixon）先生，说已经知道慈禧太后发了一封电报要消灭所有的外国人，并补充说：“如果是真的，我准备好了，不要害怕；如果这是上帝的旨意，我甚至可以为死亡而高兴。”读到这里，邸松先生对他的布道员赵先生说：“我也是这样想的！”

6 月 23 日至 25 日，有人在忻州布道站附近祭财神。一大群人聚集在那里，一群吵吵闹闹的暴民在布道站大院门前集结起来。布道站向地方官提起诉状。最初，地方官答应派一名护卫来，但最终护卫没有来。

这时,北京发来的电谕已经传开了,布道站又派人请官方保护,并说如果不答应这一要求,就向巡抚报告此事。这位地方官回答说:"告诉外国人,如果他愿意,他可以向皇帝报告,我不在乎。"

乡村的布道站纷纷报告说,义和拳对当地基督徒施行暴力,于是派了一名信差到太原,带了一封信,意在咨询一下法尔定,看看怎么应对这种局势。到达太原后,信差发现一些布道站已经被毁,所有的布道站都被放弃了。他急忙回来报告了情况。邸松先生意识到局势越来越危险,于是把布道站同工召集到一起商量应对办法,结果是大家认为应该先逃走。他们一行有八个人。

他们带着食品、衣服、被褥和一些现金,一大早就出发了,走了三十里路,在那里休息了一会儿。这时他们才知道,在他们离开家园两小时后,巡抚就发布了一个公告,要求地方官员摧毁外国人的房子,杀死外国人。听到这个消息,他们决定立刻去他们选好的藏身之地躲藏起来。

离开村子后,邸松先生解雇了忠诚的福音布道员赵先生。之所以要赵先生离开,是考虑到他可能会给外国朋友传递信息,或许还能得到帮助。这是一次悲伤的离别,但它却放射出那些即将牺牲生命的人的勇敢精神。邸松先生说:"如果我们都被杀了,没有一个人逃脱,还会有更多的人接替我们。"邸松夫人谈到她的四个孩子,他们将失去母亲的照顾,但她说:"上帝一定会安排朋友们照顾他们的。"

这个布道员在10月回到山西,了解了邸松一行人以后的情况。

当天晚上,他们到达了刘家山村,那里有一个基督徒的家在一个山洞里,他们希望把那里作为避难所和防御工事。

他们在这个地方平静地住了二十天。后来义和拳知道了他们的藏身地,就派一伙人来抓。这里的村民都逃走了,这伙人也没能抓到他们。过了几天,有一个小军官带着士兵找到他们,并答应护送他们到海边去,诱使他们先回到忻州。这时,他们的食物早已耗尽,已经五天没有吃东西了。

他们一到忻州,就被带到衙门去了。地方官问他们在钱庄里有多少钱,在得知了存钱的情况后,这位地方官随即把存款全部提现,自己保管了起来。

传教士们被关在普通的监狱里。在那里他们被关押了16天,伙食极差。8月7日,毓贤派人来查看这里是否贯彻了他的意志。

两天后,他们被从监狱带出来,坐上了四辆大车,说要护送他们到沿海地区去。到了城的东门,传教士们被从车上拽下来,脱下了所有的衣服。接着,义和拳和士兵都向他们发起攻击,把他们的头砍成了碎片。他们的尸体被拖出城外,扔在河岸上,附近的村民对这些尸体尽情地羞辱。后来,邸松先生的好友、忻州秀荣书院①山长买了裹尸布,雇了人把尸体埋在城墙脚下。

大屠杀后,级别最高的军事官员去了浸礼会布道站,挑走了他自己想要的物品,然后就任由士兵和民众洗劫了。

---

① 忻州,古称秀荣县,书院建于秀荣改制为忻州之前,故称"秀荣书院",一直沿用至1902年。

中国内地会,河南①。

河南长期持续的干旱催生了百姓躁动不安的情绪,千里干旱的土地,成了滋生暴民和暴乱的温床。从北方逃来的传教士曾发出警告,让我们在赊旗店的人最好马上逃走。

7月8日,星期天。在礼拜结束时,一大群人聚集在一起,看着基督徒们四散而去。这群人虽然还没有什么动作就被驱散了,但形势已经很明显,我们必须尽快准备好离开了。

第二天一大早,街上又挤满了一群暴徒,显然是要捣乱。我们不能上街,但我们翻墙把箱子搬到了邻居的院子里,随后我们也顺着梯子到了邻居的院子里。不久之后,一群暴徒就狠劲地敲打我们的院门。我们的汉语老师吓得面如土色,说:"我怕你们遇到比死还可怕的事!"这个邻居家的主人把我们领到他家客厅,客厅的一角有一架梯子,通向一间阁楼。他吩咐我们"快上去,不要出声"。

我们躲在那里,听着人群的喊叫声,很快就听到了从房上扔下的木头和砖石声。骚乱确实开始了。天气很热,不一会儿,我们就听到了噼噼啪啪的着火声,看到我们的房子起火了。突然有人冲到我们躲避的这家邻居院子里!暴徒追着我们翻过墙,进入了下面的客厅,他们的吵闹声我们听得很清楚:"杀了洋鬼子!他们一定在这里!让我们爬梯子上去看看。"

经过激烈的争吵,暴徒们离开了,只是一次又一次地回来看有什么动静。他们爬上屋顶,从五扇窗户往里看,我们站在窗户之间,紧贴着墙。有一次,两个男孩看到了我们,把

---

① 原作者注:金恩斯医生等。

消息传到了外面。人群又回来了，但又一次被这家主人糊弄走了。

从早上7点到晚上8点，白天就这样过去了。其中一位女士病得很重，非常虚弱。她的一个月大的婴儿可能会哭，那样的话我们就会暴露，一切都完了。我们默默祷告，上帝听见了，从早到晚孩子很安静。这家主人送了一壶茶上来，那位疲惫不堪的母亲终于喝上了水。

就在这时，邻居家的主人上来了，说："别耽搁了，跟我来！我们下了梯子，穿过院子，进了一个存放粮食的房间。一个大粮囤子上放着一个小凳子，我们从粮囤子上爬过活板门，爬到上面的阁楼上。我们到了阁楼上以后，房主人把凳子拿走了，关上了下面房间的门，清除了所有我们到这里的痕迹。阁楼房间满是灰尘和垃圾，但它为我们提供了一个安全的避难所，让我们度过了漫长的四天时间。

第一天晚上，我们离开阁楼，到另一所房子去，那里准备了几辆马车，要把我们送走，可就在这时，捕头到了大门外，要搜查那所房子。我们赶紧爬上梯子，出了那所房子，他们自然什么也没搜到。第二天早上，暴徒们来了，彻底捣毁了我们的房屋。他们整天对着房子大喊大叫，我们都听得很清楚。天快黑的时候，我听到有两个人在我们藏身的地方附近堆放木材，想把我们烧出来，但最终他们没有放火。

我们每天晚上都要讨论新的逃跑计划，每天都有新的搜索队来找我们。星期四中午，房主人突然到了我们藏身的地方，说："快走！他们带着刀来杀你们来了！"两分钟之内，我们所有人从活板门下去，爬墙头到了我们那座已破败不堪的房子的花园里，在太阳地里晒着。不久，一个人爬上墙头上搜寻,但他没看见我们,高声对外面的人喊道:"他们不在这儿!"听不见动静之后,我们很快又安全地回到了我们躲藏的那个阁楼上。

那天晚上下起了雨,我们有机会逃到了一家大商铺,躲在顶楼的一间结实的屋子里。房间又小又黑,有一扇十八英寸高的窗户。我们在这里待了十二天,由商铺的一名成员看护,他带着枪和剑,还配有锋利而沉重的铁镖。

最后一天的清晨,我们搞到了马车,坐车出了城,沿着河岸向下游赶了八里路,有一艘小船和四个人在那里等着护送我们。沿河各个关卡都有人搜查,共计搜查了十二次或更多,但没有人发现我们。

我们和护送人员在一个小船舱里待了十三天,直到安全抵达汉口。我们给了我们的护卫应得的报酬,然后让他们回去了。我们衣衫褴褛,脏乱不堪,身上的衣服穿了一个月,感谢上帝把我们从危险中解救出来,他"从未抛弃那些信任他的人"。

山西中国内地会奥格伦夫妇(Ogren)拳乱经历

奥格伦夫妇在山西西部的永宁只住了一年。那里的地方官员们都很友好,其中一位还私下问过奥格伦祈祷下雨的正确方法,因为他自己的祈祷没有奏效。由于长时间的干旱,百姓焦躁不安,聚众闹事的苗头越来越明显。

6月中旬,义和拳来到了这个城市。他们迅速招募新成员,队伍不断扩大,有位官员很快就派了一支卫队保护内地会差会,使其不致遭受义和拳侵害。这位官员建议奥格伦带上家人离开这里。他们的仆人开始离他们而去。

突然有一天,有个人走街串巷,打着锣吆喝,说外国人在井里下了毒,要人们不要再喝井里的水。那一天,这个城市的主要泉水变成了红色。派警卫保护差会的那位官员不敢再让奥格伦到他那儿去了。不过,他在晚上派师爷去和他们商量怎么应对这个局势。最后,他们要求官员为他们准备一些旅费,因为他们同沿海通商口岸的联系已经断了。同时,也请这位官员在他们走后,代为照看他们的房子。

那天晚上收拾行李的时候,一个探子在院子里的一棵树上窥视着他们。7 月 13 日天亮之前,奥格伦夫妇带着他们的小孩乘坐一顶轿子出发前往八十里外的黄河,从那里去汉口。他们有一名警卫,还持有知县的手札,要黄河边的官员为他们准备一条船。在河边有一群充满敌意的示威者,但接到知县手札的官员目送他们安全离开了。有两个士兵和他们一起上了船。

黄河水流湍急,他们的小船随时都有失事的危险。他们走了五百里,距山西、陕西和河南交界处的潼关还有一半行程。在半路上,有人告诉他们,有一伙外国人被杀了,他们的尸体就在几天前被扔进河里,如果他们继续沿河而下,他们的命运很可能和那些外国人一样。

他们决定过河到陕西去,不久就到了一个地方,那里有一个官员,八十岁了,与永宁知县熟悉,对他们很好。这位八十高龄的官员在河对岸山西地界有一个庄园,他主动提出把他们送到那里,并为他们准备好了食物,说若有风吹草动,他们可以躲在附近的山洞里,等没事了再出来。与此同时,来了一群士兵,说是奉命来把外国人赶出该省地界。这位官员设宴款待了这些士兵,把他们劝走了。随后,即尽快派人送奥格伦夫妇一行过河,奔他的庄园而去。

距离渡口只有十里路，但还没走到一半，他们就被强盗袭击了，大部分衣物和银两被劫掠一空，只留下了一百文钱。而后，他们一大早到了渡口，但回去找那位官员取钱的人四天以后才回来，他们在这里足足等了四天四夜。一切都准备妥当之后，他们带着孩子，慢慢地向那处庄园走去。第二天，他们找到了那处庄园，但佃户们对他们很不友好。起初佃户们拒绝给他们食物，后来准备了食物，但量很少，不足以裹腹。他们遭遇了两次强盗敲诈，后来受到了管理这个庄园的人的儿子的严重威胁，说毓贤悬赏每颗外国人头一百两银子。

在这种情况下，他们不得不离开这个藏身地，再次向北返回永宁。路很崎岖，人烟稀少，但许多人都很善良，所以他们每天至少能吃上一顿饭，有地方睡觉。

几天后，他们来到了黄河的一个支流，他们必须步行过河。一位老人领着他们穿过湍急的水流，让他们在他那里休息了一天一夜。第二天，当他们快到河道关卡时，一群人袭击了他们，随后一名关卡卫兵奉命带他们出了陕西地界。这个卫兵似乎几次想杀了他们，但最后还是和他们一起过河，把他们交给了义和拳。

第二天早上，奥格伦先生被带到义和拳首领那里。奥格伦夫人先是听到他哀求救命的声音，接着是有人叨念咒语，询问神灵是否可以饶他们一命，接着众人一片哗然，她认为这表明她丈夫死了。

后来有一个人来接她，说要把她和她丈夫送到永宁那里去，但她不相信她丈夫还活着。那天晚上她在一个山洞里度过。第二天早上，他们在路上遇到了一帮义和拳，她的向导不见了。义和拳们向她冲过去，好像要杀她，但最后只是命令她离开，她很快就离开了。

下午,她在一片树荫下停了下来,许多女人围在她身边。她们非常善良,极富同情心,给了她和小孩子一点吃的。晚上,她得知河对岸有基督徒,于是涉水过河,差点被河水冲走了。但过河后发现那里没有朋友,只有敌人,那些人只给她点水喝,让她和孩子在露天地过夜。夜里,两个基督徒偷偷溜到她的身边,把她带到一个山洞里,但是因为周围到处是义和拳,他们再也不能为她做什么了。

早晨,她再次过河,但很快就被一群手持大刀的义和拳发现了,他们把她赶到了一座寺庙里。这个村庄管事的出来救了她,给了她一些吃的和一些袜子。第二天,这个管事的派人把她护送到大宁县。义和拳各个满腹怨恨地跟在他们后面,但是一直克制着没有冲向奥格伦夫人。到了大宁县后,她被带到了一所普通监狱。有人给她从监狱门上方的一个洞递进食物、水果和一些钱。看守们都很友好。

第二天早晨,她被带到大宁知县那里,知县让她跪下陈述她怎么到了这里。听完之后,知县的态度变得友好起来,说她的丈夫还活着,以后会来找她。然后她被带到一个内院,知县的妻子想见她。那位女士走到阳台上,扔给她100文钱。那天夜里,她听见丈夫的声音在呼唤她。她发现他透过门上的一个洞在说话。第二天早晨,他们被带到衙门里一间舒适的房间里,她在那里给他包扎伤口,给他做饭,听他讲述怎么逃命的。

奥格伦被带到义和拳首领那儿后,先是受到了训斥,说他用那些教义毒害民众,随后就把他交给了一些义和拳众。他们残忍地对他拳打脚踢,一边打一边嘲弄他说:"怎么不向你的耶稣祷告啊。"

接下来,他们把他带到了河边,要杀了他,枪刺刀砍,鲜血四溅。由于这些家伙不大会用武器,没有造成致命伤。奥格伦最后跳进了河里,尽管双手被绑着,他还是挣扎着渡过了河,在黑暗中逃走了。第二天，一个信奉基督教的农夫给了他一些食物和钱。得知他的妻子在大宁，他设法避开义和拳，向大宁方向逃，进城的时候，让义和拳发现了，一直追着他进了县衙门，知县救了他一命。他的头、颈和肩部的枪刺刀砍伤都很严重。

这时已经是 8 月的最后一天了。两天之后，他们骑着两头备有鞍子的驴到了蒲县。在这里，他们遭到义和拳的攻击，但他们的警卫成功击退了义和拳。他们本来要从那里到平阳府①去，但护卫接到命令，要把他们送回大宁。

回大宁的途中痛苦不堪，一路上不给他们吃的，故意折磨他们。奥格伦先生过河时掉进了河里，好在他们最终还是到了大宁。进城后，他们再次被关进监狱，这时有了吃的，可小孩子病了，很严重，有人牵来了一头奶牛，他们有牛奶喝了。监狱的条件极差，害虫太多，奥格伦先生发起了高烧。没有别的办法，他们唯一的安慰就是祈祷。

他们就一直这么待在监狱里，直到 10 月才放出来。上面传来了镇压义和拳的命令，并要把外国人集中到平阳府，然后送到沿海地区。他们坐轿子走了一段，又乘坐軸子，由各地官员们前后相接从一地转到另一地。

到达平阳府后，官员们极其礼貌周到地接待了他们，并归还了差会以前的房产。这些房产都被毁坏了，只有两间屋子勉强能住。几天后，奥格伦病情恶化，于 10 月 15 日去世。当地中国人都很善良，协助举行了葬礼。不少幸存的基督徒向奥格伦夫人表示慰问之情。

不久，小男孩也病得很重，但母亲又得到了一头奶牛，有了适

---

① 平阳府，今临汾、运城两地级市及吕梁市石楼县、晋中市灵石县一带，府治临汾县。

当的食物,孩子慢慢康复了。十月下旬,麦凯(McKie)先生、查普曼(Chapman)小姐和韦(Way)小姐也来了。韦小姐可能是唯一留在该省并在风暴中幸存下来的外国人。12 月初,奥格伦夫人生下了一个小女孩,一个月后,地方官员安排护送他们南下,花了六周时间经山西、河南进入湖北地界,到了汉口。

从张家口到恰克图①

1900 年 6 月 6 日,马为力(Mark Williams)牧师和罗伯茨牧师离开北京前往张家口,匆忙返回那里的布道站,帮助美国公理会牧师史瑞格(W. P. Sprague)和其他成员对抗义和拳。和我们一起去的还有医生默多克(V. C. Murdock)小姐,她去张家口做医疗工作;还有生得本(Carl G. Soderbom)先生,他的家人也在那里。经过宣化府时,我们说服了伦贵士(Lundquist)先生及他的家人和我们一起走,因为那个城市里有很多义和拳。

6 月 10 日,我们到了张家口,发现一群暴徒在我们大门口嚷叫,数百名男人和男孩在焚烧我们的房屋。过了很长一段时间,一名官员过来把暴徒赶走了。但他们晚上又回来了,形势十分危急,我们拿出枪对准了他们。幸运的是,他们屈服了,没有再闹下去。

夜里,我们把所有与我们在一起的中国人都打发走了。天一亮,我们就赶到了察哈尔都统府衙门(Yamen of the Manchu General)。我们一行六人,包括史瑞格(Sprague)太太和恩格(Engh)小姐。我们请求保护,并派护卫送我们去蒙古。下午,一群暴徒聚集在衙门大门外。都统想把我们送

① 原作者注:这一部分内容,为罗伯茨(James H. Roberts)牧师应笔者之邀供稿。

到城市的另一个地方，但我们拒绝了。日落时分，他安排我们带着行李到院子角落里一间充满霉味的小屋，从外面把门锁上了。是死是活，我们心里一点数也没有。不过，午夜之后，很多士兵组成的卫队过来了，护送我们越过长城，进入了蒙古。

到了蒙古，我们发现那里也到处是义和拳，没有一处安全的地方可以留下来。在张家口西北五十英里的哈拉奥索（Hara Oso），我们与拉森（Larson）、生得本、伦贵士先生及其家人会合。他们住在帐篷里，准备去库伦（Urga）。史瑞格先生回到张家口，取来了我们存在中国钱庄里的钱。他带来了法格霍姆（A. L. Fagerholm）先生，法格霍姆先生当时正在徒劳地想方设法到沿海地区。罗伯茨先生也去了一趟张家口，为我们准备了一些暖和的衣服。当我们不得不逃命时，发现了没人管的十四骆驼和九匹马，大家都很高兴。

6月23日，傍晚时分，晚霞满天，十分壮观，我们开始了我们的长途旅行。第三天，我们丢了一只骆驼，为了寻找它，我们耽搁了两天。与此同时，四名瑞典传教士派信差送信来说，他们在丰镇遭遇一群暴民袭击，要赶来和我们会合。据说他们那里的地方官给了他们一笔八百两银子（合六百美元）的赔偿金，他们的到来为我们提供了大量金钱和食物。这些对我们来说，就像我们的骆驼和马对他们一样重要。我们意识到，失去骆驼真是因祸得福，要不然他们就不可能追上我们。

我们一行有十个男人、七位女士、六个小孩和七个照顾牲口的蒙古人。最多的时候，我们有20头骆驼和19匹马。有一个地方，人们不让我们从井里打水。苏尼特蒙古王爷禁止他旗下的人卖牛羊给我们，并派士兵去把守水井，说是为了防止我们在井里下毒。

　　拉森先生是一位杰出的领袖，一位优秀的射手和骑手，会说一口流利的蒙古语，而且勇气过人。他以前曾两次穿越戈壁沙漠。我们叫他"摩西"。我们有一支步枪，一支霰弹枪，两支左轮手枪，这一切都是神的眷顾。有了这些武器，那里的人便不敢贸然攻击我们。

　　每天有两位女士和两位先生组成一个烹饪委员会。其他的人都是燃料委员会成员，负责准备燃料，燃料就是牲畜粪便，在太阳地上翻晒，让风吹干。一头骆驼驮着两只带盖的大水桶，里面装着我们宝贵的饮用水。水井相距遥远，有些井水常常无法饮用。有几天我们杀了一只羊，吃了羊肉，但这么多饥饿的人，根本不够吃。我们主要的食物是大米稀饭或小米粥，里面的沙砾把我们的牙齿都硌坏了。每五天或十天，我们会想办法吃上一顿比较满意的晚餐。

　　在沙漠里，接连十天的酷热天气，每天都口渴难耐。女士们和孩子们乘坐和睡觉的六辆马车的阴影，是我们在烈日下唯一的乘凉之处；由于经常在夜里赶路，睡眠不足使人几乎无法忍受。

　　在离库伦不到一百二十英里的地方，我们给俄国总领事发了电报，说"六名美国人和十七名瑞典人，前往库伦，请求保护"。他回复说让我们马上到领事馆去，这令我们有了新的生机。7月30日，我们到达库伦，在离开哈拉奥索三十八天（六百六十英里）之后，我们终于有了四天的休息时间。

　　然而，库伦也到处是义和拳，我们必须继续前进。我们领到了俄国护照，这样就可以去圣彼得堡了。购买了旅行所需食品后，我们启程前往西伯利亚最近的城镇恰克图。挪威传教士小纳斯特嘎德（O. S. Nästegard, Jr.）与我们同行，他会说俄语，我们称他是我们的"约书亚"。

离开库伦之后不久，我们遇到了三百五十名哥萨克人。这些人是奉命来保护我们的。十三天时间，我们走了二百一十英里，来到两个帝国的边界。在那里，蒙古的清朝官员试图阻止我们越过边界，但俄国恰克图总督把我们从他的魔爪下救了出来。我们在那里休息了两个星期，许多俄国人对我们很好。生得本先生的婴儿去世了，埋葬在一个俄国公墓里，东正教神父也参加了我们的基督教葬礼。我们这一路的费用，是美国电汇过来的。强盗们已经紧紧盯了我们十四天了，但他们什么也没得到，因为我们用信用证支付，要在伊尔库茨克(Irkutsk)结账。

我们租了几辆带着木弹簧的俄国马车，由三匹马拉着，疾驰五天，翻越了大草原和高山，穿过了一片十分壮观的森林，到了贝加尔湖。然后乘坐一艘俄国小轮船穿越贝加尔湖，湖面上的浪很大，不少人晕船。下船清醒一下后，我们去火车站的月台上睡了一夜。第二天早晨，我们到达了伊尔库茨克。接着，我们乘火车经西伯利亚铁路旅行十天，到了莫斯科。当地政府为我们配备了一辆崭新的专用小汽车，很宽敞。我们在圣彼得堡与瑞典同伴分手了，先后经柏林、伦敦，于11月8日到达纽约。这次逃难，历经四个多月。

我们在夏天被赶出了中国，这是上天的安排，在蒙古高原和西伯利亚高纬度地区，日夜暴露在恶劣的天气下，如果在其他任何季节，都会遭受严寒的折磨。一位俄国朋友听说了我们的旅程后，说："守护天使一路都陪伴着你们。"在我们逃亡的过程中以及后来，得知许多传教士在中国殉道的消息，我们深切感到上帝在带领我们，实现他仁慈的许诺："我必亲自和你同去,使你得安息。"①

中国内地会委员会主任范(J. W. Stevenson)牧师列出了1899—1900 年义和拳运动中被杀或受伤致死的传教士人数,以及他们所属国籍和服务的差会和省份:

差会组织	成年人	孩子	总计
中国内地会	58	21	79
宣道会②	21	15	36
美国公理会	13	5	18
英国浸礼会	13	3	16
寿阳传道会③	11	2	13
美国北长老会	5	3	8
协同会④	5	···	5
瑞蒙会⑤	3	1	4
圣公会⑥	3	···	3
大英圣书公会	2	3	5
独立个人　赫德尔(A. Hoddle)先生	1	···	1
	135	53	188

---

① 《圣经·出埃及记》第 33 章第 14 节。

② 全称"基督信徒与宣教士联合宣道会"(Christian and Missionary Alliance),总部在美国,向世界各国派遣差会。

③ Shou Yang Mission,内地会传教士毕翰道(Thomas Wellesley Pigott)夫妇 1891 年在山西寿阳创建的独立传教组织。

④ Scandinavian Alliance Mongolian Mission,属公理宗,侨居美国的瑞典、挪威基督徒合作组建的国外宣教组织,以蒙古为宣教地。

⑤ Swedish Mongolian Mission,信义宗,瑞典基督教在蒙古的宣教组织。

⑥ Society for the Propagation of the Gospel,英、美、加拿大等国新教差会,初称安立甘(Anglican)会,为英国国教。一般认为,1909 年 4 月,英、美、加拿大等国圣公宗差会在中国组建统一的中华圣公会,简称圣公会。本书成书于 1900 年底至 1901年上半年,作者已经使用了"中华圣公会"这一名称,疑学界一般说法有误,具体情形待考。

省　份	成年人	孩子	总计
山西与蒙古边界地区	113	46	159
直隶	13	4	17
浙江	8	3	11
山东	1	…	1
	135	53	188

国　籍	成年人	孩子	总计
英国	71	29	100
瑞典	40	16	56
美国	24	8	32
	135	53	188
1901 年,伦敦会石(J. Stonehouse)牧师	1	…	1
	136	53	189

1900 年罗马天主教被杀主教、神父、修女列表

地　区	男	女
东北	10	2
山西	5	7
蒙古	7	…
直隶	4	…
湖南	2	…
北京	7	…
	35	9

第三十四章　中国教会大灾祸

义和团运动开始时,中国基督徒的数量,也就是教会的实际成员,估计有十多万人。除此之外,还有三到四倍以上的"望道者",指的是那些还没有受洗,但要么是基督教家庭的成员、要么是自己对新信仰有好感的人。基督信徒总是从这些人中吸收进来的。罗马天主教徒通常按家庭来计算,人数为基督教的数倍之多,这一信仰在中国已经存在了几个世纪。无论是基督教徒还是天主教徒,都遍布帝国的大部分地区,"满洲"的基督教徒人数比其他地方多得多。

虽然基督教团体或天主教团体中都有一些挺富有或是稍微富裕一些的人,但到目前为止,他们中的大多数都来自农业和工人阶层。基督宗教在中国,就像在它的发源地一样,一直都是"向穷人传福音"的,考虑这一信仰带给人们希望,以及中国人的生活普遍穷困,中国本土的基督徒和天主教徒大多都是穷人,是很自然的事情。

有人认为,中国教会中有相当数量的人是出于卑鄙的动机、为了得到他们想得到的东西才加入教会的,这一观点是极其错误的。就中国的基督教会而言,至少我们可以说对这一点有充分的了解。中国人对好人坏人有着杰出的辨别力,在这样一个人口密集的社会里,不可能不全面、准确地了解每一位申请人的主要情况。当然，出现一些判断上的错误是不可避免的，但传教士和当地人都从长期的经验中认识到，要想教会不因自身的问题而垮掉，就必须时刻保持警惕，因此，教会的吸收标准也在不断提高。

应该记住的事实是，在任何地方，任何一个拥有中国基督教会成员这一身份的人，都不可避免地面临着遭受社会排斥的严重风险。加入基督教会所带来的利益根本没有保障，对人们并没有什么吸引力。那些出于卑鄙动机加入基督教的人，义和拳暴乱后，当与基督教的关系使他们面临危险时，就急忙切断了与教会的联系，撇清了自己与教会的关系。

同样重要的问题是，我们必须清楚在中国这样的社会里，每个基督徒都不可避免地要有许多敌人。中国有句经典说法，叫入乡问俗。中国，首要和最大的戒律，就是不要做别人所不做的事，因为只有这样，中国的全部律法和先知的话，才会不走样，代代相传。但中国基督徒的身份要求他们不能墨守成规。作为基督徒，不能祭祀祖先，而祭祀祖先是中华民族的真正宗教；不能承担修建庙宇、各种道教和佛教仪式以及为纪念某个神而举行的乡村戏剧演出等的捐款。他们这样做，必然要受到邻里乡亲的敌视。

在每一场婚礼和每一场葬礼上，基督徒都与他的家庭和他的家族不睦，而婚礼和葬礼是中国人贫瘠生活中的一大乐趣。在与难以计数的人之间割不断的错综复杂关系中，作为中国基督徒，会在各种各样的事物上与各种各样的人有不同看法。不管他自己有没有错，都会招致许多人的反感。中国人对冤仇永记不忘，世代相传，每个人都耐心地等待着复仇机会到来的那一天。这是中国人特别重视的，也是中国经典著作中反复灌输的。

在中国，对所有基督徒的迫害都有其不可避免的因由，但义和拳对基督徒的迫害与以往不同。以往对基督徒的迫害，都是局部、零星的,往往是文人而不是官员暗地唆使的。义和拳迫害基督徒,则是受清廷默许的。以前从未有过像这次一样的机会,那些对基督教怀有宿仇的人,可以放心大胆地加倍清算陈年旧账了。

与世界上其他社会相较,中国社会的团结一致十分明显,社会的每个阶层都明白无误地代表整个社会。当想到中国人对一切形式的权威都怀有深深的敬意时,人们就产生一种模糊的观念,即在中国,官员尤其是朝廷要对某人或某个群体进行迫害的情形,其程度要远超古代罗马。中国人的思维轻易不会产生与定期任命的地方官作对的念头。每个中国人在不知不觉中都多少有点宿命论的倾向,每当上面的人要他该做什么或不该做什么的时候,他就会自然而然地把这看作是"天意",就会跟风随大流。然而,在席卷整个帝国迫害基督徒的义和拳运动中,并非所有中国人都参与了迫害行动。这一事实说明中国这个多民族社会出现了一种前所未有的崭新力量。

发布命令要基督徒放弃信仰的官员,有的是自始至终对基督教怀有深切的敌意,有的则是出于保全自己臣民性命的考虑。他们有时会在基督徒的家门上贴上字条,证明他们不再是"洋教"的成员,因此这些家庭就可以得到保护。这个计划是根据一道上谕推行的,难怪许多基督徒落入了为他们设下的狡猾圈套,尤其是在山东,还附带着诱人的字眼,说是"暂时放弃"。在"满洲",一些地方官甚至有这样巧妙的设计:只要跨过地上画的十字标志,就意味着基督徒放弃了信仰,即可保全性命和家庭安全。很多基督徒匆忙照做了,很庆幸没有受到更严厉的惩罚,但他们并没有意识到他们所做的事情的意义。

山东有一个很明显的例子,两个本土牧师在巨大的压力下,为了挽救当地整个教会的基督徒及其家人的性命，代表所在教会的所有基督徒承担了放弃信仰的责任。事实上，他们压根就没想过要废弃基督教信仰，但他们认为，除了他们两人出面承担罪责外，别无他法。因为，两个人有罪总比整个教会都有罪好。

各种各样的放弃信仰、退出教会活动，无论是真正的放弃了信仰，还是仅仅在形式上退出教会，都使教会复兴成为一个微妙而严重的问题。但是，应该清楚地认识到，除了小部分例外情况，义和拳运动中放弃信仰的行为大都被认为仅仅是一种表面的形式。毫无疑问，这是领导者指导不到位造成的错误认识。也有大量无论如何都不放弃信仰的报道，在庞大的罗马天主教社区尤其如此，但如果没有明确声明，决不能把这种情况视为普遍现象。

在有些地区，义和拳祸害基督徒的风言风语已经流传了好几个月，甚至一年多。可怜的基督教群体过着与世隔绝而且无人照管的生活，每一天都害怕狼来了。最后，他们中的许多人在长期恐慌的威胁下，为了不让年迈的父母无家可归、衣食无着，做了一切似乎需要做的事情，这难道有什么好奇怪的吗？

有些地区的基督教徒一而再、再而三地遭到抢劫，而在其他地区，同样也是除了掠夺就是突然的死亡，整个风暴在一个下午就过去了，几乎没有留下一个活着的基督徒。"把基督徒斩草除根"，通常是义和拳发出的战争叫嚣。他们这种叫嚣不仅是要杀死所有基督徒，而且要消灭基督徒家庭中的每一只猫、狗、鸡，刨掉每一棵树，拔掉每一棵花，要彻底毁掉基督徒的居所和庭院。在一个逃亡基督教徒家的房间里，有人指着一只被遗弃的小猫对一位来访的女士说："全村整晚都在找那只猫。他们说必须找到弄死它，否则它会给这个镇子带来灾难。有人把它藏起来，送到远处的亲戚家，它这才躲过一劫。"

"人的仇敌就是自己家里的人"这一预言①，从来没有如此应验过。他们自己就是间谍和告密者，因为他们十分清楚什么也逃不掉。所有的人类感情、所有的社会同情，似乎都从根上烂掉了。女儿把自己的母亲挡在门外，她们说："别进来，否则我们也会被牵连进去。去找你的外国朋友吧，让他们来照顾你。"甚至是藏匿书籍、衣物或任何家具的房子，都逃不掉被拆毁或烧掉的惩罚。邀请义和拳过来的人，通常就是那些离得最近的邻居，他们领着义和拳在村里转悠，指出每一扇通往基督徒住户家的门。当基督徒家里的东西被拿到屋外街道上廉价出售时，他们花点小钱把这些东西买下来，随后就辱骂和嘲弄这些东西的主人。当基督徒悄悄回到荒废的院落去看看还有没有留下点什么时，发现已经什么都没有了。他们原来的东西都有新主人了，而他们的土地则成了村子里的庙田了。

迫害者的残忍手段令人发指。他们对付外国人的手段，也照样用在了中国基督徒身上。不管是男人、女人还是孩子，都被砍成碎块，扔进河里随水流冲走，一点痕迹也不留。许多孩子被活活烧死，一旦有孩子们挣脱出来，就会被再次扔到火堆里。不过，在笔者所知道的一个案例中，一个少年两次被绑起来扔进大运河，两次他都成功地挣脱绳索逃上了岸。义和拳竟然眼睁睁地看着他逃走了，据说他们认为这一定是"天意"，就不能再杀他了。一些非常讨人喜欢的基督教的儿童有时被义和拳或其他人收养，从而挽救了宝贵的生命。许多基督教徒家庭的少女被可恶地卖给了杀害其所有家庭成员的义和拳做"妻子"。

对基督徒的残害，在某些地区可以说是司空见惯的，而不是

① 《圣经·马太福音》第 10 章第 36 节。

一些特例,通常都伴随着缓慢而可怕的死亡。在有些时候,一些受害者被打断骨头或关节错位,无法复位,落下终身残疾。

笔者认识一位罗马天主教学校的老师,这位老师遭到了义和拳的迫害,最终中间人谈妥了条件,义和拳答应这位教师拿出三十元墨西哥鹰洋,就免他一死。然而,他的父亲却舍不得浪费这么多钱。他和另一个儿子及侄子在半夜把这个当教师的儿子和他的妻子绑起来用刀杀死了,把他们的小女儿扔在地上踩死了。不过,两个小男孩逃脱了。村里的人虽然对基督教没一点同情,但对这家人惨无人道的行为也非常愤恨,在下葬时,拒绝提供任何帮助。

值得注意的是,在许多地方,义和拳甚至对那些在教会诊所看病的人,或那些与外国人只是有暂时和偶然接触的人,也都怀有最刻毒的仇恨。在很多情况下,他们仇恨的这些人有时会被杀掉一半以上,因此,间接受害人数大大增多了。另外,也有一些人虽然不是教会的成员,甚至与教会根本没关系,却拒绝抛弃基督教教义,从而成为一批教会以外的殉道者。这批人的数量到底有多少,永远都是个谜。

人们很早就注意到,在许多地方,中国教会正面临着前所未有的考验。最近在北京、通州、天津举行的重要会议,使这些教会获得了在即将到来的冲突中的特殊力量,许多教会的大批成员,来到了上帝身边。固威林(William Cooper)先生访问了上海和直隶许多布道站,所见所闻都有类似感觉。许多基督徒后来证明,他们因为这些会议而不自觉地增强了历经可怕考验的信心,他们的表现确实证明了他们离上帝很近了。

那些与中国人关系密切的人都知道中国人生来胆怯和排外。前面已经叙及,在天津和北京,外人居住区的大部分中国仆人都因为害怕而集体逃走了。重要的是要认识到,基督徒的情况正好相反,他们不仅与外国人休戚与共,而且对信仰出色地忠诚。如果没有这种忠诚,他们也可能轻易地就逃走了。

最令人印象深刻的例子是在中国基督徒最危险的地方山西。山西巡抚正式授权义和团杀死所有的基督徒。在那里,任何给外国人写信的人都被毫不留情地杀害。那些山西省的殉道者们的外国信件,有些是在殉道前几小时写下的,被他们的皈依者冒着巨大的风险隐藏起来。这一事实充分证明了中国基督徒的出色忠诚,证明了他们能经受住严酷的考验。义和团在每个差会总部做的第一件事就是查找差会档案,以便确定"洋教"的所有追随者的姓名。一旦发现这些档案,这些人就危险了。

很多曾出于安全考虑而被遣离的仆人,往往在暴乱前夕赶了回来。没有其他理由,只是简单地说:"我听说今晚有人要对付您,我想我应该到这里来帮助您。"他们中许多人自愿冒着生命危险担任信使,他们不止一次两次这么做,而是不断地这么做。据了解,许多人因此被杀。当传教士被剥夺了一切,可怜的基督徒有时就把他们零散的碎银或制钱拿出来,说应该为对他们付出这么多的人做点事情。"只要我有的东西,"其中一个说,"当然要一块儿用。"许多基督徒冒着最大的危险,主动提出为外国牧师和女士们寻找藏身之处,而其他人则承担更困难的任务,在他们穿越敌对地区的漫长而危险的逃亡旅途中充当管家。

传教士把大笔的钱委托给一些著名的本土布道师,派他们去帮助那些最需要帮助的人。这样,他们中有的人就管理二百多英镑,冒着不小的风险,非常谨慎地把这笔钱花出去,以便在物质上帮助许多一无所有、身无分文的传教士。这类事例对于估计那些信奉基督教的人的真正品格很有帮助。他们既是基督教的使徒,又是基督教的见证。

这里必须指出的是，那些中国基督徒带到沿海地区的关于内地外国人经历的消息，当时受到有些人的极大怀疑，但后来则被证明即使是一些细节也都准确无误。同时应该清楚的是，那些帮助外国人的人在当时的情况下，显然没必要去充当什么英雄。在山西忻州英国浸信会传教士被屠杀几个月后，一封公诸于众的信件显示，义和团已经逮捕了一名基督徒骨干，并把他带到传教士的藏身处，让他亲眼目睹他们的死亡。这个基督徒对他的"牧师"大声喊叫报警，马上就领受了一顿枪刺刀砍奖赏。

在河南的一个村子里，一名布道员和他的家人都被从车上拖下来。他们的行李太少了，义和拳觉得不值得抢，就把他们所有人——无论男女——的衣服都扒光一起拿走，让他们赤身裸体待在街上。

基督徒遭遇这些可怕苦难时的态度，总是令折磨迫害他们的人感到惊讶。他们不明白是什么激发了汾州府高大健壮的刘老师的冷静的勇气，他平静地坐在自己的房间里扇着扇子，等待义和拳的到来，义和拳立即杀死了他；他们也搞不明白北京的一位执事，在义和拳要来杀死他时，却穿上最好的衣服，面带微笑走出大门迎接死亡。这就难怪迷信的义和拳杀死这些人之后，要挖出他们的心查看一下，想弄明白这些人为什么有这么大的勇气。

迷信的中国人普遍相信基督徒能够在水井里下毒，能把纸上画的人变成真正的外国士兵，这也是那些中国人对基督徒的无故愤怒的主要原因。人们普遍认为，如果不采取有力措施，三天之内他们就会起死回生。正是出于这个原因，才有那么多的人被切成碎块，被烧成灰烬，在特殊的情况下，还会用石碾子把燃烧后的骨灰碾碎，让风吹散。出于同样的迷信心理，那些残害基督徒的中国人完全不允许以任何形式埋葬基督徒遗体。北京的一个皈依者眼睁睁地看着母亲的尸体丢在大街上，好几次从他母亲尸体旁走过，也不敢安葬。

经常有人提出这样的问题，即在中国的那些传教士都在做什么，他们的事工有什么结果。人们经常批评在中国的外国传教士懒惰顽劣，而现在义和拳暴乱了，有人又说："他们把世界颠倒了过来。"就字面理解的话，这一说法一点也没错。现在可以清晰地感觉到，在整个中华帝国范围内，到处都散播着全新的能量。它是《使徒行传》中简要描述的罗马帝国时代的生活所展现的那种能量，它是唯一足以对付中国巨大弊病的能量。对于那些读过中国本土教会苦难故事的人来说，这一看法是不言而喻的，而对于其他人来说，这一看法则是没有依据的。

下面记述的基督徒目睹的一些事例，不仅仅做这些事的中国人兴趣盎然，而且事实上这些人也是第一次这样做，并有可能被数以千计地依样画葫芦，直至这些行为模式上演的数量超过《大不列颠百科全书》的承载量。这里叙述的事例，除了对一些技术名词做相应解释外，无需加以评论，它们本身就是对事实忠实的描述。

人们已经注意到这样一个事实，那就是义和拳运动的扩张主要是通过年轻的男孩们进行的，他们受到了催眠术的影响。和虚伪的表示相信的人相比，真正相信的人所占的比例可能很小。但在中国这样一个迷信的国度里，一个真实的案例就能够产生广泛而巨大的影响。在中国，尽管许多有影响力的中国人都强调教育的伟大作用，但这并不妨碍人们最疯狂的轻信。

在许多地方，人们都看清了义和拳所造成的恶劣影响，常常使义和拳的宣传毁于一旦。有一个案例，说有一名十五岁的少年，一心想着要杀人，几乎到了疯狂的地步，以至于攻击了自己的父母。这件事让村民们充满了恐惧，并导致了当地义和拳解体。有时，容易受义和拳宣传影响的少年，痴心要接受义和拳训练，不分昼夜和场合地参与演练。这一现象使许多有思想的中国人担心这样下去不知道会发生什么事情，对这种情形可能引起的未知影响感到恐惧。如果全面而认真地思考一下义和拳扩张过程中的全部现象，我们有理由相信，许多人会得出这样的结论，即如果说这个世界上有"魔鬼附体"这样的现象，那义和拳的所作所为，就是一例。

这里要解释一下人们经常提到的"拳坛"，它不是指一个礼拜的地方，不是指一堆石头，甚至也不是指一张桌子，而是指义和拳这个组织。一帮人凑在一起就是一个义和拳组织——"坛"，每坛都有"大师兄"，是这帮人的头目，有演练指挥部，指挥部设有神龛，供奉偶像。每当测验某些人是否有罪时，都焚香烧纸。如果烧的纸火焰很高，被告是无辜的，但如果火焰微弱和偏转，他就是有罪的，必须立即斩首。在所有这些仪式中，显然是可以舞弊的。

在义和拳兴起和扩张的诸多奇异现象中，似乎没有什么比"红灯照"组织更奇怪或更违背中国习俗和历代沿传的观念了。"红灯照"是一个由十到二十岁的女孩组成的组织。在中国，这个年龄段的女孩本来是小心翼翼深居闺房的，当他们不顾传统礼仪，众目睽睽之下公开在大街上招摇，无论富人还是穷人，都认为她们是不正经的女孩。

这些女孩子们被成群结队地带到寺庙里，听从地位低下、品质低劣的男义和拳头头们招呼，经过一定的训练之后，陪伴义和拳公开在大街上游行。她们身着红色衣服，头缠红色布巾，脚蹬红色鞋子，手持红色旗子。她们所受的训练与那些义和拳男孩类似。义和拳头目反复念诵咒语，这些头目有时是男的，有时是女的，然后就进入催眠状态，呈现一种特别想战斗的欲望，手里拿着刀、矛、火枪，十分疯狂。

据说这些女孩具有特殊能力，能踩着云彩行走，能辨别出外国人或他们的朋友基督徒躲在哪所房子里。她们能在云端放火，烧死那些她们认为的坏人，而伤不着一个好人。同样，她们也能在云彩上放火烧毁敌人的铁甲战舰。

在暴乱和战斗最激烈的几个星期里，傍晚时分，成百上千无知而轻信的人会聚集在村庄外面，观看太阳匆匆西沉。当人们凝视渐渐西沉的太阳一段时间后，在转动眼球时，视网膜上就会呈现一个圆形的红斑点，这种现象被称为"红灯照"，并会有人激动地大喊"两个！""我看到三个！""北面有很多呢！"，响起一片乱喊乱叫声。而后，当晚霞映出落日照射的红光时，这一景象就具有了超自然的力量，人们就会互相耳语说："红灯照真是力大无边，用这个东西一定能制服外国人！"

最有成就的当代女旅行家毕晓普（Isabella Bird Bishop）夫人，最初专注于她漫长的旅行事业，对宣教兴趣很低或根本没有兴趣。在了解了宣教在提升东方男人和女人所取得的成就方面是其他事业难以匹敌的之后，她最终虔诚地献身于宣教活动。她在纽卡斯尔教会大会（Newcastle Church Congress）上宣读的论文中的一段话，也许可以恰当地总结在中国人迫害和被迫害的义和拳故事里中国基督徒所显示的品质，我们引述如下：

> 到处都有不多人组成的小团体，这些团体通常很小。组成这些小团体的人由于放弃祭祀祖先和偶像崇拜的习俗而受到社会排斥，他们很大程度上像兄弟一样团结在一起，有

着类似于中国强大的"行会"组织所表现的那种世俗的坚韧精神。这些皈依者过着纯洁而诚实的生活，他们善于学习，如饥似渴地吸取圣经知识，为基督教宗旨而舍己为人，渴望保护他们宗教组织的纯洁。像科林斯教会（Church at Corinth）那样的弊端，在中国教会自始就无立足之地。最重要的是，每一个真正的皈依者都会成为一名传教士，未来的希望就在他们不停地宣道里。经过八年半在亚洲人民当中游历，我毫不犹豫地说：圣灵塑造中国皈依者和中国殉道者的原材料，通常是全亚洲最好的材料。

第三十五章　拳乱之个人遭遇

高欣（Kao Hsin）

高欣，大学和神学院的毕业生，负责通州布道站预科学校事务。差会①会议闭幕时他决定回趟家，通州距他家十五里。几天后，他回来了解情况。他在通州城里只找到了一个人，即林先生。林先生告诉他说传教士都到北京去了，教会也散了，建议他和家人一起去北京。

他们正交谈着，一个从永乐店②来的人告诉他们，说布道员李德奎（Li Te Kuei）携妻子和三个孩子逃跑时遇害了。他的三个大一点的孩子在通州和北京的教会学校上学。李的妻子是高欣的亲妹妹。她曾恳求义和拳放了她的小儿子，因为他是很好的男孩。义和拳看着这个小孩子说："是啊，非常好！也许有一天他会当皇帝，必须先杀了他。"于是他们就用刀把孩子们都砍了，然后点火烧了。协助他们一块逃走的几名教会成员，同时遇难。

当高先生要回家时，遇到了一位来自平古县③的信差，李文荣执事④就住在那个县，那里离通州四十英里。他来告诉李执事的

---

① 这里的"差会"，应指美国公理会通州差会。
② 今北京市通州区永乐店镇，距北京市区不足五十公里。
③ 平谷县，今北京市平谷区。
④ 这里所说的"执事"，应为美国公理会平谷县教会的执事。

母亲，说她的儿子生病发烧了，儿媳妇有病不能照顾，请求帮助。高先生把这名男子带到了李先生母亲的家，然后回到了他在富河的家。

天黑的时候，平谷县的信差又过来说，没有人可以去帮李执事。高先生把永乐店和其他地方基督徒的遭遇告诉了他的家人，并和他们商量了逃跑计划。他的母亲是个能干、精力充沛的女人，她说："我们都是这个村子的人，我们的邻居不会伤害我们这些女人。你和你的外甥去平谷，那里没有义和拳，你自己会很安全，可以帮助生病的执事和他的家人。我们要分散在我们本村的亲戚家，我自己留下看家。"

高先生请求他们都去北京，但她认为她的计划更安全。高先生抑制不住，哭了起来，她说："别哭，孩子！我们难道不能为耶稣承担吗？如果耶稣救了我们，我们就会团聚。如果我们被带走，我们就为他而死。我们能不相信他吗？快去！"她给他们准备了一顿饭。晚上11点，高先生和他的外甥，也就是他被杀了的助手李德奎的长子出发了，一个邻居和他们一起去，以便回来捎信给他母亲。

第二天中午，他们到了平谷，发现执事的妻子处境艰难，十分痛苦，她的丈夫病了，雇不到马车或牲口回通州。她一直在祈祷上帝为他们指一条路。高先生建议他们留在那里，因为那里很安静。如果情况变得危险，他们可以躲到附近的山上。

第二天是星期天，基督徒们聚集在一起做礼拜。一个住在离村子不远的山上的人同意让李执事的妻子和孩子们去他家，虽然他们家只有小米、盐和水。他们一大早就偷偷出发了，李执事的妻子走了一段路后，大家为她找来了一头驴。高先生和她生病的丈夫看到她在新的藏身地安然无恙后，又回到了平谷，在那里又待了一个星期。

局势一直在恶化。县城开始流传基督徒在井里下毒和在门上涂血的邪恶谣言。他们的安全受到了威胁,有人说要把他们绑起来,等义和拳来了的时候把他们交给义和拳。一位衙门里当差的朋友把这些情况告诉了他们,并建议他们离开。这位朋友把他在四十里和八十里远的两个朋友的名字告诉了他们,让他们逃到这两个地方去。高先生和他的外甥决定去。李执事起初留了下来,但不久就到他妻子那里去了,开始了自己漫长的流浪生活。从那时起,高先生和李执事就分开了。

上述那位衙门的朋友介绍的四十里远的朋友,没有接受高先生和他的外甥,只管了他们一顿饭就打发他们走了。他们走了一小段路后,就进入了没有平路可走的峡谷里,不知道该往哪个方向走,也没有可以问路的人。他们停下来向神祷告,请求神的指引。就在这时,有两只乌鸦从头顶飞过,他们期望两只乌鸦能带领他们朝着该去的方向走。乌鸦向东北方向飞去。他们顺着这个方向走,结果又回到了不愿接待他们的那户人家。于是他们请求这家的主人陪他们走几里路,指指路,但遭到了拒绝,那个人胆子很小。就在这个时候,一名访客恰好和他们走一条路,主动提出为他们领路。

当时天上阴云密布,眼看就要下雨了,他们恳求这个向导带他们去他家过夜。他答应了,他们刚进屋,就下起了瓢泼大雨。他们在那里辛勤劳动了十天,以抵偿他们的食宿费用。他们说他们是基督徒,所以没过多久,当义和拳在那里设坛之后,那个男人的妻子吓坏了,想打发他们走,给了他们一些盘缠,送他们离开了。

高先生的外甥很想家,请求回去。他们开始往回走,但过了几里路就遇到了通州差会的轿夫杨二。他曾当过信差,两次到平谷送信,现在正自顾自地逃命。他讲述了自己如何被义和拳追杀,并目睹他们在路上砍死了人,他还说,所有基督徒都不能到通州和天津了,这两个地方很不安全。

高先生和他的外甥带着杨二回头向东北方向走去,出了关隘。到处都是关于基督徒的谣言,而人们都相信是真的。谣言说,基督徒把血涂在门上,让这家人有人发疯,杀死全家;基督徒在井里下毒,让那些喝了井水的人丧命;外国人正在卖绵羊皮和山羊皮,然后他们会把卖出去的这些羊皮全都变成活蹦乱跳的羊、狗和人。羊会追赶人,毁坏庄稼;狗会咬人,让人发疯;但最糟糕的是那些变出来的人,没法对付。如果这些变出来的羊、狗或人被打了,他们就会变回去,又成了绵羊皮或山羊皮。据说,外国人现在做的最大的买卖是黑猪鬃,那是为了在黑猪鬃上施魔咒,把这些猪鬃变成邪恶的虫子,像蚊子一样到处飞来飞去咬人。如果谁被这种虫子咬了,就会命丧黄泉。义和拳声称只有他们才有办法消除基督徒和外国人的这些魔法。

客栈不准寄宿,因为据说外国人雇佣乞丐、算命先生、旅行牧师和小贩到处分发血和毒药。每个可疑的陌生人都要搜查。如果在谁身上发现装有任何像瓶子之类的器皿,装的肯定就是毒药,这个人会被立刻剁成碎块。

必须装出满不在乎的样子,大胆地走到人群中或客栈里去,因为任何想要避开别人注意的举动都会立刻引起人们的怀疑。高先生他们必须对他们的旅行有一个合理的解释,所以他们编造了一个理由,说他们要去北方找一个人,那个人欠高欣的叔叔一笔钱,他们要去讨回来。由于他们曾有几次在田里干了几天活,他们就说是平原地区干旱,没办法出来找点活干糊口。罂粟到了第一茬割果收汁的季节了，每年都有许多人来做这项工作。

有一段时间，他们碰到了一个对他们非常友善的路人，这个人把他们带到自己的村庄，在当地的一个富人那里为他们找了活做，在高先生生病的几天里照顾他，并和高先生、杨二成了"结拜兄弟"，认了高先生的外甥为"干儿子"。他的善良在这个漫长而悲伤的夏天令人宽慰。

在这个村子里的时候，有人说除了英国公使馆和大教堂外，北京所有的外国建筑都被破坏了。高先生心情沉重，以为所有基督徒都先他而去了。最后，传来了外国联军攻占北京的消息，他们开始返回平原地区。

在离他的老家不远的地方，高欣遇到了一个熟人。那个人一见到他就很激动地大声说："你怎么在这里！""我想看看我的家和我的家人！""唉！你的家没了，你的家人都被义和拳杀了。"接着，高欣听这个人向他讲述了那些可怕的细节：他的母亲是如何被砍成碎块的，他所有的孩子，除了一个失聪的小女孩外，都和他的妻子一起被杀了。村里所有的基督徒，连同他们几乎所有的亲戚，总共三十多人，都被残忍地杀害了。那个做了一辈子接生婆的八十四岁多的老奶奶，全村四十多岁的村民几乎都是她接生到这个世界上的，许多人都为她求情，幸免一死。"一个老太婆和一个小女孩没法子报仇！"他们轻蔑地说。他们到处寻找高欣，但听说他是个巫师，能在地下钻洞逃走，没办法找到。他们担心高欣会引来地震把他们灭了。

那一天高先生已经走了三十英里路了，还有六英里才到那个已经没了的家。他走路时摇摇晃晃，几乎睡着了。最后，他爬到一间铺着垫子的棚子下，棚子里有尸体，他想睡一会儿，但每隔一会儿就被枪声和狗叫声吵醒。天刚亮，一些俄国士兵发现了他们，把他们赶到一些船只上去卸货。人群里混杂着苦力、商人、教师、富人、穷人等等，都被赶到船上。他们往下搬卸的货物很重，如果不合要求，稍有不慎，就得挨打。高欣往下放一个盒子的时候，没有轻拿轻放，挨了鞭子。晚饭后，他睡在潮湿的地上，既没铺的也没盖的。

第二天，他和几个人一起套上挽具去拉大炮，大炮在城外的石路上，靠近潞河书院废墟的地方。有个人摔倒了，大炮轮子从他腿上压过去，腿被压断了。另一个人觉得这样的生活太苦了，无法忍受，当他们过桥时跳进了护城河，淹死了。那天晚上他们吃得很好，也给换了干衣服。没过多久，他们的待遇改善了，一日三餐，另外给十美分的报酬。

他在这个地方一共待了一个月，心想所有的基督徒都死了，自己是唯一的幸存者，所有的传教士也都被赶回老家了，所以他没有试图逃跑。有一天，他在街上遇到一位通州教会的人，得知许多人已经得救了的好消息。他在通州的活动被报告给北京的公理会差会，很快他就被移交给美国人，去了北京。

李执事

要在中国的衙门里发现一个基督徒，会让人想起"尼禄①宫殿里的圣徒"这句话。然而，正是在这样一个地方，李允升皈依了基督教。正是在这个地方，他坚持了十二年的基督教生活。他是出了名的忠于职守的人，不收受贿赂，不从"肥差"中捞好处。通州的官员和衙门的同事都尊敬他。这样一个人无疑遭到了义和拳的痛恨。李允升目睹义和拳焚毁通州美国公理会差会的房屋，

① 尼禄（Nero），公元一世纪古罗马帝国皇帝、暴君，曾严酷迫害基督教。

他大胆谴责了这种行为。他说："你们会受到惩罚,这些房屋一定会再建起来。"大屠杀开始后,衙门主管官员保护李先生,找了一个隐蔽的小房间把他藏了起来。当义和拳到衙门来要求交出基督徒时,遭到了坚决拒绝。

最后,已经不把官员放在眼里的义和拳,开始到处搜查。衙门主管官员让李先生到女眷住处去藏匿,但义和拳不管不顾到了衙门后院,很快就找到了他们要找的李先生。随后就把他拖了出去,带到一座拳坛附近杀了。李先生的妻子是一个非常胆小的女人,她听到丈夫的死讯后,带着小女儿走到不远处的一个深水坑边,两人一起跳进了水坑里。

李执事被埋葬了,但义和拳中流传一个说法,说一个如此热心的基督徒很快会起死回生,于是,又把他的尸体挖出来,烧成了灰烬。

无名殉道者

那些在义和拳运动中为信仰而献身的人中,有许多人的名字不为人知。但他们面对死亡的坚定态度,却令异教徒惊叹不已。他们的遭遇就是那些默默地注视着殉道者们被杀害的人"自愿"讲述流传下来的。

在平谷县,有两个人被带去见义和拳的"大师兄",由他决定哪一个是信洋教的有罪之人。这位大师兄反复念诵了几遍咒语后,转过身来指着其中一个人说:"就是他!"这名男子被带走杀害了,另一名被释放了。他转过身去,走了一小段路,然后又回到义和拳那里。"你回来干什么? 你可以走了。"他们说。他回答说:"也杀了我吧! 我也是他们中的一员!"就这样,义和拳把他带到他朋友死去的地方,在那里杀了他。

在通州北门,有两个十三四岁的孩子要逃到乡下去,被义和拳抓住审问。这些无名而年轻的受害者大胆地说:"我们是耶稣会的。"当义和拳要把他们绑起来的时候,他们说:"你们不用绑,我们不会逃跑。我们向你们的拳坛每走一步,就离天堂近了一步。"他们很快就荣升天国了。

洪执事(自述)

开完年会回到北京,我们发现这个城市躁动不安,愈益危险。经开会讨论决定,宣教士和贝满女校(Bridgman school)的女学生们转移到美以美会那里,教会的许多男人留下来守护差会布道站。6月13日晚,一个人冲进小教堂,说"义和拳已经进城了,正在纵火"。我走到街上,望见在我们南面的美以美会街小教堂和伦敦会的小教堂冒起了浓烟。街上满是惴惴不安的人,他们说:"下一站就到这儿了! 他们会把这里灭了!"经过短暂的协商,我们决定不再继续保卫这些差会建筑了,只能先逃走保全性命。

街上很多人看到了我,他们都认识我,而我顾不了那么多,夺路向城北跑去。到了城北部,因为天已经很黑了,什么也看不清楚,我躲进了西北门附近的一座庙里。在那里,我望见两个长老会差会的建筑和再往南一点我们差会的建筑燃起了大火。

夜里我休息了一会,凌晨3点起来到了安定门口,但是门关着,中午才开。闲逛了一阵后,我回到了东北门。我遇到了几位我们和其他差会的基督徒,但谁都没表现出认识我的样子。后来,我们一同出了城门,各自逃难去了。

我到了八里路外的一个村庄,向那里的基督徒家庭报警。他们给了我食物,我休息了一会儿,然后又回到城里,这次走的是已经打开的安定门。路上看到了许多夜间被杀的基督徒尸体,我认出其中有一具是圣经推销员，他被杀时还背着许多书籍。遇害的基督徒有男有女，有老有少。然后我去了亲戚家，但走了一家又一家，没有一家肯收留我。我到了当差的衙门，但得知那里已经没我的位置了。

有那么一两天，我四处游荡，到处找吃的和落脚的地方。最后，我去找我的叔叔，他说他会设法把我从城里安全救出去，但不能收留我。因为一旦留下我，他们家可能会被毁了。

他们建议我剃个光头，穿上和尚袈裟，可我不想那样装束。后来他们给我买了一套算命先生的服饰，《周易》里那种神秘符号，写了足够算二十次命的签。随后，我的叔叔穿上满人那种正式场合穿的长袍马褂，给了我一套衣服，我们扮作官员和随从骑马出城。没有人怀疑我的身份。他陪我走了几英里，给了我路费，我们就分手了。

我向北走到了一个有基督徒的村庄，可到了那里之后发现基督徒都走光了。我又到了另一个村庄，发现那里到处都是义和拳。我继续向北走，过了几天，来到了群山中的一个山谷，我们家族有一大支人住在那里。

在客栈里待了两天，没见着一个我认识的人。我决定回北京看看我们教会怎么样了。我去了几个集市，铺开摊子，开始给人算命，目的是通过这种方式看看能不能碰上熟悉的人。后来，我终于遇到了三个基督徒，他们告诉我使馆区和北堂遭到围攻的情况，说我们现在还不能进城，还不知道遭围困的那些人有没有人活着。

于是，我又回头向北走，这次是和他们三人同行。我们两人一组，在不同的地方歇脚，住不同的客栈。他们三人中的一个很快就被一个农夫雇去了，另外两个人也找到了其他的活做，但我的身体廋弱，做不了什么活，所以还是到集市上去给人算命，以凑些盘缠，回北方亲戚那里。有时我想投河，或者从悬崖上跳下去，了结余生算了，但我还是克制住了这种犯罪的念头，因为我觉得上帝会眷顾我，或者会亲自接我到他那里去。

我终于又回到了我们本家那个村子。村子里大约有16户人家，都是我们家族的人。我去找管事的，他是上一代人中唯一的叔叔。我们这一代有四个人，我可以称之为"兄弟"。我不能告诉他们我是一个基督徒，但对他们说了北京城里一团乱麻，被糟蹋得不成样子了，街上到处都在打仗，强盗和义和拳无处不在。我逃出来是为了找个安生的地方，他们必须让我在这里避难，直到天下太平了，我才能离开。他们一起商量了一下，同意共同庇护我。我在那里一直待到新年以后。他们都很穷，但他们竭尽所能给了我足够的食物和钱，让我买了一件羊皮袄和其他过冬的衣服。这段时间我生了一场大病，在屋里躺了一个多月。

天气渐渐暖和了，我不能再待在这里，要回到平原上看看我们有没有教会躲过一劫。路上和客栈里到处都是散兵游勇。我好几次给他们算命，告诉他们真相。我说他们打不赢外国人，被义和拳给骗了，最好不要当兵了，赶紧想办法回家去。他们对此并不生气，而且管我食宿，对我很好。我朝通往京城大门的路上走去，日本人在看守城门，我说话他们听不懂，但我找到了回到我们老街的路。

我熟悉的老街大门上贴上了外国文字的告示。我走了进去，见到了那些我原以为都死了的人。上帝领我回来了。我远非完美，上帝还要继续教导我，他留我存活下来好在我身上成就他的事工。

李本源夫人窦佳丝(Dorcas)

李本源是美国公理会一名年轻的布道员,他的妻子窦佳丝是一位贤内助。她曾就读于贝满女校,是一个有魅力的女人,有着可爱的基督教品格。

在义和拳焚烧各差会建筑的那天晚上,李先生和太太正在拜访城里偏远地方的兄弟。他的这个兄弟是长老会的布道员。当暴民逼近时,他们一起逃走了。但过了一会儿,为了不引人注意,两家人分开走了。李先生在一所房子边找到了一个僻静的角落,他把妻子和孩子留在那里,一个人到大街上去看看情况。他的妻子看见他站在不远的拐角处,这时一群义和拳走了过来。李先生知道跑是不行的,所以就装作人群中的一员跟在后面,直到他觉得没人注意才赶紧转身去找妻子。妻子显然看见李先生在人群中匆匆走过,但过了很长一段时间,丈夫没有回来,她认为他是遇害了。

于是,她从躲藏的地方出来,慢慢地穿过城市回美国公理会差会大院。当她到达那里时,差会大院正燃着大火。她从一个地方流浪到另一个地方,最后在一个陌生人家的大门前坐下来休息,直到天亮。没过多久,来了一群义和拳,他们看到这个孤独的女人和孩子,就本能地认定是逃难的基督徒。正当他们在窦佳丝前面停下的时候,那个地方的一位士绅走了过来,李夫人根本不认识这个人。那位士绅看了看眼前的情形,对义和拳那群人说:"你们搞错了。这是我的邻居!"暴徒们相信了士绅的话,丢下李夫人走了。

她把自己的遭遇告诉了这位好心人,他听了以后就带她一起去了东城门外不远的一个村子,她的亲戚就住在那里。但到了那里以后,他们发现房子被毁了,人都逃走了。那个试图救她的人说,他们得在这等一个姓李的亲戚来,她要假扮是这个李姓的亲属,先到他家里去,然后再想其他办法。到了那位李姓人家后,起初家里的妇女们很热情地接待了她,但过了一会儿,她们就有了疑心,于是李夫人不得不把自己的经历告诉了她们,她们听了之后,就不让她待在她们那儿了。男主人恳求家里人把小孩子留下,但家里那些女人都不同意。于是,李夫人只好离开,在李夫人走的时候,男人对妻子说:"我这辈子就做这么一件好事,你还拦着我!"

她回到差会附近,找了一家邻居又一家邻居,没有一家愿意接待她。她到衙门找到一个认识她丈夫的人求助,但这个人粗暴地把她赶了出来。天快黑的时候,她在一个木料场附近的几根圆木上坐了下来,但很快就有人让她"走开"。她说没有地方可去,那人指着一条死胡同说:"你可以到那儿去待着。"除了死,已经没什么盼头了。

就在这时,差会的一个大车夫从这路过看见了她,喊出了她的名子,让她上车。她上了车后,大车夫迅速放下窗帘,赶着车在街上走了几个小时,想找一处避难的地方。午夜时分,大车进了一家大车店,店里允许大车和骡子在那儿过夜。李夫人在车里过了一夜。只有两岁的小女孩,非常聪明可爱,似乎知道她必须老老实实地待着,不能闹出任何动静,夜里一次也没有哭。

第二天黎明时分,他们驱车前往一个据说有基督徒避难的村庄。她一直待在那里,直到有人捎信来说她丈夫要来接她到美以美会去。他们星期三晚上分开,一直到星期六早上,李先生这几天一直在全城到处找她。

蔡氏一家

这个家庭是中国北方最古老的基督教家庭之一，现在的家长蔡福源先生是第二代基督徒。他做了将近二十年的布道员，他们家是蔚州①教会的核心。

6 月下旬，整个蔚州城和地区遍地都闹义和拳。蔡先生和他的家人住在城里。他年迈的母亲和所有中国人一样，面对日益迫近的危机，怕一家老小死于非命，断子绝孙，要求儿子和孙子趁还来得及，赶紧离开。蔡先生开始不走，但后来扛不住老太太的压力，终于答应离开蔚州，大约在 7 月中旬离开了这座城市。他们先去了西合营②，那里有其他教会的基督徒。但到了西合营后，发现那里的局势比蔚州更糟，因为这里的天主教会规模庞大，周围地区的义和拳集中对这里展开攻击。于是，他们奔向白鹿，他在那里有朋友。但他们很快就离开了，躲进一个甜瓜地的瓜棚里，一个天主教老太太也躲在那里。他一直待在这个地方，直到他知道他的家被毁了，除了和他在一起的儿子外，他的家人都死了。

蔚州义和拳危机在 7 月底达到了顶峰，当时一群义和拳经过这里到西合营去攻打那里的天主教会。一些暴徒围住差会大院，把那里的妇女带到附近的一座庙里，将她们锁在里面。接着，洗劫并烧毁了教堂和住宅后扬长而去，锁在庙里的妇女们也没人看管。天快黑的时候，妇女们终于逃了出来，回到了被毁坏的家里。她们找了两个还没有被毁掉的小房间，进去准备点吃的。

过了一会儿，城里的一些无赖吵吵嚷嚷来找落下的什么东西，发现了那里的妇女。他们大声喊叫，又把义和拳都引来了。

---

① 蔚州，今张家口市蔚县，古称蔚州。
② 西合营，今河北省蔚县西合营镇。

有些人要求把她们都杀了，有些卑鄙无耻的人建议把这些年轻女子弄到妓院去，卖个好价钱。这时，瞎眼的老奶奶提高了嗓门说："我们不是那种人！想杀就杀吧！我们可以死！"

正准备赶往西合营去和那里的天主教徒厮杀的义和拳害怕刀沾上了妇女的血不吉利，于是把他们赶到院子里的水井旁边，一个接一个地扔了下去，用石头和泥土掩埋了起来。义和拳就这样一下子杀了六个人，不过也有传言说有两个妇女被一位军官带走了。

孟济贤牧师

孟济贤牧师是美国公理会较年轻的宣教团队中最年长的一位，他从小在差会学校接受训练，在保定府被按立为牧师已经十一年了。他是一个信念坚定、精力充沛的人，是一个天生的领导者，受到所有人的爱戴和信任。

他和他的弟弟孟济增牧师出席了差会在通州举行的年度会议，两个人都在会中扮演重要的角色。就在这个时候，有消息传来，铁路被毁了，与保定府的交通中断了。他决定立即赶回去帮助处于风口浪尖的毕得经（Pitkin）先生①。他走陆路，大部分路程步行。在保定府的三名忠心耿耿的传教士——毕得经先生、莫（Morrell）小姐和古尔德（Gould）小姐断绝了一切逃走的希望，仍在默默地为教会工作。

早在6月份，孟先生和其他牧师，以及潞河书院的大学生，每天都在街上小教堂宣讲。他们看到了已经兴起的反教风暴，建议教会成员离开城市，帮助他们选择逃离的地方，但这些布道师和

---

① 毕得经，又作皮德金，1897年来华的美国公理会传教士。

保定府殉道者孟牧师

读经员决意留下来,坚守岗位。

他们说:"我们的传教士一直和我们在一起,我们将与他们站在一起,生死与共。"他们如果逃跑的话,是可以逃脱的。所有离开教会的人都逃走了。他们选择留下来,尽管他们比他们的外国朋友更清楚地看到了不可避免的结果。

有一个人是孟先生一生的朋友,他对孟先生说:"我们一起生,一起死"。"不!"牧师说,"我应该和我们的传教士在一起。我要留下来,但你必须带着我的大儿子离开。你若能逃脱,他就能躲过这一劫,他要替我继续工作。"于是这位朋友带着这个十五岁的孩子走了。一个夏天,历经艰险,在联军攻占天津后,他们去了天津。

6月27日,星期五下午,孟牧师在街区小教堂里整理书籍和家具,准备从租来的房子里搬走,因为房主已经通知了他。

突然一群义和拳的人走进教堂,抓住他,把他捆起来抬到了城东南角一座庙里的祭坛前。他们一刀砍向了这根本土教会的支柱,在祭坛前砍下了他的头颅,头像罪犯一样示众,尸体像乞丐一样埋在了城墙附近。

九个月后的一天,在保定府为殉道的传教士和基督徒举行了盛大的追悼仪式,城里的主要官员都参加了,成千上万的观众默默注视着这一仪式。在庄严的送葬行列中,有各种条幅和旗子,有刺绣装饰的灵车,有本地的乐师,有一长列满载着前来哀悼的朋友的大车,队列最前面有三十多条悼念条幅,其中一半以上是为了悼念这位高贵的孟牧师。这些条幅并非是例行仪式做做样

保定府的古尔德小姐和女校学生

子,而是这座城里的官员、商人、行会和市民们对曾经生活在他们中间最优秀的人的一生和品格所做出的最后也是最真实的评价。

张庆祥

张庆祥是潞河书院高年级的学生,大学快毕业的时候,他回到了保定府,一直到义和拳风暴来临的时候,他都在那里的差会布道站工作。

义和拳抓走年长的孟牧师那天晚上,差会的人度过了一个不眠之夜。大家都觉得这次注定没命了,只是时间早晚不同罢了。张庆祥的母亲是一位女布道员,天快亮了的时候过来对儿子说:"没有必要大家都一块死。你还年轻,能为上帝工作很多年,我留下来和莫小姐一起死。你必须设法逃走。"

天刚亮,他就出发了。他先到他们家去拿了些钱和一件衣服,然后向南走到二十五英里外的一个地方,那里有基督徒。傍晚时分,他到了镇子里,发现街上到处都是从乡下来的义和拳。他知道这里不是避难的地方,所以转身往回走。他被一些村民追了几里,他们注意到他是一个陌生人,就一个人。夜幕降临时,雨下得很大,他在黑暗和暴风雨中摸索到了铁路,沿铁路踏上了回家的路。他的姐姐见了他,警告他立即逃跑,因为已经有人在找他了。他已经两夜没睡了,四肢都肿了,每走一步都很痛,但他的朋友们把他领出了几里路,他就朝着山岭走去。

他决定到一百英里以外的一个地方去。他知道,那里的人对单身旅行者心存疑虑,于是很快就和一些商人一起去了那个地方。到了那里,他决定到山西去,他不知道那里是虎狼之地。不久,他就上了一列官方的火车,火车上的随从都很友好,他们一起去了太原府。到了那里,他得知已经有大量的传教士被杀,他自己也看到义和拳在追杀一些天主教教徒。

他的钱差不多花光了，于是决定返回保定府，希望经过一次长途旅行，那里的形势有所好转。走了三十英里后，他发现他走了一条到太谷的岔路，离太原只有十英里。他的同学龚相喜住在太谷，虽然不知道他是否还活着，但他决定去找他。他进了城，发现传教士们都还活着，就打听着向他同学家走去。由于有密探来过，所以戒备森严，他那褴褛的衣衫、饱经风霜的样子，引起了人们的怀疑，所以没人告诉他同学的家在哪儿。

他终于见到了他的朋友，他们在不远处的一个村子里找了一个藏身的地方。在城里的教会被摧毁后，他再次处于极大的危险之中，匆忙拜访了他的朋友后，他开始返回直隶。不久，他就加入了本省其他旅行者的行列，在他们的陪伴下安全离开了山西。

出了山西地界，他转而向南，来到了一个有基督徒的村庄，一个仁慈的执事收留了他，把他当兄弟看。他徒步旅行了一千多英里，一条腿上有溃疡，脚上满是水泡，衣服破烂不堪，鞋子也几乎不能穿了。到这里后，他受到了最好的照顾，一切都很舒心，他很快就能和那里的人一起下田劳作了。他在这里一直待到听说外国军队进入了保定府，才在那位执事陪同下动身赶往保定。保定府的朋友们见到他如同来世，因为他们不止一次听说他已经死在山西了。

他的经历表明，成百上千的人从一个地方躲到另一个地方，遭人怀疑，屡被追捕，每时每刻都有被认出来的危险，每天早上都不知道这会不会是他们在这个世上的最后一天。如此多的人能够逃脱接连不断的危险，活下来见证上帝的关爱，真可以说是个奇迹。

霍夫人的遭遇

我们看到周围①越来越危险了，就对丈夫说："我们不能都死了。你必须到外面躲起来。他们杀死我和孩子们的可能性比杀死你的可能性要小。如果我没死，你以后可以找我。如果死了，那就是上帝的旨意了。"所以我给他烙了一些饼，卷了他的铺盖和一些衣服，然后就把他推到门外去了。

义和拳烧毁了教会的房子后，把我和孩子们带到他们的拳坛接受审判。审判开始时，我恳求他们让我说几句话。"你现在就想说，是吗?""如果你们让说的话我就说，如果你们不让我说，我就什么也不说了。""那好，你先说吧!"就这样，我告诉他们我们在那里住了很多年，我们的邻居都知道我们没和任何人吵过架，也没有冒犯任何人，我的丈夫走了，我一个人带着孩子。难道就不能可怜可怜我和孩子们吗?"一些旁观者说："杀死这些孩子太可惜了!"

我坐在地上，他们就用铁链子把我的手脚捆起来，然后吩咐我站起来。我试了几次，站不起来，告诉他们说我站不起来，因怀孕身子"不方便"，没人帮忙，我自己没法站起来。他们叫了监狱里的两个看守女犯的妇女，把我带到了监狱里。我在那里待了七十二天。监狱里伙食很差。二十天后，我的孩子出生了。监狱的官员吩咐给孩子买衣服，另外给我增添了饮食，但这些东西都被看守扣下了，没有送到我这里来。刚出生的婴儿只活了三个星期。我不知道与我分开的孩子们在什么地方，命运如何。我每天祷告，祈求上帝保佑孩子们，把他们还给我。

过了一段时间，另外两个基督徒，一个母亲和一个女儿，自愿

①　原作者注:保定府。

587

向义和拳坦白自己是基督徒，也被送进了监狱，和我住在一起，我们互相安慰。她们孤儿寡母，无依无靠，自知逃不掉，于是到了义和拳头头那里，坦率地承认自己是基督徒，并且不会放弃基督，他们本可以立刻杀死她们，但不知为什么并没有伤害她们，只是把她们关进了监狱，她们和我一起安全地过来了。

我们监狱里还有一个女囚，她过去很邪恶，正在等着判决，等待死亡。她很友好，很想知道我们的情况，所以我们就畅所欲言了。有一天，我问她："如果你必须死去，在来世有谁能帮助你吗？""没有，没有人能帮我，"她说。我对她说，"我们有一个帮忙的，我们不害怕死亡。"于是我告诉她耶稣为我们而死，他消除了我们对死亡的恐惧。她是个非常聪明的女人，学得很快。我们教她祷告，她也学习靠信基督来赦免她的许多罪孽。最后，我告诉她说："如果他们放我们出去，你可以告诉他们你现在也是基督徒了，只是你不能再过以前那样的日子，不能再作孽了。"

果然，当外国士兵放我们出来时，她也被释放了。军队的翻译是一个传教士，他问了她很多问题来测试她对真理的了解，她回答得很好。她现在已经回到了她父亲那边一个遥远村庄的家，只要我能安全地到那边去，我就去看她。上帝拯救了我的身体和灵魂，为什么我不能试着去救别人的身体和灵魂呢？

过了一段时间，在士兵们来之前，我们听说有些外国人也进了监狱。"会是玉嘉利（Ewing）牧师来救我们吗？会杀了他们吗？"我们问看守。"不会，"看守说，随后他又补充说："你不用担心，现在没人会杀了他们，也不会杀了你们了。"那时候我还不知道看守的意思是外国军队占领了北京，每个中国人都担心遭到报复。但不管怎么说，我当时确信我们不会有事，他们会以某种方式放了我们。过了一段时间，我才知道到监狱来的外国人是格林

(Green)夫妇和他们那一帮人。

他们终于把我们从监牢里带出来了，送还了我的四个孩子。我在监狱里待的那段时间，他们被送到城里的孤儿院照顾。由于伙食不佳，又缺乏母亲的照料，他们生病了，很瘦，但他们并没有受到虐待。过了一段时间，我的丈夫回来了，所以我们都活下来了。上帝对我们一直很好。我的孩子就是他的孩子，他要他们干什么就干什么。

邱医生

邱医生以前是北京阿特伯理（Atterbury）医生的学生，现在独立执业，自己开了一家药店。

城中义和拳设的坛越来越多，基督徒们也越来越危险了。邱医生开始为自己的安全担心。他是一个跛足的人，这使他的处境更加艰难，出门在外很显然难以逃脱追杀。因此，在义和拳开始攻击各外国差会之前，他就到城外几里路远的一个村庄去投奔亲戚。然而，他的亲戚们不让他留下，徒劳奔波一趟后，他又回到了城里。不久之后，暴乱开始了。他开的洋药店和他的家被抢劫一空，他本人让义和拳抓了，带到了他们的拳坛前。邱医生因害怕就顺从了他们的要求，给他们的偶像上了香。

尽管如此，他们还想杀了他，这时有人建议留着他，让他去给那些在围攻公使馆时受伤的人包扎伤口。他们带他到一座庙里，那里有三十多个伤员，有的躺在台阶上，有的躺在院子里，有的躺在房间里，还有另一个大房间里放着二十多具死人的尸体。这些尸体要留着，不能处理掉。因为义和拳的头头承诺过几天后所有人都会活过来，和他们一块去消灭基督徒和外国人。

从这时候开始，邱医生像囚犯一样被关在这座庙里，不许外出，白天晚上与死人腐烂的尸体和活人的呻吟声为伍，他能不能保住自己的性命，取决于他能否成功地治愈那些伤员。庙门外有人把守，昼夜寸步不离。他知道有些伤员是不可能治好的，因为他们没有可用的药品和医疗器械。他没有别的选择，只能默默地等死，为自己在焚香这件事上的让步而不停地祈祷。

然而，事情突然有了转机。一个富裕的村庄尽管与外国人和基督徒毫无关联，但还是被义和拳洗劫了。这个村庄管事的到城里来控告义和拳的行为，官府把关押邱医生的那些人叫去对质。那些人有些去见官员了，有些逃走了，没有留下看守。这是逃跑的机会，但逃到街上去是没用的，因为别的地方的义和拳还会抓住他。他成功地给他哥哥捎了个信，他哥哥赶着一辆大车来了，把他带到了自己家里。他哥哥不是基督徒，他自己没有危险，虽然在义和拳开始攻击基督徒时拒绝收留他的兄弟，但现在总算把他藏了起来，成功地藏了两个月。当联军来了的时候，传教士们把他带到了一个安全的地方。

温丽

温丽是牛顿女校（Newton's school）①的女学生，年轻的马医生的未婚妻。马医生一家是美国长老会的重要成员。温丽的母亲不是基督徒，她在一个富裕的中国家庭帮工。学校解散时，温丽无家可归，被送到未来的婆婆那里。

马医生家想按照惯例举行一场婚礼，把未来的儿媳妇先送到朋友家，再用大红花轿把新娘子娶回家。但这时街上已经很乱，

---

① 牛顿女校，很可能是崇慈女中，该校1900年迁保定。下文中所谓"学校解散"，实为学校搬迁。

暴民肆虐,他们担心基督徒的婚礼会引起注意,招惹麻烦,所以事情就一天天地拖延下来。有一天,马先生接到通知,说他们必须把租的房子退给房东。于是,他们就到了差会大院,那里有几间空房间,他们在那里搭了一个临时的家。当时似乎最好是悄悄地举行婚礼,这样她就名正言顺有丈夫保护了。

差会的房子被烧毁的那天晚上,一群当地的基督徒躲在差会大院的树木后面和灌木丛中,但燃烧的建筑物火光照到了他们,暴徒们立即赶过来刀砍斧剁,基督徒四散奔逃。温丽和马医生跑散了,与马医生的妹妹藏在一座破庙里,庙的前面大火烧的很旺,浓烟滚滚,这样一来远处的人看不到她们蹲在后面的墙根下。到了早晨,义和拳过来搜查,把藏在这里的人都抓起来带到义和拳拳坛那儿去审查。结果,他们把温丽放了,但杀了她小姑子。

同一天,年轻的丈夫也被义和拳抓去杀了,温丽只做了几个小时的新娘就成了寡妇。她脖子上有两处被义和拳刀砍的伤口,痛苦不堪。万分恐惧中,她只好去找她母亲,可她母亲没办法收留她,于是她开始四处流浪,到一个叫温艳的同学的姐姐家里,在那里住了两个月。温艳的姐夫是义和拳,但他保护了这些女孩子。不过,他也不断地斥责她们,要她们认错、退教。

有一天,温艳的姐夫对她们说:"为了你们,我背了个坏名声,他们指责我把你们当小老婆。现在除非你们退教,不然我就把你们交给义和拳。"他的妻子说:"我们护了她们这么久,现在不能让她们就这么死了。"温丽的伤还没有治好,心灰意冷,就答应了。于是,温艳的姐夫点燃了一炷香,说:"你们跪下吧,跪到香烧完了,就没事了。"温丽支撑不住,温艳的姐姐可怜她,把香折断只剩一两寸长,这样烧一会儿就完了。这个可怜的女孩向我诉说她这段痛苦遭遇时,泣不成声,请我为她没经受住磨难考验祈祷,祈求宽恕。

局势稳定之后，她所在的教会恢复了。她被送到了那里，得到了很好的照顾，很快就康复了。后来她又嫁给了一个年轻人，那个人的妻子在义和拳暴乱期间被杀害了。

张先生和温先生

外国联军进入北京后，都春圃先生和他的一群助手到通州去查看那些没有和他们一起去北京的基督徒们怎么样了。他们还去了被遗弃的衙门，收集了一些文件，这些文件可以作为哪些人是义和拳领袖以及他们罪恶的证据。

通州知州的文件中有一份审判伦敦会一位张先生的记录。他的家在通州附近的一个村子里，但他的生意是在北京。当北京城里到处都是义和拳的时候，生意做不成了，张先生回到家里，带着家人出逃了。逃跑途中，义和拳认出了他，抓起来剥下他的衣服，用绳子捆起来丢到大车上，要带他到官府衙门审问。到了衙门时，他身上很多地方都被绳索磨破了肉，所以上堂受审时，他的身上已经满是流血的伤口。

审讯时，他清楚地表明了自己的信仰。他说，在他被吸引到伦敦会教区的街头教堂时，已经做了几年生意了。他越听耶稣的教义，就越觉得这是一个很好的教义。他说："这是我的信仰。我已准备好迎接死亡。我不怕死，也不会放弃我的信仰。"官府师爷记录了他的陈诉，并让他用食指摁了手印。然后他跪下来开始祈祷，在官员离开大堂后，义和拳一拥而上，把他砍成了几段。

后来他的儿子把他的死亡情况说了一遍，与官方记录完全一致。在日后知州与传教士讨论赔偿条件时，也谈到了对这个人的审判一事，这位官员说完了之后又补充了一句，说："他当着大家的面说他是基督徒,我怎么能救得了他的命呢?"一个人可以为他的信仰而死,这是异教徒的官员所无法理解的。

和张先生同一个教会的温先生及其妻儿被义和拳抓去带到庄亲王那里,朋友帮忙又把他们放了。但在他们离开的时候,义和拳又抓了温先生,剃光了他的头,带上了镣铐,在乡下各个村庄里游街示众,声称示众结束以后要把他带到北京接受惩罚,但现在盘缠不够。在一个村庄要到钱后,又到另一个村庄依样画葫芦再要盘缠,无论在什么地方,温先生都受尽了围观百姓的侮辱谩骂。就在义和拳满心欢喜地到处勒索钱财时,突然听说外国联军打来了,于是纷纷作鸟兽散。温先生急忙赶回京城,后来得知他的妻子和孩子逃到了乡下避难,才放心了。不久后,他们就团聚了。

姜先生

伦敦会的姜先生,六十七岁,是一个非常圣洁的基督徒,也是一个了不起的圣经学生。他本来被安全地带到了美以美会教堂,但是由于担心他还在乡下的小女儿,想离开庇护地去找她,终于找个机会溜走了,再也没有人见过他。

在他去乡下的路上,有人把他出卖给了义和拳。义和拳抓住他并说应该杀了他。他请求给他一点时间祈祷,然后跪下来,刚说完"天父宽恕他们",就没机会再说了。就在他跪下祈祷时,大刀就砍了下来,他很快被乱刀砍成了碎块。

同属伦敦会的一个已婚的教会学校女学生,被丈夫用下述这个办法救下了。他在不经常有人走动的地方,靠着一堵墙根建起了一间石屋,大约有四英尺见方,六英尺高,没有门也没有窗。把妻子和孩子送里面后,用砖堵住了入口,只留下一个小洞递食物。

母子在这里待了六个星期，丈夫冒着生命危险来来回回地给他们送饭。有时，他一天二十四小时都不能到他们那里去。这个可怜的孩子由于食物供应不足，严重缺乏营养，在他们离开藏身处后不久就死了。

张氏夫妇

张先生是伦敦会的一位年轻布道员，他的妻子曾是一名聪明的女学生。在城里大批基督徒聚集在美以美会的时候，他们在这里安了家。后来，他认为这不是一个安全的地方，就把他们带回到养父那里。住了不长时间，在他离开之后，妻子、小孩和失明的老母亲就被房东赶到大街上了。

张夫人领着看不见路的婆婆在大街上慢慢地走着，不知道要到哪儿去。就在这时，过来一名义和拳，拉住她的衣袖说："走，跟我走！"他们走着走着，这名义和拳就开始发癔症了。他扑倒在地，吐着白沫，胡言乱语了一会儿，站起身来，用一根僵硬的手指指着她说："你是二毛子！我要杀了你！"不久，他带她来到一座城门附近，那里有一个大约五十人的士兵卫队，不远处有几具尸体。

张夫人以为自己要被杀了，就开始祈祷有力量为主作最后见证。他们开始质问她。"你是基督徒吗？""是的。""什么教会的？""长老会。"然后他给了她一根香，并说："烧了这个，你就没事了。"她坚定地回答："决不！"聚集的人群开始高喊："杀！杀了她！看她的尸首是不是能站起来，到耶稣基督那去。"她转身对他们说："我必像他们一样，碎尸遍地，但我的灵魂必脱离你们，归向上帝。"一名义和拳起身去拿他的大刀。一个士兵喊道："你这个可恶的基督徒！你应该死，但你的孩子会怎么样呢？快跑！逃命去吧！"

她浑身发抖，几乎一步也走不动了，但在士兵们的帮助下，还是竭尽所能在那名义和拳回来之前跑开了。她躲在一个肮脏的角落里过夜。天快亮的时候，一个人提着灯笼走过来，好像在找什么人。当他走近时，她看见那是她的丈夫！他从昨天中午就一直在找她。他们坐上了一辆大车，逃到了一个村子里。在那里，一个朋友为安全起见，贿赂村民，让他们不要举报。后来，张先生到城里去找他的老母亲，被义和拳抓住并杀害了，他的头被当作祭品祭祀偶像了。

基督徒学生

王济深是美以美会汇文书院的高年级学生，毕业前夕，他回了趟在城东部的家里。他是个有名的基督徒，很快就被义和拳抓了，他们劝他退教。他不但拒绝退教，而且还在迫害他的人面前公开表达自己的信仰。他们想要拦住他，他却再三劝勉义和拳和周围一群人信仰基督。义和拳看无法阻挡他宣教，最后割掉了他的嘴唇和舌头，接着又一块一块地砍掉他的胳膊腿，慢慢肢解了他，直到他咽气，什么也不能说了。在义和拳迫害基督徒的案例中，也许没有比王先生更勇敢和更痛苦的事例了。

另一个学生被抓了，义和拳问他："你是基督徒吗？"他先是回应说："如果我是基督徒，你们会把我怎么样？"接着又说："是，我是基督徒。"他们当场就把他杀了。

吴熙高是汇文书院的低年级学生。他被人带到山海关附近，一位异教徒雇他做帮工，帮他安全地躲过了义和拳风暴。外国军队来了之后，这位异教徒给他衣服和盘缠，让他离开了。

在遵化，一个茶店的老板救了一名教会学校的学生。他把这个学生当作自己的儿子领回了家，躲过了残害他的凶手，在大闹义和拳那阵子，一直对他照顾有加，直到这个学生的叔叔来找他，才把他安全送走了。

温兰，早先是教会女子学校的一名学生，后来受聘在遵化当老师。教会和学校被义和拳冲散了之后，她和祖母以及其他几个人逃到了山里。他们两天没有吃东西。最后，他们觉得，这样下去不被义和拳发现，也会饿死，于是就捡了些柴火点起了火。结果，这堆火冒出的烟暴露了他们的藏身地，义和拳很快就过来抓住了他们。

在他们这伙人里，有个以前在汇文书院读书的学生，后来受聘在铁路上工作，他对自己的信仰渐渐冷淡了。在路上，温兰用英语劝诫他悔罪，说她自己做好了为信仰献身的准备。他试图劝阻她，说现在义和拳把他们当成基督徒，还没有足够证据，不要承认。但她说："我们应该坦率地告诉他们，我们是基督徒。"她鼓励这一帮人面对死亡，要忠贞不渝。当他们即将被处死时，她请求允许她讲几句话，他们答应了。于是她就对同伴们说："我们不久就要升天了。"然后她用手帕蒙住头，说："现在就杀了我吧。"义和拳两刀砍死了她。

王清林，最初跟人学医，后来到了书院学习正规课程。他在城里被杀了，有人说他的身体被砍成了六块。

有一位学生助手被义和拳抓了，他们要他退教，他一再拒绝。最后，他们找了个容器，让他跪在那里，开始用刀一点一点地割破他的脖子放血。他害怕了，同意点燃一炷香，这样他就逃过了一劫，义和拳把他放了。

杨浦，一位与传教士在一起的基督徒，远离家人。他的妻子被义和拳抓了，还挨了好几刀。她是一个看上去很漂亮的女人，义和拳显然想饶了她的命，试图说服她嫁给一名义和拳。她拒绝了他们的要求。然后他们就剃光她的头发,让她穿上尼姑的衣服,她不穿。最后,怎么劝她回心转意都没用之后,实在没法,义和拳决定杀了她。她有两个小孩。当她被绑起来要处死的时候,大一点的孩子抱着小一点的跑到她身边,乞求义和拳饶过他们的母亲。义和拳当场杀了孩子的母亲,又杀了两个孩子。

马夫人

义和拳暴乱之初,杀了一位安立甘会的本土传道人马先生,丢下了马夫人和孩子无依无靠。马夫人乔装打扮,带着两个孩子躲进了一座寺庙。她丈夫的一位朋友魏先生来看她,为她的无助感到非常难过。虽然他不是教会成员,但由于与外国人的友好关系,也面临受义和拳迫害的危险。为此,他采取了预防措施,结交了一位义和拳头目,以求关键时刻能够帮他一把。他去找了这个头目,说马先生死了,求他救救马夫人和她孩子,他们家就马先生一个人是基督徒。

不多久,马夫人和她的孩子们被带过来了,义和拳在拳坛前询问马夫人:"你是基督徒吗?""是的!"这位义和拳头目一下子不知所措,就把她关进了监狱。随后,他给魏先生写了一封信,质问他,说他说她不是基督徒,可她自己说她是基督徒,这是怎么回事。我们不知道他们后来是怎么交涉的,尽管马夫人说她自己是基督徒,但几天后还是被放出来了,而且没受到什么伤害。

罗马天主教徒

基督教会的逃难基督徒在很多地方见证了天主教徒面对死亡时的忠诚信仰表现。

洪执事说:"我在一个地方看到一个天主教家庭遇害。一位

597

母亲和两个孩子被绑起来带走了。一个邻居请求把小一点的孩子留下来，那位母亲和大一点的孩子被带走砍死了。临死前，我听见她大呼："主啊，主！请接收我的灵魂！'那个灵魂真的是去天堂了。"

在山西被救出的小女孩文翠说，天主教徒非常勇敢。孩子们面对死亡时，他们说："你给我们带来了大荣耀！今天是我们的大喜乐日！"

通州的李执事讲述了一个天主教徒的遭遇，说他乔装改扮藏了起来，但最后还是被抓了。在被带出来审问时，他承认自己是天主教徒，并为信仰献出了生命。

开平英国循道会（K'ai P'ing Circuit English Methodist Mission）基督徒受害记①

李富，殷各庄②布道员，在滦州让义和拳抓住了。他的背部和肩部多处烧伤，腹部被刺，幸运的是刺得不深，暂时没有性命之忧。脚后跟的筋腱全被割断了，以致他还活着的时候就成了瘸子。就是这样一个人，他们还用绳子紧紧捆着他，送到滦州衙门，前胸上捆绑的印痕至今可见。在那里，迫害他的人请滦州知州处决他，但不知是由于害怕还是善良，知州没有杀他，而是把他投进了监狱。进监狱后，李富昏死过去，伤口一直流血。他在那里躺了大约三个月，只有一个狱友照顾他，为他清洗伤口，并与他分享食物。直到9月，海恩兹（Hinds）回到天津，给滦州知州写了一封信，李富才被释放。这个可怜人受尽了折磨，他曾恳求迫害他

---

① 原作者注：本篇目为赫德利（John Hedley）牧师应笔者之邀而作。
② 殷各庄，今唐山市古冶区殷各庄，有"前殷各庄""后殷各庄""小殷各庄"，这里没指明是哪一个。

的那些人立即杀了他，或者活埋了他，帮他解脱。他的妻子和孩子也受到了严重虐待，李夫人的衣服后背处被撕破了，和丈夫一起被用绳子捆在车上。一个四岁的孩子被捆住双脚，像一根圆木一样抛出院子。另一个孩子的背部中了一枪，幸好不是致命伤。李富后来收到了一大笔钱，作为对他所有痛苦的补偿，但他打算把其中的一部分用于修建一座教堂，或者在他遭受苦难的地区支持一位布道员。

李述治，永平府城里一座小教堂的人，被一个富裕的满人带领一帮暴民抓了，他们把他绑起来带到这座小教堂搞一场模拟审判。审问他的时候，他大胆地表明了自己的基督教信仰，虽然那些人多次要他退教，说只要退教就饶了他，但他表示绝不改变自己的信仰。结果，那些人抽了他五百鞭子，然后就扔到了监狱里。他在那里经历了两个月的痛苦之后，带着对福音的信仰和希望离开了人世。

张守臣，小集①布道员，与他的妻子和其他七名家庭成员一起，在家中被活活烧死。

张玉温，一个十七岁的小伙子，非常热情的教会成员。他在勇敢地抗拒一切要退教的诱惑之后，被砍成数块，钉在墙上出售，每块售价五百两银子。唉，他还只是个孩子。

在距永平府三十里的何庄②，有二十三名基督徒和准基督徒被杀，其中大部分有机会退教。死者中最突出的是：

何明章，一位教会长老。他的妻子和小儿子也死了。何先生本来带着他的妻子和孩子逃到山里去了，但又被人抓了回来。那

---

① 小集，今唐山市丰南区小集镇。
② 永平府治在卢龙县，这里的"何庄"在今滦州市油榨镇。

些人多方劝何先生放弃信仰，但他拒绝了所有要求，被活活烧死。他大舅哥把他的妻子和孩子推下了悬崖，接着到悬崖下面，用脚踢死了这对母子。

杨琳和妻子，杨毅青和妻子、女儿，杨寿，杨钟，一个七口之家。这一家老少七口一起被捕，被抬进一座庙里。他们在那里被关了几个小时，但无论老少，均一口拒绝退教。午夜时分，他们全部被杀，尸体切成几块，扔到了不同的地方。

徐杨氏和女儿，上述提到的杨毅青的姐姐和外甥女。这两个人都没有受洗。徐夫人是个寡妇，三十二岁。因为她不想再婚，她丈夫的叔叔对她怀恨在心，带领义和拳到她家，打伤了这对母女，然后把她们扔到滦河里淹死了。这样一来，这位叔父就把家产据为己有了，但在局势平定后传教士第一次到永平府访问后，就把契据等交给了传教士。地方官正在处理这个案件，裁决如何处理徐杨氏母女遗留下的土地。

中国基督徒难民

满人家庭，其中有些基督徒

　　陈锡恭,白家店子①教师,秀才。这个人的勇气和行为使迫害他的人惊讶不已,在杀死他之后,他们挖出了他的心脏,查看到底是什么给了他这样的毅力。这颗心放在村里一块石头上好几天。

　　陈仁毅,仅十岁的小家伙,婴儿时就接受了洗礼。孩子被抓住了,问他是否是基督徒,他回答说是。当再问他是否愿意舍弃耶稣时,他勇敢地拒绝了,被当场砍死。他的两个哥哥和两个侄子,虽然没有受洗,但也同时遇害了。

---

① 白家店子,今秦皇岛市青龙满族自治县肖营子镇白家店村。

第三十六章　山西基督徒劫难

9月19日，一位名叫王兰璞的山西传教士的中国助手来到了北京，同行的还有他的一位非基督徒朋友。这个人远道而来，陪王先生穿越好几百英里的混乱地区，是为了保证他的安全。王先生讲述的故事，不仅事件本身引起人们极大关注，而且整个讲述帮人们了解了义和拳几乎令人难以置信的狂热何以在短短几天内就在山西落地生根、大行其道，在任何人都料想不到的情况下，造成了极其可怕的后果。王先生的讲述非常类似于两天前费齐皓先生带来的消息。费先生1898年毕业于美国公理会通州潞河书院，曾目睹了太原府谷地传教士大灾难。

下面介绍的情况是我们让王先生自己讲述的，笔者详细地听了三次，最后一次从头至尾做了笔录，提供了许多细节。他不仅没有添枝加叶，而且对他自己和家人的痛苦仅轻描淡写地说了几句，说这些痛苦太微不足道，不值得提起，或者说很恐怖，不能细谈。

四月（5月），有一个为期十五天的大型庙会①。庙会上骡马买卖生意兴隆，还有精彩的戏剧汇演，因此吸引了大量的观众。在这次庙会上，义和拳情绪激昂，大肆宣传，并计划

---

① 原文没有说明这个庙会在什么地方，从下文叙说判断，应为口述者即王兰璞所在的浑源县县城。

攻击中国内地会刚建起的小教堂。

地方官知道要出事，亲自出去把威胁要袭击的那群人赶走，用鞭子抽打他们，直到他们散去。后来他们又聚集了一次，地方官又把他们赶走。但第三次，地方官控制不住暴民了，自己也被打了一顿，眼镜被打掉了，轿子也被摔得粉碎。这一次发生在星期天，传教士们都在教堂做礼拜。他们逃到屋顶，然后躲到一名姓周的木匠家，这名木匠是教会成员。暴徒们紧追不舍，把木匠铺子砸了，在扭打中，把地方官的官帽扯了下来。与地方官一起来的还有一名军官，他们把传教士拉尔森（Larsson）和他的同伴装进一辆有篷盖的大车里。这名同伴最近过来了，但我忘记他叫什么了。两名地方官在大车两边，手里拿着鞭子，保护外国人。暴民们往大车上扔稀泥之类的脏东西，大车的帘子被撕成了碎片。

中午时分，传教士到了衙门的时候，衣服都被撕碎了。地方官把他们带到了衙门里，让他们换了衣服，并说他会赔偿他们的损失。这位官员姓阮，是个南方人。他对基督教怀有一种善意，因为当他还是个孩子的时候，曾在教会学校读书。他经常到我们的礼拜堂来，四处看看。

传教士们在衙门里待了两三天。一开始，没有人理睬外国人，他们正忙着抢掠教堂。教堂被夷为平地，所有的东西都被搬走了。其他地方的小教堂都被烧毁了。夜里，暴徒们不断地涌向衙门，试图把传教士们抓起来。地方官把传教士们送到了到应州①，并把自己的马车借给了他们，由一名军官带着两个士兵护送。这名军官为教会成员租了一辆长途

---

① 应州，今山西省朔州市应县。

马车,这样在浑源①就没有人被杀。过了一段时间,当他们回来的时候,暴徒们在城里到处追打、虐待他们,逼着他们退教,但没有一个人退教。

我和凯伯格(Karlberg)先生一起工作,留在了应州。农历二十六、二十七两天,人们开始祈雨,应州知州认为不会有什么麻烦。他要求那些参加祈雨仪式的人登记他们的名字,也就是那些领袖的名字,以便知道谁该负责。他把士绅派去参加祈雨仪式,以防出事。不久,义和拳的首领来到应州,请大家合作杀死外国人。就连孩子们也开始学习和练习义和拳,整个事态在大约三天之内就进入高潮了。应州知州把凯伯格先生和我请到衙门里去,我们在那里住了几天,我们是在夜里去的,所以没什么人知道我们在那里,外面也没人来闹腾。凯伯格先生在衙门派来的人护送下,骑马去了朔平②,一路都平安无事。

六月初一,变得非常糟糕。知州想让我也离开,他让我穿上一件衙门信差的衣服,给了我一匹衙门的马,并在下午4点给朔平知府写了一封信,把事情的经过告诉了他。作为公函的送信人,我应该更安全些,尽管这一路上很多人都认识我。我还带了一份给左云县(Tso Wei Hsien)③知县的公文,那是我在旁晚抵达的第一个县城。我立刻去衙门,正好看见一群暴徒在那里放火烧一座小教堂。在县衙门里我见

---

① 浑源,今山西省大同市浑源县。
② 朔平,清代雍正以后的朔平府,今山西省朔州市。
③ 左云县,按一般威氏音标应该译为"左卫县"。查朔平府治右玉县,应县(应州)西北去朔州经过的第一个县是"左云县",清代朔平府和现在朔州市辖区均无"左卫县",这里的拼音很可能与地方口音有关,故译为"左云县"。

到了一些教友,当时没有一个人受伤。我只在那里住了一晚,因为那里不安全,第二天一大早就出发了,衙门派人护送了我二十里路。

中午时分,我到了朔平府,我骑马直接到衙门去送信,然后到差会总部去报信。那里一切都很安静。我们四个人去见石玉县知县。当我们向知县提出要求后,他去拜见了知府。知府的答复是"你爱怎么做就怎么做",意思是他不管这事。他是一个满人,所有的满人都仇恨基督徒,没有任何特别的原因,只是他们内心的一个魔鬼驱使他们这样做。在这之后,知县自己就没有了主意。我们请他派人护送我们到张家口,他承诺护送到他辖区边界。他订了五六辆大车,价钱已经商量好了,由衙门付了钱。

我们回到礼拜堂,看到有一条逃走的路,感到很高兴。在我们正忙着准备时,一群暴徒聚集了起来。不一会儿,他们撞开了门,开始抢劫。我们看到情况不妙,又仓皇逃到了衙门。知县给了我们一间小屋子让所有的传教士住,又找了一间给基督徒住。这两间屋子都在衙门外面,没有安排到衙门里面去,他接待我们显得很敷衍了事,这不是个好兆头。这时那群暴徒还不是很疯狂,他们正忙着抢掠教堂的东西。中午我们到了衙门,不久教堂就着火了。

有人建议我扮作刚从北京带圣旨到这里来的人,要锁拏外国人进京,这个建议很不错。这样子的话,就可以把传教士救出去了,而当我们离开朔州府没危险以后,自然很容易打开镣铐,大家自由行动了。传教士们认为这是一个精明的计谋。我们请来了一个铁匠,做了六副手铐,每人一副。因为我要把衙门的马送回去,还要照顾我自己的家人,所以我先要回应州一趟。我待在衙门的马厩里，这一天，传教士们都特别激动，吃不下饭，到了衙门后，什么也没给他们准备，连口水也不给喝。由于过度疲劳，不一会我就在马厩里睡过去了。突然有人大声喊我的名字，每个人都很清楚，大难临头了。我无法逃脱了，于是就走了出去，发现一大群义和拳和满人，他们开始不管死活地打我，拖着我到仍在燃烧的教堂，要把我扔进火里去。

没过多久，我就完全失去了知觉，成了个半死的人，昏死了过去。后来我才知道，那些义和拳用手摸了摸我，想看看我是不是真的死了。他们以为我真的死了，就不想麻烦再拖着到教堂去。此外，还有两个人站在我旁边，有一个是附近村子里曾想和我交朋友的人，他对义和拳的人说了许多好话，请求他们让我就死在那里算了。另一个是城里的地痞，常在街上的小教堂里看见我。他很喜欢基督教义，只是他从来没有下决心去忏悔。他们摸着我的心脏和脉搏，看到我没有致命的伤口，就等着我苏醒过来。与此同时，暴民们丢下我，回到衙门那里，试图把传教士们拖出去杀了。那里有十多个基督徒，他们狠狠地打他们，其中一些人可能被杀了，但他们没有找到传教士。

我的这两位恩人把我扶起来送回衙门，要把我安置在原来的地方，但是衙门的人无论如何也不让我进去。他们说："要是他死在这儿，那是谁把他杀了？说不清楚。"但是他们把我的马、衣服、被褥、现金袋和我的那份公函交给了这两个人。于是他们其中一个牵着我的马，另一个背着我出了城。尽管我特别虚弱，他们还是一起帮我上了马，一个人扶着我，另一个人牵着马，不然我是不可能坐在马背上的。他们和我一起去了一家小客栈,在那里我们碰巧遇到了一位传教士家的厨子。我们不敢待在那儿,所以他们很快又帮我上了马。

厨师回到了他在汾州府的家,从城里来的人一直陪我走到第一天旅程的终点。在路上,在离城四十里的一个小镇上,我遇到了几个旅客,他们告诉我,那天早晨,十三个外国人在朔平府附近被杀了。这一消息我听过不同的人说过两次,我相信这是真的。他们可能被铐住了,无法反抗。我给了陪同我的人一些衣服,因为我没有钱。我身体虚弱,第三天才到应州。

在离开那个小镇子后,有人对我说用不着回去了,因为那个地方已经在六月初三(6 月 29 日)被摧毁了。我也听说应州知州用大车送我的母亲和其他一些人到朔平府,但在半道上被义和拳追上了,又带回了应州。我的母亲和兄弟、妹妹、我的孩子以及一位姓吴的老太太,都被活埋了(我的妻子六月初二就死了)。不仅如此,护送他们的衙门衙役头头也被扔进了火里,车被烧了,骡子被杀了,都扔到了火里,我住的院子里的狗和鸡也没能幸免。这些人当时并不是捆起来扔到火里,而是就那么硬生生推到火里,见谁要跑出来,就再推进去。这是一种缓慢而痛苦的死亡,我不愿想这件事。

与此同时,所有的教会成员都被抓了,只有我的一个兄弟得以幸免。他做点小生意、独自出售基督教书籍,当时正好不在家。知州知道了这件事后,尽了最大的努力去救他的衙门仆人的性命。但义和拳告诉他,如果他还要这么做的话,就把他也扔到火里去。

尽管听说发生了这么多可怕的事情,我还是要回去。我要亲自看看这是不是真的,另外还有那匹马也要送到衙门去。所以我就一个人继续向应州走去。离城十里左右，一群四十多人的义和拳向我扑来。他们认出了我，很高兴，让我下马，把我紧紧地绑起来，拖到城里去。他们叫来了义和拳头目，原来这个人是个补锅匠，做修理破旧铁锅生意。他甚至连字都不识，但现在成了义和拳头目。不久，知州听说我被义和拳抓了，义和拳那个头目正在审我，随即礼貌地邀请这个义和拳头目来见他，这位义和拳头目竟然过来了。

见面之后，知州说他一直严重怀疑他们这帮人是不是真义和拳，他们不怕箭头和子弹是不是装出来的。他提议要测试一下，看看是不是真的。他提议现在对此进行测试。说："让你的人去念咒语，看看他们是不是刀枪不入，如果是的话，我就用枪来试试。如果伤不着你们，你们愿用什么法就用什么法杀了王信差，你们就真是义和拳，我也是真义和拳；不然的话，那你们不是义和拳，你们说的都是谎话。"这一带乡村的义和拳只有他是个头目，他想了想，觉得这似乎是个公平的提议，于是就同意了。但是，他表示自己不参加测试，要站在一旁看着，等他说神灵附体了的时候，才能开始测试。知州同意了。

这时天色已晚，都快半夜了，但测试义和拳刀枪不入的事已经传开了，全城的人都举着火把和灯笼来看热闹。城墙上有一座真武庙，义和拳在庙前列队操练，准备进行测试。

很多围观者都在城墙下，能看得很清楚。知州派来看守我的那四个衙役也想看，就给我松了绑，我们一块过去观看。知州很详细地说明了测试规则，并仔细检查了他自己这边火枪的弹丸和火药。他预计到会有麻烦，就请了二百名能打、能摔跤、能射击的高手来做他的卫士，事实上就是要他们来对付义和拳的。他们一直等到那位义和拳头目喊了一声"神来啦"(神灵附体了)，自己也拿着枪的知州随即下令"开枪"。四五名义和拳成员当场被打死，六七名受伤倒在城墙上，所有人都受伤了。然后他们就都散了。

测试如愿结束了。知州召见我，对我说他先前是如何无法保护自己衙门里的人，我留在这里也不会安全。他给了我二十两银子和一些铜钱，还有一封公函，要我带去太原府(我要去的地方)，让我带着公函主要是为了保证我的安全。虽然我很不适合骑马，这时甚至根本不能走动，但那天晚上我还是离开了。那时，我们对山西巡抚关于义和团的态度一无所知，否则我决不会想到去那个地方。

大约走了三十里，我遇到了大麻烦。在一个大村庄里有一群人怀疑我，他们确信我是外国人的跟班。他们说我身上有用黄纸剪的小纸人，有迷魂药，要搜查一下。就这样，他们搜到了我的银子，还有那封公函。因为搜出了公函，那伙人就分成了两派，一些人说："不管怎么样，都得弄死他"；另一些人说："他是官差，让他走他该走的道，这不关我们的事"。他们就这样争吵了半天，有些好心的人替我说了好话。几乎每一群暴民中都有这样的好人，并不是所有人都坏得出奇。

后来我才知道，我当时并没有想到，有这么一小群人，他们私下里一致认为最好还是让我走，然后他们再从后面赶上来杀了我，就这几个人分我的银子。我尽可能地快走，走了七八里路的样子，后面有几个人追来了，高声喊叫让我停下来。我必须离开大路走小道，大道上那几个人很快会追上来，他们手里拿着刀枪，要杀了我。不过，当时我心里拿不定主意，不能确定后面那几个人是不是真的是来杀我的。他们追的很急，所以我就当是他们真的要来杀我的，在前面一座山的隘口离开了大路，拐上了小道，这条小道不能走马车，只能走驮东西的骡子。就这样我去了一个村里，请求村里人让我在那里休息一会儿，说绝对不会连累他们，但他们不愿和我打交道。

但到了另一个小村庄，一位老人对我很友好，劝我不要去太原府。太原府离这里有八百或九百里，而直隶首府保定只有六百里左右，建议我到保定府去。我在这个小村庄待了三天，直到所有的追兵都回去了，然后我绕着山转了一圈，又回到了大路。这之后，我在村里的一个朋友派人护送我去了五台县，著名的五台山就在那个县。我必须把银子分给他们，所以我几乎没有留下什么。除此之外，在一个叫大湾的地方，我又遇到了义和拳，又遭遇搜查。在这里，我讲述了一个与前一个不同的故事，我说自己是一个回家的商人。我已经撕毁了那份现在会牵连到我的公函。在不同的地方就得说不同的话，实在是没什么好办法。越往保定这边走，义和拳闹得越凶，我决定再回到山里去，走了一百二十里，到了一座叫阜平(Fu P'ing)的城市。那时我还不知道是哪两个汉字，但因为'Fu'的意思是'有福'，'P'ing'的意思是"平安"，我想上帝正在为我开辟幸福之路，虽然这座城的名称第一个字并不是'福'字，但我确实松了口气。我把我的故事告诉了客栈老板，他建议我用剩下的一点钱做一点小买卖。

他的一个邻居会做麻花，我认识了他，把我所有的东西都给了他做担保，就这样和他做了两个多月的小生意。那个地方根本没有义和拳。到了8月份，我想我可以继续赶路了。在那段时间里，我挣了一吊半钱，还买了很多东西。这次我没有冒险去保定府,听说那里所有的外国建筑都被烧毁了,许多教会成员遇害了。我没有听说那里有外国人被杀的事。在去北京的路上,锡克教士兵拿走了我和同行者的钱。再次能和这么多基督徒在一起,相互倾诉上帝的仁慈,真是很喜乐啊。

附注:据目前所知,以下是在朔平府被杀的传教士:

瑞典圣洁会(the Swedish Union)的佩尔松(S. A. Persson)先生和夫人、卡尔森(N. Carleson)先生、拉尔森(O. A. L. Larsson)先生、凯伯格(G. E. Karlberg)先生、伦德尔(J. Lundell)小姐、恩瓦尔(J. Engvall)小姐、海德伦德(M. Hedlund)小姐、约翰森(A. Johannsson)小姐。

宣道会(Christian and Missionary Alliance)①布隆贝格(C. Blomberg)先生和夫人及子女。

---

① 宣道会,全称"基督教宣道会",美国基督教差会。

第三十七章　外人占领之一载

外国联军解围公使馆和北堂之后,立即分为两部分驻扎各地,一部分在城区巡逻,另一部分分驻各地以便对北京以外其他地区采取进一步军事行动。各国来华军队,似乎俄国人和日本人最多,但由于不断地调防,进进出出,一时难以做出准确的估计。

大约过了一个月,俄国军队突然宣布要撤出北京。俄国公使馆实际上也迁到了天津,在那里待了一段时间后自己又搬回来了,其他各国没有跟进俄国人的行动。很明显,俄国人占领"满洲"造成了很大的麻烦。如果其他各国军队响应俄国人的建议跟着撤出北京,无疑中国政府会对俄国人有好感,有利于俄国人博得更多的利益。

在后来的几个月里,一直到这一年年底,从天津和北京派出军队到各地的军事行动,越来越频繁。有些规模很大,媒体进行了充分的报道,有些则悄悄地进行,很少引起人们的注意。最重要的军事远征目的地是保定府,军队分别从北京和天津出发,计划同时到达。结果,对保定府的军事行动显示了这一联合军队行动的内在弱点,即八个国家的军队参与远征的弊端。从天津出发的法国军队,比英国人、德国人和爱尔兰人的分遣队早到了一个星期。据报道,他们为了拿下这座城市、解救里面的外国人,付出了沉重的代价。这真实与否,似乎无法确定。任何地方的军事行动都难以追踪观察,事实也难以核实。在这种情况下,这些军事行动的真相至少八成不为外人所知,其中有些事实根本无从了解。

人们很快就认识到,如果有一个一流的大国与中国打交道,那么事情进展是肯定的、稳定的。在两个大国参与的情况下,成效就会减半,进展也会慢一半。三个大国参与,摩擦就大大增加了,进展速度和成效就更是大打折扣了。而八个国家的军队参与行动,其效率与参与的国家数、各国指挥行动的将军人数成翻倍的反比关系,从而在实际上造成了复杂、无法解决的难题。

在保定府,对直隶布政使廷雍进行了调查,他支持了义和团运动一整年。根据调查结果,廷雍和保定城守尉被判处死刑。保定城守尉曾拒绝保护外国人,在手下士兵和义和团焚烧基督教差会房屋和屠杀外国人过程中,他袖手旁观,不闻不问。联军自攻陷北京以来的所有军事行动中,这是最正义的,也是最有益的。然而一直被固执地批评是嗜血"复仇",说这不应该是西方国家的做法。

德国人到北京西北方四天行程的张家口去远征,这是因为有一名高级军官被煤烟熏死了,这件事广为人知。这意味着什么,很难说清楚。他们朝皇陵方向进军,发动了一次袭击,但结果仅仅是引起了中国人的愤怒,败坏了军队的道德。这一行为在道德上所产生的影响,很难下什么结论。控制士兵总是一件微妙的事情,尤其是在敌对国家的国土上。

义和拳乱似乎使外国联军的指挥官们确信,当时的国际法规则不适用于中国。此外,当士兵们看到其他人无法无天胡作非为时,整个军队会受到感染,道德开始败坏。战争本身就是对法律的否定,而在很大程度上,士兵们自己就可以作出判决,决定法律在多大程度上被废除。如果连续不断的大规模远征行动中发生这种或其他类似情况，一些小规模军事行动的抢掠更是无法避免。外界很难了解内情，甚至是一无所知。

人们以在黑龙江岸边发生的事例为据，断言联军所有指挥官和士兵无法无天、极端残忍暴戾，是一个严重的错误。在那里，成千上万的无辜平民惨遭屠杀，尸体被扔进黑龙江，江水为之断流。不过，对军队的评判就像对个人一样，不是看他们做了什么最好的事情，而是以其最坏的行为来评判。黑龙江畔的行为实在是糟到极点了。外国军队到华北来，曾多次表明他们的目的似乎是要在最短的时间里尽可能多地违犯第六、第七和第八条诫命①，结果在许多地区造成了令人难以置信和难以描述的混乱状态。滥杀非战斗人员，证据确凿，无需一一列举。对此，人们通常会这样进行辩护："哦，是的，当然，战争总是这样的，不然，你觉得它应该是什么样子的呢？"

在外国军队进行远征以及一些小股军队光顾某些地区的过程中，劫掠和大规模的暴力情事时有发生。这一点我们已经叙说了不少，但是整个可怕的犯罪要记录还需要很长时间。勒索中国官员或城市的清单可以（也已经）开列出来，涉及的人员和城市数量庞大，显示各国强行索取的所谓"保护费"和"赎金"的总金额，足以让这个国家在很长一段时间处于贫困状态。在某些情况下，不同国家的军队先后不断地侵入同一城市或市镇，反复提出同样的要求。远征的"势力范围"界限模糊，划分区域不明确，从而使很多地方不同程度地陷入了一种无政府状态。

---

① 这里的诫命（Commandments）指的是基督教十大诫命，其中第六条是"不可杀人"，第七条是"不可奸淫"，第八条是"不可偷盗"。

作为上述所说的远征的突出事例,这里要说一下德国人的两次行动。一次是去天津以南六十英里大运河岸边的沧州。沧州知州对外国人一直很友好,他曾把伦敦会布道站迁到沧州近郊,建了许多宽大的建筑。驻扎直隶的淮军右翼统领梅东益提督,不仅同他驻军地区的各类外国人关系最为密切,而且在义和拳高潮期之前的十二个月时间里,把主要精力放在同直隶省内各地义和拳的斗争上。举凡被他发现或搜寻到的义和拳,大都被击溃解散。他很可能是中国一直弹压、遏制义和拳发展出力最多的一个人。

德国人突然袭击了沧州,劫掠了沧州知州和梅提督的衙门,而提督撤离驻地,谨慎地避开与德国军队接触。他们释放了城里所有关在监狱里的义和拳,凯旋回津,随即向上海发送"成功地发动了一次攻击"的报道,说"德国人在沧州击败梅提督的部队,缴获了他的辎重,并杀死了43人"。

当人们了解了这些事实以后,德国人这一不可原谅的愚蠢行为,可能对今后在山东或其他地方受德国统治的领土上的居民产生很大的负面影响。难怪梅提督抱怨说:"我里外都不是人了。"

6月初,孟鹤龄先生和孙(Robinson)先生在位于天津和北京之间的永清县城区被杀,德国远征永清县,杀了一百五十人,没遇到任何抵抗。这一屠杀毫无反抗力的地区的所谓远征是毫无道理的,以致英国人不得不免除了对这座县城的惩罚性罚款,并用这笔钱来减轻野蛮的德国人造成的重大灾难!当德国人的这些行为和许多类似的行为引起人们关注时,德国军事当局群起攻击莫里循博士。莫里循是伦敦泰晤士报记者,最先阐述了那些了解事实的人们的感受。披露人们对德国军事行动的感受,本来是故意轻描淡写了有些事实,意在限制一下德国的军事行动,结果却招来了要对他进行"军事审判"的威胁。

在那个令人沮丧的冬天，中国人得到的一个教训是：从各个方面来看，外国人在道德上都不如中国人。这一点中国人一直清楚并深信不疑，但过去从未曾验证过。

很多年前，李鸿章在天津学习外语的一个儿子对他的外国指导老师说，他父亲以前认为西方人从整体上说比中国人更坦诚，但在长期同外国人的亲密接触以后，看法完全变了。的确，在争取与中国政府签订合同的问题上，那些需要与这位总督打交道的财团，并没有总是显示出西方文明的最高品质。

但是随着外国军队占领中国，一下子撕掉曾经遮羞的面纱。西方军队在中国无法无天的程度可能被媒体严重放大，虽然他们的行为在无可阻挡的"媒体曝光"下逐步有所改观，但必须承认，其最初的所作所为确实非常糟糕。

然而，即使采取一切缓和措施，对于只能通过谣传或本地媒体了解到一些事实的中国人来说，经历军队占领中国的所作所为之后，显然只会降低中国人过去对西方品格和道德的原本就不太高的评价。对他们来说，道理很简单，这就是外国人从来无缘接受儒家四书五经的教诲。虽然他们很清楚，如果中国军队占领了外国，可能犯下比外国军队在中国犯下的罪行严重得多，但西方国家一直认为中国人道德低下，不但在一般抽象的原则上，而且在日常行为中把自己装扮成中国人导师的事实，深深地刺痛了中国人的心，使他们不再对外国人抱有任何幻想。

在被外国占领的这几个月里，中国人还清楚地认识到所有有识之士的预言，即外国没有大规模对付中国人的合格人才。中华文明源远流长，密实精致，延传数千年，绵延不绝。西方人沉着自信地走进来，想展示一种（也许是两种）优于中华文明的东西，他们也这样做了。中国人迂回曲折地适应西方人，就像水迎合在其中行使的船只,或者像空气迎合在其中飞行的弹丸。但当船或子弹经过时,水和空气并没有跟着船或子弹跑,而是依旧待在原地,随时准备着更多的船只驶过或更多的子弹穿过。

尽管那些在中国和远东地区有长期工作经验的人都得意洋洋地说,外国人治理中国是多么容易,并且总是引用"印度"的证据。但是敏锐的观察家心里很清楚,中国和印度之间没有可比性。印度是个种族和语言的博物馆,有众多的种族和语言体系,而中国在本质上是一个单一的整体,她在观念和理想,以及历史、语言和管理体系等方面,都是统一、同一的。现在应该明白,没有中国人自己的同意,地球上没有任何国家可以真正统治他们,尽管许多国家可能会侵占并试图控制她。如果今年中国人在强大的外部压力与紧张的应变局势中,成功地认清列强想要联合起来对中华帝国做些什么,那么他们所学到的东西,就会比其他任何人现在或未来可能会学到的更多。

自从中国人同外国人交往以来,不同外国人之间不可避免的分歧就已经为中国人所熟悉。中国和土耳其政府都最大限度地利用外国人之间的分歧来对付外国人。但是,过去一年的种种现象表明,当所有大国在解救公使馆问题上都抱有最大的联合愿望时,中国人重新认识到:这种情况下,再利用外国人之间的分歧对付外国人的办法,已经不可行了。

中国将逃脱许多最初看来不可避免的惩罚,这一点是确定无疑的。同时可以确定,一直在中国大门口的十一个国家,在等待着他们的要求得到答复和对未来给予应有的"保证",不满足他们的要求,他们是不会善罢甘休的。中国人能够而且愿意付出一切,满足各国的要求,因为在这方面他们很少有做不到的时候,而在他们最危难的时刻不可能不这么做。一个中国人在遇到困难的时候，会做出最充分的承诺，只要能再给他一个喘息的机会。中国政府所处的环境比她任何一个臣民想象的都要紧张，除了采取这一政策，中国政府别无他法，而"专家"们则纷纷设想如何来做。至于所做出的承诺将来结果如何，那是另一回事，因为未来，即使在固执少有变通的东方，也会有令人惊喜的事情发生。我们也一样，就像那些因问题暂时得以解决而兴高采烈的中国人一样，我们将抱持最好的希望，并以最大的耐心等待未来的结果。

慈禧太后最近颁布了关于保护传教士和教徒的最令人赞赏的谕令，说："上年保护不力，致多人罹难，殊非朝廷本意。此后务要实力保护，切勿再蹈前辙。"这听起来颇具悔改前愆之意，又极像空灵柔软的竹子，屈服于来自任何方向的强大压力，而一旦压力解除，立刻又会复原如初。

在华盛顿，通过聪明的伍廷芳先生所提供的有色眼镜来看待中国时局是一种时尚。这次危机中伍先生待在国外，对中国来说是极其值得庆幸的。他可以很轻松地向人们说明，中国政府完全准备好接管所有地方的管理职能，并完全有能力维持秩序。但是在西方国家，人们不可能理解中国政府何以完全依赖于官员和百姓的倾向性来推行政令。席卷全国的义和拳风暴是由长期复杂的原因造成的，不会在一个月或一年之内完全平息，除非所有迹象都是骗人的。各地报告的安定平和局面，过一段时间后，人们就会发现那都是些表面的现象，并非是真的安定平和了。

1901 年 1 月和 2 月间，当朝廷似乎在犹豫是否答应无可更改的惩罚更重要的犯罪集团的要求时，这一犹疑不决的态度立即在袁世凯巡抚治下的山东军队有所反应，他们显然接到了即刻向北进军的命令。而且人们普遍认为，大批南方军队已经在某个地方集结，准备支持向北进军，与外国人进行一场殊死搏斗。即使

北京使馆街附近

军队战败了,至少也会使整个国家变成一片废墟,对入侵者毫无利用价值。尽管这可能仅仅是谣言,或者至多是为可能出现的冲突做准备,也许只是虚言恫吓,但任何一种情况都同样表明了中国人的坚定决心。

仅仅发布一道诏令宣布海内和平,并不能消除已经高涨的狂热激情,引发动乱的事实已经前所未有地渗透到了中国人的民族意识中。与上述军事计划同时出现的一个重要情况是山东义和拳再次开始行动,在距笔者的家二十英里远的一个村庄举行了正式的枪械演练(与去年宣布采取实际敌对行动时一样)。他们一边演练,一边宣称要在"大仙"的指挥下,恢复去年的行动。"大仙"负责监督这些行动。这位地位崇高的大仙正式告知义和拳,说他们以前的行动浪费了毁掉基督徒的房屋和向他们索要钱财的机会,这次一定不要重蹈覆辙。在新的攻击中,所有基督徒连同他们养的鸡和狗,要统统杀掉,斩草除根,不留一个活口。

这些新的尝试行动,有大量的土匪参与其中,可能纯粹是地方性的。但它们也同样值得关注,因为这些行为表明了许多中国人在力所能及的情况下愿意做些什么。我们没有理由怀疑袁巡抚和其他志趣相投的官员的意图,但在这里,我们必须再次估价大规模的"个人行为"的后果。任何汉人或满人,不论他的地位如何,当他的下属团结一致反对他的时候,便什么事也做不成。中国有句俗话:"阎王好见,小鬼难缠。"袁发布了措辞极为严厉的告示,为在未来三年内彻底消除找外国人麻烦的事件而宣布了优厚的激励和奖励条款。但在许多地区,这些告示根本没有张贴出来,人们对他的言论一无所知。

过去十二个月的另一个特点是,中国的大对手俄国像在其他时候一样,扮演了仁慈的保护者的角色。美国公众根本不想怀疑什么，以免在不了解中国局势基本事实的情况下，仓促做出什么不靠谱的判断。然而，他们不得不注意中国和俄国之间的特殊关系，这没什么奇怪的。因为在一个公平的旁观者看来，事实很清楚：这个地球上没有什么敌人比俄国已经和正在做的事情更严重地威胁中国政府的存在了。然而，中国的观察家们虽然对于他人的动机和意图一向很精明，并且具有非凡的洞察力天赋，但却没有认识到他们的帝国与其庞大的邻居之间的真实状况。有时人们问中国的政治家：中华帝国为什么陷入这种境地？他们只是简单地回答说："我们做些什么才会阻止这样呢？"要对这个问题作出令人满意的答复，确实是不容易的。

1901年早春时节俄国人占领"满洲"的事实，引起了全世界的关注。尽管各国除了发出信函质询外，整个世界最终打算做些什么还没有明显迹象，然而，这时的局势与多年前的情况并没有本质上的不同，只是这一次是因为愚蠢的中国人肆意攻击俄国城市和租借地，把剑柄交到了俄国人手里。用中国人的话说，就是俄国人占理了，因此无论其他国家可能会说什么或做什么，俄国都不会放弃"满洲"。

自1895年春对日战争结束以来，这种情形显然已经预演过了，但当时人们什么也没有做。贝思福勋爵在其《中国的分裂》①这一颇具影响的著作中发表了由英国天津工部局代表交给他的抗议书，说"满洲"那时实际上已经是俄国的一个省。名义上这已成事实，尽管没有成为历史事实，但在美国内部，并没有引起关注。我们国家除了发表无关痛痒的抗议声明外，什么事情也没有做。

---

① 该书当时曾被翻译为《保全中国》出版，并在《万国公报》等报刊上刊发。

"满洲"即将关上大门，俄国独占"满洲"将给美国贸易带来数百万美元的未知影响，而这扇门正显示出被强行关闭的迹象。随后，华盛顿美国国务院从各种渠道获得了各大国肯定的文字声明。这些声明表示在理论上同意并将在实践上支持中国以平等的条件进行门户开放的计划。没有一个大国比俄国更真诚地同意这种主张，因为这完全符合她的政策、愿望和做法。我们都很高兴看到美国外交取得了决定性的、独一无二的胜利，这对于其他没有像美国那样的利他主义历史的国家来说是不可能的。"中国门户开放"（The Open Door in China）的文章在各类期刊上登载了好几个月。与此同时，俄国继续做着她的准备，愚昧的义和拳给了她天赐良机。她抽掉了门挡木，砰的一声关上了大门，把钥匙放进了军队的金库里，派驻了强大的卫队，警告所有其他人不得靠近。他当着所有大国的面，同中国签订了一份性质苛刻的协议，对英德协定（the Anglo-German agreement）①报以温和的微笑，表示这一协定完全符合自己的意愿，并由衷地赞同丹尼尔·韦伯斯特（Daniel Webster）的名言："至少，过去已经得到了保证。"

俄国正式地同时也只是名义上放弃其要求签署的《满洲协定》（the Manchurian Convention）②，可能要归因于一些最关注此事的大国的部分同意以及整个中华帝国所显示的意想不到的民气。与这种民气对抗，当然不符合俄国的利益。可能没有人会相信这个庞大的北方帝国所宣称的没有敌对意图。这只不过是通

---

① 英德协定，指 1900 年 10 月 16 日英国和德国签订的关于两国在中国江河及沿海各口岸各国贸易及其他正当经济活动，自由开放，毫无差别，维持中国领土不变更的协定，并请西方其他各国抱持同一宗旨。这一协定与"门户开放"政策基本精神一致，先后得到各主要西方国家赞同。

② 这个《满洲协定》（the Manchurian Convention），应指俄军旅大租借地总督阿列克赛耶夫与清朝盛京将军签订的《奉天交地暂且章程》，简称《增阿暂章》。

常意义上的拖延,是为了等待更有利的时机。无论其出于外交目的,说得如何冠冕堂皇,没有人会相信。中国有一句古老而意味深长的谚语,说"猴子手里不掉干枣",这句话同样适用于熊,特别是那些已经知道中国枣子好吃的物种。中国和日本的每一个朋友,必然都同情后者(以及前者)的困境,两国现在只能被迫选择另外一个时机,来进行不可避免的冲突,其结果是任何人的智慧都无法预见的。

在中国人自己看来,列强要求对参与去年暴行的官员进行惩罚的名单开列的人数太少了,共计处决了不足十五名官员。尽管义和团运动期间,各地官员命他们的士兵在衙门里以各种理由屠杀了大约二百四十名各国手无寸铁的无辜男人、女人和儿童。俄国能容忍她的士兵在黑龙江岸边野蛮地屠杀无辜的中国人,但在惩办祸首问题上却炫耀她的宽容,倒是令人感到奇怪。

当人们回忆起这些人所做的一切,以及他们中的许多人是如何残忍地密谋在他们的管辖范围内消灭每一个外国人的时候,很明显,每一个熟悉和平谈判后情况的人都清楚,这样的官员将立即被清除出中国政府。在美国,人们似乎普遍认为,要求对这不到二十名中国官员判处死刑,作为对中国政府蓄意犯罪的部分惩罚,已经是一种"嗜血"之举。这表明他们完全不了解中国的真实情况,而更重要的是,他们根本不了解在这一问题上中国人是怎么想的。

如果西方列强无论是被情感所左右,还是为了换取中国人的善意来进行贸易,从而最大限度减少对罪犯的惩罚力度,忽视他们的过往,不严惩那些不仅在我们看来而且在中国人自己心目中也是罪犯的官员,那么必定会再次引发所有中国官员和民众对西方人的彻底蔑视,他们会觉得这些人是这么容易上当受骗。中国人肯定感觉和认识到了西方人手握长剑这么久,但并没有用它来对付本应对付的中国人,于是对未来不再恐惧。他们极有可能会用尽一切欺骗手段糊弄西方人。

当列强们统治着天津、保定府和北京的时候,当他们无视西方的法典,按照中国的法律对中国罪犯进行惩罚的时候,对中国作恶之人的虚假同情就显得特别不协调。尤其是德国人。据称他们在其管辖范围内,砍下了几百颗人头,而这些人只是犯了一些鸡毛蒜皮的小错。这种行为被简单地视为军事管制问题,似乎从来没有被当成回事。而1900年处置重大国际犯罪时,却由于自私或多愁善感而顾虑重重、宽大无边。

这里最好说一下与宽大处理重要罪犯有关的问题。在中国的外国媒体刚刚重新注意到殉道传教士们在许多情况下所遭受苦难的悲惨性质。媒体对这些问题进行报道时,是十分痛苦且表述微妙的。尤其是在谈到女士遭遇迫害的时候,人们怀疑媒体在努力不暴露全部真实情况,以免宣教士们知道那些可怕的事情而影响他们在内地的宣教工作。于是媒体不得不公布了一些最骇人听闻的细节,据说这些细节是从目击者口中得知的。事实上,最好是将全部真相公之于众,因为这些真相迟早会大白于天下。只有静下心来冷静思考,才能得出如何防止类似暴行重演的明智结论。

预防类似暴行重演的前景并不乐观。问题很清楚,十个月来,中国的外人占领区实际上是一只在惊涛骇浪中颠簸的外国船,现在到了乘客和船员必须转移到以前不适合航海的中国旧船上的时候了。舷梯都放下来了,水里满是等着接人载货的小舢板,但是风浪太大了,换船不容易,有些人可能会淹死。

走向安全移交的第一步是朝廷回到北京。但是,尽管外国人和最爱国的中国人非常渴望皇帝独自回来,但似乎没有人提出这一建议。这意味着,西方读者最好记住,慈禧太后与中国政府的关系是一种本质上的一体关系,还是一年前她下令向公使馆开火时的那种关系。不知道人们是否已经认真考虑过她有没有权利继续统治这个被她带到了毁灭和分裂边缘的帝国这一问题。

在这个色彩缤纷、阴暗面占主导地位的局势中,最可悲的地方在于,西方各国根本没有注意到帝国的合法皇帝被废黜一事,也没有注意到他与政府之间目前的不正常关系是不令人满意和充满危险的。被认定的大阿哥是一个具有破坏性格的年轻人,假设他登上皇位,很可能在一年之内就会毁掉这个国家,而把中国和世界带入现在这种局面的慈禧太后,至今仍然拥有无可争议和不可抗拒的统治这个国家的权力。

有种不着边际的说法,即认为上述问题与西方各国所能做的任何事情都没有关系,这是一种自欺欺人的说法。正是这些问题造成了目前的危机,忽视这些问题就会招致未来的灾难,正如明辨事理的人们清晰预见和不断预测的那样。然而,现在就像一年前的这个时候一样,对于迫在眉睫的危险,我们什么也没做。各大国之间不可调和的分歧,可能会导致不可能有真正的协调一致的联合行动。

李提摩太应山西巡抚和中国和平谈判全权大臣之邀,访问了北京,并制定一个解决基督教案的明显公平公正的方案(与罗马天主教解决教案的方案形成了鲜明对照),获得了中国媒体的一致赞许。考虑到民众在去年的暴动中是按命令行事,他建议每个地区惩罚一位义和拳首领作为警告;补偿基督徒的损失,使孤儿寡母生活有所依靠;山西省筹集50万两白银,每年支付十分之一用于建立学校启迪山西民智,从而避免将来一个受过教育的外国人和一个受过教育的中国人打交道引发民众的不当想法；在皈依者被杀的地方竖立纪念碑；今后无论何时再有宣教士到山西，官员、士绅、学者和普通百姓，都应礼貌地接待，并为过去的事道歉；在任何事情上，对基督徒和非基督徒一视同仁；保存暴乱者的名单，如果他们再次犯罪，即予以惩罚。山西基督教社团代表中国内地会、美国公理会、英国浸礼会、福音会和一个独立组织，完全认同这些原则。

这些建议是提交给李鸿章的，据说他看到这些适度要求非常高兴，惊叹中国还从来没有过像李提摩太博士这样开明稳健的绅士。如果这些建议落到实处，则帝国境内就不会再有关于宣教的麻烦了。李提摩太博士 1876—1886 年长期生活在山西，在这期间，早期分发赈灾物资的奉献和机智，他与山西巡抚和各级官员的亲密关系，以及作为中国最著名、最具代表性的基督教传教士的广泛声誉，极大地增加了他的建议的份量。

近日，中国九个重要传教团体的代表分别以中英文发表了一份关于传教士与当前危机之间关系的"声明"。这份声明是一种解释，也是一种辩护，由于其明显的公正和适度的语言表述，受到上海主要外国期刊的好评。这里引用《字林西报》一篇文章中的一段话："有人指责说，传教士表现出一种不恰当的愿望，希望看到对去年暴行的肇事者进行报复，这种说法除了有可能的个别案例外，就像马克·吐温无知地指控梅威良博士及其在北京与附近地区的同事一样毫无根据。不带任何偏见、本着寻求真理的诚实愿望来研究整个问题的人会认为，传教士作为一个整体的行为不仅无可指责，而且值得赞扬和感激。他们和我们大家一样，都急于看到像去年那样的暴行不会在未来重演。只要人性尚存，人们就必须坚信犯罪之后会受到惩罚，从而避免犯罪；如果不惩罚，不

梅威良博士接待乡村代表

严厉惩罚去年的罪犯，他们将会重新犯罪。"

康格公使很快将回到驻华公使任上，这是充满希望的好事。事实很清楚，目前没有其他人可以或应该代替他。像所有其他各国的公使一样，当时他没有预见到中国即将到来的风暴。但当风暴来临时，他证明了他不仅是保护美国人而且是整个公使馆区共同防御的中流砥柱。他所做的贡献没有得到应有的报答，人们普遍认为他的洞察力比华盛顿的任何其他人都更深刻准确，他的"精神令人感动"！林肯总统曾希望有更多的将军喝"威士忌"，据说格兰特将军对威士忌上瘾，美国应该为驻外使馆储备一些像康格先生一样有常识和男子汉气概的公使。

一些既不了解也不想坦率地去弄清传教士在中国情况的人吹毛求疵的批评，令富有正义感的人们感到愤慨，康格先生毫不犹豫地承担起自己的责任，坚持不懈地向在风暴和压力下行动的美国公民提供建议，也抚慰了这些正义感受到伤害的人们的心。康格先生用一句话回应了目前所有的批评，他说："我准备为遭遇围困前、围困中以及围困后的传教士们的行为辩护。"

有人认为，不进行道德改革，中华帝国复兴无望。持有这一主张的朋友们最好牢记：现有的条件并不能改变我们对中国的责任，而只需要修正现在的行为。如果有什么可以确定的话，那就是一定会有某种形式的新中国。为此，我们应该观察，也许应该等待，但不能像那些失去希望的人那样无所事事。所有宣教方法都应该重新检查，就像船只驶入干船坞进行检修一样。而每一次检修，都关系到一次新的比以往更漫长的航程。

第三十八章　中华之前景展望

中国的动乱带给我们的问题太多、太复杂，即使从某个大家都能想清楚的角度来概括，也不可能在最后一章中完成。我们在前面曾努力指出这场大规模运动的一些较深层的潜在因素和直接诱因，这些原因在目前的特殊情况下是人类国际关系演变中不可避免的。其他国家在某种动力的驱使下与中国交往，这种动力是它们无法抗拒的，就像月亮对海水的引力一样。它们清楚地认识到，没有任何国家有权利或有能力拒绝这种交往。结果，中国被迫与西方建立了关系，不情愿地接受了那些她只打算在无法逃避或撕毁的情况下遵守的条约。

如果西方列强始终遵守额尔金勋爵意义深远的规则，即永远不提出不公正的要求，永远不放弃已经提出的公正要求，中国就不得不和平地与世界其他国家建立正确的关系。这对中国和我们都有不可言说的好处。事实上，西方国家对中国的冲击，总是会遇到推诿、口是心非、虚言假意、傲慢和令人无法容忍的蛮横。这些时常引发冲突，而最终结果都是一样的。

1900 年发生的事情，在很大程度上显示了中国人的虚妄自大。他们这种虚妄自大的心态和做法一直都存在，到现在也还没有放弃。尽管这个国家普遍信奉一种崇高的理论道德体系，但也会撒"弥天大谎"，会展示一种野蛮的残酷，会表现一种在近代历史上无可比拟的傲慢。中国在列强面前蒙羞的结果，令列强遇到了西方文明从未遇到过的严重问题。无论对中国还是对世界来说，这个问题的解决都是极为重要的。列强的愿望和所谓的利益不仅不相同，而且显然是不可调和的，这一点长期以来一直显而易见，由此就产生了一个不祥而又不可忽视的事实，即调和列强之间愿望和利益的唯一方式就是各种势力的相互冲撞对抗。

与中国签订的议和大纲条款包括：中国派使团为谋杀德国公使一事赴德谢罪；在亵渎外国公墓之地建纪念碑；禁止进口战争用的武器和弹药；拆除大沽和其他一些地方要塞；北京使馆区由外国派兵保护，以及在其他地方部署外国军队；财政赔款也许高达4.5亿两白银，三十或五十年还清；惩办义和团暴乱祸首；暂停杀害外国人的城市科举考试五年；将这些惩罚条款昭示天下，严格禁止组织排外会社，违者处以死刑，并颁布诏令，明确宣布各地官员要为辖区内发生的排外暴行负责。

毫无疑问，局外人可能认为议和大纲的有些条款是不明智的，但那些最熟悉中国情况的人则可能会觉得这些条款本身并非不公平。然而，仅有这些条款是不够的，因为这些条款主要是惩罚性的、粗糙的、消极的，从中看不到未来希望的因素。帮助这个人口最多、最为古老的帝国复兴的一个独一无二的机会，似乎已经被丢掉了。对此，一个简单而合理的解释是，参与议和的西方各国不希望中国复兴。在没有外部条件和力量阻碍的情况下，外交未能取得建设性成果，这是一种极为罕见且令人印象深刻的教训。除非中国在某种程度上发生了根本变化，否则过去的情形就可能会慢慢重现。但对于所谓中国的根本变化，我们指望西方各国的总理或他们派驻中国的公使来推动，将是徒劳的。

长期以来，人们满怀信心地期望中国通过与商业、轮船、铁路、电报、矿业等西方文明的接触而逐渐变革,现在已经证明这只是个幻想。正是对这些"文明事业的投资"而不是什么别的引发了中国的动乱。这些西方文明事业本身并没有道德价值,只是一种令人不安的因素,不仅没有纠正像中国这样的帝国和人民中不可避免地存在的各种弊端,而且根本没有显示出能够纠正其各种弊端的趋向。

还有张之洞在我们已经提到的著作中极力提倡的教育问题,人们认为通过教育逐渐把光明引入中国,就会避免八国联军联合进入中国的历史重演。

教育确实是一种改变中国的有价值、不可缺少的手段,它在某种程度上已经得到运用了。而且必须要成千上万倍地扩大目前的教育规模,才能使中国大众驱除愚昧得到光明。但是教育有很多种,那些只涉及物质与精神事实的教育,不管进行得多么彻底,也从来没有被证明能够规范人类的行为。它只解决人们的智力问题,而不能满足也没有触及人类最深层次的本性需要问题。这是一把双刃剑,肯定会有利有弊。

中国人自己已经意识到,严格禁止用于战争的武器和弹药进口,最终将迫使他们成为毁灭性武器的生产者,其规模可能是任何土地上从未见过的。中国人口众多,虽然目前还像过去一样毫无军事素养,一盘散沙,但可以想象,一旦他们被唤起,就会成为人类的威胁。如果他们掌握了化学知识,有了计算落体曲线的能力,有了计算弹丸速度的能力,拥有了无数盏等待擦拭的"阿拉丁神灯"(Lamps of Aladdin)时,他们还能乖乖地保持克制吗?

与其他任何非基督教民族相比,中国确实从未受到道德之外的力量的广泛影响。西方科学注定要在中华帝国取得迅速而不可阻挡的进步,必将迅速地破坏中国人对作为中国哲学金字塔基础的《易经》的信仰。任何永恒的真理都将留在不朽的书版中，但它的整体结构将会成为一片废墟，中国人的理念将被无情地、不可逆转地粉碎。在这旧势力瓦解的关键时期，有哪些新的道德观念可以取代那些旧有理念？

基督教在中国，就像在任何其他地方一样，一直是一个不安定因素。它有幸（或不幸）被正式介绍给中国人，是列强为满足自己的需要而通过条约强加给他们的，这受到中国人的憎恨。在这一点上，贸易权也有同样的遭遇。它还有一个不利因素，那就是在中国人的心目中，它不可分割地与政治机构联系在一起，而这些政治机构是中国人出于理性或本能所担心和对抗的对象。在中国传播基督教的方法，有许多是可以接受公正批评的。在这个紧要关头，应当大胆地揭露、坦率地承认、真诚地放弃，用新的更好的方法来代替那些已经证明是错误的和不当的方法。

但是，基督教本身是现代文明不可分割的一部分，它不能脱离现代文明，就像光和热不能从太阳中分离开来一样。中国人试图将基督教驱逐出他们的帝国，是中世纪与 20 世纪相对抗。有些在基督教国度里成长起来的人，在物欲横流的时代，试图束缚和禁锢基督教在中国瓦解旧势力的同时建造新事物，这必定是徒劳的。因为他们违背人类发展潮流，企图遏制人类精神法则缓慢但不可阻止的进步。我们应清楚地认识到，基督教在中国的发展将会而且必定会伴随着与旧势力的冲突。这种冲突现象也许不会比其他地方更多，但肯定不会更少。在这些冲突中，基督教将破坏偶像崇拜，就像在罗马帝国那样，在旧帝国的废墟上建立一个更公平的社会，因为中华民族的道德理想比那个古代国家的道德理想更高、更纯洁。

基督教一旦被中国接纳，即便不完全地付诸实践，也有望改

变宫廷生活,正如它在西方国家所经历和表现的那样,尽管那些
国家的基督教化并不充分。它将使中国学者的"天、地、人"的知
识统一起来,首次完善起来,从而使他们枯萎的知识得以复活。
通过新的标准和新的处罚措施,它将开始清除中国官场的积弊
(Augean stable)。在适当的条件下,这项任务决不是不可能完成
的。对广大中国民众来说,这至少会使生活变得有价值,通过黄
金纽带连接现在和未来,这在目前是完全不可想象的,但却是精
神启蒙的必然结果。

基督教即使以最好的方式广泛传播,也不会将中国一步就引
入千禧年,因为达到这一目标需要有一个过程。但它将在历史上
第一次实现中国古人在《大学》开篇的箴言:"新民。"只有这样,帝
国才能适应西方文明的影响所带来的改变,才能适应恶与善并存
的潘多拉魔盒。

中国最近的未来,一方面取决于她与列强的关系,另一方面
取决于中国朝廷、各级官员、士子和民众的态度。通过本土华人
教会与这些阶层的人接触沟通,是目前最好的办法。中国本土教
会已经遭受了如此大苦难,并用生命和许多成员英勇赴死见证了
其信仰。在一篇论述这一事实的著名杂志文章中,赫德爵士坦率
地指出,尽管在官方反对和民众反感之下,但"基督教依然取得巨
大进展"。如此一来,它可能会"在整个中华大地上传播并将中国
转变成友好大国中最友好的一个,使中国成为促成和平与友善的
最主要赞助者。"他认为,"这将刺破义和团气球并释放出有害气
体",义和团内含的有害气体,鼓吹民族仇恨计划,毒害和危及世
界的未来。

最好能认识到并正视目前的困境。除非中国发生根本改变,
否则她将继续"危及世界的未来"。其他各种力量已在某种程度

上进行了试验，并已证明没有办法解决目前的困境。基督教仅在很小的范围内尝试过，就已经取得了一些成果。当它经过充分的测试并有机会发展其潜力时，它将在思想上、道德上和精神上为中国提供新生活的"灵丹妙药"。

"海外中国研究丛书"书目